REINHARD SLENCZKA

Kirchliche Entscheidung in theologischer Verantwortung

Grundlagen – Kriterien – Grenzen

VANDENHOECK & RUPRECHT
IN GÖTTINGEN

CIP-Titelaufnahme der Deutschen Bibliothek

Slenczka, Reinhard:
Kirchliche Entscheidung in theologischer Verantwortung:
Grundlagen – Kriterien – Grenzen / Reinhard Slenczka. –
Göttingen: Vandenhoeck und Ruprecht, 1991
ISBN 3-525-56104-0

Gesetzt aus Garamond auf Linotron 202 System 4
Satz und Druck: Gulde-Druck GmbH, Tübingen
Bindearbeit: Hubert & Co., Göttingen

Inhalt

Teil I: Der Grund

Teil II: Die theologische Aufgabe

Teil I

Der Grund

1. Kapitel: Christus, des lebendigen Gottes Sohn

Weil Jesus von Nazareth, der Gekreuzigte und Auferstandene, der Sohn Gottes ist, wird er von den Seinen als der Herr erkannt, bekannt und verkündigt. Für den christlichen Glauben ist Jesus Christus nicht nur eine Erinnerung, die rückblickend zu erschließen und in die jeweilige Gegenwart zu vermitteln wäre, sondern der Glaube hat in ihm seinen Ursprung, seinen tragenden Grund und das Ziel seiner Hoffnung in der Erwartung seiner Wiederkunft. Diese Verbindung Christi mit dem Glauben und durch den Glauben mit Christus kann nicht aufgehoben werden, ohne daß damit alles, was die christliche Kirche ausmacht, aufgehoben, aber damit zugleich durch fremde Grundlagen ersetzt wird. Das Wort Gottes der Heiligen Schrift macht uns das verständlich.

1. Die richtige Antwort – Mt 16,13–20

„Wer sagen die Leute, daß der Menschensohn sei?" – Die von Jesus an seine Jünger gerichtete Frage gleicht der Demoskopie, mit der die Volksmeinung erhoben wird. Die von den Jüngern aufgefangenen Antworten spiegeln, was von Jesu Worten und Taten erkennbar ist und vom Volk in bekannten religiösen Überlieferungen und Erwartungen aufgenommen wird. Jesus wird identifiziert als *Johannes* der Täufer, dessen bewegende Bußpredigt mit der Taufe zur Vergebung der Sünden ebenso in Erinnerung ist, wie seine skandalöse Ermordung durch Herodes. Seine Auferstehung von den Toten wird von den einen erwartet, von den anderen befürchtet (Mt 14,1 ff.). *Elia* ist in seiner geschichtlichen Nachwirkung die wohl eindrucksvollste Prophetengestalt Israels. Sein einsamer Kampf gegen die Verdrängung des rechten Gottesdienstes durch die von der Königin Isebel, einer phönizischen Königstochter, erzwungene Einführung des Natur- und Fruchtbarkeitskults von Baal und Astarte, sein Protest gegen den königlichen Machtmißbrauch bei der Ermordung Naboths und der Aneignung von dessen Weinberg, sowie seine Wundertaten (1.Kön 17–2.Kön 2) sind im Volk ebenso in Erinnerung wie die vom

Propheten Maleachi angekündigte Wiederkunft des in den Himmel Aufgefahrenen „ehe der große und schreckliche Tag des Herrn kommt" (Mal 3,23, vgl. Sir 48,1–12).

Jeremia, der allerdings nicht in den Parallelstellen Mk 8,28 und Lk 9,19 erwähnt wird, gehört nach 2.Makk 2,1–8 zu den Trägern der Endzeiterwartung „... bis Gott sein Volk wieder zusammenbringen und ihm gnädig sein wird" (2.Makk 2,7). Diese im Volk umgehenden Deutungen der Person Jesu sind also keineswegs aus der Luft gegriffen; es sind Übertragungen messianischer Verheißungen und Erwartungen, die sich auf die Umkehr unter das Gebot Gottes, auf die Erneuerung der Gemeinschaft Gottes mit seinem Volk und so auf die Rettung beziehen. Die Antworten aus dem Volk haben auch darin eine besondere Qualität, daß es sich keineswegs um zufällige Assoziationen handelt oder um Projektionen, wie sie sich aus der Beseitigung von Mißständen und aus der Befriedigung von Bedürfnissen ergeben mögen, sondern sie zielen prägnant auf die Erfüllung von Verheißungen aus dem Wort Gottes. In dem Gespräch Jesu mit seinen Jüngern werden diese aus einem religiösen Traditionszusammenhang gegebenen Antworten lediglich erwähnt, aber nicht bewertet. Die Volksmeinung läßt sich wohl feststellen, aber sie ist in der Frage, um die es hier geht, weder Erkenntnisgrundlage noch Entscheidungsmaßstab.

„Wer sagt denn ihr, daß ich sei?" – So wird die Frage vom Herrn direkt an seine Jünger gerichtet. Petrus antwortet für alle, die gefragt sind: „Du bist Christus, des lebendigen Gottes Sohn!" In den Paralleltexten heißt die Antwort in sachlicher Übereinstimmung: „Du bist der Christus" (Mk 8,29); „du bist der Christus Gottes" (Lk 9,20) „du bist der Heilige Gottes" (Joh 6,69).

Rein äußerlich enthält diese Antwort dieselben Elemente der Identifikation aus religiösen Traditionen (Ps 2,7) mit der Erfüllung messianischer Erwartung. Ein äußerer Unterschied liegt in der direkten Anrede mit der Form des Bekenntnisses: „Du bist..." Der alles entscheidende innere Unterschied aber wird durch Jesus selbst aufgedeckt: „Selig bist du Simon, Jonas Sohn; denn Fleisch und Blut haben dir das nicht offenbart, sondern mein Vater im Himmel." Demnach ist das Christusbekenntnis nicht einfach die Übertragung von Traditionen, die Erfüllung vorgegebener Erwartungen oder die Beantwortung bewegender Fragen, obwohl das nach dem äußeren Anschein durchaus zutreffen mag. Doch das Wort Jesu gibt zu erkennen, daß es sich bei diesem Bekenntnis des Petrus nicht um menschliche Schlußfolgerung, sondern um göttliche Offenbarung handelt. Die Erkenntnis, die zum Christusbekenntnis führt, ist von Gott selbst gewirkt (vgl. Mt 11,27; Joh 1,13). Nicht „Fleisch und Blut" erkennen das von sich aus, sondern Gott gibt es zu erkennen, und daher ist das Bekenntnis, daß „Jesus der Herr" ist (1.Kor 12,1–3) zugleich Gabe und Zeichen des Heiligen Geistes. Für den Bekennenden aber gilt: Ich erkenne nicht durch mich selbst, sondern weil Gott sich mir in Christus zu erkennen gibt und ich von Gott in Christus erkannt werde.

Immer wieder wird im Neuen Testament auf diese Erkenntnisgrundlage hingewiesen (vgl. z.B. 1.Kor 1,18ff.; 8,2.3; Gal 4,9; Phil 3,12; Apg 16,14).

Welche Folgen das für den Jünger Jesu hat, ist in zweifacher Hinsicht im weiteren vom Herrn angesagt. Zum einen wird durch dieses Bekenntnis Petrus, im Wortspiel mit der Bedeutung des griechischen Namens (Petros – petra), der Fels, für den die Zusage gilt, daß der Herr auf ihn seine Gemeinde bauen will, „und die Pforten der Hölle sollen sie nicht überwältigen." Dazu kommt die Vollmacht der „Schlüssel des Himmelreichs", unter der, was hier auf Erden im Namen Jesu Christi an Sünden vergeben oder behalten wird, auch im Himmel vor Gottes Gericht gelten soll. Zum andern zeigt die anschließende Perikope mit der unwilligen Reaktion des Petrus auf die erste Leidensankündigung – „Gott bewahre dich, Herr! das widerfahre dir nur nicht!" (Mt 16,22) – wie auch bei dem Bekenner das Bekenntnis angefochten wird unter dem Ringen von Gott und Satan und unter dem Konflikt zwischen Göttlichem und Menschlichem im Denken und Verstehen. Das ist der Ansatz der Verleugnung. Aber gerade das Beispiel des Petrus zeigt dann, wie nicht der Bekenner das Bekenntnis durchhält, sondern wie umgekehrt Jesus, der als der Sohn Gottes bekannt wird, den ihn in entscheidender Stunde Verleugnenden zurückholt und erneut beauftragt (Joh 21,15–19). Die Geschichte vom „sinkenden Petrus" (Mt 14,28–33) macht dieses innerliche Geschehen der Umkehr als Zurückholung durch das Wort Jesu Christi auch äußerlich gegenüber den Naturgewalten deutlich. Petrus, der sich auf das befehlende Wort seines Herrn verläßt und aus dem Schiff auf die stürmischen Wellen steigt, beginnt in dem Augenblick zu sinken, wie er nicht mehr auf das Wort seines Herrn vertraut, sondern wie sein Blick von dem starken Wind gefesselt wird und Furcht ihn ergreift: „Herr, hilf mir!" – das ist in dieser Situation Bekenntnis und Bittgebet zugleich. Die rettende Tat des Herrn aber, der den Sinkenden ergreift und aus dem Wasser zieht, offenbart die Herrschaft des Sohnes Gottes über die Naturgewalten. Der Kleinglaube hält die Natur für stärker als den Herrn; aber auch dieser Zweifel wird von dem Herrn selbst widerlegt.

So ist es Gott, „der Vater im Himmel", der den Glauben an Christus, „des lebendigen Gottes Sohn" wirkt; es ist Christus selbst, der diesen Glauben durchträgt.

2. Die Sendung in alle Welt – Mt 28,16–20

Indem die Jünger auf den bestimmten Berg nach Galiläa gehen, folgen sie der Weisung, die ihnen der Herr beim Abschiedsmahl gegeben hatte (Mt 26,32) und die der Engel beim leeren Grab sowie der Auferstandene selbst (Mt 28,7.10) in Erinnerung gerufen hatte, um ihn dort zu sehen.

Was die Evangelisten von der Begegnung mit dem Auferstandenen schreiben, ist bis in die kleinsten Züge wichtig; keine Einzelheit sollte übersehen werden: „Und als sie ihn sahen, fielen sie vor ihm nieder; einige aber zweifelten." Die Begegnung mit dem Auferstandenen ist ebenso wie die Verkündigung der Auferstehung von den ersten Anfängen an mit Glauben *und* Unglauben, mit Freude *und* Furcht, mit Verstehen *und* Verständnislosigkeit verbunden. So ist die lapidare Äußerung der Jünger auf den Bericht der Frauen von ihrem Erlebnis am Ostermorgen bei dem leeren Grab nach Lk 24,11 in genauer Übersetzung des griechischen Wortes (leeros) nicht nur „Märlein" oder, schon treffender, „Geschwätz", sondern „Quatsch". Die Auferstehungsberichte halten übereinstimmend diese gegensätzlichen Reaktionen fest, was offenbar nicht immer so eindeutig beachtet wird, wenn wir uns Gedanken machen, wie die Osterbotschaft zu verstehen und verständlich zu machen sei. Entscheidend ist nicht, daß „die Auferstehung" geglaubt wird, sondern daß es durch die Begegnung mit dem Auferstandenen zu Glauben und Unglauben kommt. Wo aber der Auferstandene im Glauben erkannt wird, da wird er angebetet. Der ungläubige Thomas bekennt: „Mein Herr und mein Gott!" (Joh 20,28). Das Wunder liegt also keineswegs allein in dem Vorgang der Auferstehung, sondern darin, daß durch die Begegnung mit dem Auferstandenen Glaube geweckt wird, der in die Anbetung führt. Es ist nicht Glaube an die Auferstehung, sondern Glaube durch den Auferstandenen. So ist nicht die Auferstehung ein Glaubensgegenstand, sondern der Auferstandene selbst gibt sich im Glauben an ihn, der zur Anbetung führt, zu erkennen. Daher gilt: Wir glauben als christliche Gemeinde nicht einfach, *daß* Jesus Christus auferstanden ist, sondern weil er auferstanden ist, glauben wir, daß er auferstanden ist, und beten ihn an als den Sohn Gottes.

Dies bestätigt sich auch in der Erzählung von den Emmaus-Jüngern (Lk 24,13–35), bei denen nicht die Stärke der persönlichen Erinnerung oder eine davon emotional geleitete Auslegung alttestamentlicher Stellen zur Erkenntnis des gegenwärtigen Herrn führt, sondern durch den auferstandenen Herrn selbst wird das Verständnis für die Verheißung der Schrift erschlossen. Damit werden ihre Augen für die Erkenntnis des gegenwärtigen Herrn geöffnet. Auch bei der apostolischen Predigt zeigt sich diese Wirkung der Verkündigung von der Auferstehung der Toten, wenn die einen anfangen zu spotten, die anderen unter höflicher Bekundung von Interesse an späteren Gesprächen sich abwenden, während nur einige gläubig werden (Apg 17,31–34).

Der Missionsbefehl ergeht durch den auferstandenen Herrn an seine Jünger. Die Verkündigung des Evangeliums von Jesus Christus in aller Welt hat darin ihren geschichtlichen Ursprung und ihre unveränderliche inhaltliche Bestimmung. Weder kann diese persönliche Beauftragung durch Interpretamente ersetzt werden, noch kann der Inhalt des Auftrags zur Disposition gestellt werden, ohne daß es damit zu einer völligen Veränderung der Grundlage kommt.

Was die Jünger nach dem Missionsbefehl tun sollen, ist umschlossen von dem, was der Auferstandene ist und tut: „Mir ist gegeben alle Gewalt im Himmel und auf Erden." Die Gemeinschaft Jesu mit Gott dem Vater, den wir als „Schöpfer Himmels und der Erde" bekennen und preisen (Gen 1,1; Ps 115,15; 121,2; 124,8; 146,6; Apg 17,24; u. a.), wird als tragende Zusage des Auferstandenen offenbar. „... Und siehe, ich bin bei euch alle Tage bis an der Welt Ende." Das ist die Verheißung seiner ständigen Gegenwart. Die Gottheit Jesu Christi umschließt und trägt die Verkündigung. Dabei handelt es sich nicht um eine Prädikation, die auf ihn von der Gemeinde übertragen würde, sondern um sein eigenes Wort, das den Auftrag an seine Jünger trägt. Das ganze Sein ist davon umfaßt und wird durchleuchtet: „Himmel und Erde", das betrifft den *Raum* in kosmischer Weite und ohne Ausnahme alles, was von Gott geschaffen ist und damit bleibend unter der Herrschaft Christi steht.

„Alle Tage bis an der Welt Ende", das betrifft die *Zeit,* die damit einerseits durch die Gegenwart Christi erfüllt ist, andererseits aber auch Ende und Ziel gesetzt bekommt in der Erwartung der Wiederkunft Christi am Ende dieser Weltzeit.

Die Universalität der Christusverkündigung muß nicht erst durch die Gemeinde erschlossen oder gar erkämpft werden, vielmehr ist umgekehrt der Sendungsauftrag von vornherein an allen Orten und zu allen Zeiten von dem umschlossen und getragen, der diesen Auftrag gegeben hat. Darin zeichnen sich bereits wichtige Folgen für das christliche Verständnis von Welt und Geschichte ab. Nach dem Zeugnis der Heiligen Schrift wird deutlich: Nicht Welt und Geschichte bestimmen die Verkündigung, sondern der auferstandene Herr bestimmt Welt und Geschichte. Raum und Zeit sind in dieser Weise umgriffen, geordnet und begrenzt durch die Menschwerdung und die Wiederkunft Jesu Christi.

Auf dieser Grundlage ruht der Missionsbefehl, und in diesem Rahmen wird er ausgeführt: „Darum gehet hin und machet zu Jüngern alle Völker; taufet sie auf den Namen des Vaters und des Sohnes und des Heiligen Geistes und lehret sie halten alles, was ich euch befohlen habe." Durch Taufe und Unterweisung werden von Jüngern Jesu Christi Menschen zu Jüngern, d. h. wörtlich zu Schülern Jesu Christi gemacht.

Diesem Auftrag entsprechend wird im Namen Jesu auf den Namen des Vaters und des Sohnes und des Heiligen Geistes getauft. So geschieht *Gemeindebildung*, jedoch nicht in dem Sinne, daß die Gemeinde das trinitarische Taufformular bildet, sondern daß sie als Gemeinde durch die Taufe gebildet wird. Denn in der Taufe wird sie aufgenommen in die durch Jesus Christus erschlossene und erneuerte Gemeinschaft mit Gott dem Vater durch die Gabe des Heiligen Geistes. Die Dreieinigkeit Gottes ist nicht Formel und Produkt spekulierender Theologie, sondern sie beruht auf der geschichtlichen Tatsache, daß sich Gott, der Schöpfer Himmels und der Erden, in seinem Sohn Jesus Christus offenbart hat und durch den Heiligen Geist gegenwärtig ist. Damit wird die Jenseitigkeit Gottes zur Diesseitigkeit, und die Vergangenheit seiner Erscheinung in Jesus Christus wird zur Gegenwart in der Erwartung seiner verheißenen Wiederkunft. Durch diese Gegenwart Gottes in der Diesseitigkeit werden Menschen, die von Gott abgewandt sind, wieder zu Kindern Gottes (Röm 8,1–17; Gal 4,1–7). Sie werden in Christus „neues Geschöpf" (2.Kor 5,17).

Zur Taufe gehört die Unterweisung, zu „halten alles, was ich euch befohlen habe". Das Verhältnis „ich – euch" ist personales Gegenüber im Befehl, nicht also eine mechanische Umsetzung, Entwicklung oder Entfaltung. Es geht um das Wort, in dem Christus das Subjekt ist, mit dem die Jünger Christi in Verkündigung und Unterweisung beauftragt sind. Das Wort Jesu ist Gottes Wort, weil es von Gott kommt und zu Gott führt: „Denn ich habe nicht aus mir selbst geredet, sondern der Vater, der mich gesandt hat, der hat mir ein Gebot gegeben, was ich tun und reden soll. Und ich weiß: sein Gebot ist das ewige Leben. Darum: Was ich rede, das rede ich so, wie es mir der Vater gesagt hat" (Joh 12,49–50).

Geltung und Wirkung des göttlichen Wortes sind bezogen auf die Rettung aus dem Gericht Gottes. Die zweite Form des Taufbefehls in Mk 16,15f. macht das vollends deutlich: „Gehet hin in alle Welt und predigt das Evangelium aller Kreatur. Wer da glaubt und getauft wird, der wird selig werden; wer aber nicht glaubt, der wird verdammt werden." So enthält der Auftrag zu taufen und zu lehren alles, was die vollständige Bedeutung von Evangelium ist: Die frohe Botschaft von der Rettung aus dem kommenden Gericht. Auch das gehört zu den Grundlagen, die uns durch die Heilige Schrift erschlossen werden und mit denen alles weitere steht und fällt[1].

3. Der verbindende und verbindliche Grund – 1.Kor 3,11

„Einen andern Grund kann niemand legen als den, der gelegt ist, welcher ist Jesus Christus" (1.Kor 3,11). Bei einem Gebäude wird durch das Fundament alles getragen und zusammengehalten; da man es aber nicht sieht, wird es auch leicht übersehen. Sichtbar und benutzbar ist immer der Aufbau. Risse im Aufbau zeigen an, daß beim Fundament etwas nicht stimmt. Der erste Korintherbrief ist eine Anleitung zur theologischen Analyse und Bewältigung von Rissen im Aufbau einer christlichen Gemeinde. „Schisma" (1.Kor 1,10; 11,18; 12,25) bedeutet wörtlich Riß oder Spaltung; „Häresie" (1.Kor 11,19) ist Gruppenbildung oder Fraktionierung durch Auswahl und Abgren-

[1] In der Taufpraxis und selbst in liturgischen Formularen ist bisweilen zu beobachten, daß diese zweite Form des Taufbefehls von Mk 16,15f. umgangen oder völlig ausgeschlossen wird. Doch der Hinweis auf die Verdammung im Gericht Gottes kann doch nur dort erschreckend wirken, wo das Evangelium nicht mehr als Rettung aus dem Gericht Gottes verkündigt und mithin das Urteil und die Reaktionen der Menschen gefürchtet werden.

zung. Daß die beiden Ausdrücke sich im kirchlichen Gebrauch festgesetzt haben und für uns heute darauf beschränkt sind, schließt nicht aus, daß es sich dabei um allgemein menschliche Erscheinungen und Verhaltensweisen handelt, die überall vorkommen können. Das entscheidende Thema im ersten Korintherbrief ist nicht das Auftreten solcher Erscheinungen, sondern ihre angemessene christliche Bewältigung.

In einer aufs äußerste gespannten Situation, in der Fraktionen innerhalb der Gemeinde miteinander konkurrieren und im Streit liegen, führt der Apostel auf das Fundament zurück. Kennzeichen der Fraktionen sind die Namen von Autoritäten, denen man sich anschließt, auf die man sich beruft und die zitiert werden können: Paulus, Apollos, Kephas, Christus (1,12; 3,22). Namen können für bestimmte „Theologien" bzw. für „theologische Traditionen" stehen, und seltsamerweise erscheint Christus in der Reihe neben anderen Eigennamen, obwohl er doch der Name aller sein müßte. Diese Namen verweisen offenbar jeweils auf eine besondere Verwirklichung des Christlichen, und das braucht keineswegs nur im negativen Sinne aufgefaßt zu werden, „denn es müssen ja Spaltungen unter euch sein, damit die Rechtschaffenen unter euch offenbar werden" (11,19). Es fällt aber auch auf, daß wir außer den Führungsnamen der verschiedenen Gruppen nichts von der Ursache des Konflikts noch von der Eigenart der einzelnen Richtungen erfahren. Daraus folgt aber keineswegs eine beliebige Pluralität unter der Forderung christlicher „Gleichgültigkeit". Der Weg des Apostels führt, wie hier schon mit aller Klarheit erkannt werden muß, nicht zu einer moralischen, sondern zu einer dogmatischen Lösung in der Konfliktbewältigung. Wo unter Christen um die Verwirklichung des Christlichen gerungen wird, entsteht die Gefahr, daß durch das Christliche Christus, daß durch die Werke und Programme von Christen das Werk und Wirken Christi verdeckt wird. Das beginnt damit, daß die Persönlichkeiten der Lehrer und Leiter die Person Jesu Christi verdecken, und sei es nur, daß sie mit ihrem Namen neben den Namen Christi treten. Die Ermahnung des Apostels erfolgt „im Namen unseres Herrn Jesus Christus" (1,10). Der Konflikt unter Christen um die Verwirklichung des Christlichen wird zurückgenommen auf Christus und sein Werk: „Ist Christus etwa zerteilt? Ist denn Paulus für euch gekreuzigt? Oder seid ihr auf den Namen des Paulus getauft?" (1,13) Die Gemeinschaft liegt in Christus, der für uns gestorben ist und dessen Heil in der Taufe als Gemeinschaft mit Christus zugeeignet wird; das macht die Gemeinschaft unter Christen aus.

Entsprechendes gilt für die Tätigkeit der Verkündiger und die Wirkung der Verkündigung (1,18–2,16). Die Christusverkündigung, deren Mitte das Wort vom Kreuz ist, hat ihre Kraft und Wirkung in sich selbst. Daher ist sie weder von der Weisheit und Intelligenz der Hörenden noch von der Gelehrsamkeit und rednerischen Überzeugungskraft der Verkündiger abhängig. Es hört und versteht nicht derjenige, der die dazu notwendigen Kenntnisse und Voraussetzungen hat, sondern nur, wer von Gott erwählt ist (1,26f.). Es überzeugt nicht die Gelehrsamkeit und fesselnde Kraft menschlicher Rede, sondern allein der in der Christusverkündigung wirkende Geist und die Kraft Gottes (2,5). So werden in der Christusverkündigung nicht Glauben und Verstehen vermittelt, sondern menschliche Weisheit und göttliche Kraft treten gerade auseinander. Daß Geistliches nur auf geistliche Weise durch den Geist erkannt werden kann, scheint eine Tautologie zu sein, deren Gegenstück aber in der Einsicht liegt, daß ohne den Geist Gottes überhaupt nichts von Gott erkannt werden kann. Daher können auch keine Erwägungen angestellt werden, auf welche Weise ein Bote „glaubwürdig" ist, noch unter welchen Bedingungen ein Hörer „glaubensfähig" ist oder nicht. Alles liegt vielmehr einzig und allein an der Eindeutigkeit und Authentizität der Christusverkündigung, die in gehorsamer Erfüllung des Auftrags bei denen, die erwählt sind, den Glauben an Jesus Christus wirkt.

In der Christusverkündigung vollzieht sich Gottes Erwählungsratschluß. Gott und Welt, Weisheit und Torheit, Geist und Fleisch – dieser unvermittelbare Gegensatz bricht überhaupt erst in dem Augenblick auf, wo er von Gott in Christus durch den Geist vermittelt wird. Der redende wie der verstehende Mensch ist dabei nicht nur Subjekt des Erkennens, dem ein Objekt des Erkennens zu erschließen wäre; vielmehr ist er Objekt, dem die Erschließung des vor aller Welt und Zeit verborgenen Geheimnisses offenbart wird (2,6–9). Erwählung und Erneuerung durch Gott treten an die Stelle von Überzeugung und Zustimmung durch Menschen.

Das Verstehen der Christusverkündigung ist daher über alle vordergründigen und technischen Erwägungen hinaus Heilsgeschehen, in dem durch die Gabe des Geistes in Jesus Christus die Gemeinschaft mit Gott wiederhergestellt wird. „Wir haben Christi Sinn". (2,16) – Das ist zusammenfassender Ausdruck für Grund und Gegenstand des Erkennens in der Gemeinschaft Gottes mit den Menschen (vgl. Joh 14,17).

Durch die Verkündigung des Wortes vom Kreuz wird der Mensch ein anderer, und damit verändern sich auch die Voraussetzungen und Maßstäbe, nach denen er urteilt und entscheidet. Nur der Geist Gottes führt zur Erkenntnis Gottes; „der natürliche Mensch aber vernimmt nichts vom Geist Gottes; es ist ihm eine Torheit, und er kann es nicht erkennen; denn es muß geistlich beurteilt werden" (2,14). Auf den ersten Blick erscheint das wie ein überheblicher Totalitäts- und Absolutheitsanspruch, der sich jeder Nachprüfbarkeit entzieht. In Wirklichkeit aber liegt darin ein Totalverzicht auf das eigene Ich, auf die menschliche Weisheit und menschliches Urteil. Diese Entmächtigung durch das Wort vom Kreuz und die erneuernde Gabe des Geistes umgreift nicht nur die menschlichen Autoritäten, sondern alles, was in Raum und Zeit mächtig zu sein scheint: „Es sei Paulus oder Apollos oder Kephas, es sei Welt oder Leben oder Tod, es sei Gegenwärtiges oder Zukünftiges, alles ist euer, ihr aber seid Christi, Christus aber ist Gottes" (3,22.23).

Wenn nun bei der Konfliktlösung in der Gemeinde an der Stelle eingesetzt wird, wo die Gefahr besteht, daß durch die Werke der Christen das Werk Christi und durch die Persönlichkeiten der Lehrer die Person Jesu Christi verdeckt wird, dann wird (3,5–17) die rechte Relation von beidem mit zwei Bildern deutlich gemacht: Gottes Ackerfeld und Gottes Bau. Gott wirkt den Glauben durch die Gaben, die er Menschen gibt als Verkündiger und Lehrer, sowie durch das Gedeihen, das er unter der Verkündigung seines Wortes wirkt. Das ist nicht ein Nacheinander, sondern ein Ineinander von menschlichem und göttlichem Wirken in der Gemeinde. Ähnlich wie bei den Gleichnissen vom Reich Gottes kann in diesem Zusammenhang bedacht werden, was es bedeutet, wenn das Verstehen des Wortes Gottes immer wieder an der Saat, dem Keimen, dem Wachsen, dem Fruchtbringen und schließlich der Ernte deutlich gemacht wird. Der Blick auf die Landwirtschaft macht das für alle Zeiten anschaulich, wie ohne das Gedeihen, das Gott gibt, alle menschliche Sorgfalt und Mühe vergeblich ist, wie aber umgekehrt auch diese menschliche Mühe unter der Verheißung Gottes steht und von ihr getragen wird.

Ähnlich verhält es sich mit dem Bau und der Erbauung der Gemeinde, zumal wenn man sieht, wie der Vergleich mit dem Bau in die Wirklichkeit der Gemeinde umschlägt: Das Fundament ist die Person Jesu Christi. Verbindlich aber ist dieses Fundament, weil Christus die Gemeinde verbindet. So ist das Verbindliche in der christlichen Gemeinde nicht etwas Äußeres, Formales, sondern etwas Inneres, Personales. Es ist nicht eine Christologie, über der die Namen von Menschen stehen, sondern Christus selbst, hinter dem die Gegensätzlichkeit richtungweisender Namen von Menschen zurücktritt, ja aufgehoben wird. Wo es aber um dieses verbindliche, weil verbindende Fundament in der Person Jesu Christi geht, wird dann das Christliche mit den Werken der Christen unterscheidbar von Christus und dem Werk Christi.

Von dem Fundament aus, das alles trägt, kann das Getragene geprüft werden. Alles geht auf das Gericht Christi zu und wird ihm unterworfen (3,12–17). Daß die Werke der Christen im Dienst Christi im Feuer geprüft werden und sich bewähren müssen, daß es einen den Werken entsprechenden und sogar unterschiedlichen Lohn gibt, daß aber auch das schlechte Werk vernichtet wird, während der gerettet wird, der es getan hat, ist die Aussicht, von der die Einsicht in das Wesen der gegenwärtigen Verhältnisse in der Gemeinde geleitet wird. Wer sich danach richtet, daß er von Christus gerichtet wird, braucht sich weder nach Menschen zu richten, noch deren Gericht zu fürchten (4,1–7); wer weiß, daß er den Lohn von Christus empfangen wird, ist nicht von menschlichen Belohnungen und Belobigungen abhängig. In dieser Aussicht liegt für den christlichen Glauben die Freiheit gegenüber menschlicher Weisheit und irdischem Erfolg sowie die zuversichtliche und gehorsame Bindung an das Wort vom Kreuz.

Alles, was uns so von der Heiligen Schrift gesagt wird, muß in seiner grundlegenden Funktion aufgefaßt werden, bei der es eben nicht darum gehen kann, dies in eine bestimmte Situation hineinzuinterpretieren und zu aktualisieren, vielmehr wird umgekehrt die Situation der Gemeinde durch die apostolische Verkündigung interpretiert und in ihrer geistlichen Aktualität durchschaubar gemacht. Das geschieht damals wie heute durch den *einen* Geist.

An die Stelle der hermeneutischen Probleme mit den Fragen an das Wort der Schrift treten auf diese Weise die pneumatischen Phänomene, die durch das Wort der Schrift in der Gemeinde aufgedeckt werden. Die Konflikte zwischen Personen und Richtungen um das Christliche werden zurückgeführt auf Christus; das ist nach dem Vollzug Umkehr, also Sinnesänderung und Buße. Jesus Christus als Fundament ist in der geistlichen Wirklichkeit der Gemeinde nicht eine Formel, auch nicht ein Prinzip oder eine Zentrallehre, sondern der lebendige Herr, der durch seinen Geist gegenwärtig ist und dessen Wiederkunft zur Rettung im Endgericht die Gemeinde erwartet. Wird diese Grundlage aufgegeben, dann schlägt die Verkündigung des lebendigen Herrn unweigerlich um in eine christliche Ideologie. Die Realisierungen des Christlichen beherrschen dann mit ihren jeweiligen Trägern das Feld, und die Gemeinde zerstreitet sich über den Konkretionen von Meinungen und Programmen.

Am Beispiel des 1. Korintherbriefs ist aber auch zu sehen, daß dieses Gegenüber von Christus und Gemeinde nicht theoretisch konstruiert werden kann; vielmehr vollzieht es sich in dieser Umkehr vom Christlichen zu Christus, und daran kann es identifiziert werden. Das ist eine im Wesen des christlichen Glaubens und der Gemeinde Jesu Christi begründete Voraussetzung für kirchliche Entscheidung in theologischer Verantwortung.

4. Vom Bleiben – 1.Joh 4,7–21

„... daran erkennen wir, daß wir in ihm bleiben und er in uns, daß er uns von seinem Geist gegeben hat. Und wir haben gesehen und bezeugen, daß der Vater den Sohn gesandt hat als Heiland der Welt. Wer nun bekennt, daß Jesus Gottes Sohn ist, in dem bleibt Gott und er in Gott..." (1.Joh 4,13–15).

Gott der Vater gibt Jesus als den Sohn Gottes zu erkennen (Mt 16,17); der Auftrag der Verkündigung Jesu Christi steht unter der Zusage seiner Herrschaft und Gegenwart; die an Jesus Christus glaubende und sein Wort verkündende Gemeinde lebt in der Kraft des Heiligen Geistes. Dieses Geschehen wird in seinen verschiedenen Beziehungen und Bewegungen in dem Zeitwort *Bleiben* zusammengefaßt. In den johanneischen Schriften wird dies ausgeführt: „Wer mein Fleisch ißt und mein Blut trinkt, der *bleibt* in mir und ich in ihm" (Joh 6,56); „ich bin der Weinstock, ihr seid die Reben, wer in mir *bleibt* und ich in ihm, der bringt viel Frucht; denn ohne mich könnt ihr nichts tun" (Joh 15,5); „wenn ihr meine Gebote haltet, so *bleibt* ihr in meiner Liebe, wie ich meines Vaters Gebote halte und *bleibe* in seiner Liebe" (Joh 15,10); „nicht ihr habt mich erwählt, sondern ich habe euch erwählt und bestimmt, daß ihr hingeht und Frucht bringt und eure Frucht *bleibt*, damit, wenn ihr den Vater bittet in meinem Namen, er's euch gebe" (Joh 15,16).

Darauf bezieht sich auch die Mahnung: „Wenn ihr nur *bleibt* im Glauben gegründet und fest, und nicht weicht von der Hoffnung des Evangeliums, das ihr gehört habt und das gepredigt ist allen Geschöpfen unter dem Himmel..." (Kol 1,23). Das Bleiben bezieht sich in diesem Fall auf die Gemeinde unter der Verkündigung des Evangeliums. Das Gegenwort dazu ist „weichen" bzw. „sich fortbewegen lassen", und das gilt in gleicher Weise für die Abwendung von dem einen Evangelium wie für das Verlassen der Gemeinde (Hebr 10,25). Denn Gemeinschaft und Lehre gehören zusammen wie es auch 1.Tim 6,3 heißt: „Wenn jemand anders lehrt und *bleibt* nicht bei den heilsamen Worten unseres Herrn Jesus Christus und bei der Lehre, die dem Glauben gemäß ist..." Hinter dem deutschen Wort „bleiben" stehen an dieser Stelle zwei Lesarten im griechischen Text, von denen die eine mit „hinzutreten" (proserchetai) und die andere mit „aufmerken" (prosechetai) zu übersetzen wäre. Auch daran zeigt sich, wie mit dem „Bleiben" die Gemeinschaft unter dem Evangelium gemeint ist, während die Abwendung sowohl den Abfall von dem einen Evangelium wie auch das Fortgehen aus der Gemeinschaft betrifft.

Das andere Gegenwort zu „bleiben" ist „vergehen". 1.Kor 3,14 ist das Beispiel dafür: „Wird jemandes Werk *bleiben*, das er darauf gebaut hat, so wird er Lohn empfangen. Wird aber jemandes Werk verbrennen, so wird er Schaden leiden..." „Bleiben" gilt also für das Bestehen im Gericht (vgl. Ps 1,5). In dieser doppelten Hinsicht von Bleiben gegenüber dem Fortgehen aus der Gemeinschaft mit der Abwendung vom Evangelium sowie gegenüber dem Vergehen im Gericht haben wir nach Sache und Vollzug in diesem Wort eine anschauliche Darstellung von dem, was in dem für uns meist so abgegriffenen und entleerten Wort Glaube enthalten ist. Das ist nicht nur Bewußtsein oder Gefühl, mit verschiedenen Inhalten gefüllt; es ist auch nicht eine Form von Erkennen im Gegensatz zum Wissen. Vielmehr hängen Verstehen und Bestehen in der Gemeinschaft unter dem Wort, daher auch in der Gemeinschaft mit Gott und durch Gott aufs engste zusammen. „Glaubt ihr nicht, so bleibt ihr nicht" (Jes 7,9), das ist im Hebräischen ein Wortspiel mit dem Zeitwort, das hinter dem in allen Sprachen der christlichen Gemeinde festgehaltenen hebräischen Wort „Amen" steht. Es läßt sich zwar mit einem nachdrücklichen „ja" übersetzen. Doch der christlichen Gemeinde ist wohl immer deutlich geblieben, daß dieses „Amen" mehr enthält, als bloße Übereinstimmung und Zustimmung. „Amen" geht aus von der Zusage Gottes, der bleibt, wie er ist von Ewigkeit zu Ewigkeit; und die Gemeinde nimmt dies auf, indem sie sich darauf verläßt, daran festhält und bei ihm bleibt (vgl. Röm 1,25; 15,33; Gal 6,18; Offb 22,20 u. a.). In Christus selbst ist dieses „Ja und Amen“, „denn auf alle Gottesverheißungen ist in ihm das Ja; darum sprechen wir auch durch ihn das Amen, Gott zum Lobe“ (2.Kor 1,20). Christus ist selbst diese bleibende Treue Gottes, in die die Gemeinde aufgenommen ist und von der sie lebt: „Das sagt, der Amen heißt, der treue und wahrhaftige Zeuge, der Anfang der Schöpfung Gottes...“ (Offb 3,14).

So hat das unscheinbare geläufige Wort Amen nicht nur eine philologische Bedeutung, sondern die selbstverständliche Häufigkeit seiner Verwendung in den biblischen Schriften und weltweit in der christlichen Gemeinde aller Zeiten und Sprachen ist Ausdruck einer in Christus begründeten Wirklichkeit. Das hebräische Amen kann und braucht nicht übersetzt zu werden; in dem griechischen Zeitwort für bleiben – „menein“ – und selbst noch im lateinischen Wort für bleiben – „manere“ – kann es mitgehört werden.

In der Weinstockrede Jesu (Joh 15) ist „bleiben“ das alles bestimmende Zeitwort für das Verhältnis von Gott und Mensch in Christus. Jesus ist der Weinstock, mit dem die Reben organisch, also auch ganz, und nicht nur teilweise, zusammengewachsen sind. Gott der Vater ist der Weingärtner, und es ist eigenartig, wie bei der Pflege der Reben die Gegenüberstellung von „bleiben“ mit „fortgehen“ und „vergehen“ zusammentrifft. Denn diejenigen, die nicht bei Christus und seinem Wort bleiben, können keine Frucht bringen und werden daher abgeschnitten und ins Feuer geworfen. Umgekehrt können sie nur Frucht bringen dadurch, daß sie von dem Weinstock genährt und von dem Weingärtner gepflegt werden. Auch dazu gehört das Abschneiden und Reinigen. Dieses Verhältnis ist, worauf es bei diesem Bild ankommt, organisch *und* personal; es ist also nicht einfach nur kausal in der Verbindung von Ursache und Wirkung, auch nicht konditional wie Bedingung und Erfüllung. Die Mahnung zu bleiben hat ihren Grund in der Zuwendung Gottes in Jesus Christus und in der Aufnahme in die Gemeinschaft mit Gott durch ihn. Darum gilt: „Bleibt in mir und ich in euch“ (15,4). Es ist eine Gemeinschaft der Liebe, in der Vater und Sohn verbunden sind und in die die Christen durch den Sohn aufgenommen werden: „Wie mich mein Vater liebt, so liebe ich euch auch. Bleibt in meiner Liebe!“ (15,9) Mit dem Hinweis auf diese Liebe geht das Bild vom Weinstock in die Wirklichkeit über und artikuliert sich in den Geboten: „Wenn ihr meine Gebote haltet, so bleibt ihr in meiner Liebe, wie ich meines Vaters Gebote halte und bleibe in seiner Liebe“ (15,10). In der Sache entspricht das genau dem Missionsbefehl mit seinen beiden Elementen, der Aufnahme in die Gottesgemeinschaft durch die Taufe und die Unterweisung in allem, was Jesus geboten hat.

Das Bleiben ist also ein Zeitwort, das die Gemeinschaft von Vater und Sohn sowie die durch den Sohn begründete Gemeinschaft mit den Menschen als organischen Zusammenhang zum Ausdruck bringt, der im Erwählungshandeln Gottes (Joh 15,16) seine Ursache hat und der sich durch das Wort richtend und reinigend in Gehorsam und Vertrauen vollzieht.

Die drei Johannesbriefe sind Dokumente innergemeindlicher Konflikte, die das Zentrum des christlichen Glaubens betreffen (1.Joh 2,22; 4,2; 2.Joh 7). Der „Antichristos“ tritt nicht nur gegen Christus oder die Christen auf, sondern er setzt sich an die Stelle Christi. Das scheint in der Situation dieser drei Briefe die herrschende Meinung in der Gemeinde zu sein, gegen die sich der Verfasser nicht durchsetzen kann. Er muß erleben, wie die mit ihm in Gemeinschaft stehenden Brüder nicht aufgenommen bzw. wie sie ausgeschlossen werden (3.Joh 9–10). Wenn nun auch hier zum Bleiben aufgerufen wird, dann steht dem der Irrtum gegenüber. Es ist aufschlußreich zu sehen, daß hinter den deutschen Wendungen „sich selbst betrügen“ (1.Joh 1,8) „verführen“ (1.Joh 2,26), „Irrtum“ (1.Joh 4,6) oder „Verführer“ (2.Joh 7) jeweils ein Derivat des griechischen Wortes „planan“ steht, das wir aus dem Fremdwort „Planeten“, also Wandelsterne, kennen. Die Irrlehre, um die es hier geht, erweist sich wiederum nicht nur als eine Theorie, sondern als ein Vorgang, der mit Bewegung, Wägen oder Abwägen gegenüber dem Bleiben in der Gemeinschaft zum Ausdruck gebracht wird. Gerade diese Briefe, in denen der Grundgedanke die Liebe Gottes und die Liebe zum Bruder ist (1.Joh 4,7–21), unterstreichen bis in die letzte Konsequenz, daß dort, wo die Gemeinschaft mit Gott in Jesus Christus, die allein durch Umkehr und Vergebung erneuert wird, aufhört (1.Joh 1,5–10), auch die Gemeinschaft unter Menschen aufhören muß (2.Joh 7–11). Das ist, wie auch in anderen Fällen, nicht moralisch, sondern dogmatisch beurteilt. Die Trennung ist also weder zu fordern noch zu vermeiden; sie ist vielmehr die unausweichliche Folge aus dem Zerbrechen der Gemeinschaft in dem verbindenden und verbindlichen Fundament.

Der Abschnitt 1.Joh 4,7–21 enthält eine Zusammenfassung der verschiedenen Beziehungen im Bleiben und zeigt zugleich wichtige Anhaltspunkte für die kirchliche Entscheidung in theologischer Verantwortung. Der „Geist der Wahrheit“ und „der Geist des Irrtums“ bzw. „der Verirrung und Irreführung“ müssen unterschieden werden (4,6). Grundlage für alles Erkennen ist die Liebe Gottes, mit der er uns zuerst durch die Sendung und Hingabe seines Sohnes zur Versöhnung der Sünden in seine Gemeinschaft aufgenommen hat. Die Liebe „ist erschienen“ in der Person Jesu Christi (4,9); sie wird empfangen in der Gabe des Geistes (4,13). Insofern ist Erkennen und Glauben dasselbe wie „in der Liebe bleiben“ und so in der Gemeinschaft mit Gott: „Gott ist die Liebe; und wer in der Liebe bleibt, der bleibt in Gott und Gott in ihm“ (4,16).

Der Gegensatz zur Liebe wie zum Glauben ist die Furcht vor Gott, vor dem Gericht und vor der Strafe: „Darin ist die Liebe bei uns vollkommen, daß wir Zuversicht haben am Tag des Gerichts; denn wie er ist, so sind auch wir in dieser Welt. Furcht ist nicht in der Liebe, sondern die vollkommene

Liebe treibt die Furcht aus; denn die Furcht rechnet mit Strafe. Wer sich aber fürchtet, der ist nicht vollkommen in der Liebe" (4,17f). Die in ihrer Richtung unumkehrbare Folge aus der Liebe Gottes ist die Liebe zu Gott und zum Bruder (19–21). Daher ist nicht durch die Liebe und was wir uns als Menschen darunter vorstellen und wünschen mögen, das Wesen Gottes bestimmt, sondern umgekehrt wird durch die Erschließung Gottes in Jesus Christus und die Gemeinschaft mit ihm durch die Gabe des Geistes empfangen und erkannt, was die Liebe ist und tut. So kann die Liebe auch nicht im Sinne einer menschlichen Tugend gegen Glaube und Hoffnung ausgespielt werden. Denn wenn es heißt: „Nun aber bleiben Glaube, Hoffnung, Liebe, diese drei; aber die Liebe ist die größte unter ihnen" (1.Kor 13,13), dann ist das genau in diesem Sinne zu verstehen, daß die Liebe die von Gott ausgehende Gemeinschaft ist, auf die Glaube und Hoffnung sich richten, von der sie getragen, erneuert und vollendet werden. Die Liebe ist Christus selbst.

5. Die Erkenntnis der Gemeinde durch Jesus Christus

Die in den vorangehenden Abschnitten behandelten biblischen Texte erschließen die Einsicht in das Wesen der christlichen Gemeinde und in die Wirklichkeit des christlichen Glaubens. Aus dem Wort Gottes wird das Wesen der Kirche auch in unserer Zeit erhellt. Es ist nicht zufällig, wenn durchgehend die Dreieinigkeit von Vater, Sohn und Heiligen Geist begegnet, und zwar nicht als Formel, sondern als ein diese Wirklichkeit der Kirche und des Glaubens bestimmendes Geschehen und Handeln Gottes. Wo selbst in der Theologie die Einsicht in diese handelnde Gegenwart des dreieinigen Gottes verdeckt ist, kann uns die christliche Kunst anschaulich machen, was in der Gemeinde geschieht. Die Kanzelaltäre des Barock haben mit geringen Abwandlungen ein gemeinsames Programm[2]. Es beginnt ganz oben mit dem „Licht, zu dem niemand kommen kann" (1.Tim 6,16), in dem Gott unzugänglich wohnt. Darunter erblicken wir das Lamm, das der Welt Sünde trägt und vor dem Thron Gottes steht (Joh 1,29; Offb 5,6). Unter dem Schalldeckel der Kanzel über dem Kopf des Predigers ist die Taube des Heiligen Geistes, der durch das Wort der Verkündigung wirkt und empfangen wird. Die Gemeinde kann diese Taube meist gar nicht unmittelbar sehen; aber auch der Prediger sieht sie nur, wenn er nach oben blickt. Indem die Gemeinde das Wort hört, erschließt sich ihr im Blick auf das Lamm, bei manchen Kanzelaltären durch das Kreuz hindurch, das Wesen der göttlichen Dreieinigkeit, das in dem Strahlenglanz angedeutet ist. So gibt sich Gott in Christus durch den Heiligen Geist in seinem Wort zu erkennen, wie er von Ewigkeit zu

[2] Die folgende Darstellung bezieht sich auf den Kanzelaltar in der Altstädter Kirche in Erlangen, die eine Dreifaltigkeitskirche ist.

Ewigkeit ist. Vermutlich ist es eine Folge theologischer Verarmung, daß in der christlichen Kunst der Gegenwart Trinitätsdarstellungen selten geworden sind.

Eine weitere Einsicht ist festzuhalten: Die biblischen Texte erschließen die Wirklichkeit der christlichen Gemeinde in einem Gesamtzusammenhang, bei dem eine Gegenüberstellung von Theologie und Gemeinde prinzipiell ausgeschlossen ist. Unmöglich kann die Theologie etwa im Sinne einer Theorie aufgefaßt werden, die dann in Praxis umzusetzen wäre oder die praktische Arbeit erst zu ermöglichen hätte. Der Gottesdienst bildet vielmehr den Mittelpunkt, von dem alles ausgeht als Wirkung des Geistes und auf den alles bezogen ist im Hinblick auf die Identität und Gemeinschaft in diesem Geiste. Damit ist im ursprünglichen Sinne die Bedeutung von „Orthodoxie" angegeben, sofern sie sich auf den rechten Gottesdienst, den rechten Lobpreis und die rechte Verkündigung Gottes bezieht.

Lassen wir uns aber durch das Wort der Schrift die Augen öffnen für die geistliche Wirklichkeit der Gemeinde, dann wird auch erkennbar, um was es bei der kirchlichen Entscheidung in theologischer Verantwortung geht. Das ist im Grunde nichts anderes, als daß die christliche Gemeinde durch den rechten christlichen Gottesdienst zusammengehalten wird, in ihm bleibt und damit empfängt, wovon sie im Glauben lebt, um endlich im Gericht vor Gott durch Jesus Christus zu bestehen und in Ewigkeit bei ihm zu bleiben.

Die theologische Verantwortung aber ist nicht die Voraussetzung dafür, *damit* das geschieht, sondern sie ergibt sich – nachfolgend – aus der Tatsache, *daß* dies geschieht. Die Identität des Geistes ergibt sich nicht aus der theologischen Konstruktion, sondern aus der Distinktion zwischen dem Geist der Wahrheit und dem Geist der Lüge, die immer und gerade dort miteinander ringen, wo die Wahrheit Gottes in dieser Welt bezeugt wird. Die Grundbestimmung der Kirche setzt daher auch im Anschluß an Mt 16,18 und 28,20 bei der Verheißung ein, „daß alle Zeit müsse eine heilige christliche Kirche sein und bleiben, welche ist die Versammlung aller Gläubigen, bei welchen das Evangelium rein gepredigt und die heiligen Sakramente lauts des Evangelii gereicht werden" (CA 7). Die Fehler aber beginnen stets dort, wo der Grund für das Bleiben der Kirche und für das Bekenntnis zu Jesus Christus durch anderes begründet und damit ersetzt wird. Ist der Gottesdienst als die geistliche Mitte der christlichen Gemeinde erkannt, dann wird auch die theologische Erkenntnis nicht nur darauf ausgerichtet sein zuzustimmen, sondern einzustimmen in den Lobpreis des dreieinigen Gottes.

2. Kapitel: Im Namen Jesu Christi

Daß die Gemeinde Jesu Christi sich im Gottesdienst zusammenfindet, ist greifbare, sichtbare und hörbare Manifestation ihrer geistlichen Wirklichkeit. Darin liegen Grund und Ziel der theologischen Verantwortung. Dies soll im folgenden in seinen entscheidenden Aspekten bedacht und betrachtet werden[3].

1. Die im Namen Jesu versammelte Gemeinde

Rechter christlicher Gottesdienst geschieht „im Namen des Vaters, des Sohnes und des Heiligen Geistes". Die auf diesen Namen Getauften (oder zu Taufenden) werden in der Gemeinschaft zusammengeführt, die ihren Grund in der Offenbarung Gottes in Jesus Christus und in seiner Gegenwart im Heiligen Geist hat. Nicht nur am Anfang, sondern auch in Gebet und Lobpreis, erscheint der Name des Dreieinigen Gottes. Darin ist gleichbleibend in Raum und Zeit der christliche Gottesdienst als christlicher zu erkennen, aber auch von anderen Versammlungen unter anderen Namen und zu anderen Zwecken zu unterscheiden.

In der Regel beginnt ein Gottesdienst „Im Namen des Vaters, des Sohnes und des Heiligen Geistes". Es kann andere Eingangsvoten geben wie z. B. in der orientalischen Chrysostomosliturgie: „Gepriesen sei das Reich des Vaters und des Sohnes und des Heiligen Geistes, jetzt und immerdar und in alle Ewigkeit." In Ausrufung (Proklamation) und Anrufung (Akklamation) kommt zum Ausdruck, wodurch die Gemeinde zusammengeführt ist, wen sie preist und anbetet, wessen Wort sie verkündigt und wessen Gaben sie empfängt. Christlicher Gottesdienst ist daher, wie es ganz knapp gesagt werden kann, die Anrufung Gottes des Vaters im Namen Jesu durch die Kraft des Heiligen Geistes (Röm 8,15; Gal 4,6; Joh 14 und 16).

Was die Dreieinigkeit Gottes betrifft, erscheint auch der christlichen Gemeinde oft abgegriffen und selbst ihren Theologen unverständlich. Was der Name des Dreieinigen Gottes aber bedeutet, tritt oft schlagartig hervor, wenn er in einem Gottesdienst durch andere Namen ersetzt wird. Das sind nicht nur Äußerlichkeiten, sondern Symptome für eine wesentlich tiefer greifende Veränderung in den Grundlagen. So hat es sich eingebürgert, daß

---

[3] Vgl.: Peter Brunner, Zur Lehre vom Gottesdienst der im Namen Jesu versammelten Gemeinde. In: Leiturgia. Handbuch des Evangelischen Gottesdienstes. Bd. I. Kassel 1954. 83–361; Otto Dietz, Unser Gottesdienst. Ein Hilfsbuch zum Hauptgottesdienst nach Agende I für evangelisch-lutherische Kirchen und Gemeinden. München, 2. Aufl., 1983; Friedrich Kalb, Grundriß der Liturgik. Eine Einführung in die Geschichte, Grundsätze und Ordnungen des lutherischen Gottesdienstes. München, 3. Aufl, 1985.

Gottesdienste nicht im Namen des Dreieinigen Gottes, sondern mit allgemein gehaltenen freundlichen Begrüßungen der Gemeinde durch den Pfarrer, unter Umständen „im Namen" von Kirchenvorstand und Mitarbeitern und verbunden mit einigen lockernden Hinweisen eröffnet werden. Das tritt dann auch an die Stelle der liturgischen Salutatio, dem Wechselgruß von Liturg und Gemeinde: „Der Herr sei mit euch! – Und mit deinem Geiste!" (Rut 2,4; 2.Tim 4,22) Sie wird völlig sinnlos, wenn nicht überhaupt darauf verzichtet wird.

Die Begrüßungen, die das Eingangsvotum ersetzen oder verdecken, sind sicher gut gemeint, werden vielleicht sogar als wohltuend empfunden, doch sie sind nicht dem Wesen des Gottesdienstes und der Gemeinde angemessen. „Gottesdienst menschlich" ist ein Programm für viele derartige Bemühungen um eine moderne Gestaltung des Gottesdienstes. Tritt dabei das „Menschliche" an die Stelle von „Unmenschlichem" oder aber von „Göttlichem"? Tatsächlich aber geschieht dies: In einem gleitenden und daher gar nicht so leicht wahrnehmbaren Übergang wird der Gottesdienst der im Namen Jesu versammelten Gemeinde zu einer „Gestaltungsaufgabe" und so zu einer Veranstaltung. Der Pfarrer und weitere mitwirkende Personen oder Gruppen werden zu Darstellern, und die Gemeinde wird zum Publikum degradiert. Entsprechend wird sie, obwohl sich sonst allenthalben das distanzlose „Du" verbreitet, mit dem distanzierenden „Sie" angeredet. Die Anrede in der zweiten Person Einzahl oder Mehrzahl beim Wechselgruß, vor allem aber beim Zuspruch der Sündenvergebung („dir sind deine Sünden vergeben"), in den Abendmahlsworten und bei der Austeilung des Abendmahls („für euch" – „für dich gegeben") erscheint als befremdliches Relikt. Zuspruch und Anspruch in der Verkündigung des Wortes Gottes für diejenigen, die von Gott berufen sind und in der Kraft des Heiligen Geistes zusammengekommen sind, schlagen um in die Methode der Werbung, bei der Angebot und Nachfrage sowie Anregung und Befriedigung bestimmter Bedürfnisse maßgebend sind. An die Stelle vollmächtiger Verkündigung im Namen und Auftrag Jesu Christi tritt die Anpassung an Probleme und Bedürfnisse des Menschen im allgemeinen und die Selbstdarstellung des Predigers mit seinen Fähigkeiten und Ansichten im besonderen. An die Stelle des von der Verheißung getragenen Auftrags tritt das Leistungs- und Erfolgsprinzip. Bei den Gebeten kann sich eine solche Veränderung zeigen, wenn sie nach Inhalt und Form nicht mehr zu Gott hin gesprochen werden, sondern Anrede an die Gemeinde werden, um dann von Gott zu erbitten, was die Gemeinde tun soll. Ähnliche Beobachtungen ließen sich bei der Kirchenmusik anstellen bei den gleitenden Übergängen vom Gottesdienst zum Kirchenkonzert sowie bei dem oft aus schlichter Hilflosigkeit entstandenen Dilemma, nach dem Schlußchoral einer Passion oder nach dem Schlußton einer Messe oder eines Requiems der künstlerischen Leistung zu applaudieren statt besser andächtig zu schweigen. Vom Dienst an der Verkündigung und beim Lobpreis der

Gemeinde schlägt die Musik um in die künstlerische Leistung zur Befriedigung kultureller Bedürfnisse. Im gottesdienstlichen Raum geht die Beziehung zum Gottesdienst verloren, und die Kirche wird zum Konzertsaal. Dabei ist es gerade die Kirchenmusik, die in manchen Fällen, wo die rechte Verkündigung des Wortes abgestorben ist, dieses Wort in Verkündigung, Lobpreis und Trost aus dem Reichtum früherer Zeiten in die Armut unserer Zeit bringt.

In der Gemeinde gibt es durchaus ein deutliches Gespür für diese Vorgänge, und wenn sie in Gesprächen berührt werden, brechen bisweilen Fluten der Enttäuschung oder Empörung hervor, auch wenn es schwerfallen mag, den wahren Grund dafür recht zu erfassen. Doch es sind eben nicht bloße Fragen von Geschmack und Stil oder von Verständlichkeit und Zeitgemäßheit. Vielmehr geht es um die Erbauung der Gemeinde und um das, wodurch sie in ihrem Glauben lebt, erhalten und vollendet wird. Wenn dieses Erbauende fehlt, stirbt eine Gemeinde ab, und das ist etwas völlig anderes als volle oder leere Kirchen. Denn absterben kann eine Gemeinde auch bei gefüllten Kirchen. Heiliger Geist und Begeisterung sind sehr wohl zu unterscheiden. Es gibt eine Erosion der Kerngemeinde, es gibt den Zerfall der Gemeinde in verschiedene Personalgemeinden, Interessen- und Aktionsgruppen, aber das beginnt in aller Regel bei der gottesdienstlichen Gemeinschaft und zeigt sich dort dann auch in den Folgen. Für nicht wenige Gemeindeglieder stellt sich dann unter Umständen jeden Sonntag beim Blick auf den Kirchenzettel die Frage, wo und ob überhaupt man in den Gottesdienst gehen kann. Auf diese Weise vollziehen sich beim Gottesdienst Entscheidungen und Scheidungen, die allerdings rein statistisch schwer zu erfassen und nicht zu bewerten sind. Theologisch aber müssen wir damit rechnen und sie vor allem verantworten. Die Entscheidungsfrage aber lautet: Unter welchem Namen steht eine Versammlung, die nur durch den Namen Jesu Christi Gemeinde Jesu Christi sein und einen rechten Gottesdienst halten kann, wenn dieser Name nicht mehr erkennbar und unterscheidbar ist?

2. Bedeutung und Wirkung des Namens

Die vielfältige Verwendung des Namens in der Heiligen Schrift des Alten, aber hier speziell im Neuen Testament ist nicht leicht auf einen Begriff zu bringen. Das liegt daran, daß es dem Wesen und der Funktion des Namens widerstrebt, zum Begriff zu werden. In der ersten Bitte des Vaterunser beten wir nach der Anleitung des Sohnes Gottes für seine Jünger zum Vater: „… Geheiligt werde dein Name." Diese Bitte zielt auf eine Tat Gottes, daß er seinen Namen als heilig erweist oder, wie es nach Joh 12,28 auch heißen kann, ihn verherrlicht. Grund für die Heiligung des Namens Gottes ist die Heiligkeit Gottes, die sein Wesen ausmacht.

Heiligung Gottes durch den Menschen aber ist Teilhabe an der Heiligkeit Gottes.

Der Name Gottes ist Gott selbst – „nomen dei est Deus ipse" –, wie die alten Dogmatiker, z. B. A. Calov, sagen. Durch die Offenbarung des Namens Gottes wird die Anrede Gottes und damit die wechselseitige Gemeinschaft mit Gott ermöglicht (Ex 3,13 ff.). So ist der Name nicht nur ein Ausdruck, sondern der Vollzug personaler Gemeinschaft von Gott und Mensch. Gott ist gegenwärtig, er redet, und er hört. Eine Störung oder Aufhebung dieser Gemeinschaft tritt ein, wenn der Name mißbraucht wird, wenn andere Namen eingesetzt werden oder der Name überhaupt nicht gebraucht, d. h. Gott nicht mehr angeredet wird. Das zweite Gebot, „Du sollst den Namen des Herrn, deines Gottes, nicht mißbrauchen", enthält den dafür geltenden Maßstab.

Die umfassende Bedeutung des Namens erschließt sich in der ganz frühen Selbstbezeichnung für die Christen, mit der Paulus die Gemeinde in Korinth anredet: „... an die Geheiligten in Christus Jesus, die berufenen Heiligen samt allen, die den *Namen* unseres Herrn Jesus Christus anrufen an jedem Ort, bei ihnen und bei uns ... „ (1.Kor 1,2). Christen sind Christus-Anrufer; daran sind sie erkennbar, und dadurch sind sie weltweit verbunden (vgl. 2.Tim 2,22). Christen versammeln sich im Namen Jesu in der von ihm verheißenen Gegenwart, „wo zwei oder drei versammelt sind in meinem Namen, da bin ich mitten unter ihnen" (Mt 18,20); auf Jesu Wort hin rufen sie Gott im Namen Jesu an (Joh 16,23.24; 14,13.14); sie taufen und empfangen Vergebung der Sünden im Namen Jesu (Apg 10,43; 22,16 u. a.). Der von Gott gegebene Name Jesu betrifft seine Erhöhung zu Gott, und daraus folgt seine Verehrung durch alles Geschaffene: „Darum hat ihn auch Gott erhöht und ihm den Namen gegeben, der über alle Namen ist, daß in dem Namen Jesu sich beugen sollen aller derer Knie, die im Himmel und auf Erden und unter der Erden sind, und alle Zungen bekennen sollen, daß Jesus Christus der Herr ist, zur Ehre Gottes des Vaters" (Phil 2,9–11). Der Name Jesu ist für alle Welt der einzige Weg zum Heil: „In keinem anderen ist das Heil, auch ist kein anderer Name unter dem Himmel den Menschen gegeben, durch den wir sollen selig werden" (Apg 4,12). Was die Gemeinde in ihrem Gottesdienst verbindet, erscheint nach außen als unterscheidendes Merkmal. Der Name „Christianer" wird nach Apg 11,26 von der Umwelt gegeben. Das besonders auffallende Merkmal des christlichen Gottesdienstes ist nach dem Bericht des Statthalters Plinius d. J. von Bythinien an Kaiser Trajan (111––113) nach den Verhörprotokollen, „daß sie die Gewohnheit haben an einem bestimmten Tag vor Sonnenaufgang zusammenzukommen – „carmenque Christo quasi deo dicere" – Christus wie einem Gott einen Lobgesang zu singen".

Christ ist nach diesem ursprünglichen Verständnis nicht eine bloße Mitgliedsbezeichnung, sondern erkennbarer, hörbarer Ausdruck in Lobpreis und Anbetung Christi. Der Sinn der christologischen Prädikation zeigt sich so historisch mit seinem Sitz im Leben und theologisch als Manifestation der geistlichen Wirklichkeit christlicher Gemeinde. Sowohl der historische wie der theologische Sachverhalt wird verfehlt, wenn man die Prädikationen als Ausbildung und Übertragung traditioneller Aussagen auf die Person Jesu durch die Gemeinde versteht und dann den Zeitpunkt zu lokalisieren versucht, an dem die Gemeinde Gottesprädikationen auf Jesus übertragen haben soll. Vielmehr ist es umgekehrt so, daß von Anfang an die christliche Gemeinde darin und dadurch besteht, daß sie den Namen Jesu preist und verkündigt; das ist im Wortsinn eine Prädikation. Bemerkenswert ist, wie sich diese Preisungen im christlichen Gottesdienst als feste Form bis heute sogar in hebräischer und griechischer Sprache erhalten haben. Die Gemeinde stimmt ein in das „*Hosianna* dem Sohn Davids! Gelobt sei, der da kommt in dem Namen des Herrn! Hosianna in der Höhe!" (Mt 21,9; Mk 11,10; Lk 19,38; Joh 12,13), mit dem Jesus beim Einzug in Jerusalem begrüßt wird, und das ist lobpreisende Huldigung und Bittgebet zugleich (vgl. Ps 20,10; 2.Sam 14,4 u.a.). Mit dem „*Halleluja*" aus den Psalmen des Alten Bundes stimmt die christliche Gemeinde ein in den himmlischen Lobpreis vor Gott und dem Lamm (Ps 111–113; 146–150; Offb 19). In gleicher Weise nimmt die christliche Gemeinde den Ruf „*kyrie eleison*" auf, mit dem Kranke von Jesus Heilung erbitten und empfangen (vgl. Mt 8,25; 9,27; 15,22; 17,15; 20,30.31; Mk 10,47, Lk 17,13; 18,38–40). „Herr Jesus, Sohn Davids, Meister, erbarme dich..." Das ist die alttestamentliche Gottesanrufung (Jes 33,2; Ps 6,3; 9,14; 31,10). Das *Trishagion* von Jes 6,3 hat seinen festen Ort in der christlichen Abendmahlsliturgie: „*Heilig, heilig, heilig* ist der Herr Zebaoth, alle Lande sind seiner Ehre voll."

Seit jeher und auch in unserer Zeit werden Bedenken vorgebracht, daß hier vielleicht doch nicht von Gebet und von Gottesprädikationen gesprochen werden könne. Die einen behaupten, es sei grundsätzlich, die anderen, es sei ursprünglich nicht die Gottheit Jesu Christi in Lobpreis und Anbetung gemeint. Demgegenüber ist festzuhalten, daß die Gottheit Jesu Christi sich nicht in einer Geschichte von Prädikationen der Gemeinde entwickelt, sondern daß Lobpreis und Anbetung der Gemeinde in der Gottheit Jesu Christi begründet sind. Jede andere Auffassung aber verletzt das Zentrum des christlichen Glaubens und des Gottesdienstes.

Christen sind solche, die den Namen des Herrn Jesus Christus anrufen. Was sie als Christen darin verbindet und was das unterscheidende Merkmal ihres Gottesdienstes ausmacht, ist nicht eine bloße Formulierung oder eine liturgische bzw. theologische Tradition. Die Anrufung des Namens ist heilsentscheidend: „Denn wenn man von Herzen glaubt, so wird man gerecht; und wenn man mit dem Munde bekennt, so wird man gerettet" (Röm 10,10). Unter Aufhebung aller ethnischen und kulturellen Unterschiede gilt für alle Welt und alle Zeit: „Es ist hier kein Unterschied zwischen Juden und Griechen; es ist überall derselbe Herr, reich für alle, die ihn anrufen. Denn ‚wer den Namen des Herrn anrufen wird, soll gerettet werden'" (Röm 10,12–13/Joel 3,5). Im christlichen Gottesdienst wird die Heilsgemeinde der Endzeit versammelt, die der Wiederkunft ihres Herrn mit der auf seine Zusage sich stützenden Bitte entgegengeht: „Amen, ja, komm, Herr Jesus!" (Offb 22, 17.20; 1.Kor 16,22).

3. Bekennen und Verleugnen

Was den christlichen Gottesdienst bestimmt und was sich darin geistlich vollzieht, enthüllt sich für die ganze Existenz des Christen in dem Wort Jesu vom Bekennen. Das ist Grundlage und Maßstab für alles, was in der christlichen Gemeinde unter Bekenntnis verstanden, formuliert oder auch kritisiert werden mag. Innerhalb der christlichen Gemeinde ist das Wort Bekenntnis vielfach belastet durch Vorstellungen von überholten und daher unverständlichen Texten: „Die Väter haben ihren Glauben bekannt und wir sollen ihre Bekenntnisse glauben" (Alexander Schweizer). Außerhalb der christlichen Gemeinde begegnen wir im allgemeinen Sprachgebrauch einer Inflation von Bekenntnissen und Bekenntnisforderungen, denen freilich die Gemeinde selbst oft genug auch erliegt. Zumal in der Politik werden Bekenntnisse für oder gegen etwas abgelegt, und das sind öffentliche Erklärungen darüber, wo man steht und wofür man einsteht. Wer nicht dafür ist, ist dagegen. Die Proklamation eines „status confessionis" in der Auseinandersetzung um bestimmte politische Entscheidungsfragen in kirchlichen Gremien und durch kirchliche Verlautbarungen deutet den oft fließenden Übergang zwischen christlichem Bekennen und politischem Bekenntnis an. Neue Bekenntnisse werden gefordert oder angeboten, mit denen anstehende Probleme gelöst werden sollen. Eine typische Erscheinung seit dem Anfang dieses Jahrhunderts sind die „Sozialbekenntnisse" (social creeds), in denen zusammengefaßt wird, „wofür die Kirchen einstehen" bei bestimmten sozialen und politischen Aufgaben der jeweiligen Zeit. Diese Texte tragen durchaus Kennzeichen von Bekenntnissen: Sie geben zu erkennen, wo die Kirchen stehen, wofür sie sich einsetzen wollen und mit wem sie sich verbinden bzw. von wem sie sich unterscheiden. Dies geschieht freilich dann nicht gegenüber Gott, sondern gegenüber der öffentlichen Meinung[4].

In dieser verwirrenden Situation muß das Wort Jesu vom Bekennen und Verleugnen zur Klärung helfen und zur Prüfung, ob wir bei solchen Bekenntnissen noch in der Gemeinschaft des Christusbekenntnisses stehen. Dieses Wort findet sich sechsmal ausdrücklich in den neutestamentlichen Schriften: Mt 10,32–33; Mk 8,34–38; Lk 9,26; 12,8f; 2.Tim 2,11–13; Offb 3,5.8. Daneben gibt es häufige Anspielungen darauf wie Mt 7,21–23; Phil 1,20; Röm

[4] Dazu ausführlicher. Reinhard Slenczka, Bekenntnis als Deutung, Gemeinschaft und Grenze des Glaubens. In: KuD 26, 1980, 245–261.

1,16; 10,9; 1.Joh 2,22; 4,3; 2.Joh 7; Jud 4; Joh 1,20; 9,22; 12,42; 2.Tim 1,8; 2.Petr 2,1; Mt 26,31–35; 26,70 ff.; Apg 3,13; 1.Petr 3,15; 4,13–14; Offb 2,13, vgl. 1.Sam 2,30 u. a.: „Wer nun mich bekennt vor den Menschen, den will ich auch bekennen vor meinem himmlischen Vater, wer mich aber verleugnet vor den Menschen, den will ich auch verleugnen vor meinem himmlischen Vater" (Mt 10,32–33).

Es ist ein Wort Jesu in der ersten Person, aber die unmittelbare Anrede ist nach den verschiedenen Stellen nicht nur auf die Jünger beschränkt, sondern richtet sich in der Verkündigung auch „an das Volk" (Mk 8,34) bzw. „an alle" (Lk 9,23). In der Form dieser Anrede liegt die für alle Zeiten in gleicher Weise geltende Unmittelbarkeit. Wie bei vielen ähnlichen Worten Jesu kann diese direkte Anrede nicht aufgelöst werden, ohne daß das redende Subjekt durch ein anderes Subjekt verdrängt wird. Der direkte Anspruch aber führt im Hören nicht in die betrachtende Reflexion, sondern in die Nachfolge. Das ist eine Sache des Glaubensgehorsams.

Die unmittelbare Anrede versetzt in die Entscheidung zwischen „Bekennen" und „Verleugnen" oder, wie es in anderen Stellen heißt, „sich schämen". In der Verfolgungssituation, um die es häufig beim Textzusammenhang geht, gehört das „Bekennen" (homologein) zum Gerichtsverfahren: Eine Aussage machen, für etwas einstehen und bestätigen, was z. B. in der Anklage behauptet wird. Im kirchlichen Sprachgebrauch zeigt sich aber auch eine wichtige Vielfalt des Bekenntnisses als „confessio laudis, fidei, peccati" – Lobbekenntnis, Glaubensbekenntnis, Sündenbekenntnis.

„Verleugnen" heißt in entsprechendem Zusammenhang: etwas bestreiten, was behauptet wird. Bei der Verleugnung des Petrus geschieht das mit der abwehrenden Versicherung: „Ich kenne ihn nicht..." (Mk 14,66 ff.). Indem die Behauptung, daß er auch zu den Jüngern Jesu gehöre, bestritten wird, wird von Petrus zugleich die Gemeinschaft mit Jesus aufgehoben. Das geschieht in diesem Fall nicht erst förmlich im Gerichtsverfahren, sondern bereits gegenüber der Äußerung einer Magd des Hohenpriesters.

Während das „Verleugnen" sich unter der Anfrage durch andere abspielt, wendet sich das „Sich-schämen" zurück auf das eigene Bewußtsein. Das ist die Entscheidung, ob ich zu reden wage oder nicht. Wer sich dann schämt, der schweigt oder verschweigt, was er eigentlich zu sagen hätte. Der Name Jesu Christi geht nicht über die Zunge, man bleibt zurückhaltend, errötet vielleicht und verstummt. Statt dessen läßt sich gut und viel von anderen Dingen reden, die vielleicht sogar menschlich nützlich sind und ein christliches Gewand haben können, ohne daß es um Christus selbst geht.

Das Bekenntnis geschieht sowohl vor Menschen wie vor Gott. In dieser Zweiteiligkeit wird mit dem Wort Jesu eine direkte und reale Entsprechung aufgedeckt zwischen dem, was im Bekenntnis zu Jesus Christus vor dem Gericht der öffentlichen Meinung oder einem menschlichen Gericht geschieht und dem, was durch Christus für Menschen vor Gottes Gericht geschieht.

Es gibt eine ganze Reihe weiterer Worte Jesu, bei denen in gleicher Weise das Handeln der Christen mit dem Handeln Christi zusammenfällt. Das beginnt Mt 6,12 in der 5. Bitte: „Und vergib uns unsere Schuld, wie auch wir vergeben unsern Schuldigern" – dazu die Verse Mt 6,14–15 als Erläuterung: „Denn wenn ihr den Menschen ihre Verfehlungen vergebt, so wird euch euer himmlischer Vater vergeben. Wenn ihr aber den Menschen nicht vergebt, so wird euch euer Vater eure Verfehlungen auch nicht vergeben." Oder Mt 7,1: „Richtet nicht, damit ihr nicht gerichtet werden", oder Mt 10,40: „Wer euch aufnimmt, der nimmt mich auf; und wer mich aufnimmt, der nimmt den auf, der mich gesandt hat." Lk 10,16: „Wer euch hört, der hört mich; und wer euch verachtet, der verachtet mich; wer aber mich verachtet, der verachtet den, der mich gesandt hat." Joh 5,24: „Wer mein Wort hört und glaubt dem, der mich gesandt hat, der hat das ewige Leben und kommt nicht in das Gericht, sondern er ist vom Tode zum Leben hindurchgegangen."

Eine Zusammenfassung dieser Entsprechungen gibt das Wort Jesu vom Binden und Lösen, bei dem die vom Herrn übertragene Vollmacht der Jünger in Zuspruch und Verweigerung der Vergebung *hier* unmittelbar in die Entscheidung des göttlichen Gerichts *dort* übergeht: „Welchen ihr die Sünden erlaßt, denen sind sie erlassen; und welchen ihr sie behaltet, denen sind sie behalten" (Joh 20,23; Mt 16,19; 18,18). Diese Wechselbeziehung zwischen dem, was durch Menschen und vor Menschen geschieht auf der einen Seite und dem, was durch Christus vor Gott geschieht auf der anderen Seite, ist nicht einfach kausal und mechanisch aufzufassen in dem Verhältnis von ‚wenn-dann', obwohl sich diese Vorstellung immer sehr leicht nahelegt, daß durch mein Tun ein entsprechendes Tun Gottes bewirkt wird. Vielmehr zeigt sich, wie wichtig es ist, an dem redenden Subjekt des Wortes festzuhalten; denn es ist Christus, der Sohn Gottes, der in seinem Wort diesen Zusammenhang aufdeckt. Nicht das Tun des Menschen bedingt ein entsprechendes göttliches Handeln, sondern es ist das Wort Jesu, auf dessen Zusage wir bei unserem Tun vertrauen sollen und in dessen Namen wir vor Gott treten dürfen. Nicht weil von Christen vor Menschen bekannt wird, wird durch Christus vor Gott bekannt, sondern weil Christus das zugesagt hat, können wir in der Gewißheit, daß er uns vor Gott vertritt, auch ihn in Zuversicht und Gehorsam vor Menschen bekennen, ohne deren Gericht zu fürchten oder vor ihrem Urteil uns zu schämen[5].

---

[5] Günther Bornkamm, Das Wort Jesu vom Bekennen. In: Ders., Geschichte und Glaube. Teil I (= Gesammelte Aufsätze Bd. III) (= BEvTh Bd. 48) München 1968. 25–36. Es handelt sich dabei um die von G. Bornkamm am 13.2. 1935 in Königsberg gehaltene Antrittsvorlesung, deren Schluß hier zitiert werden soll: „Im Bekenntnis zu Jesus übernimmt die Jüngerschaft die letzte Gefahr, die die Welt gegen sie heraufzuführen vermag, und birgt sich in der letzten Verheißung, für deren Unverbrüchlichkeit ihr Herr selbst einsteht. Sein Wort gibt ihrem Wort ein die Ewigkeit bestimmendes Gewicht. Es ist nun nicht mehr ein bloßes Wort menschlicher Tapferkeit und Wahrhaftigkeit, das ein vielleicht heroisches Ende über sie bringt, nein, es ist das Wort, das seine gewisse Antwort finden wird in dem Bekenntnis aus Jesu Munde. Wenn aber die

Das Wort Jesu vom Bekennen und Verleugnen ist verbunden mit dem Ruf in die Nachfolge. Nach dem Zeugnis der Heiligen Schrift ist Nachfolge nicht bloß eine Bestimmung des Bewußtseins oder eine Überzeugung, sondern die Bewegung eines ganzen Menschen, der hinter seinem Herrn hergeht, auf ihn blickt und sein Wort hört. Der Jünger verwirklicht nicht den Glauben im Tun; vielmehr ist in dieser Nachfolge der Glaube das Tun in der Gemeinschaft mit dem Herrn, freilich dann auch in allem, was dem Herrn selbst widerfährt. Daher wird im Zusammenhang des Wortes vom Bekennen und Verleugnen auf den Weg der Nachfolge Christi zum Tod am Kreuz hingewiesen. Zum Christusbekenntnis gehört die Aufforderung und Konsequenz „sich selbst zu verleugnen" und „sein Kreuz auf sich zu nehmen". Die Realität der in Jesu Wort von der Kreuzesnachfolge angesprochenen Verfolgungssituation darf keinesfalls in die Sentimentalität innerer Skrupel („nicht glauben können") oder äußerer Mangelerscheinungen allegorisiert werden. Damit würde dem Wort Jesu die Verheißung und die Wirkung genommen, die gerade mit dem Kreuz verbunden ist. Der Christ würde nicht mehr auf das ewige Heil blicken, das zugesagt wird, sondern auf manche zeitlichen Fragen und Sorgen, für deren irdische Beseitigung wir keineswegs Worte des Herrn haben. Dietrich Bonhoeffer hat in seinem Buch „Nachfolge" auf diesen wichtigen und doch immer so bald übersehenen Unterschied aufmerksam gemacht: „Kreuz ist nicht Ungemach und schweres Schicksal, sondern es ist das Leiden, das uns aus der Bindung an Jesus Christus allein erwächst. Kreuz ist nicht zufälliges, sondern notwendiges Leiden. Kreuz ist nicht an die natürliche Existenz gebundenes Leiden, sondern an das Christsein gebundenes Leiden. Kreuz ist überhaupt nicht nur wesentlich Leiden, sondern Leiden und Verworfenwerden, und auch hier streng genommen, um Jesu Christi willen verworfen werden, nicht um irgendeines anderen Verhaltens oder Bekenntnisses willen. Eine Christlichkeit, die die Nachfolge nicht mehr ernst nahm, die aus dem Evangelium allein den billigen Glaubenstrost gemacht hatte und für die im übrigen natürliche und christliche Existenz ungeschieden ineinander lag, mußte das Kreuz als das tägliche Ungemach, als die Not und Angst unseres natürlichen Lebens verstehen. Hier war vergessen, daß Kreuz immer zugleich Verworfensein bedeutet, daß die Schmach des Leidens zum Kreuz gehört."[6]

Eine um ihre Existenz besorgte Wohlstandsgesellschaft mag geneigt sein, das Wort Jesu auf die Fraglichkeiten des heutigen Menschen festzulegen und auf die Überlebensängste einer Überflußgesellschaft. Indes geht es bei dem

---

Gemeinde durch sein Wort sich die Bedeutung der Entscheidung zwischen Bekennen und Verleugnen erschließen läßt, begreift sie zugleich, daß auch ihr Wort nur Antwort ist auf das seine. In der Frage, die die heimtückische Welt an die Jünger richtet, wird sie in Wahrheit von Jesus selbst gefragt, und ihre Antwort, die vor dem irdischen Tribunal erklingt, dringt in Wahrheit zu ihm." (36).

[6] Dietrich Bonhoeffer, Nachfolge (= Werke Bd. 4) München 1989, 79f.

Wort Jesu nicht einfach um Selbstbestätigung, sondern um Leben und Tod in der fundamentalen Entscheidung, was eigentlich Leben gewinnen, retten und heilen ist und was umgekehrt Leben verlieren und zugrunde richten bedeutet. Lebensgewinn und Lebensverlust werden durch das Wort Jesu auf eine völlig andere Grundlage gestellt. Nicht der Mut der Verzweiflung ist hier gefordert, und auch die Welt ist nicht zu verachten, selbst wenn sie die Jünger Jesu verachten sollte. Es geht allein um das Heil, das durch Christi Kreuz erworben ist, indem der Weg durch den Tod zum Leben denen geöffnet ist, die ihm nachfolgen. Sich selbst verleugnen hat seinen Grund darin, daß der Christ nicht mehr sich selbst, sondern Christus gehört (Gal 2,20).

Mit dieser Einsicht kann das Christusbekenntnis nicht als bloßer Text oder bloßes Wort aufgefaßt werden, das dann durch Tat- oder Lebensbekenntnisse zu ergänzen oder zu verwirklichen wäre. Nach dem Wort Jesu ist das Bekenntnis selbst Tat und Geschehen, weil es das betrifft, was Jesus für uns vor Gott tut. In der für Menschen höchsten Gefahr, nicht nur das eigene Ansehen vor Menschen, sondern auch das Leben durch Menschen zu verlieren, gilt die Unverbrüchlichkeit der letzten Verheißung, in der Christus selbst für die Seinen vor Gott eintritt für das ewige Leben.

4. Das Bekenntnis zu Christus und die Tat der Christen

Um die Zuordnung von Bekennen und Handeln brechen in der christlichen Gemeinde immer wieder charakteristische Auseinandersetzungen auf. Das hat seine guten Gründe, wenn Glaubensbekenntnis und Lebensführung einander widersprechen. Eigenartigerweise aber betreffen solche Auseinandersetzungen nicht den Einzelfall, in dem es um Erkenntnis, Bekenntnis und Vergebung der Sünde geht, sondern es geht um Grundsätzliches, und darum ist es wichtig und hilfreich, auf die entsprechenden Grundlagen zurückzugehen.

Das Verhältnis von Bekenntnis zu Christus und Tat der Christen wird in der Verkündigung Jesu unter den beiden dafür ausschlaggebenden Aspekten im Endgericht an zwei Stellen behandelt. Mt 7,21–23 betrifft das solche, die zwar den Namen des Herrn bekannt und angerufen haben, aber gleichwohl aufgrund ihrer Taten verworfen werden. Mt 25,31–46 betrifft das solche, die Christus offenbar weder erkannt noch bekannt haben, aber gleichwohl aufgrund ihrer Taten von ihm angenommen werden.

„Es werden nicht alle, die zu mir sagen: Herr, Herr!, in das Himmelreich kommen, sondern die den Willen tun meines Vaters im Himmel“ (Mt 7,21). Das Wort ist in dem Textzusammenhang Mt 7,13–27 verbunden mit der Warnung vor den Lügenpropheten, die an ihren Früchten zu erkennen sind. Alle vorangehenden Teile der Bergpredigt zielen auf eine solche Selbstprüfung. Beginnend mit den Seligpreisungen sind sie jedoch auch von der

Verheißung Jesu umschlossen, daß Erfolg und Lohn in der Nachfolge nicht in dieser, sondern erst in der kommenden Welt zu erwarten sind.

Von den *vier* Warnungen am Schluß der Bergpredigt (Mt 7,13–27) richtet die *erste* den Blick auf die Scheidung durch die enge Pforte auf dem schmalen Weg zum Leben, den nur wenige gehen und durch die weite Pforte auf den breiten Weg zum Verderben, den viele gehen. Die Wege beginnen in diesem Leben. Wer durch die enge Pforte auf dem schmalen Weg geht, kann nicht mit Mehrheiten breiter Zustimmung und lautem Erfolg rechnen, sondern er wird in der Minorität allein bleiben.

Die *zweite* Warnung (Mt 7,15f.) gilt den Lügenpropheten, den sprichwörtlichen „Wölfen im Schafspelz". Das Bild betrifft nicht nur die Lehre, sondern Erscheinung und Auftreten: Friedlich, gewinnend, versöhnlich und harmlos nach außen. Doch der Wolf nach seiner wahren Natur verjagt die Herde und zerreißt die Schafe. Das Bild von den guten und schlechten Früchten deckt einen unumkehrbaren Zusammenhang auf. Die Gemeinde muß mit der Möglichkeit rechnen, daß es in ihr Wölfe im Schafspelz (vgl. Apg 20,29ff.) sowie bei den Lehrern gute und schlechte Früchte gibt. Wichtig aber ist, dies zu erkennen, zu unterscheiden, um sich davor zu hüten und solche Lehrer zu meiden.

Die *dritte* Warnung (Mt 7,21) führt von der Scheidung im Lebensweg des einzelnen über die Unterscheidung zwischen den Lehrern in der Gemeinde zu der Scheidung, die von Christus im Gericht über die Gemeinde vorgenommen wird. Dabei zeigt sich, daß nicht einfach die Bekenntnisgemeinschaft im Gericht besteht, sondern daß dieses Gericht durch die Bekenntnisgemeinschaft hindurch geht. Die Berufung auf das „Herr, Herr!" sowie der Hinweis auf eindrucksvolle Taten von Prophetie und Dämonenaustreibungen im Namen Jesu führen gleichwohl zu der Abweisung durch Jesus „an jenem Tage": „Ich habe euch niemals gekannt." Wenn in den vorangehenden Warnungen die Unterscheidung von der Gemeinde vollzogen werden soll, so geht es hier um die Scheidung, die von Christus selbst vollzogen und damit in ihrer Endgültigkeit überhaupt erst aufgedeckt wird. Vom Endgericht her aber wird durch das Wort der Schrift durchschaubar, was sich in der Gegenwart vollzieht. Die Warnung der Gemeinde vor den falschen Propheten wird zur Anrede an die falschen Propheten selbst, die in ihrem Verhalten gegenüber der Gemeinde und der Wahrnehmung ihres Auftrags durchaus entscheidende Inhalte des christlichen Bekenntnisses vorweisen und die Zeichen apostolischer Vollmacht in Anspruch nehmen. Der Grund für ihre Abweisung ist das Tun „der Gesetzlosigkeit" (anomia), die Übertretung der Gebote.

Im Gericht aufgedeckt wird aber nicht allein, daß die Gebote übertreten werden, sondern daß diese Lügenpropheten in ihrem Wesen Wölfe sind, auch wenn sie äußerlich als Schafe erscheinen, und als Pflanzen, von denen keine guten Früchte zu erwarten sind. Sie gehören nicht zu Christus, und daher kennt er sie auch nicht trotz ihres Bekenntnisses. Das Leben der Lehrer soll durch die Gemeinde geprüft werden; die Lehrer sollen sich aber auch selbst prüfen im Hinblick auf diese endgerichtliche Entscheidung. Das Wort von der Selbstverleugnung und Kreuzesnachfolge dürfte der rechte Prüfstein sein. Die falschen Propheten sind diejenigen, die nicht in der Nachfolge Christi für die Herde leben, sondern unter dem Anspruch des Namens Jesu Christi von der Gemeinde für sich selbst leben (vgl. Joh 10).

Das folgende Schlußgleichnis (Mt 7,24–27) zeigt als *vierte* Warnung die praktischen Folgen und führt damit zurück zu dem tragenden Fundament.

Mt 25,31–46, die Verkündigung Jesu von der Wiederkunft des Menschensohns in Herrlichkeit zum Gericht über alle Völker, zeigt den umgekehrten Sachverhalt, bei dem ebenfalls die direkte Relation von Bekenntnis vor der Welt und Rettung im Gericht vor Gott durchbrochen zu sein scheint. Der Text ist weder nach der literarischen Form noch nach dem theologischen Inhalt ein Gleichnis, selbst wenn er im Anschluß an die beiden vorangehenden Gleichnisse häufig so verstanden wird. Im Rückgriff auf Ez 34,17 ff. geht es vielmehr um die Erfüllung messianischer Verheißung, und es kommt auf das an, was der königliche Richter sagt und tut.

Offenbar ist es so, daß zwar das Bekenntnis für Christus vor der Welt fehlt, aber dennoch bekennt sich Christus zu solchen, die durch die Tat der Liebe und Gerechtigkeit, und dies sogar nur an „einem einzigen“ Hungernden, Dürstenden, Fremdling, Unbekleideten, Kranken oder Gefangenen, ihm gedient haben. Gewiß gehört es auch zur Wirkung dieses Wortes Jesu in seiner Gemeinde, daß, wie allein das mühevolle Ringen der Auslegungsgeschichte zeigt, die Gemeinde wachgerüttelt werden soll. Das kann durchaus im Sinne der Warnung von Mt 7,13 ff. sein, wenn die guten Früchte fehlen.

Es drängt sich aber auch die Erwägung auf, ob es denn nach diesem Wort so etwas wie eine Gemeinschaft der „Menschen guten Willens“ gibt, bei denen nach ihrem sittlichen Verhalten unter Umständen auch von „anonymen Christen“ in der Weise zu sprechen wäre, daß sie zwar weder den Namen Christi tragen noch bekennen, daß sie auch nicht erkennbar zur Gemeinde gehören, also auch nicht auf das Wort Christi hören, wohl aber, ohne davon zu wissen, seinen Willen erfüllen. Daneben dürften aber schon nicht diejenigen übersehen werden, die unter denselben Voraussetzungen und ohne es zu wissen seinen Willen nicht erfüllen. Nicht zuletzt mag man sich darüber verwundern, daß von dem Richter lediglich eine Minimalbedingung beim Urteil den Ausschlag gibt: „Ein einziger.“ Und im Vergleich zu den zehn Geboten fallen die sechs Beispiele für die Taten der Barmherzigkeit ausschließlich in den Geltungsbereich des fünften Gebots „du sollst nicht töten“ mit der positiven Anwendung aus der Erklärung des Kleinen Katechismus, „daß wir unserm Nächsten an seinem Leibe keinen Schaden noch Leid tun, sondern ihm helfen und fördern in allen Leibesnöten“.

Gegenüber den beiden vorangehenden Gleichnissen von den klugen und törichten Jungfrauen sowie von den anvertrauten Talenten liegt hier offenbar eine Ausnahmesituation vor, die zwar viele einzelne betreffen mag, aber doch nur auf einen bestimmten Fall beschränkt ist. Das Gericht ergeht über „alle Völker". Von dem Anspruch des fünften Gebots und dem Dienst am Nächsten sind die Jünger Jesu gewiß nicht ausgenommen, doch sie werden hier nicht angesprochen. Durchweg vollzieht sich die Scheidung an solchen, die Christus weder gekannt, noch erkannt und bekannt haben. Davon, daß Christus etwa generell in Armen, Kranken und Gefangenen begegnet, ist mit keinem Wort die Rede, und das brauchte wohl auch Christen nicht zur Begründung gesagt zu werden, da sie doch das Gebot Christi kennen. Dieses Gebot der Nächstenliebe wird also nicht etwa durch ein „Sakrament der Nächstenliebe" ersetzt. Als die „geringsten Brüder Christi" werden aber, wie sämtliche entsprechende Stellen bestätigen, immer nur Christen verstanden (vgl. Mt 10,40f.; Lk 10,16; Joh 13,20; Mk 9,39ff.; Hebr 13,1ff.; Mt 26,8f.). Infolgedessen geht es bei dem Gericht über die Völker um *Nichtchristen*, die im Einzelfall armen, kranken und verfolgten Christen beigestanden haben. In diesen Christen ist den Nichtchristen Christus selbst begegnet, ohne daß sie das wußten und erkannten. Deshalb werden sie von Christus im Gericht als solche anerkannt, die von Anfang der Welt zu der für das Himmelreich erwählten Schar gehören, während die anderen, die, ohne es zu wissen, diese einzelne Tat der Liebe an dem verfolgten Bruder Christi versäumt haben, ausgestoßen werden.

Weder nach Mt 7,13ff. noch nach Mt 25,31ff. gibt es für die christliche Gemeinde eine Grundlage, von anderen Heilswegen zu sprechen oder das Bekenntnis zu Christus durch die Tat des Christen zu ersetzen. Freilich ist es von einem verbreiteten falschen Verständnis dieser Stellen her zu allen Zeiten für die christliche Gemeinde schwer zu durchschauen, wenn eine Richtung „den Standpunkt eines positiven Christentums, ohne sich konfessionell an ein bestimmtes Bekenntnis zu binden", vertritt[7]. Dann wird entweder ein „ethischer Atheismus" propagiert oder eine herablassende „Solidarität mit Gottlosen" praktiziert. In beiden Fällen aber tritt dann der Christ mit seinen Werken an die Stelle Christi. Bedürftigkeit, Krankheit, Verfolgung begründen nicht die Gemeinschaft mit Christus, selbst wenn sie auch aus der Nachfolge Christi erwachsen mögen.

Schließlich ist noch zu bedenken, wie bei den beiden angeführten Texten aus der Perspektive des Endgerichts etwas von der ewigen Erwählung in Jesus Christus aufgedeckt wird, was wir in der Erfahrung christlicher Existenz niemals ohne weiteres zu Gesicht bekommen. Daß es die Endgültigkeit der Grenze des Endgerichts gibt, wird uns gesagt; es wird uns aber auch gezeigt, daß diese Endgültigkeit nicht aus unserem Bekenntnis zu

[7] Dazu: Hermann Sasse, Kirchliche Zeitlage. KJ 59, 1932 (= KJ 60/71, 1933–1944, 2–3).

Christus, sondern aus dem Bekenntnis Christi zu uns hervorgeht. Gesagt wird uns das von dem, der selbst der Richter und Retter ist.

5. Bloß der Name

Es bleibt noch eine letzte Erwägung bei dem Versuch, Bedeutung und Wirkung des Namens Jesu Christi zu erfassen. Haß und Verfolgung bloß um seines Namens willen hat Jesus seinen Jüngern bei der Aussendung angesagt (Mt 10,22) und seiner Gemeinde für die Endzeit angekündigt (Mk 13,13; Lk 21,12–17; Joh 15,21). So gehört es auch zu den Begleiterscheinungen der Verkündigung, um des Namens willen geschmäht zu werden und zu leiden (Apg 5,41; 9,16; Hebr 13,13f.; 1.Petr 4,14–16; Offb 2,3 u.a.). Das sind Vorgänge, die sich nicht allein vor Gerichten und staatlichen Instanzen abspielen, sondern in Synagogen, Gemeinden, ja selbst im engsten Familienkreis. „Bloß der Name" – das scheint wenig, wenn man als Christ sich durch die Anrufung des Kaisers als Herr (kyrios) in seiner Göttlichkeit, durch Räuchern vor seinem Bild oder durch die Unterschrift unter eine Erklärung der Bestrafung, der Verbannung mit Konfiskation des Eigentums oder gar der Hinrichtung entziehen kann. „Bloß der Name" – das mag unbedeutend sein, wenn man, ohne den Namen Jesu Christi zu verkündigen, als Christ und in einer gelebten Christlichkeit meint besser ankommen zu können, Anerkennung und Zustimmung zu gewinnen. Und wer kennt das nicht, wie der Name Jesu Christi unter Umständen selbst in einer christlichen Gemeinde auf Unverständnis trifft oder mit der unwilligen Bemerkung, das sei eine selbstverständliche Voraussetzung, letztlich verschwiegen und verdrängt wird? „Bloß der Name" – das mag geringfügig erscheinen, wenn Gebet und Bekenntnis im Familienkreis auf Gleichgültigkeit, Ablehnung oder auf scharfen Protest stoßen und man dann um des Friedens und Zusammenhalts willen schweigt.

Gegenüber Unverständnis möchte man gewinnend sein, gegenüber Ablehnung nicht verletzend, und dann wird aus menschlich nur zu verständlichen Gründen schamhaft verschwiegen, was der einzige Grund des Heils ist (Apg 4,12). Doch dabei wird übersehen, daß dieser Name keineswegs nur Ansprüche begründet, sondern vielmehr begrenzt. Denn was durch diesen Namen geschieht, wird eben nicht durch „eigene Kraft oder Frömmigkeit bewirkt", sondern „durch den Glauben an seinen Namen hat sein Name diesen, den ihr seht und kennt, stark gemacht" (Apg 3,12–16). Wenn mit dem Bekenntnis zu dem Namen Jesu Christi ein heilsentscheidender Ausschließlichkeitsanspruch verbunden ist, dann ist damit eben auch für den Christen selbst der heilsentscheidende Anspruch seines eigenen Tuns ausgeschlossen. „Bloß der Name" – was daran das unterscheidende Merkmal des christlichen Gottesdienstes ist in der Zusage des ewigen Lebens, das ist zugleich die schwerste Anfechtung des Christen, seine tiefste Demütigung und deshalb seine größte Vollmacht in Christus. Denn „in keinem anderen ist das Heil, auch ist kein anderer Name unter dem Himmel den Menschen gegeben, durch den wir sollen selig (gerettet) werden“ (Apg 4,12).

3. Kapitel: Das Wort Gottes – Die Heilige Schrift

Die Heilige Schrift Alten und Neuen Testaments ist das Wort des Dreieinigen Gottes, in dem er sich zu erkennen gibt, durch das er gegenwärtig ist, spricht und handelt[8]. Dieser grundlegende Sachverhalt bestimmt den christlichen Gottesdienst und von hier aus den Bestand der christlichen Gemeinde und das Leben eines jeden Christen. Ohne das Wort Gottes der Heiligen Schrift wäre dies alles überhaupt nicht möglich. Ohne diese Voraussetzung wären übrigens auch die vielfältigen Einwände nicht möglich, die sich in der Gemeinde und nicht zuletzt aus der Theologie dagegen erheben, wenn z. B. die Heilige Schrift in erster Linie als „ein Text der Antike“ gesehen wird, der erst der Gegenwart kritisch zu erschließen sei, soweit das unter veränderten Verstehensvoraussetzungen und Lebensverhältnissen überhaupt möglich ist.

Daß Gott zu uns spricht, macht nicht allein das Wesen des Wortes Gottes aus, sondern begründet zugleich das Verhältnis von Gott und Mensch. Gott eröffnet die Gemeinschaft mit uns Menschen durch sein Wort; infolgedessen erschließt nicht das Wort im allgemeinen Sinne die Gemeinschaft mit Gott, sondern Gott erschließt sich in dieser Gemeinschaft durch sein Wort. Das Wort Gottes ist in der christlichen Gemeinde in den Heiligen Schriften des Alten und des Neuen Testaments mit einer alle anderen Autoritäten ausschließenden Verbindlichkeit, in durch nichts zu ergänzender Vollständigkeit, in durchsichtig-klarer Verständlichkeit sowie heilschaffender Wirksamkeit gegeben. Nur durch dieses Wort kann die Kirche Kirche und ein Christ Christ sein. Die Kirche Jesu Christi hat in dem Wort Gottes der Heiligen Schriften nicht allein ihren geschichtlichen Ursprung, sondern ihren geistlichen Grund, der von Gott in diese Zeit eingeht und aus ihr in die Ewigkeit führt. In diesem Sinne ist die Kirche Geschöpf des Wortes Gottes; sie ist aus ihm entstanden, sie hat in ihm ihren Bestand und das Ziel ihrer Vollendung. Aus dem Wort Gottes wird nicht allein erkannt, sondern empfangen, was einen Christen zum Christen macht, der ohne das Leben mit

[8] Weiteres und Belege s. den Exkurs I: „Die Heilige Schrift, das Wort des Dreieinigen Gottes.“ S. 262–271.

dem Wort aus seinem Christenstand fällt. „Denn es ist nicht ein leeres Wort an euch, sondern es ist euer Leben“ (Dtn 32,47).

Gegen einen solchen Grundsatz erheben sich manche Bedenken und viele Einwände. Sie werden jedoch in aller Regel nicht von außen an die Gemeinde herangetragen, da für den außenstehenden Betrachter die Verbindung von Heiliger Schrift und christlicher Gemeinde ein unterscheidendes Merkmal ist. Vielmehr treten sie in der Gemeinde auf und haben z. B. folgende Form: Inwieweit ist die Heilige Schrift Wort Gottes? – Wie kann man sie in der Geschichtsbedingtheit ihrer Texte und Vorstellungen verstehen und im geschichtlichen Wandel menschlicher Begriffe verständlich machen? – Wie verhält sich die Vielfalt und Gegensätzlichkeit der Auslegungen zur Eindeutigkeit des Zeugnisses? – Inwiefern ist dann das, was die Heilige Schrift enthält, heute noch verständlich und gültig?

Alle diese und viele ähnliche Überlegungen stellen sich in der christlichen Gemeinde ebenso wie im Leben eines Christen aber stets nur unter der Voraussetzung, daß die Heilige Schrift diese grundlegende Geltung hat und diesen Anspruch erhebt. Es gehört aber wohl zum Wesen von Autorität, daß sie aus verschiedenen Gründen angezweifelt, bestritten oder aber auch verdrängt und ersetzt werden kann. Freilich kann durch Antworten auf solche Infragestellungen niemals nachträglich begründet werden, was als Grundsatz vorausgesetzt ist. Bei den Fragen und dem Widerspruch ist durchaus etwas von der Wirkung der Autorität der Heiligen Schrift zu erkennen, was bei genauerem Zusehen nicht nur ein Zweifel an der Berechtigung ihrer Autorität ist, sondern ein Konflikt zwischen verschiedenen Autoritäten, bei dem zu prüfen wäre, von welchen anderen Voraussetzungen her die Autorität der Heiligen Schrift in Frage gestellt, aufgehoben und ersetzt wird. Wer aber meint, die Autorität der Heiligen Schrift begründen zu können oder verteidigen zu müssen, gerät leicht selbst in die Gefahr, ihre eigene Autorität durch fremde Autoritäten zu ersetzen und zu stützen.

Das „Schriftprinzip“ ist nicht eine Theorie, deren Anwendung in der Praxis zu prüfen und durchzusetzen wäre. Vielmehr geht es bei der Heiligen Schrift als dem Wort des Dreieinigen Gottes um die Begegnung Gottes mit dem Menschen und des Menschen mit Gott. Im Hören auf das Wort Gottes der Heiligen Schrift vollzieht sich so die Gemeinschaft von Gott und Mensch. Was aber durch das Wort Gottes der Heiligen Schrift geschieht, kann auch nur aus der Heiligen Schrift erkannt und verstanden werden: „Es ist aber dies von aller Anfechtung der Ursprung und das Hauptstück, wenn die Vernunft von sich aus den Versuch unternimmt, über das Wort und über Gott zu urteilen ohne das Wort.“[9] Die Liebe zur Heiligen Schrift und das

---

[9] Martin Luther, Vorlesungen über 1.Mose WA 42, 116, 18f.; vgl. Hauspostille 1544. WA 52, 498, 16–29: „Also sollen Wort und Glaube fein beisammenstehen, denn es kann keins ohne das andere sein. Wer da glaubt und hat das Wort nicht, der glaubt wie Türken und Juden, die haben den Glauben, Gott sei gnädig und barmherzig. Aber es fehlet ihnen an der Zusagung, denn Gott

treue, regelmäßige Hören auf das Wort der Schrift sind das wichtigste Kennzeichen für die Gemeinschaft mit Gott und für einen lebendigen Glauben, der eben nur aus dem Wort Gottes entstehen und leben kann. Nur aus der Heiligen Schrift und im vertrauensvollen und gehorsamen Umgang mit ihr ist Gottes Wort zu erkennen. Weil sie das Wort Gottes ist, hört die Gemeinde durch die Heilige Schrift die „Worte des ewigen Lebens" (Joh 6,68; vgl. Phil 2,16). Wo aber das äußere Bibelwort fehlt oder verdrängt wird, werden unvermeidlich andere Autoritäten durch Zwang oder Begeisterung die Herrschaft ergreifen[10]. Wie der Gottesdienst mit der Heiligen Schrift steht und fällt, so ist auch die Heilige Schrift durch den Gottesdienst gegenwärtig.

1. Das Wort Gottes

Wort Gottes heißt, daß *Gott* spricht. Das ist das Besondere, was die Heiligen Schriften von allen anderen Schriften unterscheidet. Wer das recht bedenkt, wird darin nicht etwas Verwunderliches, sondern das Wunderbare der Heiligen Schriften erkennen. Gottes Wort darf nach dem Zeugnis dieser Heiligen Schriften nicht zuerst unter die allgemeinen Vorstellungen von Sprache, Bedeutung, Schrift und Überlieferung subsumiert werden. Denn Gott ist in seinem Wort, das er spricht, nicht eine Vorstellung, sondern er redet und handelt durch sein Wort.

Gott spricht im Befehl „Es werde!" Durch dieses befehlende Wort Gottes ist alles geworden, was diese Welt ist und was in ihr ist (Gen 1; Ps 33,6). Das Schöpferwort am Anfang ist nicht lediglich eine neben vielen Erklärungen

will außer Christus nicht gnädig sein. Also, wer das Wort hat und den Glauben nicht, da schafft das Wort auch nichts bei. Daß also Wort und Glauben zur Ehe zusammengehen, und keines sich vom anderen scheiden lassen kann. Ein Schwärmer glaubt, es soll noch in vier Wochen der Jüngste Tag kommen. Aber solcher Glaube ist lauter Lügen, denn es ist kein Wort dabei. Der Türke glaubt, er wolle seines Mohammeds zur Seligkeit genießen, aber es ist ein lauter Lügen, denn es ist kein Wort dabei. Also glaubt der Papst auch, ein Christ müsse mit eigenen Werken sich gen Himmel fördern, aber es ist ein falscher Glaube, denn es mangelt am Wort und der Zusagung. Also kann's wohl sein, daß man einen Glauben hat, aber weil es am Wort mangelt, ist es kein rechter Glaube." (Sprachlich modernisiert R. S.)

[10] „Und in diesen Stücken, so das mündlich, äußerlich Wort betreffen, ist fest darauf zu bleiben, daß Gott niemand seinen Geist oder Gnade gibt ohn durch oder mit dem vorgehend äußerlichem Wort, damit wir uns bewahren für den Enthusiasten, das ist Geistern, so sich rühmen, ohn und vor dem Wort den Geist zu haben, und darnach die Schrift oder mündlich Wort richten, deuten und dehnen ihres Gefallens, wie der Münzer tät und noch viel tun heutigs Tages, die zwischen dem Geist und Buchstaben scharfe Richter sein wollen und wissen nicht, was sie sagen oder setzen; denn das Papsttum auch eitel Enthusiasmus ist, darin der Papst rühmet, ‚alle Rechte sind im Schrein seines Herzens' und, was er mit seiner Kirchen urteilt und heißt, das soll Geist und Recht sein, wenn's gleich über und wider die Schrift oder mündlich Wort ist. Das ist alles der alte Teufel und alte Schlange, der Adam und Eva auch zu Enthusiasten machte, vom äußerlichen Wort Gotts auf Geisterei und Dünkel führet..." Schmalkaldische Artikel BSLK 453,16–454,15. Vgl. dazu auch die Verwerfung in CA 5.

für den Ursprung des Alls, sondern damit wird der Anfang gesetzt, und gleichzeitig wird in dem befehlenden Wort das Verhältnis von Schöpfer und Geschöpf bestimmt. Weder fließt die Welt als Emanation aus Gott hervor, noch geht Gott in die Welt ein, sondern durch das befehlende Wort Gottes ist der Ursprung in Verbindung und Unterscheidung von Schöpfer und Geschöpf gesetzt, und damit wird für alles weitere ausgeschlossen, das von Gott Geschaffene mit Gott zu verwechseln. Der Glaube an Gott und das Wort Gottes stehen hier im Blick auf das Entstehen der Welt und das Bestehen der Welt in einem unauflöslichen Zusammenhang: „Durch den Glauben erkennen wir, daß die Welt durch Gottes Wort geschaffen ist, so daß alles, was man sieht, aus Nichts geworden ist." (Hebr 11,3) Wenn diese Grundeinsicht fehlt, werden sich zwangsläufig geschaffene Größen als eigene Autorität verselbständigen und ihre Macht ausüben. Wort Gottes und Wirklichkeitserfahrung erscheinen damit in einem ganz unmittelbaren, aber auch spannungsvollen Zusammenhang.

Wie die Beziehung von Gott und Welt nach dem Wort Gottes im Wort besteht, wird auch die Beziehung Gottes zu dem von ihm geschaffenen Menschen durch das Wort begründet. Wie diese personale Beziehung von Gott und Mensch im Wort aussieht, zeigt sich an dem ursprünglichen Verbot Gottes für den von ihm geschaffenen Menschen: „Von dem Baum der Erkenntnis des Guten und Bösen sollst du nicht essen; denn an dem Tage, da du von ihm issest, mußt du des Todes sterben" (Gen 2,17). Dieses Verbot nimmt sich angesichts der unbegrenzten Versorgung des Menschen mit allem Lebensnotwendigen im Paradies so befremdlich und willkürlich aus. Aber gerade dadurch wird dem Menschen im Urstand die Freiheit zur Entscheidung für oder gegen Gott gegeben. Wir verstehen Verbote meistens als Begrenzung unserer Freiheit, weil wir anderes wollen, was uns besser zu sein scheint. Als Begründung der Freiheit erscheint das Verbot nur dort, wo das Vertrauens- und Glaubensverhältnis nicht gestört ist durch den mißtrauischen Verdacht, hinter dem Verbot könnte sich eine böse Absicht verbergen.

Wie die Gemeinschaft Gottes mit dem Menschen durch das Wort begründet ist, so betrifft auch die Abwendung des Menschen von Gott sein Verhältnis zum Wort Gottes. Indem er das Verbot übertritt, hat er seine ursprüngliche Freiheit im vertrauenden Gehorsam verspielt und damit die unmittelbare Gemeinschaft nicht nur mit Gott, sondern auch mit seinem Nächsten zerstört[11].

Wenn nach dem Wort Gottes in der Heiligen Schrift das Verhältnis von Gott und Mensch im Ursprung durch das Wort Gottes bestimmt ist, darf man dieses Wort Gottes nicht einfach in die sog. Geschichtlichkeit auflösen. Vielmehr ist es nach der Heiligen Schrift die Geschichte Gottes mit den Menschen, daß er immer wieder im Wort begegnet, um die Gemeinschaft

---

[11] S.u. 157ff.

durchzuhalten und zu erneuern. So ist die Gesetzgebung am Sinai direkte Anrede: „Und Gott redete alle diese Worte: Ich bin der Herr, dein Gott..." (Ex 20,1 f.). Die Gemeinschaft wird erneuert, indem Gebote und Verbote Gottes die Grenzen für diese Gemeinschaft aufzeigen und in Erinnerung rufen. Dtn 4,1–24 zeigt in eindringlicher Weise, wie durch das Wort in der Anrede durch Gott und in der Anrufung durch das Volk die besondere Gemeinschaft der Erwählung sich vollzieht, unterschieden von allen anderen Vorstellungen und Anschauungen, unter denen man sich Gott denken oder ihn bildhaft darstellen mag. Wie Gott im Wort zu seinem Volk redet, so redet das Volk mit Gott im Wort. „Seine Worte hörtet ihr, aber ihr saht keine Gestalt, nur eine Stimme war da" (Dtn 4,12). Diese Gemeinschaft im Wort schließt jede andere Darstellung Gottes in Bildern und Erfahrungen (Dtn 4,15–19), aber auch andere Worte grundsätzlich aus. Das erste Gebot „Ich bin der Herr, dein Gott... Du sollst keine anderen Götter haben neben mir" und das damit zusammenhängende zweite Gebot „Du sollst dir kein Bildnis noch irgendein Gleichnis machen, weder von dem, was oben im Himmel, noch von dem, was unten auf Erden, noch von dem, was im Wasser unter der Erde ist: Bete sie nicht an und diene ihnen nicht!..." (Ex 20,1–6; Dtn 5,6–10) betrifft die durch das Wort Gottes begründete Gemeinschaft von Gott und Mensch. So entscheidet sich bereits am Schriftprinzip die Gotteserkenntnis und die davon geleitete und getragene Welterfahrung[12].

Die Propheten des Alten Bundes richten das Wort Gottes in der ersten Person aus: „So spricht der Herr". Das darf nicht als literarische Form neutralisiert werden, sondern es macht den Unterschied zwischen dem Reden Gottes und einem Reden über Gott im Wort Gottes aus. Dazu gehört gewiß auch, daß dieses direkte Wort Gottes der Propheten nicht aus der Situation, geschweige aus den Bedürfnissen und Verstehensvoraussetzungen von Menschen erwächst. Im Gegenteil schafft dieses prophetische Wort die Situation und erhellt sie, wo das Volk sich im Dunkel des Ungehorsams verirrt. Der Prophet, zu dem Gott spricht und der dieses Wort Gottes weitergeben muß, sieht nicht nur diesen Widerspruch, sondern erfährt ihn oft bis zu tiefster Verzweiflung (vgl. Jer 15,10 ff.; 20,7 ff.; Am 7,10 ff. u. a.). Dieser unableitbare Widerspruch des Wortes Gottes richtet sich gegen den Ungehorsam und die Abwendung von Gott; aber er tröstet auch, wo das Volk Gottes nach seiner Wirklichkeitserfahrung meint, von Gott verlassen zu sein (Jes 40,1 ff.).

Im Wort Gottes beruht die Kontinuität von Altem und Neuem Bund. Unter dem Blickwinkel der Geschichtlichkeit menschlichen Redens ist das freilich nicht einzusehen, sondern dann treten die kontextuellen sprachlichen, kulturellen und, wie die jüngste Geschichte lehrt, auch die rassischen

---

[12] S. u. 78.

Eigentümlichkeiten wertend und trennend in den Vordergrund[13]. Bei dem Reden Gottes indes haben wir es nicht mit einem literaturgeschichtlichen, sondern mit einem heilsgeschichtlichen Sachverhalt zu tun: „Nachdem Gott vor Zeiten vielfach und auf vielerlei Weise geredet hat zu den Vätern durch die Propheten, hat er in diesen letzten Tagen zu uns geredet durch den Sohn…" (Hebr 1,1–2). Daß Jesus Christus das Wort Gottes nicht nur spricht in der Weise der alttestamentlichen Propheten, sondern daß er es ist, bildet Grund und Inhalt des christlichen Glaubens: „Im Anfang war das Wort, und das Wort war bei Gott, und Gott war das Wort. Dasselbe war im Anfang bei Gott. Alle Dinge sind durch dasselbe gemacht, und ohne dasselbe ist nichts gemacht, was gemacht ist" (Joh 1,1–3). So offenbart sich in Jesus Christus die Raum und Zeit umfassende Identität des Wortes Gottes, die in dem Wesen des dreieinigen Gottes ihren Grund hat.

Im Wort Jesu Christi manifestiert sich die Vollmacht des Sohnes Gottes. „… er lehrte sie mit Vollmacht und nicht wie ihre Schriftgelehrten" (Mt 7,29; Mk 1,22.27). Durch das Wort Jesu werden Stürme und Wellen gebändigt, Dämonen ausgetrieben, Kranke geheilt, Sünden vergeben. Darin manifestiert sich die von Gott gegebene „Gewalt im Himmel und auf Erden" (Mt 28,18; Mk 16,17f.). So ist das Evangelium von Jesus Christus, das im Auftrag Jesu Christi verkündigt wird, Wort Gottes in der Vollmacht Gottes sowie als Wirkung Gottes.

Wenn wir uns auf die platonisierenden Vorstellungen von Geschichtlichkeit und Menschlichkeit des Wortes Gottes in dem gebrochenen Verhältnis von Transzendenz und Immanenz festlegen lassen, wird trotz allem, was uns in der Heiligen Schrift vom Wort Gottes gesagt wird, ein Sachverhalt besonders leicht übersehen, und das ist die Ewigkeit des Wortes Gottes. Jes 40,8 wird in 1.Petr 1,24f wiederholt: „Das Gras verdorrt, die Blume verwelkt, aber das Wort unseres Gottes bleibt ewiglich." Jesus sichert das in gleicher Weise im Anblick des Endes der Zeit und der Welt seinen Jüngern zu: „Himmel und Erde werden vergehen; aber meine Worte vergehen nicht" (Lk 21,33). Wer beim Wort Gottes vom *Wort* ausgeht, hat immer die Wandelbarkeit und Vergänglichkeit menschlicher Wörter vor Augen. Wer beim Wort Gottes von *Gott* ausgeht, dem erschließt sich die Ewigkeit des Wortes Gottes aus der Unwandelbarkeit seines Wesens in der Treue zu seinem Geschöpf, wie er sie in der Sendung seines Sohnes für alle Zeiten offenbart hat. „Denn die Worte, die du mir gegeben hast, habe ich ihnen gegeben, und sie haben sie angenommen und wahrhaftig erkannt, daß ich von dir ausgegangen bin, und sie glauben, daß du mich gesandt hast" (Joh 17,8). So bezeugt uns die Heilige Schrift nicht einfach eine Geschichtlichkeit des Wortes Gottes, sondern dessen unwandelbare Ewigkeit, ein „ewiges Evangelium" (Offb 14,6). Daher geht auch dieses Wort Gottes in den Heiligen Schriften nicht einfach in die

[13] S.u. 103f.

Geschichtlichkeit ein, sondern wir erkennen, wie nicht allein die Geschichte der Menschheit, sondern wie alles Geschaffene, Himmel und Erde, in dem Wort Gottes begründet und von ihm umgriffen ist. Dieses Wort, das aus der Ewigkeit kommt und das in die Ewigkeit führt, begegnet uns in unserer Zeit. Das ist das Wunder des Wortes Gottes.

2. Heilige Schrift

Vom Wort Gottes her, das durch sie bezeugt wird, erkennen wir, was die Heiligen Schriften sind. Wir erkennen zuerst, daß die Heilige Schrift eben nicht ein Buch ist wie jedes andere, sondern ein Buch wie kein anderes. Nicht die Erscheinungsform des Geschriebenen, sondern Inhalt und Wirkung des Heiligen machen den Unterschied aus. Daher sollten allgemeine literarische und historische Gesichtspunkte die theologischen von Inhalt und Wirkung nicht verdrängen. Der Kanon der biblischen Schriften ist das geschichtliche Dokument für diesen Sachverhalt, merkwürdig genug, wie zufällig und schwer faßbar sein geschichtlicher Ursprung ist. Kanon bedeutet Richtschnur und Maßstab, aber auch Liste und Verzeichnis von Schriften, die im Gottesdienst verwendet werden, auch wenn sie ursprünglich noch nicht als Kodex in einem Buch zusammengebunden sind, wie uns das heute immer zuerst vor Augen ist. Der kirchliche Gebrauch dieser Schriften geht sachlich und zeitlich der kirchlichen Entscheidung über ihre Auswahl und Zusammenstellung voraus. In der Musik, und das mag auch für den biblischen Kanon bedenkenswert sein, ist der Kanon eine monotone Melodie, aus der sich, von verschiedenen Stimmen gesungen, die zu verschiedenen Zeiten einsetzen, eine polyphone Harmonie ergibt.

Nun ist auffallend, daß in diesen Heiligen Schriften Gott spricht und den Auftrag gibt zu schreiben (Jes 30,8; Hab 2,2; Offb 1,11.19), aber selbst nicht schreibt. Es gibt aber Ausnahmen. Die eine betrifft in Ex 34,1 die neuen Gesetzestafeln, die Gott von Mose fordert mit der Begründung: „... daß ich die Worte darauf *schreibe*, die auf den ersten Tafeln standen, die du zerbrochen hast." Bei der ersten Gesetzgebung Ex 20,1 hieß es: „Und Gott *redete* alle diese Worte...", während nach Dtn 4,13 Gott schrieb. Wir lesen auch von den beiden Tafeln des Gesetzes: „Die waren aus Stein und beschrieben von dem Finger Gottes" (Ex 31,18; vgl. 32,16; Dtn 5,22).

Von Jesus erfahren wir nicht, daß er etwas geschrieben oder Schriftliches hinterlassen habe. Lediglich Joh 8,6 heißt es: „Jesus schrieb mit dem Finger auf die Erde." In der Perikope von der Ehebrecherin gibt das Anlaß zu mancherlei Überlegungen. Vielleicht kann man an Jer 17,13 erinnern: Die Namen der Abtrünnigen werden auf den Boden geschrieben, „denn sie verlassen den Herrn, die Quelle des lebendigen Wassers". Was aber auf den Boden und in den Sand geschrieben wird, das vergeht. Eigenartig ist an dieser

Stelle auch, daß Jesus schweigend schreibt, während das Wort, das er gesprochen hatte, wirkt: „Wer unter euch ohne Sünde ist, der werfe den ersten Stein auf sie." Die Ankläger verschwinden, wo sie selbst vor Gottes Gebot Angeklagte sind, während die von ihnen Angeklagte die Vergebung empfängt mit dem Gebot: „Sündige hinfort nicht mehr."

Es gibt noch andere Stellen in den Heiligen Schriften, nach denen Gott schreibt. Gott schreibt sein Gebot ins Herz, und dieses ins Herz geschriebene Gesetz ist Verheißung und Kennzeichen des Neuen Bundes: „... das soll der Bund sein, den ich mit dem Hause Israel schließen will nach dieser Zeit, spricht der Herr: Ich will mein Gesetz in ihr Herz geben und in ihren Sinn schreiben, und sie sollen mein Volk sein, und ich will ihr Gott sein" (Jer 31,33 vgl. Hebr 8,8–13; 10,16; Spr 3,3 u.a.). „Ins Herz" oder in das „Innere" geschrieben heißt in diesem Fall, daß der Mensch durch die Gabe des Geistes von innen her und damit in seiner Gesamtheit erneuert und wieder in die Gemeinschaft von Gott aufgenommen wird. Daß nach Röm 2,15 auch den Heiden von Natur aus das Gesetz in die Herzen geschrieben ist und sich in ihrem Gewissen bezeugen kann, deutet an, wie Geltung und Verbindlichkeit des Wortes Gottes über die Schrift hinausgeht, und zwar ebenso wie das Gericht über alle Welt am Ende der Zeit.

Weiter hören wir von einem Buch bei Gott: „... alle Tage waren in dein Buch geschrieben, die noch werden sollten und von denen keiner da war" (Ps 139,16), oder das „Buch des Lebens", in dem zu stehen Heil und aus dem gestrichen zu werden Unheil und Gericht bedeutet (Ps 69,29; Jes 4,3; Dan 5,5; 7,10; 12,1; vgl. Jud 4). Evangelium als frohe Botschaft heißt daher auch: „Freut euch aber, daß eure Namen im Himmel geschrieben sind" (Lk 10,20; Phil 4,3; Hebr 12,23; Offb 3,5; 13,8; 20,12ff.) Daß Gott nach dem Zeugnis der Heiligen Schrift in das Buch des Lebens schreibt, sollte nicht voreilig als metaphorische Redeweise abgetan werden. Denn darin liegt der Hinweis, daß es nach der Heiligen Schrift geschriebenes Wort Gottes gibt, das über diese Heiligen Schriften hinausgreift, so gewiß es sie einschließt und in ihnen enthalten ist. Dieses Wort ist nicht nur der allgemeinen innergeschichtlichen Vergänglichkeit und Wandelbarkeit entzogen; es greift vielmehr auch über die Todesgrenze hinaus, und nicht nur die Lebenden, sondern auch die Toten werden es hören (Joh 5,25; 1.Petr 3,19f.). Das Buch mit den sieben Siegeln der Endgeschichte vermag aber nur das Lamm zu öffnen (Offb 5–7). Wenn etwas aufgeschrieben wird, dann ist es eben gerade nicht vergänglich und wandelbar, sondern für alle Zeiten verbindlich festgelegt und urkundlich nachweisbar. Bei unseren überfließenden Reproduktionsmöglichkeiten übersehen wir leicht, daß die schriftliche Fixierung gerade nicht zuerst Ausdruck für die Geschichtlichkeit des Wortes Gottes, sondern für seine ewige Unverbrüchlichkeit ist. Zu Bund und Testament gehört die Schriftlichkeit, die ihre Geltung über den Tod hinaus bewahrt. Ausdruck der Unveränderlichkeit ist auch das Gesetz, das auf steinerne Tafeln bzw. in lebendige

Herzen geschrieben wird. Geschichtliche Vergänglichkeit und menschliche Willkür werden dadurch ausgeschlossen.

Heilige Schrift oder Bibel verstehen wir nach der Form heutzutage als Buch in einem festen Einband, handlich zu verwenden und erschwinglich zu erwerben. Die Bezeichnung Bibel, im Griechischen „biblia" meint ursprünglich eine Mehrzahl von Büchern. Die Einzahl ist erst durch die Übertragung des griechischen Neutrum im Plural in das lateinische Femininum im Singular entstanden. Die Heilige Schrift ist also ursprünglich eine Sammlung von Heiligen Schriften. Was aber diesen Schriften gemeinsam ist, ergibt sich nicht aus Titel und Einband als Kodex, was erst eine spätere Form ist, sondern vom Inhalt her aus der Tatsache, daß Gottes Wort in solchen Schriften aufgeschrieben ist, ursprünglich auf einzelnen Rollen oder Blättern. „Es steht geschrieben" schließt aus, daß es sich nur um eine persönliche Meinung eines Menschen handelt. Das Wort Gottes in seiner Authentizität ist schriftlich urkundlich nachweisbar. Und wenn dann von Schrift und Geschriebenem die Rede ist, handelt es sich in erster Linie nicht um ein Buch in weiterem Textzusammenhang und Überlieferung, sondern zuerst einmal um eine Schriftstelle als nachweisbaren Beleg (z. B. Joh 19,24.28.36.37).

Von diesem Befund her ist es völlig ausgeschlossen, auf die Bibel als Ganze, auf das Neue oder Alte Testament je für sich oder auf einzelne biblische Schriften den Begriff „Theologie" anzuwenden oder gar von „verschiedenen Theologien" zu sprechen, wenn darunter eine menschliche Weise, von Gott zu reden, verstanden wird. Ohnehin kommt die Bezeichnung Theologie nicht aus der Heiligen Schrift, sondern aus dem antiken Theater und der griechischen Philosophie. Der Unterschied liegt nicht allein in der Sprache, sondern im Sachverhalt. Denn mit Theologie wird ursprünglich immer ein menschliches Reden von Gott bezeichnet, in dem Götter dargestellt werden, wie sie aus dem „theologeion" d.h. aus der Kulisse des Theaters sprechen, oder in der Philosophie, wie Menschen sich über Grund und Ursprung des Seins Gedanken machen. Von diesem Hintergrund her wird die Theologie dann unweigerlich festgelegt auf die Vermittlung von Transzendenz in Immanenz sowie auf den Übergang z.B. von der unvergänglichen Welt der Ideen in die Veränderlichkeit und Vergänglichkeit des Natürlichen in Dichtung und Kultus. Wenn es so um ein Begreifen von Göttlichem geht, kommt man unweigerlich zu den Gottesbegriffen und Gottesbildern, wie sie Menschen sich machen im Wandel der Zeiten.

Dazu ist es ein diametraler Gegensatz, daß in den Heiligen Schriften eben niemals in diesem Sinne „theologisch" von Gott gesprochen wird, sondern daß Gott selbst spricht.

Die Erkenntnis der Ewigkeit des Wortes Gottes nach dem Zeugnis der Heiligen Schrift schließt aus, diese Texte nur unter dem Aspekt der Religions- oder Frömmigkeitsgeschichte auszuwerten. Denn insoweit von Geschichte in den biblischen Schriften sowohl des Alten wie des Neuen Testamentes gesprochen werden kann, ist es eine Geschichte, die durch das Wort Gottes gewirkt wird. Es ist insgesamt die Geschichte der unwandelbaren Treue Gottes, die sich auch in Ungehorsam und Abwendung seines Volkes durchhält. In dem stets neuen Ungehorsam und Irrtum der Menschen sagen die Boten Gottes doch immer wieder dasselbe (vgl. Mt 21,33–46; Hebr 1,1–2). Das ist die Geschichte von Verheißung und Erfüllung, von Glauben und Unglauben, von Gehorsam und Ungehorsam.

Eben darin liegt die Ursache für die Ausschließlichkeit und Abgeschlossenheit des biblischen Zeugnisses. Gottes Wort ändert sich nicht; die im Wort Gottes begründete Gemeinschaft mit den Menschen steht aber in dieser permanenten Dialektik von Glauben und Unglauben, von Gehorsam und Ungehorsam, die erst durch dieses sich selbst gleichbleibende und allen Zeiten bis in die Ewigkeit geltende Wort Gottes bewirkt wird. Die Verbindung von Altem und Neuem Testament im Wort Gottes ist das Zeugnis für diese in der Untreue der Menschen sich durchhaltende Treue Gottes. Jesus Christus als „Mitte der Schrift“ ist dann auch nicht ein theologischer Grundsatz oder etwas, das in theologischen Begriffen und Formeln zu erfassen wäre. Die Mitte ist vielmehr der Sohn Gottes, der „gemäß den Schriften“ – und damit sind die auf ihn hinweisenden und durch ihn erfüllten Schriftstellen gemeint – für unsere Sünden gestorben ist, begraben wurde und am dritten Tage auferstanden ist (1.Kor 15,3–4). Diese Mitte ist also im rechten Verständnis des Wortes Gottes weder Begriff, noch Idee, sondern die Person des lebendigen Herrn, der zur Rechten Gottes sitzt und dessen Wiederkunft wir erwarten.

3. Heiliger Geist und Buchstabe: Die Inspiration der Schrift

Die Heiligkeit der Schriften ergibt sich aus ihrem Ursprung und durch ihre Wirkung. Es ist der Heilige Geist Gottes, durch den die Schriften entstanden sind und der durch sie wirkt. Inspiration ist nicht eine technische oder gar mythologische Aussage über den Ursprung dieser Schriften, sondern die sachgemäße und notwendige Bezeichnung für das, was in ihnen enthalten ist und was durch sie geschieht. Die Stellen, von denen diese Einsicht geleitet wird, verweisen stets auf den Heiligen Geist nicht als namenloses Prinzip oder tiefere Bedeutung, sondern als Subjekt, indem Gott durch Menschen und zu Menschen spricht, um sein Werk an ihnen auszuführen. „Alle vom Geist Gottes eingegebene Schrift ist nützlich zur Lehre, zur Zurechtweisung, zur Besserung, zur Erziehung in der Gerechtigkeit, daß der Mensch Gottes vollkommen sei, zu allem guten Werk geschickt“ (2.Tim 3,16f.). Damit wird nicht nur gesagt, wie diese Schriften entstanden sind, sondern auch wozu sie da sind. Sie führen zum Heil, und deshalb wird die Gemeinde ermahnt, an ihnen festzuhalten und auf das prophetische Wort zu hören, „daß ihr darauf achtet als auf ein Licht, das da scheint an einem dunklen Ort, bis der Tag anbreche und der Morgenstern aufgehe in euren Herzen. Und das sollt ihr vor allem wissen, daß keine Weissagung in der Schrift eine Sache eigener Auslegung ist. Denn es ist noch nie eine Weissagung aus menschlichem Willen hervorgebracht worden, sondern getrieben von dem Heiligen Geist haben Menschen im Namen Gottes geredet" (2.Petr 1,19–21). In solcher Mahnung und Tröstung geschieht das heiligende Werk des Geistes durch die Heiligen Schriften: „Denn was zuvor geschrieben ist, das ist uns zur Lehre geschrieben, damit wir durch Geduld und den Trost der Schrift Hoffnung haben" (Röm 15,4).

Die Wirkung der Heiligen Schriften bestimmt den Gebrauch der Heiligen Schrift. Wird an dieser Stelle jedoch eine formalisierende Theorie zur Entstehung oder zum Verständnis der Heiligen Schriften eingeschoben, kommt es zu einer Auflösung dieser unmittelbaren Beziehung von Wirkung und Gebrauch. Infolgedessen darf das Verhältnis von Heiligem Geist und Buchstaben auch nicht in der Analogie zu dem Verhältnis von Zeichen und Bezeichnetem aufgefaßt werden; denn wir haben es nicht mit semantischen Problemen, sondern mit einem pneumatischen Geschehen zu tun. Der Heilige Geist ist in der christlichen Gemeinde die Gegenwart Gottes, die Gabe Gottes und mithin die Gemeinschaft des Menschen mit Gott, indem der Geist Gott bei den Menschen und den Menschen bei Gott vertritt. Daher muß das Studium der Heiligen Schrift ebenso wie die Verkündigung vor der Gemeinde mit der Bitte um den Heiligen Geist für rechtes Hören und Verstehen beginnen.

Die Verbindung von Heiligem Geist und Buchstaben kann als das in der Schrift begründete hermeneutische Prinzip verstanden werden unter der Voraussetzung, daß nicht eine Auslegungsmethode neben anderen auf die Heiligen Schriften angewandt wird, sondern daß es um den Heiligen Geist des dreieinigen Gottes geht, der sich in diesen Schriften wirksam bezeugt. Jede Auslegung, die meint, von diesem Zusammenhang von Geist und Buchstaben absehen zu können, verfällt entweder in eine geistlose Schriftgelehrsamkeit oder in eine von der Schrift gelöste Schwärmerei des eigenen Geistes.

Das Verhältnis von Heiligem Geist und Buchstaben erschließt sich aus den biblischen Grundtexten: Joh 5,47, Röm 2,27–29; 7,6; Hebr 8,10. Schon an diesen Stellen ist zu erkennen, wie es sich nicht um eine bloße Begriffsdialektik handelt, sondern um einen Vorgang, der die ganze Verkündigung des Wortes Gottes ausmacht. Besonders deutlich ist dies an dem Abschnitt 2.Kor 2,14–4,6 zu sehen, aus dem im folgenden die wichtigsten Einsichten hervorgehoben werden:

Dieser Abschnitt beginnt mit dem *Dank an Gott* dafür, daß er, wie es in wörtlicher Übersetzung heißen muß, „uns im Triumphzug in Christus herumführt und den Wohlgeruch seiner Erkenntnis durch uns an jedem Ort offenbar macht". Im Dankgebet liegt die Anerkennung, daß Gott hier handelt, während der Verkündiger nur Werkzeug ist. Zugleich wird die Doppeldeutigkeit aufgedeckt, die darin liegt, daß der Triumphzug nicht einfach ein Sieg ist, sondern daß vom Sieger die Besiegten als Sklaven mitgeführt werden. „Duft" und „Wohlgeruch" sind Opferterminologie. Der Wohlgeruch ist vor Gott und Menschen angenehm; das Opfer aber wird verbrannt. Schließlich gehört dazu die Wirkung, die nicht im Erfolg oder Sieg des Apostels besteht. Denn unter den Menschen ist die Verkündigung des Evangeliums von Christus ein Wohlgeruch nur unter denen, „die gerettet werden", ein „Geruch des Lebens zum Leben"; für die anderen, „die verloren werden", aber wieder „ein Geruch des Todes zum Tode". Die Verkündigung des Evangeliums ist eine Sache von Tod und Leben. Dies kann auch in der Situation eines gefangenen und geopferten Apostels Jesu Christi (Röm 15,16; Phil 1,21) anschaulich werden.

Wohlgeruch für Gott (vgl. Ex 29,18; Lev 6,14; 23,18) bedeutet, daß Gott versöhnt wird, und das ist den Menschen Anlaß zur Freude. Das ist wie ein Rahmen um den Text oder besser wie das Leitmotiv im Text, wenn wir sehen, wie diese Freude aus dem Wohlgeruch des Evangeliums für diejenigen, die gerettet werden, in 2.Kor 4,1ff. mit dem Hinweis auf das Licht und die Erleuchtung durch das Evangelium aufgenommen wird. Wie Gottes befehlendes Wort am Anfang das Licht schafft, genauso wird es auch licht in Menschenherzen: „Gott, der sprach: Licht soll aus der Finsternis hervorleuchten, der hat einen hellen Schein in unsere Herzen gegeben, daß durch uns entstünde die Erleuchtung zur Erkenntnis der Herrlichkeit Gottes in dem Angesicht Jesu Christi." Ohne dieses Licht der Erleuchtung aus der befehlenden Tat des Wortes Gottes bleibt es finster, weil „der Gott dieser Welt den Sinn verblendet hat". Das ist die Klarheit der Erleuchtung, die aus der Verkündigung des Evangeliums gewirkt wird. Diese Stelle ist der Grundtext für das, was unter „Klarheit" oder „Helligkeit der Schrift" (claritas scripturae) zu verstehen ist. Das ist also nicht eine Sache übereinstimmender Auslegung der Schrift, sondern das Heilsgeschehen, das zur Erkenntnis und Anerkennung der Gottheit Jesu Christi führt. Dabei ist immer vorausgesetzt, daß der natürliche Mensch in seiner Abwendung von Gott das nicht erkennen kann bzw. auch nicht erkennen will (Röm 1,19–21).

„Wer aber ist dazu tüchtig?" (2,16) Diese Frage ist ernst, und sie stellt sich angesichts der Tatsache, daß mit dem Wort Gottes auch Geschäfte gemacht werden können (2,17) oder daß man „für sich Kapital daraus schlagen" kann. Das Wort Gottes kann in arglistiger Weise verfälscht und zu anderen Zwekken verwendet werden (4,2). Worin besteht ein solcher Mißbrauch des Wortes Gottes? Offenbar doch darin, daß die eigenen Interessen und Ziele des Verkündigers, dazu seine persönliche Versorgung, sein Ansehen und sein Erfolg über das Wort Gottes gestellt werden. Dann wird das Wort Gottes ein Mittel für meine Zwecke; es ist dann nicht mehr Gottes Wort, sondern Wort des Menschen. Der Mensch steht nicht mehr darunter – als Sklave und Opfer im Triumphzug – sondern darüber in seinen Erfolgsbemühungen (vgl. 1.Thess 2,13). Die Lauterkeit eines Apostels Jesu Christi hingegen hat ihre Orientierung und ihren Maßstab gegenüber Gott in Christus (2,17). Die Verkündigung des Wortes zielt also nicht einfach auf das allgemeine menschliche Bewußtsein und Verstehen, sondern „durch Offenbarung der Wahrheit empfehlen wir uns dem Gewissen aller Menschen *vor Gott*" (4,2). Diese Scheidung ist radikal; denn sie geht aus von dem Evangelium als Wirken im Wort Gottes, und auf diese Weise wird die Trennung offenbar zwischen dem Geist Gottes in Jesus Christus auf der einen Seite und der Weisheit des Fleisches, des natürlichen Menschen auf der anderen Seite (1,12; 1.Kor 1). Alles hängt an dem Subjektwechsel, der darin liegt, daß das Wort Gottes im Evangelium von Jesus Christus die Wirkung hat, von unserer sündigen Existenz weg zur Erkenntnis Jesu Christi zu führen. Die Wirkung des Wortes Gottes ist die Neuschöpfung, neues Leben aus dem Tod.

Der Vorgang sollte nicht durch die formale Vorstellung von einem „hermeneutischen Zirkel" beschrieben werden. Richtig erfaßt wird er nur aus der Einsicht, daß Gott selbst in dem Wort von Jesus Christus durch seinen Geist wirkt. Durch diese geistgewirkte Erkenntnis wird das Verhältnis von Geist und Buchstaben erkennbar.

„Empfehlungsbriefe" (3,1 ff.) sind Zeugnisse menschlicher Anerkennung, Ausbildung und Gelehrsamkeit, durch die Menschen sich voreinander ausweisen können. Der Empfehlungsbrief des wahren Apostels Jesu Christi aber ist nicht das Zeugnis von Menschen für Menschen, sondern der Glaube an Jesus Christus, der durch das Zeugnis von Jesus Christus bewirkt wird. Menschen schreiben mit Tinte, der lebendige Gott aber durch den Geist (3,1–3). Verkündigungsgeschehen ist Heilsgeschehen. Gott schreibt sein Wort, doch nun nicht auf steinerne Tafeln wie am Sinai, sondern auf Tafeln, die Herzen aus Fleisch sind. Unter der Verkündigung des Wortes Gottes wird erkannt, wie die Verheißung aus dem Alten Bund in der Kontinuität des Wortes Gottes sich durchhält und im Neuen Bund erfüllt wird (Jer 31,33; Ez 11,19; 36,26; Joel 3; Apg 2; Hebr 8,7 ff.). Im Text scheinen sich die Bilder im Wechsel ihrer Perspektiven zu überstürzen, aber alles ist nur die Entfaltung des Vorgangs unter der Verkündigung des Evangeliums. Das Mittel, mit dem menschliche Zeugnisse von Menschen geschrieben werden, die Tinte, wird ersetzt durch das Mittel, mit dem der lebendige Gott schreibt, sein Geist. Wo das Evangelium verkündigt wird, handelt nicht der Mensch, sondern Gott. Es wechselt auch das Material auf dem Gott schreibt, und die steinernen Tafeln vom Sinai mit den zehn Geboten werden ersetzt durch die fleischernen Herzen des Neuen Bundes. Erfüllung der Verheißung ist die Erneuerung des Herzens: „Und ich will euch ein neues Herz und einen neuen Geist in euch geben und will das steinerne Herz aus eurem Fleisch wegnehmen und euch ein fleischernes Herz geben. Ich will meinen Geist in euch geben und will solche Leute aus euch machen, die in meinen Geboten wandeln und meine

Rechte halten und danach tun“ (Ez 36,26.27). Die zeitliche Abfolge von Altem und Neuem Bund entspricht also aus der Perspektive des Neuen Bundes dem Übergang vom alten zum neuen Menschen.

Die Erneuerung geschieht im Herzen. Der biblische Sprachgebrauch muß uns verständlich machen, was im Verstehen des Evangeliums geschieht. Im Herzen ist physisch und psychisch alles auf das Organ konzentriert, das einen lebendigen Menschen nach Leib, Seele, Gefühl und Denken ausmacht. Im Herzen fällt zusammen, was ein Mensch ist und wie er ist. Das Gebot, Gott zu lieben, zielt in diesem Zentrum auf eine Totalbestimmung des Menschen: „Du sollst Gott den Herrn, deinen Gott, liebhaben von ganzem Herzen, von ganzer Seele und mit aller deiner Kraft“ (Dtn 6,5; 10,12; Mt 22,37). Erneuerung des Herzens ist Gabe des Geistes. Darum lehrt der Geist Gottes durch das Wort Gottes mit Ps 51, dem vierten Bußpsalm, zu beten: „Schaffe in mir, Gott, ein reines *Herz*, und gib mir einen neuen beständigen *Geist*. Verwirf mich nicht von deinem Angesicht, und nimm deinen Heiligen *Geist* nicht von mir. Erfreue mich wieder mit deiner Hilfe, und mit einem willigen *Geist* rüste mich aus“ (Ps 51,12–14).

Offenbar ist diese Wirkung des Wortes Gottes bereits verkannt oder vergessen, wenn mühselig versucht wird, die verschiedenen Bereiche des Menschlichen, Erkennen und Glauben, Glauben und Handeln, Leib und Seele etc. durch dieses oder jenes Verfahren in Beziehung und in Bewegung zu setzen. Nur von dieser Einsicht her erschließt sich, was es heißt, daß es bei Geist und Buchstaben nicht um ein formales hermeneutisches Verfahren geht, sondern um ein pneumatisches Geschehen, das in der Eigenart der Heiligen Schriften begründet ist, weil Gott selbst durch das Evangelium von Jesus Christus wirkt. Unter dieser Voraussetzung ist das Amt der Verkündigung Dienst (diakonia) (2.Kor 3,6ff.). Hier treffen wir auf das, was in der christlichen Gemeinde den Dienst am Wort (ministerium verbi) ausmacht, und damit wird auch ausgeschlossen, die Diakonie oder das Diakonische auf den zweiten Teil des Doppelgebotes zu beschränken oder gar darin erst eine Realisierung des Wortes und des Glaubens durch die Tat zu erblicken. Beides fällt vielmehr nach Apg 6,2.4 unter den Begriff des Dienstes; doch der Dienst an den Tischen bzw. am Nächsten wird in Apg 6 allein aus dem Grund delegiert, um den Dienst durch Gebet und Wort nicht einzuschränken durch andere Aufgaben.

Der Dienst des Neuen Bundes macht den alles entscheidenden Unterschied deutlich. Es ist ein Dienst „nicht des Buchstabens, sondern des Geistes. Denn der Buchstabe tötet, aber der Geist macht lebendig“ (3,6). Gott gibt die Befähigung dazu durch seinen Geist; daher liegt der Unterschied zwischen Altem und Neuem Bund, entsprechend zwischen altem und neuem Menschen, nicht in einem Vorzug des Menschen, auch nicht in einem Fortschritt der Geschichte, sondern allein in der Tat Gottes an den Menschen.

Daß der Buchstabe tötet, der Geist aber lebendig macht, steht auffallenderweise im Präsens, d. h. das vollzieht sich unter der Verkündigung; es ist nicht mit geschichtlichen Epochen erledigt, steht auch nicht zeitlich nacheinander, sondern es geschieht durch denselben Geist in gleicher Weise zu jeder Zeit, also auch heute.

Der Dienst aber steht im Alten wie im Neuen Bund unter dem Auftrag Gottes. Das gilt also für das levitische Priestertum ebenso wie für den Apostolat Christi. Infolgedessen ist auch vom Buchstaben zu sagen, daß es im Alten wie im Neuen Bund um das von Gott geschriebene Gesetz Gottes geht, das nach seinem Inhalt und Text dasselbe bleibt.

Was aber tötet? (3,6) Der tötende Buchstabe verweist nicht allein auf die Anklage durch das nicht erfüllte Gesetz Gottes, sondern diese Anklage verbindet sich mit der Herrlichkeit Gottes und verweist so auf die göttliche Würde und deren vernichtende Wirkung für den Sünder. Wiederum weitet sich an dieser entscheidenden Stelle das Besondere in der Situation des Alten Bundes mit der Gesetzesoffenbarung am Sinai aus auf das Allgemeine der Menschheit. Im Alten Bund wird die Bitte des Mose: „Laß mich deine Herrlichkeit sehen!" nur mit der Kundgabe des Namens im Wort beantwortet: „Wem ich gnädig bin, dem bin ich gnädig, und wessen ich mich erbarme, dessen erbarme ich mich." Was aber für Mose, den von Gott beauftragten Mittler des Alten Bundes gilt, ist ein menschheitlicher Grundsatz: „Mein Angesicht kannst du nicht sehen; denn kein Mensch wird leben, der mich sieht." Gottes Antlitz, und das betrifft die Anschauung ebenso wie die Zuwendung (panim, prosoopon, persona), kann der Mensch als Mensch in diesem Leben niemals „a priori", sondern nur „a posteriori", nicht von vorne, sondern nur von hinten sehen, nachdem Gott vorübergegangen ist (Ex 33,12–23). Die Verhüllung der Herrlichkeit Gottes ist die Bedingung dafür, daß der von Gott getrennte Mensch am Leben bleibt. Selbst der Abglanz der Herrlichkeit Gottes auf dem Gesicht des Mose ist dem Volk des Alten Bundes noch unerträglich (Ex 34,29–35).

Daher ist die Verhüllung der Herrlichkeit gleichzeitig das Zeichen der Schuld aus der Abwendung des Menschen von Gott und der Schutz des Menschen vor der Vernichtung durch Gott. Auch dies betrifft den Menschen in seiner Ganzheit. Die Hülle ist sowohl über dem Wort wie vor dem Herzen (3,14.15). Was für das Volk des Alten Bundes gilt, gilt auch für den Intellekt eines jeden Menschen, sofern er von Natur aus „verblendet", „blind" ist durch den „Gott dieser Welt" (4,4; vgl. Röm 1,21).

Die Hülle oder Verhüllung betrifft also die schuldhafte Abwendung des Menschen von Gott, den Schutz vor der Vernichtung durch Gott, aber in beidem auch die schuldhafte Unfähigkeit des Menschen, Gott zu erkennen und zu ertragen. Auf welche Weise durch Christus diese Hülle fortgenommen wird, zeigt grundlegend die Tatsache, daß der Vorhang im Tempel, der das Allerheiligste mit der Lade und den Tafeln des Bundes vom Volk trennt, beim Tode Jesu zerriß (Mt 27,51; Hebr 10,19f). Christi Tod am Kreuz öffnet den Weg zu Gott durch den Tod zum Leben, von der Sünde zur Gnade. Indem die Gemeinschaft mit Gott durch Christus wiederhergestellt ist, kann die Herrlichkeit Gottes geschaut werden. Sie vernichtet nicht, sondern gestaltet neu zu der Gottebenbildlichkeit des Menschen in seiner ursprünglichen Gemeinschaft mit Gott (3,18; 4,4.6).

Die Erkenntnis der Inspiration der Schrift bzw. der Verbalinspiration ist von mancherlei Mißverständnissen und Vorurteilen belastet. Was die einen dabei verteidigen wollen, wird von den anderen angegriffen oder auch verspottet. In der Tat kann die Inspiration der Schrift nur aus der Wirkung des Geistes in der Schrift erkannt werden, und wenn dies recht geschieht, geht es nicht allein um ein Verstehen der Schrift, sondern um ein Geschehen am Menschen. Dabei stehen sich nicht Vergangenheit und Gegenwart im Wechsel menschlicher Verstehensvoraussetzungen gegenüber, sondern die Heiligkeit Gottes und die Sünde des Menschen.

4. Das Christuszeugnis der Heiligen Schriften: Der christliche Schriftgebrauch

Daß die Heiligen Schriften Christus bezeugen, wird uns in der Heiligen Schrift durch Christus bezeugt. „Ihr sucht in der Schrift, denn ihr meint, ihr habt das ewige Leben darin; und sie ist's, die von mir zeugt" (Joh 5,39) – „das Zeugnis Jesu aber ist der Geist der Prophetie" (Offb 19,10). Das Christuszeugnis der Heiligen Schriften hängt unlösbar mit der Auferstehung Jesu Christi zusammen, und daher konzentrieren sich alle Überlegungen zum Schriftprinzip und zur Schriftauslegung auf das Ostergeschehen. Die Erscheinung, die Verkündigung und der Weg Jesu Christi sind von Anfang an Erfüllung der Schrift. Die Auferstehung am dritten Tag „nach den Schriften" (1.Kor 15,4) faßt alles zusammen, was die Schrift von Christus bezeugt, aber es ist Christus selbst, der den Seinen dieses Zeugnis der Schrift erschließt. Betrachtet man die Berichte vom Ostergeschehen (Mt 28,1 ff.; Mk 16,1 ff.; Lk 24,1 ff., Joh 20,1 ff.)[14], dann stimmen sie in folgendem überein: Das leere Grab spricht nicht für sich selbst, und auch die frühere Ankündigung Jesu von seinem Leiden und seiner Auferstehung führt nicht zur Erkenntnis des Auferstandenen. Vielmehr müssen Boten Gottes daran erinnern, und der auferstandene Herr muß sich selbst denjenigen, die ihn sehen, durch sein Wort zu erkennen geben. Die Perikope von den Emmaus-Jüngern (Lk 24,13 ff.) zeigt uns, wie schrittweise das Christuszeugnis der Schrift durch den auferstandenen Christus seinen Jüngern erschlossen wird und wie er ihnen sich selbst zu erkennen gibt. Auf diese Weise „wurden ihre Augen geöffnet, und sie erkannten ihn" (Lk 24,31). Daß Blinde durch den Herrn

[14] S.o. 11 f.

sehend werden, betrifft nicht nur physische Heilung, sondern auch geistliche Erneuerung. Unwillkürlich wird man an Gen 3,7 mit dem umgekehrten Vorgang erinnert, wie nach dem Sündenfall „die Augen aufgetan" werden und die Menschen sich schamhaft vor Gott und voreinander verhüllen und verbergen, so daß sie offenen Auges nicht sehen wollen oder können.

Mit dieser Beziehung auf Person und Werk Jesu Christi steht und fällt christliche Schriftauslegung. Aber auch das ist nicht nur ein theoretischer Grundsatz, sondern vor allem eine ganz praktische Hilfe, wenn wir bedenken, daß nicht wir ihn für uns und andere vergegenwärtigen, sondern daß er für uns und in uns gegenwärtig ist.

Christlicher Schriftgebrauch und christliche Schriftauslegung stehen von vornherein unter der Gewißheit, daß die Heilige Schrift in der christlichen Gemeinde deshalb gebraucht wird, *weil* sie das Wort Gottes ist. Auch eine rechte Theologie muß diesen Schriftgebrauch voraussetzen, von ihm ausgehen und auf ihn hinführen, wenn sie ihre Aufgabe recht wahrnehmen will. Es sind ganz einfache Dinge, die dabei zu beachten, vielleicht auch in Erinnerung zu rufen sind:

Der Schriftgebrauch beginnt mit dem *Gebet um rechte Erkenntnis*. Das äußere Zeichen ist die treue Regelmäßigkeit, mit der die Schrift gelesen und ausgelegt wird. Daß wir in der christlichen Gemeinde zum Wort Gottes der Heiligen Schrift gezogen und bei ihm gehalten werden, geschieht durch die Wirkung des Geistes. So können wir beten: Herr, himmlischer Vater, erleuchte mich durch die Gabe deines heiligen Geistes, daß ich deine Herrlichkeit im Angesicht Jesu Christi erkenne und verstehe, was du sagst und empfange, was du tust durch dein Wort.

Rechter Schriftgebrauch ist keineswegs nur die Sache des philologisch und historisch ausgebildeten Theologen, sondern einer im wahren Sinne mündigen Gemeinde, die durch das Wort Gottes aus der Heiligen Schrift belehrt ist und sprachfähig gemacht wird. In den Übersetzungen ist daher auch nicht so sehr die Aktualität, sondern die Authentizität des Textes festzuhalten. Die Entmündigung der Gemeinde setzt stets dann ein, wenn ihr die Schrift vorenthalten wird, und das führt unweigerlich zu einer klerikalen Bevormundung der Gemeinde. Im Mittelalter erwuchsen die Verbote, die Bibel in der Volkssprache zu verbreiten und in Konventikeln zu lesen, aus der Sorge, jeder könne sie „nach seinem eigenen Geist" verstehen und auslegen[15]. In unserer Zeit wird offenbar der unmittelbare Schriftgebrauch durch die Gemeinde dadurch behindert, daß die Betonung einer geistesgeschichtlichen

[15] In der Vorrede zu seiner Verteidigungsschrift „Assertio omnium articulorum M. Lutheri per Bullam Leonis X. novissimam damnatorum" von 1520 hat Luther die Formulierung dieser Bibelverbote aufgegriffen, um von dem „eigenen Geist" (proprius spiritus) von Lesern und Auslegern hinzuweisen auf die grundlegende Bedeutung des eigenen Geistes der Heiligen Schriften, der sich nicht auf eine tiefere Bedeutung bezieht, sondern auf den Heiligen Geist, der seinen Ort im Wort der Heiligen Schrift hat. WA 7,95,10–101,9.

Differenz die geistliche Vergegenwärtigung des Wortes verdeckt. Auch das mag mit dem „eigenen Geist der Zeit“ zu tun haben. Die rechte Einsicht in das Wort Gottes und seine Wirkung wird aber zu der Erkenntnis führen, daß es beim Verstehen der Heiligen Schrift immer nur darum gehen kann, daß unser Geist durch den Heiligen Geist ausgetrieben und erneuert wird. Das aber ist die Wirkung des Wortes Gottes in gleicher Weise für alle Zeiten. Trotz mancher Entstellungen oder Verhüllungen hat sich das in der christlichen Gemeinde bis zum heutigen Tag erhalten, wenn man einmal auf die *gottesdienstliche Praxis* blickt. Wenn es recht zugeht, werden die biblischen Lesungen im Gottesdienst als Wort Gottes bzw. als Evangelium Jesu Christi angekündigt. Die Gemeinde antwortet auf die Lesungen aus dem Alten Testament und aus den apostolischen Briefen mit dreimaligem Halleluja, mit dem in der Sprache des Alten Testaments der dreieinige Gott gepriesen wird. Auf die Ankündigung der Evangelienlesung respondiert die Gemeinde „Ehre sei dir, Herre“, und nach der Lesung des Evangeliums singt sie: „Lob sei dir, o Christe!“ Am Schluß der Lesungen kann es auch heißen „Wort des lebendigen Gottes“. Diese und ähnliche Wendungen haben ihren Grund in der Erkenntnis und Anerkennung der Gegenwart Gottes in seinem Wort im Gottesdienst. Nicht die Bibel als Buch wird von der Gemeinde angebetet, wohl aber wird der in seinem Wort gegenwärtige Herr angerufen, gepriesen und gehört.

Für den Schriftgebrauch in der christlichen Gemeinde gibt es verschiedene Möglichkeiten. Geht man sie durch, dann zeigt sich bereits, wie wichtig es ist, daß die Vorstellung von der Heiligen Schrift nicht auf ein gebundenes Buch mit fortlaufender Seitenzählung festgelegt werden darf.

Die *kursorische, fortlaufende Lektüre* (lectio continua) soll durch die ganze Bibel vom Anfang bis zum Ende führen. Die *Bahnlese*, wie sie z. B. in den Bibelleseplänen der Herrnhuter Losungen angegeben wird, führt in vier Jahren durch das Neue Testament und in acht Jahren durch die wichtigsten Bücher des Alten Testaments. Mit dieser Form des Schriftgebrauchs soll die Heilige Schrift als ganze erschlossen und Bibelkenntnis eingeübt werden. Das ist für jedes Glied der Gemeinde notwendig; für den Theologen aber in Ausbildung und Beruf gehört die fortlaufende Schriftlesung in den Ursprachen zur täglichen Ordnung seines Lebens, denn sonst fehlt es ihm an sachlicher und geistlicher Kompetenz.

Wenn durch die kursorische Lektüre der Textbestand der Heiligen Schrift erschlossen wird, dann erschließt die *Kirchenjahrslese* (lectio propria) ihren besonderen Inhalt. Die Perikopen für die Gottesdienste wie auch die ihnen folgenden Tageslesungen sind am Kirchenjahr ausgerichtet, und daran ist zu sehen, wie die Auswahl und Auslegung der Texte auf die Mitte der Schrift in der Person Jesu Christi bezogen ist. In der Abfolge eines Kirchenjahrs, die sich jährlich wiederholt, werden wir durch die Heilsgeschichte geführt vom Advent über die Geburt Jesu Christi durch die Passionszeit zur österlichen

Auferstehung Jesu Christi, zu seiner Himmelfahrt mit der Erhöhung zur Rechten Gottes. Das Pfingstfest mit der Ausgießung des heiligen Geistes ist die Erfüllung der Verheißung des Alten Bundes, und es erinnert mit dem die Pfingstoktav abschließenden Trinitatis-Sonntag an die Offenbarung von Gottes Dreieinigkeit. Damit beginnt in der Reihe der "Sonntage nach Trinitatis" der Weg des wandernden Gottesvolks bis hin zum Ewigkeitssonntag und dem neuen Advent. Diese Abfolge des Kirchenjahrs wird von der Schrift her erschlossen, und zugleich wird uns in dieser Abfolge die Schrift erschlossen. Auch daran ist zu erkennen, daß es dabei nicht um bloße Texte, sondern um das Heilshandeln Gottes in Jesus Christus und durch seinen Geist geht. An der Kirchenjahrslese wird deutlich, daß die Heilige Schrift nicht durch die Geschichte, sondern die Geschichte und unsere Zeit durch das Wort Gottes der Heiligen Schrift bestimmt wird. Dabei ist auch zu beobachten, wie im Schriftgebrauch der christlichen Gemeinde bestimmte Schwerpunkte im Schriftzeugnis hervorgehoben werden und wie aus der Vielfalt der biblischen Zeugen die Einheit des Zeugnisses hervortritt. Indem wir die Schrift täglich im Rahmen des Kirchenjahrs lesen, werden wir als christliche Gemeinde zum Tag der Wiederkunft Christi geführt und darauf vorbereitet.

Der vermutlich am weitesten verbreitete, aber wahrscheinlich auch am wenigsten beachtete Schriftgebrauch besteht in der Verwendung von *Einzelsprüchen*. In der Abfolge des Kirchenjahrs werden sie als Wochen- und Monatssprüche sowie als Jahreslosungen ausgewählt. Einzelne Schriftworte begleiten das Leben eines Christen bei Taufe, Konfirmation, Trauung, Ordination und Beerdigung, oder sie werden bei der Entlassung nach dem Abendmahlsempfang zugesprochen. Als alttestamentliche Losung und neutestamentlicher Lehrtext können sie über jedem Tag stehen[16]. Gewiß können solche Einzelworte, aus dem Zusammenhang des Textes herausgelöst, mißverstanden und mißbraucht werden. Doch ist bedenkenswert, daß im Neuen Testament mit „Schrift" sowohl ein einzelnes biblisches Buch oder auch eine Gruppe oder Sammlung solcher Bücher bezeichnet werden kann (z.B. Lk 24,27; Mt 26,56; Apg 17,2.11; 18,24; 1.Kor 15,3f.; Röm 15,4; 16,26), wie auch einzelne Schriftstellen (z.B. Lk 4,21; Joh 19,37; Apg 1,16; 8,32). Sprachlich wird zwischen ‚Schrift' als Text und als Einzelwort nicht unterschieden; denn in beiden Fällen geht es um Schriftliches, was nachlesbar und so nachprüfbar ist. Wenn wir die Heilige Schrift als das Wort des dreieinigen Gottes erkennen, wird gerade dadurch deutlich, auf welche Weise das Ganze in den Teilen gegenwärtig ist und die Teile ein Ganzes bilden. Unter dieser Voraussetzung wird dann auch verständlich, warum die Schrift als Subjekt verstanden und mit Gottes Handeln gleichgesetzt werden kann. So heißt es z.B. Gal 3,22: „Aber *die Schrift* hat alles eingeschlossen unter die Sünde,

---

[16] Heinz Renkewitz, Die Losungen. Entstehung und Geschichte eines Andachtsbuches. Hamburg o.J.

damit die Verheißung durch den Glauben an Jesus Christus gegeben würde denen, die glauben" (vgl. Gal 3,8); und Röm 11,32 heißt es: „Denn *Gott* hat alle eingeschlossen in den Ungehorsam, damit er sich aller erbarme." Darin liegt das Recht, aber auch die Grenze bei dem Gebrauch von Einzelworten, die als Wort Gottes den christlichen Glauben in guter Weise tragen und stärken können. Für das Leben eines Christen ist es wichtig, solche Worte zugesprochen zu bekommen, sich einzuprägen, sie im Herzen zu tragen und sich daran zu erinnern. Mit solchen Worten der Heiligen Schrift spricht Gott zu uns, und wir können zu ihm sprechen.

Zum rechten Schriftgebrauch gehört die *Liebe zur Heiligen Schrift und die Freude an ihr*, die aus dem regelmäßigen Umgang und der Vertiefung in sie erwächst. Es ist nicht nur schade, sondern ein tiefgreifender geistlicher Schaden, wenn durch vielfältige Problematisierungen dies verloren geht, was der Prophet Jeremia nun keineswegs nur in tiefster Überzeugung, sondern in größter Anfechtung sagt: „Dein Wort ward meine Speise, so oft ich's empfing, und dein Wort ist meines Herzens Freude und Trost; denn ich bin ja nach deinem Namen genannt, Herr, Gott Zebaoth." (Jer 15,16)

Es ist demgegenüber eine verhängnisvolle Kurzsichtigkeit, wenn wir nicht von der Gegenwart Gottes in dem Wort der Heiligen Schrift ausgehen, sondern statt dessen die Heiligen Schriften nur als historisch gebundene Texte verstehen, die in andere menschliche Situationen und Vorstellungen übertragen werden müssen. Wir setzen dann nur unseren begrenzten Horizont von Vorstellungen und Erfahrung als Maßstab ein und verlieren den Blick dafür, daß diese Texte keineswegs nur Gegenstand unserer Erkenntnisbemühungen sind, sondern Grundlage zur Erweiterung und Erneuerung unserer Erkenntnis. Durch die Schrift werden wir sprachfähig gemacht, um mit Gott und von Gott recht zu sprechen, was wir ohne diese Erkenntnisgrundlage überhaupt nicht tun könnten.

Wenn wir immer auf die eigenständige Entwicklung von Sprache und Denken im Laufe der Geschichte blicken, übersehen wir leicht, in welcher Breite und Tiefe unser Reden und Denken nach wie vor durch die biblischen Texte geprägt ist und gefüllt wird. Einige Hinweise mögen den Blick dafür öffnen:

Es beginnt mit der Tatsache, daß wir im kirchlichen Sprachgebrauch bis heute eine ganze Anzahl von Wendungen haben, bei denen eine Übersetzung aus dem Hebräischen, Aramäischen oder Griechischen der biblischen Ursprachen überhaupt nicht nötig ist: Amen, Halleluja, Hosianna, Kyrie eleison, Evangelium, abba, Messias. Daß wir als Christen den Namen Jesu Christi tragen, muß aber in seiner ursprünglichen Bedeutung „der von Gott Gesalbte" von der biblischen Grundlage her erläutert werden, damit es nicht als Gewohnheit vergessen wird[17].

---

[17] S.o. 27f.

Groß ist die Zahl der Wörter, die in unserem Denken, oft ohne daß wir es bedenken, von biblischen Vorstellungen herkommen. Das betrifft „Gott", „Himmel", „Erde", „Schöpfung", „Sünde", „Gnade". „Gewissen"[18] ist rein biblischen Ursprungs, ebenso wie die damit verbundenen Lokalisierungen menschlicher Gefühle und Bewußtseinszustände in Herz und Nieren. Leben und Tod sind mit dem Schriftzeugnis verbunden, und kann es eigentlich eine „Geisteswissenschaft" geben, ohne daß im Hintergrund noch die Erinnerung an das biblische Zeugnis vom Heiligen Geist zu denken ist? Und vom Talent in unserem Verständnis der Begabung würde ohne das Gleichnis Jesu „von den anvertrauten Zentnern" (Talenten) Mt 25,14–30 nicht gesprochen, und wohl auch nicht davon, daß man sein „Licht nicht unter den Scheffel stellen", solle (Mt 5,15). Samariterdienste und -vereine haben als Vorbild für ihr Werk und ihre Bezeichnung den barmherzigen Samariter von Lk 10,30–35.

Groß ist schließlich auch die Zahl biblischer Wendungen, die als Redensarten und Sprichwörter selbst bei solchen in Umlauf sind, die sonst wenig mit der Bibel zu tun haben. Da sind die „Stillen im Lande" (Ps 35,20), jemand will seine „Hände in Unschuld waschen" (Ps 26,6; 73,13; Mt 27,24); es gibt ein „Ende mit Schrecken" (Ps 73,19); man blickt auf die „Zeichen der Zeit" und harrt der „Dinge, die da kommen sollen" (Lk 21,7ff. 26); die Haare können jemand zu Berge stehen (Hiob 4,15); einem Menschen können „Schuppen von den Augen fallen" (Apg 9,18); oder man will einen Menschen „auf den Händen tragen" (Ps 91,11.12 vgl. Mt 4,6). Zu hören ist auch die Bitte, daß „der Kelch vorübergehe" (Mt 26,39). „Auf Herz und Nieren prüfen" (Ps 7,10; Jer 11,20; 17,10; 20,12 u.a.) wird nicht nur auf Menschen, sondern auch auf Sachen angewandt bis dahin, daß selbst Autos ihren „Geist aufgeben". „Wider den Stachel zu löcken" kommt aus Apg 26,14, der vieldeutige „Pfahl im Fleisch" aus 2.Kor 12,7, und wer denkt wohl daran, daß der beziehungsvolle Ausdruck Ver- oder Erbitterung (Hebr 3; Ps 95,8; Ex 15 u. 17 u.a.) rein biblischer Herkunft ist? Das Tohuwabohu von Gen 1,2 findet sich unübersetzt im deutschen Wortschatz ebenso wie Krethi und Plethi, die Kreter und Philister der Leibwache Davids nach 2.Sam 8,18 u.ö.

Daß Kinder „in Schmerzen geboren werden" und daß der Mensch „im Schweiße seines Angesichts sein Brot essen" muß (Gen 3,16.19) ist biblisch artikulierte Lebenserfahrung. Es gibt Zustände wie in Sodom und Gomorrha und die Erfahrung, daß jemand zu einer Salzsäule erstarrt (Gen 19,26). Auch daß „die Steine schreien werden" und „kein Stein auf dem anderen bleiben" wird (Lk 19,40.44; Hab 2,11) oder die Wendung vom „himmelschreienden Unrecht" (Gen 4,10; 2.Chr 28,9; Jak 5,4; Offb 6,10) legt uns die Sprache der Bibel in den Mund. Die Zahl der Beispiele für die Ver-

[18] S.u. 148ff.

schmelzung von Bibelsprache und Volkssprache ließe sich erheblich vermehren, und oft mag es schwierig sein, das eine vom andern noch in der Herkunft zu unterscheiden.

Wie viele Bilder aus den Gleichnissen Jesu prägen unsere Vorstellungen; wie viele Eigennamen von biblischen Personen werden von heutigen Menschen getragen!

Weder vom Paradies noch vom Himmel auf Erden, aber auch nicht vom Teufel und der Hölle können wir ohne die biblische Prägung unserer Sprache und Vorstellungen reden.

So fremd und fern, wie es oft behauptet wird, ist uns also die Sprache der Bibel in der Sprache unserer Zeit überhaupt nicht; vielmehr wäre unser Reden und Denken sehr arm, wenn es nicht so tiefgreifend von der Sprache der Heiligen Schriften durchdrungen und gefüllt wäre.

5. Gottes Wort und Menschenwort

Die Heilige Schrift ist das Wort des dreieinigen Gottes; deshalb und dadurch ist sie die Grundlage der christlichen Gemeinde. Die praktischen Konsequenzen zeigen sich im Gottesdienst der Gemeinde und im Leben eines jeden Christen, das seinen geistlichen Grund und Maßstab in diesem Wort Gottes hat. Die Auswirkungen aber greifen weit über die Gemeinde hinaus, wie bereits die vorangehenden Beispiele aus Sprache und Denken andeuten.

Wie es nicht anders bei Grundsätzen zu erwarten ist, wird auch dieser Grundsatz problematisiert, und zwar zuerst in der christlichen Gemeinde. Es treten andere Bestimmungen auf, und es wird gesagt, die Heilige Schrift *enthalte* Gottes Wort in menschlicher Rede, das durch je neue Auslegung als Gottes Wort verständlich gemacht und zur Geltung gebracht werden müsse. Das Wort Gottes jedoch sei für den Menschen unverfügbar.

Mit dieser Auffassung werden Geist und Buchstabe in der Heiligen Schrift voneinander getrennt; das äußere Bibelwort bleibt dann toter Buchstabe, solange nicht der Geist hinzutritt. Woher aber und wodurch kommt dieser Geist? Kommt er aus menschlichen Erfahrungen und Verfahren[19]?

Nach einer anderen Auffassung wird das Verhältnis von Wort Gottes und Menschenwort in der Heiligen Schrift in einer Analogie zu der Einheit und Unterscheidung von göttlicher und menschlicher Natur in der Person des Gottmenschen Jesus Christus gesehen. Doch auch dafür gibt es keinen Anhaltspunkt in der Heiligen Schrift, die doch gerade als Wort Gottes die Menschwerdung des Sohnes Gottes bezeugt und den Menschen dadurch in die Gemeinschaft mit Gott zurückführt.

---

[19] S. o. Anm. 10.

Auffassungen dieser Art sind absolut falsch, so einleuchtend sie auch scheinen mögen, wenn damit versucht wird, das Verhältnis von Gott und Mensch nach dem metaphysischen Schema von Transzendenz und Immanenz oder nach dem semantischen Schema von Zeichen und Bezeichnetem bzw. von Objekt und Subjekt des Erkennens zu bestimmen. Unter solchen Voraussetzungen ergibt sich dann leicht eine ganze Reihe von Problemen für eine theologische Vermittlung, weil die Gegenwart Gottes in seinem Wort verkannt wird. Vor allem wird übersehen, was diese Gegenwart Gottes im Wort der Heiligen Schrift für den Gottesdienst der christlichen Gemeinde bedeutet und wie vielfältig die daraus erwachsenden Beziehungen und Wirkungen sind. Wer das vor Augen hat, der kann nicht mehr die Bibel als „Text der Antike" bezeichnen, der aus der Vergangenheit für die Gegenwart zu erschließen wäre, sondern der sieht, hört und erfährt die geistliche Wirklichkeit der im Namen des dreieinigen Gottes versammelten Gemeinde, die ohne dieses Wort Gottes bestenfalls ein religiöser Traditionsverein wäre.

Die Unterscheidung von Gottes Wort und Menschenwort ist für die christliche Gemeinde von grundlegender Bedeutung, und dies führt uns zu einer Alternative mit der Frage, ob wir *durch die* Heilige Schrift Gottes Wort und Menschenwort unterscheiden oder woher wir sonst die Kriterien nehmen, wenn wir *in der* Heiligen Schrift Gottes Wort und Menschenwort unterscheiden wollten. Denn dies könnte doch nur eine Instanz sein, die *außerhalb* der Schrift und *über* ihr stünde. Das reformatorische „sola scriptura" – „allein die Schrift" steht für einen solchen Autoritätenkonflikt innerhalb der Kirche, bei dem auf der einen Seite menschliche Einsichten und Forderungen und auf der anderen Seite die Schriftgründe in ihrem Anspruch auf Verbindlichkeit für das Gewissen stehen. Das ist eine Glaubensentscheidung in dem Sinne, daß es dabei um das Heilsnotwendige vor dem Gericht Gottes geht. Diesen letzten Ernst muß man sehen, um nicht an den Bagatellen kultureller und sozialer Vermittlung hängenzubleiben, die sich lediglich auf das Gericht der öffentlichen Meinung beziehen.

Mit der Heiligen Schrift wird die Unterscheidung von Gottes Wort und Menschenwort in eindeutiger Klarheit vollzogen, was freilich nicht heißt, daß dies zu mehrheitlicher Zustimmung führt, sondern oft genug zu harten Gegensätzen bis zum Bruch der Gemeinschaft. So steht auf der einen Seite das Wort Gottes, wie es dem Propheten Jeremia aufgetragen ist, und auf der anderen Seite stehen die Worte der falschen Propheten, und sie verkünden „Gesichte aus ihrem Herzen und nicht aus dem Mund des Herrn" und Träume aus eigener Phantasie (Jer 23,9–40). Der Gegensatz von Gottes Wort und Menschenwort bricht überhaupt erst dadurch auf, daß Gottes Wort laut wird. Das betrifft den Gehorsam und die Heiligung durch das Wort Gottes und die Gabe des Geistes. Das muß der Gemeinde eingeschärft werden: „Denn Gott hat uns nicht berufen zur Unreinheit, sondern zur Heiligung. Wer das nun verachtet, der verachtet nicht Menschen, sondern Gott, der seinen Heiligen Geist in euch gibt.“ (1.Thess 4,7–8) Ebenso bricht auf der Gegensatz zwischen der Freiheit in Christus und den Mächten und Prinzipien dieser Welt mit ganz praktischen Konsequenzen für die Lebensführung (Kol 2,20–23; vgl. Gal 4,9.10; Mt 15,8–9). Die Unterscheidung von Gottes Wort und Menschenwort betrifft so grundlegend die Frage, wonach wir uns richten, wodurch wir gerichtet werden und vor welchem Gericht wir uns fürchten: „Verurteilst du aber das Gesetz, so bist du nicht ein Täter des Gesetzes, sondern ein Richter. Einer ist der Gesetzgeber und Richter, der selig machen und verdammen kann...“ (Jak 4,11–12). Gerade weil dieser Bereich so empfindlich ist, werden in uns unwillkürlich Einwände wach, die vordergründig die Durchführbarkeit einer solchen Unterscheidung betreffen, bei denen wir aber bei genauerem Zusehen in die Entscheidung des Glaubensgehorsams gegenüber dem Wort Gottes gestellt werden. Dabei werden wir oft erfahren, daß das Göttliche das Menschliche gerade nicht bestätigt, wo Gott den Menschen aus seiner Sünde rettet.

Ein eindrucksvolles Beispiel dafür ist der Apostel Petrus. Auf sein Bekenntnis: „Du bist Christus, des lebendigen Gottes Sohn!“ (Mt 16,16; Mk 8,29) folgt die erste Leidensankündigung Jesu, „und Petrus nahm ihn beiseite und fing an, ihm zu wehren. Er aber wandte sich um, sah seine Jünger an und bedrohte Petrus und sprach: Geh weg von mir, Satan! Denn du meinst nicht, was *göttlich*, sondern was *menschlich* ist“ Mk 8,32–33). Göttlich ist der Wille Gottes nach dem Wort der Heiligen Schrift, daß der Sohn Gottes leiden und am Kreuz sterben muß, um am dritten Tage aufzuerstehen. Menschlich ist die Angst vor dem Tod. Hier aber fällt die Entscheidung zwischen Heil nach dem Wort Gottes und der Erscheinung des Sohnes Gottes und Unheil nach der menschlichen Lebenserfahrung unter der Angst vor dem Tod und unter der Herrschaft des Todes. Daß nach dem Wort Jesu in dem aus Liebe zu seinem Herrn besorgten Wort des Petrus nicht nur das Menschliche, sondern das Satanische hervortritt, deckt die ganze Abgründigkeit des Verhältnisses von Gottes Wort und Menschenwort auf. Daß sich dies nicht am Rande der christlichen Gemeinde, sondern bei diesem Apostel abspielt, zu dem der Herr gesagt hat: „Du bist Petrus, und auf diesen Felsen will ich meine Gemeinde bauen, und die Pforten der Hölle sollen sie nicht überwältigen“ (Mt 16,18), zeigt den tiefgreifenden Ernst dieser Anfechtung und führt zugleich zu dem Herrn zurück, durch den sie getragen wird.

Und im Blick auf Jesus selbst finden wir auch die Antwort auf den spontanen Einwand, die Heilige Schrift sei doch in ihrer Überlieferung und Auslegung so vieldeutig, wie es mit der notwendigen Eindeutigkeit des Wortes Gottes nicht in Einklang zu bringen sei. Die Versuchung Jesu (Mt 4,1–11) folgt unmittelbar auf seine Taufe mit der Proklamation seiner Gottessohnschaft durch den heiligen Geist in Gestalt der Taube und mit dem Wort Gottes: „Dies ist mein lieber Sohn, an dem ich Wohlgefallen habe“ (Mt 3,16–17). Es ist der Geist, der Jesus in die Wüste führt, um vom Teufel versucht und auf die Probe gestellt zu werden. Der Versucher setzt genau bei der durch das Wort offenbarten Gottessohnschaft ein mit der Frage: „Bist du Gottes Sohn, dann..." Problematisiert wird die Gottessohnschaft bei dem Menschen, der vierzig Tage und vierzig Nächte gefastet hatte und den hungerte. Gefordert wird ein Tatbeweis für die nur im Wort offenbare Gottessohnschaft, und die Problematisierung setzt bei den elementaren Bedürfnissen nicht nur eines einzelnen Menschen, sondern der gesamten Menschheit ein. Dies zielt jeweils auf eine definitive Lösung von Menschheitsproblemen, nämlich die Versorgung aller Menschen mit Grundnahrungsmitteln – aus Steinen Brot machen, die Bewältigung der Naturgesetze – von den Zinnen des Tempels springen, sowie die Gestaltung des Zusammenlebens der Völker – die Reiche der Welt und ihre Herrlichkeit. Alle sozialen, physikalischen und politischen Probleme sind in diesen drei messianischen Versuchungen zusammengefaßt. Die Abwehr der Versuchung, die jedesmal genau auf das Zentrum der im Wort offenbarten Gottessohnschaft Jesu Christi und deren Glaubwürdigkeit im Praxisausweis zielt, erfolgt jedesmal mit der Berufung Jesu auf ein Schriftwort „Es steht geschrieben." Der Versuchung mit der Forderung nach dem Tatbeweis wird der Schriftbeweis entgegengehalten. Doch bei der zweiten Versuchung, die bei Lukas (4,1–13) in deutlicher Eskalation an dritter Stelle erscheint, führt der Versucher selbst das Wort Gottes aus der Heiligen Schrift im Mund und sagt: „Es steht geschrieben: ‚Er wird seinen Engeln deinetwegen befehlen, daß sie dich bewahren. Und sie werden dich auf den Händen tragen, damit du deinen Fuß nicht an einen Stein stößt.'" (Lk 4,10-11 mit Ps 91,11.12) Vom Teufel wird dem Sohn Gottes das geschriebene Verheißungswort Gottes entgegengehalten, wenn auch kaum bemerkbar, doch folgenreich entstellt durch die Auslassung des zweiten Teils von Vers 11 aus Psalm 91.

Das ist eine teuflische Diskussion um Schriftprinzip und Schriftbeweis, bei der in der Heiligen Schrift geschriebenes Wort Gottes gegen geschriebenes Wort Gottes steht. Gelöst und bestanden wird sie durch den Sohn Gottes allein durch das beharrliche Anklammern an das Wort Gottes. Die Entscheidung aber fällt letztlich mit dem ersten Gebot, von dem aus klar entschieden und unterschieden wird, wer allein anzubeten, also auch zu verehren und zu fürchten ist. Der Forderung des Teufels, ihn anzubeten und damit alle bedrängenden Menschheits- und Weltprobleme auf einen Schlag zu beseitigen, wird von dem Sohn Gottes der eindeutige Imperativ aus dem Wort Gottes entgegengehalten: „Du sollst anbeten den Herrn, deinen Gott, und ihm allein dienen."

Die Unterscheidung von Gottes Wort und Menschenwort erscheint hier in einer nicht zu überbietenden Steigerung des Gegensatzes von Wort Gottes im Munde des Sohnes Gottes und Wort Gottes im Munde des Teufels. Aber es ist der Sohn Gottes, der versucht wird wie wir, der jedoch diese Versuchung besteht ohne Sünde für uns (Hebr 4,15–16).

Teil II

Die theologische Aufgabe

4. Kapitel: Der Glaube und das Dogma

Glaube an *Gott*, den *Vater*, durch Jesus Christus, den *Sohn*, ist Gabe und Wirkung des Heiligen *Geistes*. So ist der christliche Glaube durch das begründet, was er glaubt, genauer: durch den, an den er glaubt. Dieses geistliche Geschehen kann nicht psychologisierend aufgelöst und beschrieben werden, ohne daß es damit zugleich seine geistliche Realität verliert und in anthropologische Schematismen überführt wird. Als Gabe Gottes liegt im christlichen Glauben die Gemeinschaft mit Gott in Jesus Christus durch die Einwohnung des Geistes (Röm 8,1–17). So vollzieht sich im Menschen die Wiedergeburt; aus dem alten wird ein neuer Mensch. Diese pneumatische Realität geht allen hermeneutischen Problemen voraus, die wiederum nur von dieser geistlichen Voraussetzung her theologisch sachgemäß erfaßt werden können. Wird aber von ihr abstrahiert, dann wird der christliche Glaube formalisiert, und er schlägt um in eine Ideologie. Daß „Christus durch den Glauben in den Herzen" wohnt (Eph 3,17), ist keine bildhafte Vorstellung, sondern das macht überhaupt erst das Wesen des Glaubens an Jesus Christus aus. Deshalb können Wahrheit und Glaube niemals gegeneinander ausgespielt werden, ohne daß der Glaube genau das verlöre, was ihn zum Glauben macht. „Glaube ist nichts anderes als die Wahrheit des Herzens, das ist das rechte Denken des Herzens von Gott. Richtig von Gott zu denken vermag aber nicht die Vernunft, sondern allein der Glaube. Dann nämlich denkt der Mensch recht von Gott, wenn er seinem Wort glaubt. Wenn er aber außerhalb des Wortes Gott aus seiner Vernunft messen und ihm glauben will, dann hat er nicht die Wahrheit von Gott, und infolgedessen vermag er auch nicht recht von ihm zu denken noch über ihn zu urteilen."[1]

Christliche Theologie ist also nicht ein allgemeines Reden von Gott. Vielmehr ist sie an die Heilige Schrift als das Wort Gottes gebunden. Sie erwächst daraus, daß Gott in seinem Wort redet, und sie wird betrieben im Glaubensgehorsam in der Gewißheit, daß Gott durch dieses Wort den Glauben wirkt. Im Verhältnis zu dem Wort Gottes hat die Theologie also niemals eine begründende Funktion; sie ist vielmehr nachfolgend, und sie geschieht

[1] WA 40, I, 376, 32f. (lat.).

in der Nachfolge, die den ganzen Menschen in der Gemeinschaft mit seinem Herrn betrifft.

„Aus Glauben auf Glauben hin“ (Röm 1,17) wird von dem Wort Gottes her erkannt, was durch das Wort Gottes geschieht. Das ist die theologische Aufgabe, die keineswegs auf die Theologie als Wissenschaft beschränkt ist, sondern die jeder wahrnehmen kann und muß, der vom Wort Gottes lebt.

1. Das Dogma und das Dogmatische[2]

Die Wirklichkeit des Dogmatischen zeigt sich nirgends deutlicher als dort, wo ‚Dogma‘ als Reizwort verstanden und ‚dogmatisch‘ als Schimpfwort verwendet wird. Schon in der Umgangssprache ist zu beobachten, wie das gesamte Wortfeld Dogma, dogmatisch, Dogmatik und auch Dogmatiker mit negativen Wertungen verbunden ist. Dogmen gelten als geschichtlich überholt, zumal aus der Sicht neuzeitlicher Wissenschaftlichkeit. Ihre Formulierung und Vertretung gilt als autoritär. Als dogmatisch wird bezeichnet, wer in der Äußerung seiner Meinungen als Starrkopf gilt, der sich den Forderungen der Zeit und den Erkenntnissen der Zeitgenossen verschließt und statt dessen zwangsläufig dem Denken der Vergangenheit verhaftet ist und rückständig bleibt. Dogmatik, ganz abgesehen von den besonderen Schwierigkeiten des Fachs im Theologiestudium, ist in der kirchlichen Umgangssprache sehr rasch mit dem Einwand „steile Dogmatik“ abgetan. Wenn dies im alpinistischen Sinne auf den Schweregrad einer Gipfeltour anspielt, könnte schon überlegt werden, ob das Gegenstück dann in einer „flachen Erfahrung“ zu sehen ist. Mit Dogma und Dogmen verbinden sich geschichtliche Beispiele von „Lehrgesetzen“, die durch Sanktionen staatlicher Gesetze ängstlich geschützt werden, um die „Großkirche“ gegenüber fortschrittlichen Erkenntnissen von Häretikern zu verteidigen. Keine Dogmen zu haben gilt als Ausdruck größter geistiger Aufgeschlossenheit; undogmatisch zu reden oder zu predigen ist zeitgemäß, und es ist kein Wunder, wenn bisweilen selbst die Vertreter des Fachs Dogmatik an diesen Vorzügen der öffentlichen Meinung teilhaben möchten und auf den Begriff lieber verzichten. Systematik klingt in jedem Fall vornehmer, selbst wenn die Gefahr besteht, daß die innere Geschlossenheit eines „theologischen Systems“ zum Selbstzweck wird unter dem ängstlichen Bestreben, nicht nur „dogmatische Richtigkeiten“ zu vertreten.

Es gehört zum guten (schlechten) Ton in Theologie und Kirche, daß Dogma und alles, was damit zusammenhängt, bzw. „reine“ oder „rechte“ Lehre oft nur noch zur Disqualifizierung bestimmter Auffassungen und Einstellungen verwendet wird, aber immer nur von anderen Personen und

[2] Weiteres und Belege: s. den Exkurs II: „Das Dogma und das Dogmatische.“ S. 272–280.

Zeiten, niemals aber von eigenen Überzeugungen und Standpunkten. Doch genau daran zeigt sich die Realität des Dogmatischen. Denn der Widerspruch gegen Dogma und Dogmatisches ist selbst dogmatisch und von Dogmen bestimmt. Verdeckt wird dies lediglich durch die Tatsache, daß in der Umgangssprache als Dogma und dogmatisch immer nur eine Auffassung bezeichnet wird, die man selbst nicht teilt. Niemand käme auf den Einfall zu sagen, das ist *mein* Dogma oder hier rede *ich* dogmatisch. Vielmehr werde ich betonen: Das ist die Wirklichkeit; das ist doch – heute – so! Diese eigene Überzeugung beruht in dem Zusammenfallen von Sein und Bewußtsein, und es ist sehr schwer, wenn nicht gar unmöglich, diese Übereinstimmung in Zweifel zu ziehen oder gar aufzubrechen. Was im Verhältnis zu anderen Personen oder Zeiten ein Dogma ist, weil ich es selbst nicht teile, ist für mich selbst die Wirklichkeit, wie ich sie sehe und mir anders nicht vorstellen kann.

Dies ist der Grund, weshalb der Widerspruch gegen das Dogmatische keineswegs gegen das Dogma spricht, sondern gerade das Symptom für die Wirklichkeit des Dogmatischen bildet. Ein Dogma, dem ich widersprechen kann, ist eben nicht *mein* Dogma; *mein* Dogma aber wiederum ist der reflektierenden Vergegenständlichung nicht ohne weiteres zugänglich, weil es nicht allein den Inhalt, sondern die Grundlage meiner Überzeugungen und meines Bewußtseins bildet, die keinen Widerspruch duldet.

Daran ist bereits zu sehen, daß Dogma und Dogmatisches keineswegs auf Theologie, Kirche und christlichen Glauben beschränkt sind. Vielmehr handelt es sich um allgemein menschliche Phänomene, die in sämtlichen Lebensbereichen wirksam sind, aber auch in sämtlichen Wissenschaften, und zwar ebenso in den Geistes- wie in den Naturwissenschaften, ganz zu schweigen von anderen Religionen, Weltanschauungen und Ideologien.

Nicht Dogma und Wirklichkeit stehen einander gegenüber, wohl aber eigenes und fremdes Dogma. Es ist daher auch nicht die Frage, ob man Dogmen hat bzw. ob man dogmatisch ist, sondern welche Dogmen man hat.

Was mit Dogma gemeint ist, kann mit anderen Ausdrücken bezeichnet werden, die den Sachverhalt erhellen. Dazu gehört das Wort „Axiom", das nach seinem griechischen Ursprung sowohl „Forderung" (postulatum) als auch „Wert" (dignitas) bedeutet. Mit einem Axiom wird zur Verständigung die Anerkennung einer Voraussetzung gefordert, die gleichzeitig einen Wert als tragendes Fundament hat, auf dem alles weitere aufgebaut wird, ohne daß dieses Fundament selbst begründet werden kann oder muß.

In ähnlicher Weise kann von „Prinzipien" gesprochen werden. Dabei schwanken jedoch die Wertungen der Alltagssprache. Ein „Prinzipienreiter" erscheint unerträglich, doch ein Mensch ohne Prinzipien, der prinzipienlos ist, erscheint unzuverlässig.

Dogma und Dogmatisches begegnen vorwiegend im Umkreis der christlichen Kirche. So ist es nicht überraschend, wenn christliches Dogma nach dem vorherrschenden Eindruck immer in Gegensatz zu anderen Weisen der

Wirklichkeitserfahrung tritt. Dieser Eindruck jedoch täuscht, weil zweierlei übersehen wird. Einmal hat jede andere Form von Erkenntnis auch ihre Dogmen, selbst wenn es außer der Theologie nur noch in der Rechtswissenschaft eine Rechtsdogmatik gibt, in der Grundlagen und Begründung des Rechts reflektiert werden. Zum anderen muß man sehen, daß Dogma im Rahmen der Christusverkündigung ursprünglich keine eigene Bezeichnung für den christlichen Glauben ist, sondern allenfalls für einzelne Lebensregeln verwendet wird[3]. Denn die Verkündigung des Evangeliums von Jesus Christus und der dadurch gewirkte Glaube an Jesus Christus beruht in der Gegenwart Jesu Christi selbst. Die Person Jesu Christi aber kann niemals als Dogma abstrahiert oder gar in verschiedene Dogmen aufgelöst werden. Christus ist nicht ein Dogma, sondern der Herr. Dies darf durch die Verwendung von Begriffen und Methoden der antiken Schulsprache niemals verdeckt werden.

Dogma ist ein allgemeiner Begriff, unter dem ganz verschiedene Sachverhalte zusammengefaßt werden können. Das griechische Wortfeld dogma, dokein, dokee, doxa, dogmatizein hat eine sehr weite Bedeutung, die von „Schein" und „scheinen" über „meinen" bis hin zu Urteil und Entscheidung reicht. Darin ist durchaus eingeschlossen, daß subjektive Einbildung mit autoritativer Entscheidung zusammenfällt. Das wird verständlich, wenn man die Wortbedeutung im Sachzusammenhang betrachtet, und dafür gibt es drei Aspekte:

1. Das Dogmatische kann im *subjektiven Sinn* aufgefaßt werden. Dann betrifft es die persönliche Überzeugung, eine Meinung, die zumal von solchen, die sie nicht teilen, auch als bloße Einbildung bezeichnet werden kann. Das „Ansehen", das jemand hat, der „Anschein", den sich jemand gibt oder die „Einbildung", in der jemand lebt, dieser schillernde Sachverhalt wird in Gal 2,6–9 mit dem griechischen Wort ‚dokein' im Blick auf die Autorität der Jerusalemer Apostel von Paulus durchgespielt. Auch im Deutschen ist „Einbildung" doppeldeutig, insofern einmal damit eine subjektive Überzeugung bezeichnet wird, die der Wirklichkeit nicht entspricht, während zum anderen in mehr positivem Sinne die Einprägung von Anschauungen in das Bewußtsein gemeint sein kann. Auch „Schein" kann schwanken zwischen Unwirklichem und Erleuchtung, zwischen Heiligenschein und Scheinheiligkeit.

Was einem Menschen eingebildet ist, beherrscht sein Bewußtsein und bestimmt sein Verhalten. Das Dogmatische ist dabei nicht auf einen Lebens- oder Erkenntnisbereich beschränkt, sondern umfaßt die Person in ihrer Totalität. Im Bewußtsein ist die Unterscheidung von Schein und Wirklichkeit aufgehoben, soweit es um die Wirkung auf das Subjekt geht. Mit dem Begriff Dogma beschreibt Platon dies so: „... da die Zeit des Schlafens der des Wachens ziemlich gleich ist, und die Seele in jedem von diesen Zuständen

[3] Barn 1,6; 9,7; 10,1.9; Did 11,3; Ign Magn 13,1; 1.Clem 20,4; 27,5.

behauptet, daß die ihr jedesmal gegenwärtigen Vorstellungen (dogmata) auf alle Weise wahr sind: So behaupten wir eine gleiche Zeit hindurch einmal, daß das eine, dann wieder ebenso, daß das andere wirklich ist und beharren beidemal gleich fest auf unsere Meinung."[4] Entscheidend ist also nicht, was wirklich ist, sondern was wirkt. Dies aber betrifft dann nicht allein das Urteilen und Verhalten des Menschen nach außen, sondern sein Befinden in Freude und Zuversicht oder Angst und Niedergeschlagenheit.

2. Das Dogmatische kann ferner im *sozialen* oder *kollektiven Sinne* aufgefaßt werden. „Doxographien" sind Darstellungen von Lehrmeinungen, wie sie von bestimmten Lehrern und deren Schulen vertreten werden. Das Dogmatische wäre in diesem Zusammenhang dann die gemeinsame Grundlage, Ausrichtung und auch Methode, die eine Schule einerseits verbindet, andererseits aber von anderen unterscheidet. Schulstreitigkeiten, keineswegs auf Theologie und Kirche beschränkt, sind zu allen Zeiten hart. Selbst im Bereich der sog. „objektiven" Wissenschaften können sie unsachlich und dann persönlich werden, weil Personen davon betroffen sind, u. U. in den Grundlagen ihrer Existenz und ihres Ansehens.

Diese soziale oder auch kollektive Seite des Dogmatischen beruht also in der Verbindung durch eine gemeinsame Grundlage und Überzeugung. Wenn dann z. B. im Bereich der Wissenschaften der geläufige Vorwurf „unwissenschaftlich" erhoben wird, bedeutet das oft lediglich, daß andere als die anerkannten oder bekannten Voraussetzungen und Methoden verwendet werden. Jemand folgt nicht den Autoritäten (Namen) und Methoden einer herrschenden Richtung.

Viel stärker aber macht sich das Dogmatische in der Öffentlichkeit bemerkbar bei dem, was wir mit dem ominösen Ausdruck „öffentliche Meinung" zu bezeichnen pflegen. Von den „Dogmen der Menge" und den „Vorstellungen (doxai) des großen Tiers" spricht Platon in seiner „Politeia"[5], und er behandelt in diesem Zusammenhang die heute so aktuelle Frage, wie es eigentlich um die Wahrheit bestellt ist, wenn man sich nach den in der Öffentlichkeit herrschenden Meinungen richtet und sie mit den dazu geeigneten Mitteln zu gewinnen sucht. Doch wer würde heute daran denken, in diesem Zusammenhang von Dogmen und Dogmatischem zu reden, wenn es etwa darauf ankommt, die christlichen Dogmen gegenüber der herrschenden Meinung verständlich zu machen?

Was bereits für den subjektiven Aspekt des Dogmatischen in der Bewußtseinsbestimmung gilt, tritt bei dem sozialen und kollektiven Aspekt noch deutlicher hervor: Dogmatische Differenzen greifen unvermeidlich ins Persönliche über und führen dann zu entsprechenden Wertungen und Abwertungen, deren elementarer Maßstab sich zuerst einmal daraus ergibt, auf

[4] Platon, Theaitetos 158d.
[5] Platon, Politeia 493b f.

welcher Seite andere stehen. Das ist keineswegs von vornherein moralisch verwerflich, sondern vom Dogmatischen her verständlich und Symptom für das Dogmatische.

3. Das Dogmatische kann schließlich im *autoritativen Sinne* aufgefaßt werden. Die lateinische Übersetzung des griechischen „dogma" durch „decretum" deutet dies schon an: Entscheidung, Erlaß, in der Regel von einer Person oder durch eine Instanz, die Fähigkeit, Ansehen und Macht besitzt, solche Entscheidungen zu fällen und als verbindlich durchzusetzen. Das „Gebot" des Kaisers Augustus, „daß alle Welt geschätzt würde" (Lk 2,1) ist ein solches Dogma bzw. Dekret. In Apg 16,4 sind „Dogmen" die „Beschlüsse", die von den Aposteln und Ältesten in Jerusalem nach langen Auseinandersetzungen zur Beilegung des Streits zwischen Juden- und Heidenchristen über die Einhaltung der mosaischen Reinheitsgesetze gefaßt worden sind. Wenn Autorität nicht von vornherein als autoritär disqualifiziert wird, was freilich auch ein Zeichen von Autoritätenkonflikt ist, umschließt sie in verbindender Verbindlichkeit eine Gemeinschaft, sei es nun in dem Machtverband eines Staatswesens wie beim Kaiser Augustus, oder sei es durch die mühselige Herstellung eines Konsens wie in dem langen Ringen auf dem Apostelkonzil bzw. der Gemeindeversammlung von Jerusalem. Der autoritative Aspekt des Dogmatischen richtet sich also auf die Verbindlichkeit dessen, was verbindet und die Abwehr dessen, was die Gemeinschaft gefährdet oder auflöst.

Die drei Aspekte des Dogmatischen, der subjektive, der soziale/kollektive und der autoritative, lassen sich nicht voneinander trennen. Leicht können sie aber gegeneinander ausgespielt werden, und das führt innerhalb des Dogmatischen zum Dogmenkonflikt, der sich in den verschiedensten Zusammenhängen abspielen kann zwischen einzelnen, zwischen Gruppen oder auch gegenüber Instanzen. Mit dem Hinweis auf diese drei Aspekte und ihre tiefe Verwurzelung im menschlichen Leben und Zusammenleben kann das weitverbreitete Mißverständnis ausgeschlossen werden, als sei das Dogma und das Dogmatische vorzugsweise auf den dritten Aspekt beschränkt, wo es dann in Kirche und Theologie als kirchenamtliche oder wissenschaftlich-theologische Lehrbildung und Lehrentscheidung gesehen wird, während die anderen inhaltlichen Gründe der Gruppen- und Meinungsbildung diesen Dogmen als gewissermaßen „undogmatische" Wirklichkeit gegenüberstehen. Daraus ergibt sich eine Reihe weiterer Konsequenzen:

Dogma und Glaube treten nicht auseinander oder gegeneinander, sondern gehören zusammen. Man muß sich einmal an klassischen Beispielen vor Augen führen lassen, was das für die anthropologische bzw. psychologische Dimension des Dogmatischen bedeutet. Ein solches Beispiel findet sich bei dem stoischen Philosophen Seneca (4 v. Chr. – 65 n. Chr.) in der 95. epistula moralis. Was die Griechen als ‚dogmata' bezeichnen, übersetzt Seneca mit ‚decreta', und das sind in diesem Fall Grundentscheidungen, oder ‚scita', und das sind Dinge, die als Gewußtes oder Bewußtsein vorausgesetzt sind, sowie ‚placita', und das sind Sachen, die gefällig sind bzw. die als überzeugend vorausgesetzt werden. Das Bedeutungsfeld von Dogma kann schwerlich besser in seinen verschiedenen Aspekten von Entscheidung, Wissen, Bewußtsein und Gefallen vorgeführt werden.

Alle Anschauung hat grundlegende Voraussetzungen, und das gilt nicht erst für die wissenschaftliche Welterkenntnis, sondern für das gesamte menschliche Selbstverständnis. „Decreta sunt quae muniant, quae securitatem nostram tranquillitatemque tueantur, quae totam vitam totamque rerum naturam simul contineant" (95,12) – „Es sind diese Dogmen, welche schützende Festigkeit geben, unsere Sicherheit und Ruhe schirmen, sowie das gesamte Leben und die Natur der Dinge zugleich umfassen." Das Dogmatische erscheint hier in seiner psychischen Funktion als Inbegriff des Selbst- und Weltbewußtseins. Ein Leben ohne solche das Bewußtsein tragenden und bestimmenden Grundsätze bleibt halt- und richtungslos (95,46). „Man kann niemals zur Wahrheit kommen ohne solche Grundentscheidungen: sie umschließen das Leben. So bilden sie die Maßstäbe zur Beurteilung von gut und böse, von ehrbar und schändlich, von gerecht und ungerecht, von fromm und unfromm, von Tugenden und dem Gebrauch der Tugenden, für den Besitz der Dinge, für Achtung und Würde, für Gesundheit, Kraft, Gestalt, für die Empfindsamkeit der Sinne" (95,58). In den Grundentscheidungen des Dogmatischen liegen also die Maßstäbe des menschlichen Bewußtseins für die Ziel- und Wertbestimmung, dies aber nicht bloß in einem technischen, sondern im existentiellen Sinne. Wer keine Grundsätze hat, um danach zu verfahren, der kann nur in der Weglosigkeit sich verirren und in der Fraglichkeit steckenbleiben.

Dogma als Bewußtseinsprägung, Lebensgrundlage und Erkenntnisvoraussetzung bedeutet, daß tiefere Schichten des menschlichen Bewußtseins berührt werden, die nicht offen zutage liegen und infolgedessen auch nicht mit Händen gegriffen werden können: „Ratio autem non impletur manifestis: major eius pars pulchriorque in occultis est" (95,71) – „decreta vero sapientiae in abdito" (95,64) – „Was die Vernunft ausmacht, erschöpft sich nicht im Handgreiflichen: Ihr größerer und auch schönerer Teil liegt im Verborgenen" – „die Grundentscheidungen aber der Weisheit sind dem unmittelbaren Anblick und Zugriff entzogen".

In welcher Weise mit Dogma die Stimmung des Bewußtseins bezeichnet werden kann, zeigt sich bei dem stoischen Philosophen Epiktet (~50–140)[6]: „Was die Menschen in Verwirrung setzt, sind nicht die Dinge an sich (pragmata) „sondern die Urteile/Meinungen (dogmata) von den Dingen. So ist der Tod nicht etwas Schreckliches..., sondern die Meinung (dogma) über den Tod, daß er schrecklich sei; darin beruht das Schreckliche." Das Beispiel kann

[6] Epiktet, Enchiridion c. 5. Vgl. Nilus von Ankyra. MPG 79,1289A.

leicht deutlich machen, daß es bei der Gegenüberstellung von „dogma" und „pragma" nicht um neutrale Betrachtung geht, wohl aber um die Frage, von welcher Grundlage aus und in welcher Haltung man dem Tod gegenübertritt. Wenn sich bei diesen und ähnlichen Beispielen für den subjektiven Aspekt des Dogmatischen zeigt, daß es keineswegs nur auf Lehrsätze und Lehrgesetze zu beschränken ist, dann wird auch verständlich, daß im christlichen und kirchlichen Gebrauch das Dogma in einem unmittelbaren Sachzusammenhang mit dem Glauben und mit der Verkündigung steht. Das Verbindende ist die pneumatische Identität, wie sie im Bekenntnis, im Gottesdienst und dann freilich auch in darauf bezogenen notwendigen Abgrenzungen und Entscheidungen hervortritt. „Das zuverlässige Kriterium für die Wahrheit bei jedem Dogma ist das vom Geist Gottes eingegebene Zeugnis", so heißt es bei Gregor von Nyssa[7].

Die konziliaren Entscheidungen der alten Kirche werden als „horos pisteoos" bzw. als „definitio fidei" bezeichnet. Dies bedeutet nach der Bezeichnung und dem Vorgang nicht, daß die Glaubenslehre im geistesgeschichtlichen Horizont der Zeit interpretiert wird oder daß Antworten auf Fragen der Zeit gegeben werden; vielmehr geht es darum, daß die Identität des Glaubens der Gemeinde gewahrt wird, wo sie durch Irrlehre bedroht ist[8]. Im akuten Konflikt, der seinen Ursprung meistens im Gottesdienst hat, wird versucht, die Einheit in der Wahrheit festzuhalten. Der unwandelbare Glaube ist Gegenstand der Abgrenzung, nicht aber erst deren Ergebnis[9]. Wenn man diesen geistlichen Zusammenhang von Glaube und Dogma historisch und theologisch erfaßt hat, dann ist es ausgeschlossen, die aus dem 19. Jahrhundert stammende Trennung von Glaubensvollzug und lehramtlicher Entscheidung einzutragen, aus der

---

[7] Gregor von Nyssa, Contra Eunomium MPG 45, 341B.

[8] So heißt es in den Akten des Konzils von Chalcedon von 451: „Die Dogmen der Irrlehre haben sie zurückgewiesen und damit den irrtumslosen Glauben der Väter erneuert." Und es wird aufgefordert, „daß keiner sich in Unstimmigkeit zu seinem Nächsten in den Dogmen der Frömmigkeit befinden solle, sondern im Gleichklang die Verkündigung der Wahrheit zeigen solle". Eduard Schwartz (Hg.) ACO Tom II, Vol I, 322,22; II 126,14f.

[9] In seiner Schrift „Von den Konziliis und Kirchen" 1539 hat Luther diesen Sachverhalt im Blick auf das Konzil von Nicäa 325 völlig zutreffend so beschrieben: „Hieraus sieht man nun wohl, warum das Konzil zusammengekommen ist und was sie haben tun sollen, nämlich den alten Artikel des Glaubens, daß Christus rechter wahrhaftiger Gott sei, erhalten wider die neue Klugheit des Arius, der nach der Vernunft diesen Artikel wollte fälschen, ja ändern und verdammen, darüber ist er selbst verdammt. Denn das Konzil hat diesen Artikel nicht aufs Neue erfunden oder gestellt, als wäre er zuvor nicht gewesen in der Kirchen, sondern wider die neue Ketzerei des Arius verteidigt..." Identität des Glaubens aber betrifft dann nicht nur den geschichtlichen Wandel menschlicher Vorstellungen, sondern die für alle Zeiten gleiche Heilszusage Gottes. Deshalb kann und darf es keine neuen Dogmen geben „denn wo wären die Christen geblieben, die vor diesem Konzil wohl mehr denn dreihundert Jahre von den Aposteln her geglaubt und den lieben Herrn Jesus als einen rechten Gott angebetet und angerufen und darüber gestorben und sich jämmerlich hatten martern lassen?" (WA 50, 551, 11–23).

überhaupt erst dann die Aufgabe einer Vermittlung zwischen Texten und Bewußtsein erwächst.

Ein lateinischer Begriff für Dogma ist „assertio", und das bedeutet eine rechtsverbindliche Erklärung oder auch eine versichernde Behauptung. In Luthers Schrift „Vom unfreien Willen" wird mit diesem Begriff der Zusammenhang von Dogma, Glaube und Bekenntnis in der pneumatischen Realität deutlich gemacht, und das betrifft die Glaubens- und Heilsgewißheit. Deshalb muß sich ein Christ an solchen „assertiones" freuen, oder er ist kein Christ. Eine „assertio" aber heißt: „Beständig anhängen, befestigen, bekennen, verteidigen und unbesiegt durchhalten". Damit steht und fällt der christliche Glaube: „Tolle assertiones, et Christianismum tulisti" – „hebe die gewissen Behauptungen auf, dann hast du das Christentum aufgehoben". Der Grund aber ist nicht die eigene Überzeugung, sondern Gabe und Wirkung des Geistes: „Spiritus Sanctus non est scepticus, nec dubia aut opiniones in cordibus nostris scripsit, sed assertiones ipsa vita et omni experientia certiores et firmiores" – „der Heilige Geist ist kein Skeptiker (d.h. ein in kritischer Distanz stehender Zuschauer), und er hat nicht zweifelhafte Dinge und bloße Meinungen in unsere Herzen geschrieben, sondern feste Überzeugungen, die gewisser und sicherer sind als das Leben selbst und als alle Erfahrung." Glaubensgewißheit aber ist Gabe Gottes in Jesus Christus: „Daß ihnen (den Christen) doch der Heilige Geist vom Himmel gegeben werde, damit Christus aufleuchte (vgl. 2. Kor 4,6) und bekannt werde bis zum Tode, wenn das eben nicht heißt „asserere, ob confessionem et assertionem mori."[10]

Die Wirklichkeit des Dogmatischen betrifft anthropologisch die Bewußtseinsbindung und Urteilsgrundlage, sie betrifft im christlichen Verständnis die vom Geist geschenkte und getragene Wirklichkeit des christlichen Glaubens beim einzelnen wie in der Gemeinschaft. So erst wird verständlich, was Glaubensbindung als Bewußtseinsbestimmung ist, und es wird auch verständlich, wie tief Unterschiede und Gegensätze in diesen Bereich greifen.

Im geschichtlichen Rückblick scheinen Dogma und ebenso Bekenntnis immer wieder mit Streit und Zwang verbunden zu sein, und das erscheint einer aufgeklärten Neuzeit nicht nur unverständlich, sondern unmoralisch und überholt. Ein solches Urteil im Rückblick zeigt aber zunächst nur, daß in solchen Fällen die eigene Bewußtseinsbindung und die Gemeinschaftsverbindung nicht berührt werden; man ist bloßer Zuschauer von Vorgängen, deren Ursache man nicht begreift. Allerdings wird damit zugleich die Realität des Dogmatischen als persönliche Bewußtseinsbindung und Gemeinschaftsverbindung in der Gegenwart übersehen und verkannt. Wer sich jedoch in unserer Zeit umsieht, wird kaum die Vielzahl dogmatischer Konflikte auf sämtlichen Ebenen und in allen möglichen Bereichen übersehen können, die

[10] WA 18, 603–606 = BoA 3, 97–100.

dort ausbrechen, wo Menschen in ihrem Bewußtsein verletzt werden und wo sie deshalb dann auch wiederum selbst verletzend werden. Dogmatische Konflikte auf dieser Ebene sind Gegensätze, die meist gar nicht rational faßbar sind, obwohl sie emotional eine außerordentlich starke Wirkung haben können. Gegensätze dieser Art können menschliche Verhaltens- und Erscheinungsweisen betreffen, die miteinander unvereinbar sind; es kann sich um politische Richtungskämpfe handeln, aber auch Schul- und Methodenstreitigkeiten in sämtlichen Wissenschaften beruhen auf Dogmengegensätzen, und was ist alles damit verbunden, wenn sich öffentliche Meinung manifestiert aus diesem oder jenem Anlaß in Medien, mit Schlagwörtern, Spruchbändern, in Parolen oder Bekenntnissen, die auf Mauern und Bretterwände gesprüht werden, in Ritualen der Demonstrationen mit skandierten Programmen, und selbst in unserer Zeit, die den geschichtlichen Dogmenkonflikten so fern zu sein meint, kommt es dabei immer wieder zum Umschlag der verbalen Artikulation in die materiale Aggression, wenn alle möglichen Gegenstände, Farbbeutel und dann auch Steine fliegen. Es gibt viele überzeugende Gründe, die Menschen in Bewegung setzen und gegeneinander aufbringen können, nicht zuletzt die Angst.

Wie kann man über Dogmen streiten? Das ist eine müßige Frage, sofern sie die Realität des Dogmatischen verfehlt. Richtig muß die Frage lauten: Wo ist die Stelle, an der mein eigenes Selbstbewußtsein verletzt wird, an der angegriffenen wird, was eine Gemeinschaft – gleich welcher Art – trägt und verbindet, was eine Gesellschaft zusammenhält und was mir wert, teuer und lebensnotwendig scheint? Die Realität des Dogmatischen zeigt sich offenbar in ihrer abgründigen Verborgenheit erst dort, wo sie durch Berührung verletzt wird. Wenn aber das verletzt wird, womit ein Mensch oder eine Gemeinschaft von Menschen steht und fällt, dann werden auch die Verletzten verletzlich. Vertrauen zerbricht, Familienbande lösen sich auf, weil Menschen einander unerträglich werden.

Das leichtfertige Gerede von den Dogmen als Glaubenssätzen vergangener Zeiten oder Gesetzen übergeordneter Instanzen erweist sich angesichts der Realität des Dogmatischen als pure Unkenntnis. Dogmen sind nicht frei verfügbar und wählbar, denn sie sind Bewußtseinsbindung. Sie sind auch nicht an einem übergeordneten Maßstab von Wahrheit auszuweisen; denn sie enthalten selbst das Kriterium für die Wirklichkeit der Wahrheit. Wohl aber sind Dogmen zu unterscheiden und zu beurteilen, sofern der sie bestimmende und tragende Grund klar ist. Das reale Dogma kann daher wohl auch nur in der ersten Person der Einzahl oder Mehrzahl stehen: „Ich glaube/wir glauben..." Dafür allerdings gibt es verschiedene, ja auch gegensätzliche Gründe und Inhalte: Es gibt nicht nur die Wirklichkeit des Dogmatischen, sondern in dieser gibt es wahre und falsche, heilsame und heillose Dogmen.

Kol 2,20ff. ist ein Beispiel für eine solche dogmatische Entscheidung, bei der es um die praktischen Konsequenzen aus gegensätzlichen Prinzipien geht: „Wenn ihr nun mit Christus abgestorben seid von den Prinzipien der Welt, wieso laßt ihr euch dann Urteilsmaßstäbe auferlegen (dogmatizesthai), als ob ihr noch in der Welt lebtet: Das darfst du nicht anfassen, das nicht essen, das nicht berühren? Das ist doch alles nur für die Vergänglichkeit durch Verbrauch bestimmt, entsprechend den Geboten und Lehren von Menschen..." Der dogmatische Gegensatz für die Urteilsbildung und Lebensführung ist hier ganz deutlich: Auf der einen Seite steht die Freiheit durch Tod und Auferstehung Jesu Christi von der Sünde und Vergänglichkeit dieser Welt; auf der anderen Seite stehen jene Weltprinzipien von rein und unrein, von gut und böse, an denen nicht nur die Existenz dieser Welt, sondern auch der Bestand dieser Welt zu hängen scheint. Dieser Dogmengegensatz greift in unauslotbare Tiefen – auch heute.

2. Vom Glauben

Wenn ‚glauben' im Deutschen als ‚meinen' und damit als eine niedrigere Erkenntnisstufe gegenüber dem Wissen aufgefaßt werden kann, dann ist darin etwas von dem subjektiven Aspekt des Dogmatischen enthalten. Sofern es jedoch, wie wir gesehen haben, dabei um Bewußtseinsprägung und -bindung geht, ist dies keineswegs nur ein Gegensatz zum Wissen, sondern die Voraussetzung des Wissens. Die Gegenüberstellung von Glauben und Wissen, mehr noch von Glauben und Wissenschaft erscheint in unserer Zeit als eine der vordringlichsten Aufgaben bei der Verantwortung des Glaubens gegenüber einer von der Wissenschaft geprägten Weltanschauung, während umgekehrt aus der Sicht der Wissenschaft der Glaube als eine überholte, vorwissenschaftliche Stufe des menschlichen Geistes in Frage gestellt scheint. In der Theologie kann dies leicht dazu führen, daß ihre Universitätsfähigkeit im Kreis der übrigen Wissenschaften sowie ihr Anspruch auf öffentliche Geltung durch die Anwendung allgemein anerkannter Methoden begründet wird. Daß es dabei unbemerkt zu einem inhaltlichen Wechsel der dogmatischen Grundlagen kommen kann und die Verantwortung für das christliche Dogma preisgegeben wird, wird erst verständlich, wenn man den Dogmenkonflikt in der vordergründigen Gegenüberstellung von Glauben und Wissen durchschaut hat.

In den biblischen Schriften findet sich überhaupt nicht der uns geläufige Gegensatz von Glauben und Wissen. Glaube (pistis), Wissen (gnoosis) und dazu noch Gewissen (syneideesis) können sogar gelegentlich gleichbedeutend und austauschbar verwendet werden (1.Kor 8,12.7; Röm 14,1,2)[11]. Der Glaube kann dem Schauen gegenübergestellt werden (1.Kor 13,8ff.; Hebr 11,1); er ist dabei bezogen auf das Wort Gottes, das verheißt, was sich in

[11] S.u. 148ff.

Zukunft sichtbar erfüllen wird. Es gibt ferner die Gegenüberstellung von Glaube und Zweifel oder Kleinglauben. Die Perikope vom sinkenden Petrus (Mt 14,28–32) zeigt dies in der Spannung zwischen dem Vertrauen auf den Herrn und sein Wort, in dem Petrus auf dem Wasser wandeln kann, und der Angst vor der Naturgewalt des Windes, die stärker scheint als der Herr. Es gibt starken und schwachen Glauben (Lk 17,5f.; Mt 21,21; Mk 9,24; Mt 15,28 u.a.); daneben ist von einem Glauben die Rede, der „Berge versetzen" (Mt 17,20; 21,21) sowie Bäume entwurzeln und ins Meer versetzen (Lk 17,6) kann. Durch den Glauben an Jesus werden Dämonen ausgetrieben, Kranke geheilt und Tote auferweckt.

Bei den angeführten Beispielen zeigt sich, wie der Gegensatz zu dem an Jesus und sein Wort gebundenen Glauben immer die Macht von Naturgewalten ist. Die Furcht vor dem, was in der Natur im weitesten Sinn begegnet, ist der alles zusammenfassende Gegensatz zum Glauben (vgl. Mt 8,26). Der tiefste Gegensatz zum Glauben ist die Furcht vor dem Tod und seiner alles beherrschenden Macht (Hebr 2,15).

Nach dem biblischen Verständnis betrifft der Glaube unmittelbare Lebenserfahrungen. Aber er selbst ist in diesem Sinne nicht eine Lebenserfahrung, wie das im Gegensatz zur Furcht etwa eine optimistische Daseinsgewißheit sein könnte. Glaube im biblischen Verständnis ist vielmehr Begegnung mit Gott in seinem Wort und Gemeinschaft mit ihm. Christlicher Glaube ist Glaube an Jesus Christus und Gabe des Heiligen Geistes. Er ist auf Jesus Christus bezogen, weil er durch ihn gewirkt ist.

Das ist die Stelle, an der sich der christliche Glaube nach seinem Wesen von den allgemeinen und vielfältigen Erscheinungsformen des Dogmatischen grundsätzlich unterscheidet. Das kann nicht auf eine willkürliche Verschiedenheit von Glaubensinhalten zurückgeführt werden, sondern es betrifft Grund und Inhalt des christlichen Glaubens in der Bindung an die Person Jesu Christi. „... denn ich weiß, an wen ich glaube" (2.Tim 1,12).

Die Bezeichnung Dogma darf daher auch nicht uneingeschränkt auf den christlichen Glauben angewandt werden, weil sonst gerade diese personale Bestimmung durch Jesus Christus aufgehoben würde. Was z.B. ein Symbol enthält, kann zwar z.B. als „nizänisches Dogma" oder als „nizänischer Glaube" bezeichnet werden. Doch was Wirklichkeit und Vollzug des Glaubens ausmacht, zeigt sich allein in dem Bekenntnis in der ersten Person Einzahl „ich glaube" (credo) oder Mehrzahl „wir glauben" (pisteuomen).

Der Glaube hat keine Geschichte; er bestimmt die Geschichte. Der Glaube, wenn er in seinem geistlichen Wesen recht erfaßt ist, wird auch nicht in die Geschichte aufgenommen, sondern gerade umgekehrt geht die Geschichte in den Glauben ein. Die Zählung unserer Jahre von der Menschwerdung Christi her und auf sie hin zeigt dies mit solcher Selbstverständlichkeit, daß andere Möglichkeiten der Zeitrechnung zur Bestimmung von Geschichte kaum vorstellbar sind. Wenn die Jahre gezählt werden nach religiös-sportlichen

Ereignissen wie den griechischen Olympiaden, nach der Gründung der Stadt Rom, nach Regierungszeiten von Herrschern oder auch „tausendjährigen Reichen", dann sind dies alles Beispiele von geschichtsbedingter Vergänglichkeit. Auch der Versuch, die Bestimmung der Zeit durch den Namen Christi mit der Wendung „unsere Zeitrechnung" zu ersetzen, zeigt lediglich die Hilflosigkeit, in dem endlosen Kreislauf der Natur einen Anhaltspunkt zu sinngebender Orientierung zu finden. Daß Christus Herr der Geschichte ist, zeigt sich aber nicht allein darin, daß die Jahre auf seine Menschwerdung hin laufen und von ihr her kommen, sondern auch darin, daß die Jahre in der linearen Erstreckung nicht ins Endlose gehen, sondern auf das durch seine Wiederkunft gesetzte Ende der Zeit und der Welt zulaufen. Die Zeitrechnung ist nicht allein in der Zählung der Jahre, sondern bis zu den Tagen und Festen ein eindrucksvolles Beispiel für die Realität des Dogmatischen und für die Wirklichkeitsbestimmung des christlichen Glaubens. Nicht die Geschichte bedingt den Glauben, sondern der christliche Glaube erschließt die Geschichte nach ihrem Ursprung und ihrem Ziel. Infolgedessen wäre es denkerisch und historisch falsch, von einer Geschichtlichkeit oder Geschichtsbedingtheit des christlichen Glaubens zu sprechen. Wohl aber ist daran zu sehen, wie der Glaube in seiner Geschichtwirkung immer wieder durch andere Dogmen, Denkinhalte und Erfahrungen aus dem Bereich des Geschaffenen angefochten wird. So gilt mit 1.Joh 5,4: „Unser Glaube ist der Sieg, der die Welt überwunden hat."

Wir stehen mit dieser Erwägung vor einer weitreichenden Entscheidung im Verständnis des Glaubens. Der Glaube kann aufgefaßt werden als Wahrnehmung von etwas oder Ausdruck für etwas; er kann auch verstanden werden als Bestimmung durch etwas. Aus diesen unterschiedlichen Voraussetzungen können sich völlig konträre theologische Konsequenzen ergeben. Wenn man aber bedenkt, was der Grund des Glaubens ist und wenn man die Realität des Dogmatischen vor Augen hat, dann dürfte deutlich sein, daß dem christlichen Glauben niemals ein neutrales menschliches Selbstbewußtsein in der individuellen Existenz oder in der geschichtlichen Entwicklung gegenübersteht, sondern daß jedes Selbstbewußtsein seine eigenen Grundlagen hat, also auch Dogmen und Glaubensinhalte, durch die Sinn und Ziel der Lebenserfüllung und des Weltverhältnisses bestimmt sind, durch die die Maßstäbe des Bewußtseins für Hoffnung und Furcht festgelegt sind. Vermutlich liegt es lediglich an der Dominanz des Christlichen in unserer Situation, daß die Konkurrenz der Glaubensgrundlagen und Bewußtseinsbindungen simplifiziert wird zu der Gegenüberstellung von christlichem Glauben mit einem sog. „neuzeitlichem Bewußtsein", das in seinen wesentlichen Teilen lediglich durch eine Selbstinfragestellung des Christlichen erzeugt wird. So wird der Glaube in der Tat zu einer Privatsache deren geschichtliche Bedeutung erschlossen und deren soziale Relevanz nachgewiesen werden muß.

Diese beschauliche Situation von Selbstinfragestellung und Selbstbestätigung ändert sich indes schlagartig, wenn andere religiöse Gruppen oder politische Ideologien mit einem Absolutheitsanspruch auftreten, durch den sie Menschen begeistern, fesseln oder erschrecken[12].

An die Stelle des Bemühens um kulturelle und soziale Integration des christlichen Glaubens in der Gesellschaft tritt dann die dogmatische Konfrontation. Sie vollzieht sich nicht an den Grenzen, sondern im Kern der christlichen Gemeinde. In dem Maße, wie der Grund des christlichen Glaubens nicht mehr klar ist, werden dann auch Christen in hilfloser Begeisterung hingerissen von der Faszination durch Methoden, die Lebensgewinn versprechen, und Programme, die Lebensnotwendiges verheißen. Das ewige Leben ist vom Überleben schwer zu unterscheiden, denn der Mensch will nun einmal ewig leben.

Wird der Glaube auf verschiedene Inhalte und Bindungen des menschlichen Bewußtseins beschränkt, dann verschwimmen die Unterschiede in den meist sehr vagen Vorstellungen von „Heil" oder „Wahrheit", unter denen bei allen Menschen eine Bedürftigkeit ebenso anzunehmen ist wie die Überzeugung von einer Unverfügbarkeit. Beim rechten Glauben aber geht es allein um den wahren Gott. Dies wiederum betrifft nicht die Möglichkeit oder Unmöglichkeit des Menschen zu glauben, sondern die Unterscheidung von wahrem und falschem Gott. In seiner Auslegung zum ersten Gebot hat Luther das im Großen Katechismus mit aller Klarheit festgehalten, daß Gott und die anderen Götter nicht etwas ist, zwischen dem der Mensch wählen könnte in der Form von Angebot und Nachfrage, sondern etwas, wovon er beherrscht ist im Zentrum seiner Existenz, nämlich im Herzen: „Das ist, du sollst mich allein für deinen Gott halten. Was ist das gesagt und wie verstehet man's? Was heißt einen Gott haben oder was ist Gott? Antwort: Ein Gott heißet das, dazu man sich versehen soll alles Guten und Zuflucht haben in allen Nöten. Also daß ein Gott haben nichts anderes ist, denn ihm von Herzen trauen und gläuben, wie ich oft gesagt habe, *daß alleine das Trauen und Gläuben des Herzens machet beide Gott und Abgott*. Ist der Glaube und Vertrauen recht, so ist auch dein Gott recht, und wiederum, wo das Vertrauen falsch und unrecht ist, da ist auch der rechte Gott nicht. *Denn die zwei gehören zuhaufe, Glaube und Gott. Worauf du nun (sage ich) dein Herz hängest und verlässest, das ist eigentlich dein Gott.*"[13]

Der Gegensatz, den das erste Gebot aufdeckt, ist radikal, d.h. an die Wurzel gehend, weil alles andere, was als Gott das Herz bestimmen könnte und was infolgedessen Grund und Maßstab auch für Lebenshoffnungen und Weltängste bildet, aus der Herrschaft und Vergottung von Natürlichem kommt. Dies ist der Bezugspunkt theologischer Verantwortung.

---

[12] S.u. zu 232ff.

[13] BSLK 560, 7–24.

3. Bild und Einbildung

„Einbildung" ist ein Ausdruck für das Dogmatische, und dieses Wort hat eine aufschlußreiche Doppeldeutigkeit. Einbildung ist aus der Sicht eines anderen, der die damit verbundene Überzeugung nicht teilt, ein bloßer Wahn ohne Wirklichkeit. Einbildung ist aber auch das, was einem Menschen eingeprägt ist und was ihn von seinem Bewußtsein her gestaltet. Was man sich einbildet, das bildet einen Menschen und macht seine Bildung aus. Das ist „Information" im weitesten Sinne der damit verbundenen gestaltenden und prägenden Vorgänge. So fließend die Übergänge von Einbildung und Bildung sein mögen, gemeinsam ist, daß es immer um Bilden und Bilder geht. So wird mit der Einbildung ein weites Feld erschlossen. Es reicht von der Imagination im Bewußtsein bis zur Information als äußerer Prägung des Bewußtseins. Beim Fernsehen ist zu erleben, was Information und Imagination ist und in welchem Maße Wirklichkeit in Bildern eingefangen und wiederum durch Bilder Wirklichkeit bestimmt werden kann. Wer vermag unter der Flut von Bildern überhaupt noch darüber nachzudenken, unter welchen Voraussetzungen und mit welchen Mitteln optische und akustische Reize ausgelöst werden, die dann die Grundlage zu dem Urteil einbilden: „Das ist doch – heute – so!" Wer vermag sich vor allem den damit zusammenhängenden, tief in das Bewußtsein eingreifenden Wirkungen zu entziehen, die ein Weltbild im Lichte von Hoffnung und Freude oder, was wesentlich häufiger der Fall ist, im Dunkel von Angst und Verzweiflung auslöst? Eine ganze Gesellschaft bezieht ihr Bild von der Wirklichkeit aus der Einbildung durch den Bildschirm. Und das ist nur ein Medium der Information neben vielen anderen.

Ein alter Sachverhalt wird an einem neuen Kommunikationsmedium illustriert: Die Wirksamkeit und dabei zugleich die Konkurrenz der Bilder, die wir nicht nur anschauen, sondern die noch stärker unsere Anschauung prägen und leiten.

Theologisch hat dieser Sachverhalt eine tiefgreifende Bedeutung sowohl für die Erfassung des Dogmatischen wie für die darauf bezogene dogmatische Aufgabe. Das biblische Bilderverbot „Du sollst dir kein Bildnis noch irgendein Gleichnis machen, weder von dem, was oben im Himmel, noch von dem was unten auf Erden, noch von dem, was im Wasser unter der Erde ist: bete sie nicht an und diene ihnen nicht!" (Ex 20, 4–5; Dtn 5,8–9) ruft durch das Wort Gottes das Volk Gottes weg von den Versuchen und Versuchungen, Gott im Geschaffenen anschaulich zu machen und anzubeten. Vom Bild weg führt es zu dem gehörten Wort, das die Gemeinschaft Gottes mit seinem Volk begründet und trägt. Dtn 4 enthält eine prägnante Entfaltung und zugleich Abgrenzung dieser durch das Wort begründeten Gemeinschaft gegenüber der bildlichen Anschauung Gottes: „Und der Herr redete mit euch mitten aus dem Feuer, seine Worte hörtet ihr, aber ihr saht keine Gestalt, nur eine Stimme war da. Und er verkündigte euch seinen Bund, den er euch gebot zu halten, nämlich die Zehn Worte und schrieb sie auf zwei steinerne Tafeln." ... „So hütet euch nun wohl – denn ihr habt keine Gestalt gesehen an dem Tage, da der Herr mit euch redete aus dem Feuer auf dem Berge Horeb –, daß ihr euch nicht versündigt und euch irgendein Bildnis macht, das gleich sei einem Mann oder Weib, einem Tier auf dem Land oder Vogel unter dem Himmel, dem Gewürm auf der Erde oder einem Fisch im Wasser unter der Erde..." (Dtn 4,12–13.15ff.).

In zwei Hinsichten hat das Bilderverbot des Alten Bundes eine grundlegende Bedeutung für den Neuen Bund. Es erinnert einerseits an die Ursprünglichkeit des zum „Bild und Gleichnis" Gottes von Gott geschaffenen Menschen (Gen 1,26–27). Die Gottebenbildlichkeit macht den Vorrang des Menschen vor allen anderen Geschöpfen Gottes aus. Sie ist die ursprüngliche Gemeinschaft mit Gott in der Weise, daß der Mensch von Gott, ja sogar wie Gott, aber nicht selbst Gott ist. Auf der anderen Seite blicken wir auf Jesus Christus, der in der menschlichen Erscheinung des Sohnes Gottes das Bild Gottes ist (2.Kor 4,4; Kol 1,15; vgl. Hebr 1,3) und durch den wir erneuernd umgestaltet bzw. „gleichgestaltig" werden seinem Bilde (2.Kor 3,18; Röm 8,29). Die ganze Vielschichtigkeit auch des deutschen Wortes Bild und bilden muß aufgeboten werden, um diese Zusammenhänge zu erfassen: Das Bild ist im Ursprung die aus dem Schöpferakt hervorgehende Gestalt, in der sich der Gestalter selbst abbildet; das Bild ist in der Erscheinung Jesu Christi Begegnung mit Gott selbst, so wie Vater und Sohn zwei verschiedene Personen eines Wesens sind. Das Bild ist in der Erneuerung der Vorgang der Umbildung und Neugestaltung des von Gott abgefallenen Menschen, in dem das ursprüngliche Bild und damit die ursprüngliche Gemeinschaft mit Gott wieder hergestellt wird (vgl. Röm 8,29; 12,2; 2.Kor 3,18). Eins ist dabei bemerkenswert: Im rechten Verständnis des Glaubens kann das Bild Gottes in Jesus Christus nicht anders angeschaut werden, als unter der Umbildung des alten zum neuen Menschen durch Christus. Das ist jene umbildende und neuschaffende Erleuchtung, wie sie allein unter der Verkündigung des Evangelium im Wort sich vollzieht (2.Kor 4,1–6), und in dem Wort von Jesus Christus wird als Bild anschaulich, wie wir durch diese Erneuerung umgebildet werden: „Und wie wir getragen haben das Bild des irdischen, so werden wir auch tragen das Bild des himmlischen..." (1.Kor 15,49). Nun sprechen wir von Gottesbildern, Menschenbildern und Weltbildern in ihrer Vielfalt und Wandelbarkeit. „Ideologie" ist dafür der Sammelbegriff als Lehre von den Bildern. Der angedeutete Sachverhalt deckt den Wirkungsbereich des Ideologischen auf und zeigt, wie es nicht allein um die Entwürfe solcher Anschauungen geht, sondern um die innere Prägung der Anschauung selbst. Ideologie ist die Erscheinung des Dogmatischen in der Bildung des Bewußtseins. Bilder und Anschauungen, wie sie den verschiedenen Ideologien zugrunde liegen, leiten das Bewußtsein des einzelnen, sie bilden aber auch die

Grundlage für die Verbindung von Gleichgesinnten und die Abgrenzung gegenüber Andersdenkenden. Schließlich gehört zum Ideologischen auch der aus der subjektiven Überzeugung und Bindung erwachsende Autoritätsanspruch, der möglichen Widerspruch im Interesse bestehender Gemeinschaft ausschließt. Bevor das Dogmatische im Begriff erfaßt und vergegenständlich wird, wirkt es im Bild.

Kein Wunder, wenn die Effekte des Ideologischen überall und zu allen Zeiten Gemeinschaft bilden und trennen. Das hat seine Bedeutung auch innerhalb von Kirche und Theologie, besonders bei den vielen Versuchen, das Wort Gottes „anschaulich" zu machen. Es ist merkwürdig, mit welcher Gedankenlosigkeit selbst Theologen von „Gottesbildern" oder, was in diesem Fall gleichbedeutend ist, von „Gottesbegriffen" reden und schreiben können. Da liest man von Gottesbildern einzelner Theologen oder bestimmter Epochen. Man erfährt von „drei Gottesbildern", nach denen Gott einmal vorgestellt wird „wie ein General, der seine Truppen sieht... er ist der große, männliche Herrscher, der Chef, der Manager, der, der den Überblick hat und für alles zeichnet. Er ist distanziert" – daneben ein zweites Gottesbild: „Gott ist wie eine Mutter, wie ein gütiger Vater..." – und ein drittes Gottesbild: „Gott ist wie ein Mutterleib, wir sind wie das Embryo in Gott getragen, geschützt, von Gott umgeben..." Wieder andere machen sich ausführliche Gedanken über männliche und weibliche Gottesbilder.

Überlegungen dieser Art erwachsen aus dem Bemühen, annehmbare oder auch angenehme Gottesbilder zur Auswahl anzubieten. So werden aus menschlichen Vorstellungen Gottesbilder hergestellt in der Weise, wie Ex 32 das Volk Aaron seinen ganzen Schmuck übergab mit der Forderung, einen anschaulichen und greifbaren Gott daraus zu machen.

Der Mensch ist der Bilder bedürftig und für sie empfänglich; er produziert sie laufend. Er begeistert sich an ihnen, wie er ebenso durch sie in Schrecken gejagt werden kann. Wie groß ist aber dann die Versuchung in Verkündigung und Unterweisung der christlichen Gemeinde, an die Stelle des neuschaffenden Bildes Christi die Wunschbilder von Menschen zu setzen, um sie anzusprechen und zu befriedigen! Man kann sich bei solchen Versuchen, den Glauben an Gott dem heutigen Menschen zu erschließen sogar auf die „Bildersprache" der Bibel berufen, um in neue Bilder aufzunehmen, was in alten gesagt wurde. Der Fehler in diesem Verfahren ist schwer durchschaubar und vermutlich überhaupt nicht zu begreifen, wenn die biblischen Texte von vornherein als zeitbedingte Darstellung von Gott aufgefaßt werden, die analog in andere Zeitvorstellungen zu übertragen wären. Der Fehler besteht darin, daß das Verhältnis von Wort und Bild umgedreht wird: Nicht das Wort bestimmt das Bild, sondern das Bild bestimmt das Wort. Ist diese Verdrehung vollzogen, dann kann das Wort Gottes nicht mehr unseren Blick für die Wirklichkeit Gottes öffnen, sondern wir sehen nur noch die Projektionen menschlicher Hoffnungen und Bedürfnisse. Der Mensch wird dann auch nicht mehr in Umkehr und Erneuerung dem Bilde Christi gleichgestaltet, sondern Christus wird in die verschiedenen Bilder von Menschlichkeit eingefügt und darin aufgelöst. Selbst in der Mitte der christlichen Gemeinde erscheint das so überzeugend und notwendig, daß die theologische Kritik daran dem vehementen Vorwurf ausgesetzt ist, nicht nur die Menschlichkeit des Menschen zu verfehlen, sondern unmenschlich zu sein. Dies ist wiederum symptomatisch für den Dogmenkonflikt, und hier scheiden sich in der Tat die Wege zwischen der Theologie einer Wohlstandsgesellschaft, sei sie nun konservativ an der Bewahrung des Bestehenden oder progressiv an der Herbeiführung von Zukünftigem orientiert, und der Verkündigung Jesu Christi, durch die aus dem alten ein neuer Mensch wird auf dem Weg vom Tod zum Leben.

Was theologisch gegenüber massivem Druck zu vertreten ist, kann am besten in dem Bereich gezeigt werden, der von einer Wohlstandstheologie systematisch verdrängt wird. Paul Gerhardts (1607–1676) Neudichtung des mittelalterlichen Liedes „Salve caput cruentatum“ „O Haupt voll Blut und Wunden“ enthält einen Hinweis auf die heute weithin versäumte seelsorgerliche Begleitung von Kranken und Sterbenden, bei der das Ringen der Bilder im Bewußtsein und um das Bewußtsein des Menschen in schärfster Zuspitzung hervortritt. Die Bitte in dem lateinischen Vorbild um den Beistand Jesu in der Todesstunde nimmt Paul Gerhardt in der letzten Strophe auf: „Erscheine mir zum Schilde, zum Trost in meinem Tod, und laß mich sehn *dein Bilde* in deiner Kreuzesnot. Da will ich nach dir blicken, da will ich glaubensvoll dich fest an mein Herz drücken. Wer so stirbt, der stirbt wohl.“ Das ganze Lied ist in dieser Strophe zusammengefaßt als vom Wort Gottes geleitete Anschauung und Anrede im Gebet. Es ist der in 2.Kor 4,4–6 beschriebene Vorgang, der die Umbildung aus der Finsternis zum Licht, von der alten vergehenden Welt zur kommenden Herrlichkeit Gottes „im Angesicht Jesu Christi“, und das bedeutet Anschauung und Zuwendung zugleich, nicht nur zeigt, sondern bewirkt. Daher muß nachdrücklich hervorgehoben werden, daß nicht das Bild zur Anschauung des Wortes, sondern das Wort zur Anschauung des Bildes führt, und das geschieht nicht unter dem Vermögen menschlicher Vorstellungs- und Einbildungskraft, sondern als Tat und Gabe Gottes in seinem Wort.

Das muß auch bei den beliebten und verbreiteten Bildmeditationen sorgfältig berücksichtigt werden, wenn man nicht der Eigenkraft und Faszination anderer Bilder erliegen oder durch sie verführen will.

Die Betrachtung des Todes – meditatio mortis – ist eine alte, weithin vergessene Übung. Die Betrachtung von Kreuz und Tod Christi aber ist unter dem „Wort vom Kreuz“ (1.Kor 1,18) Zentrum christlichen Glaubens. Daher gehört es in die Mitte christlicher Verkündigung und Seelsorge. Ein eindrucksvolles Beispiel neben vielen anderen findet sich in Luthers Sermonen der Jahre 1519–1520, daneben aber auch in vielen seiner Predigten. So ist der „Sermon von der Betrachtung des Heiligen Leidens Christi" (1519) eine solche Anleitung, das Kreuz Christi im Bild anzuschauen und sich in der Weise tief einzubilden und zu erkennen, wer Christus, der Sohn Gottes ist, der nicht nur für mich, den Sünder, sondern durch mich und meine Sünden den Weg zum Tod geht, um mir die Gabe des ewigen Lebens zuzuwenden. „Wer sich so hart und dürr empfindet, daß ihn Christi Leiden nicht also erschreckt und in seine Erkenntnis führt, der soll sich fürchten, denn da wird nichts anderes draus. Dem Bild und Leiden Christi mußt du gleichförmig werden, es geschehe in diesem Leben oder in der Hölle..."[14] Der Tod Christi und die Sünde des Menschen, das ist in der vom Wort geleiteten Betrachtung das genaue Gegenteil von einer Bestätigung und Befriedigung menschlicher Bedürfnisse.

Was für die Erkenntnis des Menschen aus der Erkenntnis Jesu Christi für das ganze Leben gilt, spitzt sich zu in der Grenzsituation beim Sterben, wenn es um Tod und Leben, um altes und neues Leben, damit auch um Sünde und Gnade, um Himmel und Hölle, um Gott und Teufel geht. „Mythologisch" ist vordergründig die Bezeichnung für Anschauungen, von denen es heißt, daß sie zu interpretieren sind oder sich auch wandeln können, also prinzipiell überholbar scheinen. Mythos hat es von der Bedeutung des Wortes her mit Sehen und Anschauen zu tun, besonders mit dem, was man mit geschlossenen Augen und möglicherweise verschlossenem Mund sieht. Im Rahmen des Dogmatischen gehört daher das Mythische in diesen Bereich von Bild und Einbildung. In der antiken Philosophie wurde im Gegensatz zu moderner Theologie durchaus bedacht, daß Mythos und Logos sich keineswegs einfach ausschließen oder unterschiedliche Entwicklungsstufen des menschlichen Geistes spiegeln. Der Unterschied liegt allein darin, ob ich das, was der Mythos darstellt, als Logos und damit als Wahrheit anerkenne oder es, anderen Vorstellungen folgend, ablehne[15].

Luthers „Sermon von der Bereitung zum Sterben" (1519)[16], kann in diesem Zusammenhang etwas in Erinnerung rufen, was in einer oberflächlichen Theologie weithin vergessen, verdrängt ist und was infolgedessen dann auch in einer christlichen Seelsorge kaum noch bedacht oder durch andere Methoden und Inhalte ersetzt wird. Die Begleitung des Sterbenden richtet sich auf den leiblich-äußerlichen Abschied von dieser Welt und auf den geistlichen Abschied. Daß der Todestag christlicher Geburtstag – „dies natalis" – ist, darauf kommt es an: „Darum muß man das glauben und an der leiblichen Geburt eines Kindes lernen, wie Christus sagt" (Joh 16,21). Die rechte Bereitung eines Christen zum Sterben geschieht durch die Begleitung mit

---

[14] WA 2,138, 33–36 = BoA I, 157, 29–33.

[15] Platon, Gorgias 523a. Die Stelle betrifft das Sein nach dem Tod. Sokrates sagt zu Kallikles: „So höret denn, wie sie zu sagen pflegen, eine gar schöne Rede, die du zwar für ein Märchen (mythos) halten wirst, wie ich glaube, ich aber für Wahrheit (logos)..."

[16] WA 2, 685–697. = BoA 1, 161–173.

Wort und Sakrament. Das ist deshalb so wichtig, weil es dabei nicht allein um das Verstehen, sondern um die ganze Wirkung und Gabe geht. Das Wort Christi sagt an und macht anschaulich, was Christus ist und tut. Infolgedessen kann auch nur von diesem Wort her erkannt werden, was durch Wort und Sakrament im Menschen und am Menschen sich vollzieht. In diesem Zusammenhang steht das Ringen der Bilder beim Sterben. Bild als Anschauung, Einbilden als Einprägen und bei dem allen das Bild als eine den ganzen Menschen erfassende und beherrschende Macht, das ist der Vorgang in diesem Ringen der Bilder.

Das Ringen beim Sterben konzentriert sich auf drei Bilder: das Bild des Todes, das Bild der Sünde und das Bild der Hölle. Das sind die „Unbilder", die Unheilsbilder, und zwar nicht nur, weil sie an sich schrecklich sind, sondern weil sie die Menschen mit Schrecken überfallen und erfüllen. Diesen drei Unheilsbildern treten drei andere Bilder, die „Gnadenbilder", gegenüber. Sie haben ihren Erkenntnisgrund im Wort der Heiligen Schrift und ihre Mitte im Kreuz Christi: D. h. den Tod im Tod Christi sehen; die Sünde in der Gnade Christi und die Hölle in der Erlösung durch Christus.

Der Streit der Bilder ist ganz unmittelbar der Konflikt zwischen der eigenen menschlichen Erfahrung und der göttlichen Offenbarung im Wort der Schrift und in der Gabe der Sakramente. Das Ringen aber besteht darin, ob der Mensch sich an die Bilder, die sein Bewußtsein überfallen, hängt, von ihnen gefesselt, ja niedergeschlagen wird, oder ob er auf das Bild Christi blickt, sich dieses Bild einprägt, einbildet, also auch aus Wort und Sakrament in der Sterbebegleitung vorgehalten und eingeprägt bekommt. „Also fliehen Tod, Sünde und Hölle mit all ihren Kräften, wenn wir nur Christi und seiner Heiligen leuchtende Bilder in uns üben, in der Nacht, das ist im Glauben, der die bösen Bilder nicht sieht noch sehen mag, dazu uns mit Gottes Wort als mit Trompeten reizen und stärken."[17]

---

[17] WA 2, 690, 36–691, 2 = BoA 1, 167, 9–12. In einer Osterpredigt aus der Hauspostille von 1544 wird dieser Vorgang einer betrachtenden Aneignung des Wortes auf dem Wege der Einbildung folgendermaßen beschrieben: „Nun ist es aber nicht genug, die Historien zu wissen, man soll sie auch lernen, wozu es uns diene und wie wir's brauchen sollen ... Wir müssen aber, so wir den Brauch der Auferstehung unseres Herrn Christi fassen wollen, zwei unterschiedliche Bilder uns vorbilden. Das eine ist das traurige, elende, schmähliche, scheußliche, blutige Bild von dem wir am Karfreitag gehört haben, da Christus hängt mitten unter den Mördern und stirbt in großen Schmerzen. Solches Bild hat euer Lieb gehört, wie wir's sollen ansehen mit einem unzweifelhaftigen Herzen, daß es alles unserer Sünden wegen geschehen sei ... Deshalb, so oft wir an solches trauriges, blutiges Bild denken oder es ansehen, sollen wir anders nicht gedenken, denn daß wir unsere Sünde da sehen. Wo nun solches Trauerbild stets bleiben sollte, so wäre es ganz schrecklich ...

Aber gleich wie wir im Glauben diese zwei Artikel auf das genaueste aneinander fassen, Christus ist gekreuzigt, storben, begraben, zur Hölle hinunter gefahren und am dritten Tag wieder auferstanden vom Tode, also sieht man, daß dieses Trauerbild nicht lang bleibt. Denn ehe drei ganze Tage um sind, bringt unser lieber Herr Christus ein anderes, schönes, gesundes, freundliches, fröhliches Bild mit sich, damit wir den Trost gewiß lernen fassen, daß nicht allein

Was Wort, Sakrament und Glaube sind, wenn damit nicht nur Begriffe und Probleme bezeichnet werden, das kann aus dieser Situation überhaupt erst ermessen werden, wobei aber ausdrücklich zu betonen ist, daß die Grenzsituation in der letzten Tiefe das aufdeckt, was für das ganze Leben im Glauben unter Wort und Sakrament, daher auch für den Dienst an Wort und Sakrament in der Gemeinde gelten muß. Denn das ist gemeint, wenn im Neuen Testament von der Erneuerung, Umformung und Gleichgestaltung nach dem Bild Christi und zu seinem Bilde die Rede ist. Es ist Christus selbst, der Gekreuzigte und Auferstandene, der sich durch die Anschauung seines Bildes im Wort des Evangeliums dem Menschen einbildet und ihn so umbildet als Erneuerung des ursprünglichen Bildes zur Gemeinschaft mit Gott. Deshalb können die Vorstellungen aus dem Wort Gottes der Heiligen Schrift nicht einfach in die Wandelbarkeit oder Beliebigkeit von Gottes-, Menschen- und Weltbildern umgeformt werden, ohne daß damit diese alles tragende Grundlage verloren geht. Es bliebe sonst nichts weiter, als daß der Mensch seinen eigenen Einbildungen und Vorbildern ausgeliefert wäre. Die oberflächliche Unterscheidung von Begriff und Anschauung auf der einen Seite sowie von Wirklichkeit und Erfahrung auf der anderen Seite erweist sich als völlig unmöglich, wo es um das Gegenüber von Gott in Christus durch die Gegenwart seines Geistes und dem Menschen in der Welt unter der Herrschaft von Sünde und Tod geht. Was sollte hier tragen, wenn man sich in dem Bemühen um Übertragungen verliert und damit das, was trägt, aufgibt? Vom Dogma nach der abstrakten Vorstellung als einer geschichtsbedingten Formulierung in Lehrsätzen durch bestimmte Instanzen und in wechselnden Situationen läßt sich leicht alles mögliche sagen. Hier aber tritt das hervor, was im elementaren Sinne heilsentscheidend ist und was weder dem Wandel der Vorstellungen noch der Skepsis einer Überprüfung nach fremden Voraussetzungen ausgeliefert werden darf, ohne daß damit der ganze christliche Glaube aufgegeben ist. Dogma, Glaube und Christsein treffen hier zusammen, wo es um Tod und Leben, um Sünde und Gnade, um Gericht und Rettung geht. Es zeigt sich aber auch dies: Ein Christ ist nicht zu verdammen,

---

alle unsere Sünden durch das Sterben Christi abgetilgt und gewürgt sind, sondern daß wir durch seine Auferstehung sollen gerecht werden...

Denn gleich wie zuvor deine Sünden ihm am Hals gehangen und ihn an das Kreuz geheftet haben, so siehst du jetzt in diesem andern Bild, daß keine Sünde mehr an ihm ist, sondern eitel Gerechtigkeit, kein Schmerz noch Traurigkeit, sondern eitel Freude, kein Tod, sondern eitel Leben und ein ewiges Leben, das weit weit über dieses zeitliche Leben ist. Solches Bildes sollte man sich je freuen können...

Deshalb sollen wir solches fröhliches, schönes, zartes Osterbild mit Fleiß und wohl ansehen und in uns bilden. Denn in diesem Bild ist weder Sünde noch Tod...

Du aber lerne, daß du alle deine Heiligkeit von dir werfest und dieses Bild Christi dir also einbildest, als wissest du nichts von dir. Eben wie deine Augen sich selbst nicht sehen, wenn du vor dich hingehst. Auf daß du allein Christum, der von den Toten auferstanden ist, der Sünde und Hölle überwunden hat, in deinem Herzen habest, so bist du genesen. Dazu helfe uns unser lieber Herr Christus Jesus. Amen." (WA 52,246,32-253,4. Text modernisiert R.S.).

weil er ein Dogma im Sinne einer autoritativen Formulierung bestreitet oder ablehnt. Die Verdammung liegt vielmehr darin, daß die tragende Grundlage des Heils aufgegeben wird. Dies geschieht, wenn das Wort Gottes von dem jeweiligen Verständnis und den Erfahrungen des Menschen abhängig gemacht wird; denn dann kann es nicht mehr den Menschen tragen, sondern bestenfalls muß es der Mensch tragen. Die tragende Kraft aber sind nicht menschliche Überzeugungen, sondern es ist der Heilige Geist.

4. Dogmatisch – Historisch

Ein schlimmeres Verdikt als der Vorwurf, „ungeschichtlich zu denken" oder „zeitlose Wahrheiten zu verkündigen", ist in Theologie und Kirche kaum vorstellbar. Wo dieser Vorwurf trifft, braucht man kaum weiter zu reden, denn nach aller Erfahrung geht das überhaupt nicht mehr. Das ist durchaus verständlich. Denn mit der historischen Methode steht und fällt der Anspruch und Ausweis der Theologie, Wissenschaft zu sein. Mit dem aus der Analyse der Geschichte abzuleitenden Gegenwartsbezug steht und fällt das Gelingen kirchlicher Verkündigung, wenn sie ihre Zeit nicht verfehlen soll. Infolgedessen stehen historische und dogmatische Methode in einem direkten Gegensatz zueinander; eine dogmatische Methode wäre nicht nur unwissenschaftlich, sondern für die Vermittlung in die Gegenwart auch völlig ungeeignet. Das ist die verbreitete Meinung und das praktische Interesse.

Wer ein wenig von der Wirklichkeit des Dogmatischen verstanden hat, wird in dieser bekannten Auffassung nicht den Gegensatz zu einer dogmatischen Methode sehen, sondern den Konflikt verschiedener dogmatischer Voraussetzungen. Kennzeichen dafür ist die disqualifizierende Gegenüberstellung von Historischem und Dogmatischem, bei der Emotionen von vornherein genauere Informationen über Begriff und Sache des Dogmatischen verstellen. Ein weiteres Kennzeichen liegt in der zirkulären Selbstbegründung einer geschichtlichen Betrachtungsweise, die aus einem irreversiblen Gang der Geschichte abgeleitet wird. Auf die unscheinbare und deshalb unreflektierte Präposition *heute* stützen sich weitreichende Urteile, für die sich jede weitere denkerische und historische Begründung erübrigt. So heißt es dann von der Geschichtlichkeit des Denkens: „Das ist doch *heute* so", und „man kann doch dahinter nicht mehr zurück". Auf diese Weise ist „die Entdeckung des geschichtlichen Denkens für unsere Theologie zum Schicksal geworden". Der axiomatische Charakter solcher Aussagen tritt in der Art einer Beteuerung zutage, die freilich jede Begründung, aber auch jede Infragestellung ausschließt; vielmehr wird entweder Zustimmung erwartet oder es wird eine scharfe Abgrenzung vollzogen. Unter welchen Voraussetzungen es aber in der Geistesgeschichte determinierende Ereignisse geben soll, läßt sich ebenso schwer ergründen wie sich die Wiederholung von Einsichten ebenso wie die von Irrtümern ausschließen läßt.

Die Argumentation zielt normalerweise dann auf die Konsequenzen, die sich für das „Heute“, den „heutigen Menschen“ und die „heutige Zeit“ ergeben. Es erscheint in der akademischen Theologie zunächst der Vorwurf, unwissenschaftlich zu sein, und das bedeutet jedoch lediglich, daß man vor dem, was die Wissenschaftlichkeit anderer Disziplinen ausmacht, als Theologe meint nicht bestehen zu können. Bei solcher Sorge um die Universitätsfähigkeit der Theologie wird dann wohl nicht bedacht, daß Wissenschaftlichkeit überall ihr Kriterium zuerst in der Sachgemäßheit hat und keineswegs in der Allgemeingültigkeit oder gar in einer Allgemeinverständlichkeit. In welcher Wissenschaft könnte man überhaupt sich ganz auf die Sache konzentrieren, wenn man zugleich solche Anforderungen erfüllen müßte, die nicht in dem Bereich der Wissenschaft, sondern doch wohl eher im Bereich der Werbung und der Massenmedien ihren Ort haben? Richtig aber ist, daß die Theologie nicht durch eine bestimmte Methode, wohl aber durch ihren Gegenstand den Anspruch auf Allgemeingültigkeit erheben und vertreten muß. Denn der dreieinige Gott ist nicht das Produkt menschlicher Subjektivität, er ist auch nicht begrenzt auf den Bereich religiöser Bedürfnisse des Menschen, sondern er ist der, „der alles geschaffen hat, Himmel und Erde, die sichtbare und die unsichtbare Welt.“ Rechte Theologie hat infolgedessen nicht von einem Gottesbewußtsein, sondern von dem Sein Gottes auszugehen. Deshalb hat sie sich nicht vor anderen Wissenschaften zu verantworten, sondern sie hat die Verantwortung für andere Wissenschaften zu tragen, denn „die Furcht des Herrn ist der Weisheit Anfang.“ (Ps 111,10; Spr 1,7). Die theologische Methodenfrage, um die es im weiteren gehen muß, konzentriert sich daher auf die Entscheidung, ob wir vom Sein des dreieinigen Gottes ausgehen oder von einem wie auch immer bestimmten Gottesbewußtsein des Menschen im Horizont der jeweiligen Zeit.

Eine dogmatische Analyse kann versuchen, den mit der Gegenüberstellung von dogmatischer und historischer Methode bezeichneten Dogmengegensatz zu beschreiben. Es gibt dafür gute Beispiele, die aber keineswegs als Zeiterscheinungen, sei es nun im Sinne von Fortschritt oder Zerfall, aufgefaßt werden dürfen, sondern als Grundsatzentscheidungen, die zu jeder Zeit möglich sind. Damit wird auf die Einsicht zurückgegriffen, daß es in der dogmatischen Verantwortung darum geht, die Identität und Integrität des im Wort Gottes begründeten Glaubens gegenüber seiner geschichtlich je neuen Anfechtung durch andere Voraussetzungen zu wahren.

Die Abhandlung von Ernst Troeltsch (1865–1923) „Über historische und dogmatische Methode“[18] zeigt am klarsten, von welchen Voraussetzungen die heute so selbstverständlich geltende These von der Ablösung der dogma-

[18] Ernst Troeltsch, Gesammelte Schriften Bd. 2, Tübingen 1913, 729–753.

tischen durch die historische Methode begründet wird. Anlaß zu dieser Abhandlung ist die Kontroverse von Ernst Troeltsch mit Friedrich Niebergall (1866–1932) und dessen Ausführungen „Über die Absolutheit des Christentums“[19]. Strittig ist dabei, ob beim Christentum von einer unveränderlichen Einmaligkeit der Offenbarung Gottes in Christus mit ihrer Geltung für alle Zeiten gesprochen werden könne. Das betrifft insbesondere das Verhältnis zu anderen Religionen und Weltanschauungen und damit die Mission.

Historismus ist für Troeltsch nicht nur eine Methode, sondern Ergebnis eines geschichtlich-weltanschaulichen Wandels, dem infolgedessen auch alle religiösen Erscheinungen, das Christentum eingeschlossen, unterworfen sind. Für den Systematiker der religionsgeschichtlichen Schule sind alle Religionen Hervorbringungen in der Geschichte. „Historismus“ ist eine Weltanschauung, die alles unter der Macht des Geschichtlichen sieht: „Historismus bedeutet... die Historisierung unseres ganzen Wissens und Empfindens der geistigen Welt, wie sie im Laufe des 19. Jahrhunderts geworden ist. Wir sehen hier alles im Flusse des Werdens, und der endlosen und immer neuen Individualisierung, in der Bestimmtheit und in der Richtung auf unerkanntes Zukünftiges. Staat, Recht, Moral, Religion, Kunst sind in den Fluß des historischen Werdens aufgelöst und uns überall nur als Bestandteil geschichtlicher Entwicklung verständlich... Der Historismus in diesem Sinne ist ernstliche Durchdringung aller Winkel der geistigen Welt mit vergleichendem entwicklungsgeschichtlich beziehendem Denken, die eigentümlich moderne Denkform... die von der antiken und mittelalterlichen, ja auch der aufgeklärten rationalen Denkweise sich grundsätzlich unterscheidet.“[20]

Im Sprachstil ist bereits zu erkennen, daß abstrakte Begriffe wie „Historismus“ hypostasiert und als Mächte verstanden werden.

Was Troeltsch nun in seiner Abhandlung unter historischer und dogmatischer Methode versteht, läßt sich am besten in den jeweils zugeordneten Epitheta fassen. Die historische Methode ist von vornherein „*meine* Methode“. Von der dogmatischen Methode ist zu sagen, sie sei „alt“, „überholt“, sie geht von „unveränderlichen Normen“ aus, hat ein „naives Verhältnis zur Überlieferung“; sie ist „autoritär“, „Übernatürliches“ hat sie zum Gegenstand, sie arbeitet mit einem „metaphysischen Prinzip“, zudem ist sie „apodiktisch“, „ungebildet‘, ja schlimmer noch: „katholisch“ (die Spuren des

[19] Friedrich Niebergall. Ueber die Absolutheit des Christenthums. In: Theologische Arbeiten aus dem rheinisch wissenschaftlichen Predigerverein NF H. 4. Tübingen/Leipzig 1900. 46–86. Für die Bewertung dieser Kontroverse ist zu beachten, daß Niebergall selbst weitgehend von den Voraussetzungen der religionsgeschichtlichen Betrachtungsweise ausgeht. Die Absolutheit des Christentums begründet er 1. mit einem absoluten Charakter der ethischen Forderung, 2. mit der sittlichen Persönlichkeit als absoluter Größe, zu der das Christentum den Wert eines „absoluten Complements“ hat und erst 3. mit der unveränderlichen Einmaligkeit der Offenbarung, verbunden mit dem Hinweis, die Erkenntnis der Offenbarung könne wachsen, nicht aber die Offenbarung selbst.

[20] Ernst Troeltsch, Gesammelte Schriften Bd. 3, Tübingen 1922...

Kulturkampfs sind erkennbar). Die historische Methode hingegen ist mit lauter positiven Wertungen verbunden: Sie ist „protestantisch", „kritisch", sie „relativiert alles", „verändert alles". Sie ist „ein Sauerteig, der alles verwandelt", und vor allem ist sie „modern". So hat die historische Methode sämtliche Vorzüge, die der dogmatischen fehlen. Als „profane historische Methode" erfüllt sie zugleich den Anspruch auf eine über die Theologie hinausgreifende Allgemeingültigkeit, durch die dann auch die Theologie allgemeine Anerkennung erwarten kann. Auch hier ist an der Diktion zu beobachten, daß nicht mit der Methode gearbeitet wird, sondern daß die Methode selbst eine Wirkungsmacht darstellt.

Im Verfahren handelt es sich bei der so bewerteten historischen Methode „um drei wesentliche Stücke, um die prinzipielle Gewöhnung an historische *Kritik*, um die Bedeutung der *Analogie* und um die zwischen allen historischen Vorgängen stattfindende *Correlation*". *Kritik* ist bei dieser Methode das eigentliche Verfahren, während *Analogie* und *Correlation* die dabei verwendeten Kriterien liefern. *Analogie* bezeichnet die prinzipielle Entsprechung und Gleichartigkeit des Geschehens, von der es keine Ausnahmen geben kann; *Correlation* aber bezeichnet die Wechselwirkung, d.h. die Anwendung des Schemas von Ursache und Wirkung auf die Geschichte, so daß nichts in ihr zufällig, sondern jeweils eins durch das andere bedingt ist im Geschehenszusammenhang. Daß die Analogie mit Gottesprädikaten verbunden werden kann, ist nicht zu übersehen: „Diese prinzipielle *Allmacht der Analogie* schließt aber die prinzipielle Gleichartigkeit alles historischen Geschehens ein, die freilich keine Gleichheit ist, sondern den Unterschieden allen Raum läßt..."

Die Anwendung von Gottesprädikaten auf Geschichtsprinzipien ist nicht zufällig, sondern Hinweis auf eine religiöse Auffassung von Geschichte. Es ist „der Glaube an eine in der Geschichte waltende und sich fortschreitend offenbarende Vernunft" als „unerläßliche Voraussetzung"[21]. Damit ist also ein Wirken Gottes in der Geschichte vorausgesetzt, das nicht von der Christusoffenbarung im Zeugnis der Heiligen Schrift her erschlossen wird, sondern von dem umgekehrt die positiven, aber dann auch wandelbaren religiösen Erscheinungen, der christliche Glaube und die christliche Kirche eingeschlossen, zu verstehen und zu beurteilen sind. „Aus der Gleichartigkeit und dem Gesamtzusammenhang historischen Werdens folgt, daß jede Würdigung und Beurteilung genau ebenso wie die Erklärung und Darstellung vom Gesamtzusammenhang ausgehen muß. Nicht vom isolierten Urteil und Anspruch der christlichen Gemeinde aus, sondern nur vom Gesamtzusammenhang aus kann ein Urteil über das Christentum gewonnen werden, ebenso wie weder die Selbstbeurteilung der Griechen noch die der Römer unser Urteil über ihren dauernden Beitrag zum menschlichen Geiste ohne weiteres

21 Gesammelte Schriften Bd. 2, 746.

bestimmen kann". Wie dann das gesamte christliche Dogma in seiner Geschichtsbedingtheit der Allmacht der Geschichte untergeordnet wird, hat Troeltsch in seinem Hauptwerk „Die Soziallehren der christlichen Kirchen und Gruppen" (1908–1912) folgendermaßen beschrieben: „Es erhellt die Abhängigkeit der ganzen christlichen Vorstellungswelt und des Dogmas von den soziologischen Grundbedingungen, von der jeweiligen Gemeinschaftsidee. Das einzige besondere christliche Ur-Dogma, das Dogma von der Göttlichkeit des Christus, entsprang erst aus dem Christuskult und dieser wiederum aus der Notwendigkeit der Zusammenscharung der Gemeinde des neuen Geistes."[22] Nach dem Weltbild des Historismus, dessen Geltung aus seiner geistesgeschichtlichen Erscheinung in der Gegenwart abgeleitet wird, und unter der Betrachtungsweise der historischen Methode ist also das christliche Dogma und die christliche Gemeinde ein Produkt der geschichtlichen und sozialen Verhältnisse, infolgedessen auch dem Wandel dieser Gesetzmäßigkeiten nach dem Wesen der Geschichte unterworfen.

In einer Eindeutigkeit handelt es sich bei der mit Gottesprädikaten verbundenen Geschichte um eine Ablösung der Gotteserkenntnis von der an die Schrift gebundenen Christusoffenbarung. Geschichte, Gesellschaft, Entwicklung, Aufgaben der Zeit etc. bekommen dann die Funktion übergeordneter dogmatischer Normen, an denen die geschichtlichen Manifestationen des christlichen Glaubens, die Heilige Schrift eingeschlossen, zu prüfen sind. Der Christusglaube wird zurückgenommen auf ein „sozialpsychologisches Regulativ", das also keine eigene Erkenntnis, wohl aber praktische Konsequenzen hat.

Troeltsch ist nur ein Beispiel neben vielen anderen, an dem sich zeigen läßt, wie auf dem Hintergrund idealistischer Philosophie unter einem zum Prinzip erhobenen Geschichtsverständnis die Gotteserkenntnis sich von der Schriftgrundlage löst und ihr gegenüber sogar verselbständigt. In der Konsequenz führt das zu einer rein monistischen Weltanschauung, bei der das unterschiedene Sein und Handeln Gottes ununterscheidbar in die Geschichtlichkeit eingeht. Die Behauptung, es handele sich hier beim Aufkommen des geschichtlichen Denkens um einen irreversiblen Prozeß der Geschichte, verdeckt lediglich diesen tiefgreifenden dogmatischen Wandel, für den es keine andere Begründung gibt als die Behauptung, dies sei das Wesen und das Ergebnis der Geschichte. Die Geschichte und die Geschichtlichkeit, was auch immer für Vorstellungen und Erkenntnisse darunter verstanden werden, wird zum absoluten Prinzip, dem auch die geschichtliche Offenbarung und Bezeugung Gottes in seinem Wort unterworfen wird.

Was am Beispiel von Troeltsch als theologischer Fehler gezeigt werden kann, ist aber auch im rechten Verständnis historisch und philosophisch falsch. Troeltschs These von der Ablösung der dogmatischen durch eine

---

22 Gesammelte Schriften Bd. 1, 967f.

historische Methode hebt die notwendige Unterscheidung von Dogmatischem und Historischem in der Weise auf, daß das Historische selbst zum Dogmatischen wird, aber eben alle anderen dogmatischen Voraussetzungen ausschließt. Darin liegt zunächst einmal ein philosophischer Fehler. Kritik, Analogie und Correlation, die Prinzipien der historischen Methode, sind in ihrer Herleitung nichts anderes als die „Analogien der Erfahrung", wie sie von Kant in der „Kritik der reinen Vernunft" im zweiten Teil im Rahmen der transzendentalen Logik untersucht werden. Diese drei Analogien der Erfahrung bestehen 1. im „Grundsatz der Beharrlichkeit der Substanz", 2. im „Grundsatz der Zeitfolge nach dem Gesetz der Kausalität" sowie 3. im „Grundsatz des Zugleichseins nach dem Gesetze der Wechselwirkung oder Gemeinschaft". Die entscheidende Bestimmung Kants für die Erfahrung ist: „Erfahrung ist ein empirisches Erkenntnis, d.i. ein Erkenntnis, das durch Wahrnehmungen ein Objekt bestimmt. Sie ist also Synthesis der Wahrnehmungen, die selbst nicht in der Wahrnehmung enthalten ist, sondern die synthetische Einheit des Mannigfaltigen derselben in einem Bewußtsein enthält, welche das wesentliche einer Erkenntnis der Objekte der Sinne, d.i. der Erfahrung (nicht bloß der Anschauung oder Empfindung der Sinne) ausmacht"[23]. Sofern die Analogien der Erfahrung eine regulative Funktion für die Aufnahme und Ordnung von Anschauungen ausüben, könnte von Kant überhaupt niemals ein solcher Monimus behauptet werden, in dem das Historische, sofern es Gegenstand der Anschauung ist, in das Dogmatische, sofern es im Vermögen der Vernunft liegt, aufgelöst wird. Denn dies hieße im Sinne Kants, die Vernunft selbst zum Inbegriff des Seins in einer Koinzidenz von Sein und Bewußtsein zu machen. Kant hat auf die Grenzen der Vernunft hingewiesen, die sich daraus ergeben, daß die Vernunft mit ihren Mitteln lediglich eine regulative Funktion zur Ordnung sinnlicher Wahrnehmung hat, nicht aber eine konstitutive Funktion zur Erkenntnis dessen, was die Möglichkeiten der Wahrnehmung überschreitet. Wenn bei Troeltsch und anderen die Realdistinktion von Sein und Bewußtsein übersprungen wird, dann wird, wie das Beispiel zeigt, gleichzeitig das Sein Gottes in das Bewußtsein des Menschen unter der Prämisse der Geschichtlichkeit aufgehoben. Die Gleichsetzung von Gott und Geschichte sowie von Sein und Bewußtsein ist natürlich eine Denkmöglichkeit, für die es klassische Beispiele gibt. Für die subjektive Seite wäre an den Epikureismus zu erinnern, sofern bei ihm das Sein in der Jeweiligkeit der sinnlichen Wahrnehmung aufgeht. Für die objektive Seite wäre an die Gleichsetzung von Gott und Natur in der stoischen Philosophie zu erinnern. Doch damit kann lediglich gezeigt werden, daß die vorliegende Grundsatzentscheidung weder neu noch neuzeitlich ist. Wichtiger aber ist die Einsicht, daß bestimmte weltanschauliche Positionen, auch wenn sie als geschichtliche Erscheinungen für irreversibel und irreformabel

23 Immanuel Kant, Kritik der reinen Vernunft. B 218.

erklärt werden, mit dem Grund des christlichen Glaubens unvereinbar sind. Wir haben es hier, so schwerwiegend diese Behauptung auch sein mag, mit einem anderen Glauben zu tun.

Schließlich kann aber auch historisch das, was als historisch dogmatisiert wird, kritisiert werden. Wird davon ausgegangen, daß im Fortschreiten der Geistesgeschichte der absolute Geist sich in den jeweiligen Vertretern der Geisteswissenschaften manifestiert, dann kann natürlich behauptet werden, daß z.B. „seit Troeltsch" die historische Methode die dogmatische abgelöst habe. Das erspart weitere Informationen und tieferes Nachdenken. Die Unterscheidung von historischer und dogmatischer Theologie kann, wie es z.B. bei August Ernesti (1759)[24] oder Johann Philipp Gabler (1787)[25] geschieht, so verstanden werden, daß von einer historischen Theologie die biblischen Grundlagen zur Geltung gebracht werden gegenüber einer dogmatischen Theologie, in der sich Theologenmeinungen verselbständigen und untereinander zerstreiten. Wenn bei Troeltsch und anderen das Schriftprinzip in die Geistesgeschichte aufgelöst wird, so wird hier gerade daran erinnert, daß die Dogmen des menschlichen Bewußtseins von der Schriftgrundlage her zu begründen und zu prüfen sind. Dogmatik ist im herkömmlichen Verständnis immer ein Verfahren mit Vernunftschlüssen; das Historische aber betrifft die Bindung an Vorgegebenes, das erzählt und überliefert wird. In diesem Sinne wäre die Theologie in der Bindung an die Schrift in der Tat als eine historische Wissenschaft aufzufassen, während unabhängig davon alle Erfahrungswissenschaften unter der Bestimmung des menschlichen Bewußtseins der Dogmatik zuzuordnen wären. In der Selbstverständlichkeit dieser Unterscheidung wird das z.B. von Blaise Pascal (1623–1662) in seinem „Fragment zu einer Abhandlung über das Vakuum" so beschrieben: „Rein historisch hat zum Gegenstand, allein zu wissen, was die Autoren geschrieben haben." Die Erfahrungswissenschaften hingegen, allen voran die Naturwissenschaften, „sind abhängig allein von der vernünftigen Schlußfolgerung und daher in vollem Umfang dogmatisch; ihr Gegenstand ist, zu suchen und aufzudecken die verborgenen Wahrheiten"[26].

Wenn diese nun gerade auch eine schriftgebundene Theologie auszeichnende kritische Dialektik weggewischt wird, dann wird unter dem Axiom der Geschichtlichkeit des Denkens das menschliche Bewußtsein in seiner

---

[24] August Ernesti, De Theologiae historicae et dogmaticae coniungendae necessitate. (= Opuscula theologica Leipzig 2. Aufl., 1792. 511–534).

[25] Johann Philipp Gabler. Der iusto discrimine theologiae biblicae et dogmaticae regundisque recte utriusque finibus. (In: D. Io. Phil. Gableri Opuscula Academica. Vol. II Ulmae 1831. 179–198) – Deutsch in: Otto Merk, Biblische Theologie des Neuen Testaments in ihrer Anfangszeit. Ihre methodischen Probleme bei Johann Philipp Gabler und Georg Lorenz Bauer und deren Nachwirkungen. Marburg 1972. 274–284; sowie Georg Strecker (Hg.), Das Problem der Theologie des Neuen Testaments (= Wege der Forschung 377) Darmstadt 1975. 32–44.

[26] Übersetzt nach der Ausgabe von Léon Brunschvicg, Blaise Pascal, Pensées et opuscules. Paris 1946. 74f.

Jeweiligkeit unkritisch zum absoluten Kriterium der Wahrheit. Offen bleibt nur die Frage, wer, bzw. wieviele eine solche ohne jedes kritische Gegenüber herrschende Meinung begründen und durchsetzen. Die immer wieder begegnende Wendung „das ist doch – heute – so" ist das Kennzeichen einer axiomatisierten subjektiven Zeiterfahrung, und die Berufung auf geschichtliche Vorgänge und deren Bewertung ist dabei meist um so überzeugender, je geringer die Kenntnis der Geschichte ist.

5. Was war und ist – was wahr ist und bleibt

Es ist ein Gemeinplatz, daß die Wahrheit geschichtlich sei, wenn man davon ausgeht, daß die Geschichte die Wahrheit ist[27]. Durch die Gleichsetzung von historischer und dogmatischer Methode, genauer durch die Erset-

[27] Vgl. dazu: Gerhard Stammler, Betrachtungen über ein hegelianisierendes Wahrheitsverständnis. KuD 20, 1974, 245–250. Die Kritik des Philosophen richtet sich gegen die Kritiklosigkeit von Theologen, wenn es am Schluß dieser Abhandlung heißt: „Das hegelianisierende Wahrheitsverständnis, so wie es oben beschrieben wurde und heutzutage vielfach angenommen wird, richtet den Blick zu sehr auf die in der Geschichte auftretenden menschlichen Meinungen über das, was man als ‚wahr' festgestellt zu haben ausgibt. Es lenkt damit den Blick ab von dem dahinterstehenden Richtmaß solcher Meinungen, nämlich von der Wahrheit selbst. Deswegen scheint es nicht sachgemäß, es für die theologische Forschung gerade jetzt zu empfehlen. Denn diese hat in den letzten Jahrzehnten ihre Anstrengungen mehr auf die Erforschung des Geschichtlichen und darum Wandelbaren und Vergänglichen im theologischen Sachbereich gerichtet. So dürfte es nun an der Zeit sein, sich wieder desjenigen zu erinnern, was in diesem Sachbereich für jede, darum auch für unsere Zeit und Situation gilt. Nur so kann den Gliedern der Gemeinde der feste Grund für die Erkenntnis der besonderen Aufgaben unserer Zeit gegeben werden und zugleich der feste Halt für alles, was in der Zukunft auf sie zukommen mag.

Man erlangt so einen Blick für die ein- für allemalige Geltung der Wahrheit und für ihre (nicht notwendig dialektische) Dynamik im Bereich ihrer geschichtlichen schichtlichen Wirksamkeit, für das undialektisch Bleibende im gelegentlich sich dialektisch gebenden Veränderlichem: für den in Jesus Christus offenbaren Gott und sein Reden und Handeln in der Geschichte." (250).

In ähnlicher Richtung und über die Theologie hinausgreifend hatte sich früher Nicolai Hartmann. Zur Grundlegung der Ontologie. Berlin (1934), 2. Aufl., 1941, S. 3 geäußert: „Zu alledem kommt, daß es im heutigen philosophischen Denken eine gewisse Problem-Müdigkeit gibt. Der tief eingerissene Relativismus – in Deutschland am bekanntesten in der Form des Historismus – hat hier erschlaffend gewirkt. Um Probleme eindeutig zu sehen und in Angriff nehmen zu können, muß man den Sinn von wahr und unwahr einsehen; denn alle forschende Arbeit geht auf Erringung der Wahrheit. Wie aber, wenn als wahr alles gilt, was der geschichtlichen „Geisteslage einer bestimmten Zeit konform ist? Da wird das Ringen selbst illusorisch, weil der Sinn dessen, wonach man ringt, sich aufzulösen scheint. Und dann kann es auch keine Problembestände mehr geben, die unaufhebbar wären und irgendetwas unnachsichtich von uns erheischen könnten. Scheinen sie doch selbst der gleichen Relativität zu unterliegen wie die Teilerungenschaften der Erkenntnis, an denen sie haften.

So glaubt man schließlich nicht mehr an Probleme. Man nimmt sie so wenig ernst wie die Wahrheit, auf die man mit ihnen abzielt. Und damit hebt man den Sinn der Forschung auf – zugleich aber auch den eindeutigen Sinn der Position, die man mit eben dieser Aufhebung einnimmt. Es ist die Selbstaufhebung des philosophischen Denken."

zung der dogmatischen durch die historische Methode hat dieser Grundsatz eine ebenso unbestrittene wie freilich auch unreflektierte Geltung. Die Wertungen ‚geschichtlich' und ‚neuzeitlich' stützen sich gegenseitig und schließen jede Infragestellung durch die entsprechende Abwertung ‚ungeschichtlich' und ‚überholt' (vorwissenschaftlich, vorneuzeitlich etc.) aus. Das sind charakteristische Erscheinungsformen des Dogmatischen, aber sie machen eben jede kritische Reflexion unmöglich. Denn die Geschichte in ihrem Verlauf als ein Ganzes ist eben dann nicht allein eine Kategorie für die Theologie, sondern in sich eine theologische Kategorie für Einheit, Ursprung, Fortgang und Ziel des Seins im menschlichen Bewußtsein. Jede inhaltliche Aussage ist dann an ihr zu verifizieren.

Wie vage der Begriff Geschichte ist, vermag wohl nur abzusehen, wer sich mit historischer Forschung beschäftigt[28]. Denn er wird wissen, wie eng die Grenzen des eigenen Horizonts sind und wie begrenzt rein technisch die Zugänglichkeit und Aufnahmefähigkeit in der Fülle des Materials ist. Es gibt historische Trampelpfade, in denen man den Spuren anderer nachgeht. Im Grunde aber gibt es immer nur den Rückblick auf die eigenen Fußspuren zum jeweiligen Standort, während ringsum alles im Nebel verschwindet. Geschichtliche Epochenbeschreibungen sind dann umso schärfer, je geringer die Quellenkenntnis ist. Sie werden zu Werturteilen, die vieles begründen, ohne selbst eine zureichende Grundlage zu haben[29].

Wenn die Wahrheit geschichtlich und damit wandelbar sein soll und wenn die Geschichte als Wandel die Wahrheit ist, dann gibt es letztlich keinen Unterschied mehr zwischen Irrtum und Wahrheit, der im Denken zu erfassen und dann aber auch an verbindlichen Grundlagen und Maßstäben auszuweisen wäre. Vielmehr konstituiert sich dann die Subjektivität einer Person, einer Gruppe oder überhaupt die sog. „neuzeitliche Subjektivität" als absoluter Maßstab durch sich selbst. Abgesehen von der Eigenart aller möglichen Richtungen und Schulen liegt hier ein elementarer Denkfehler vor, wenn die Unterscheidung von ‚quaestio facti' und ‚quaestio juris' aufgehoben bzw. nicht mehr verantwortet wird. Und damit wird, ob man will oder nicht, die Normativität des Faktischen, und das ist nach Lage der Dinge die jeweils herrschende Subjektivität, zum absoluten Prinzip deklariert.

Wird damit ein Problem zunächst einmal angedeutet, dann muß für die Grundlagen des christlichen Glaubens auch noch folgendes bedacht werden:

---

[28] Vgl. dazu u.a.: August Brunner, Geschichtlichkeit. Bern-München 1961; Gerhard Bauer, ‚Geschichtlichkeit'. Wege und Irrwege eines Begriffs. Berlin 1963 s.u. 126ff.

[29] Eine theologisch heilsame Entmythisierung zu der Epochenbezeichnung „Aufklärung" in ihrer positiven wie in ihrer negativen Funktion als Axiom in der Theologie liefert der Beitrag von Horst Stuke „Aufklärung" in: Otto Brunner, Werner Conze, Reinhart Kosellek (Hg.), Geschichtliche Grundbegriffe. Historisches Lexikon zur politisch-sozialen Sprache in Deutschland Bd. 1 2. Aufl., 1979. 243–342. Vgl. auch: Lucien Febre, Moyen âge et Réforme, ou du pouvoir des étiquettes en histoire. RHPR 34, 1954, 198–208.

Bei der Identität des christlichen Glaubens im Wandel der Zeiten und unter der Anfechtung durch den geschichtlich je neuen Irrtum geht es nicht einfach um das, was abwertend als Konservatismus, als starre Schuldogmatik, als überholte Sprache und Vorstellungswelt bezeichnet wird. Vielmehr geht es darum, daß in Person und Werk Jesu Christi das ewige Heil des Menschen begründet ist, durch das er aus dem zeitlichen Unheil befreit werden soll. In diesem Zusammenhang ist zu bedenken, daß das Wort Gottes nicht nur eine geschichtliche Größe ist, indem es in die Zeit eingeht, sondern daß es von Gott aus der Ewigkeit kommt und zu ihm in die Ewigkeit führt. Deshalb sind Wahrheit und Wort an die Person Jesu Christi gebunden und nur von ihr aus recht zu bestimmen. Es ist das Grundbekenntnis des christlichen Glaubens, das sich auf das Wort Jesu Christi stützt: „Ich bin der Weg, die Wahrheit und das Leben; niemand kommt zum Vater denn durch mich." (Joh 14,6) Deshalb kann von der Wahrheit weder gesagt werden, daß man sie hat, noch daß man sie sucht, vielmehr gilt: „Wer aus der Wahrheit *ist*, der hört meine Stimme." (Joh 18,37)

Nun gibt es in der Theologie eine wichtige, allerdings auch strittige Unterscheidung von „historischem Glauben" (fides historica) und „rechtfertigendem Glauben" (fides iustificans bzw. fiducia). Daneben steht eine ganze Reihe weiterer ähnlicher Unterscheidungen, die um die Differenz zwischen Glaubensgegenstand und Glaubensvollzug kreisen. Von hier aus mag es sich nahelegen, die historische Ausrichtung der Theologie auf die geschichtliche Objektivierung und Formulierung des Glaubens zu beschränken, während der Glaube in seiner geistlichen Wirklichkeit mit seinem Ort im Herzen des Menschen als unverfügbar und nicht objektivierbar angesehen wird. Auf den ersten Blick scheint eine solche Unterscheidung, die bis zur Trennung gehen kann, sehr praktikabel, ja auch theologisch angesichts der Unverfügbarkeit des Geistes notwendig. Theologie wäre dann Religionswissenschaft, beschäftigt mit den geschichtlichen Erscheinungsformen, nicht aber mit dem geistlichen Wesen des christlichen Glaubens.

Die Aufhebung der dogmatischen in die historische Methode beruht auf dieser Voraussetzung, und dies hat weitreichende Folgen, über die man sich klar werden muß, selbst wenn man meint, ihnen mit guter Absicht und besserer Einsicht ausweichen zu können. Zunächst wird die Theologie völlig von der Gemeinde mit ihrem Gottesdienst, ihrer Seelsorge und ihrer Unterweisung getrennt, und zwar gerade dort, wo es um die geistliche Wirkung von Wort und Sakrament geht. Darauf ist später ausführlich zurückzukommen. Ferner wird die Geistesgeschichte – unter welchem Konzept auch immer – als Bezugsrahmen der Theologie eine eigene normative Funktion gewinnen; kirchliche Lehre wird zur Extrapolation einer Theologie- oder Christentumsgeschichte. Damit rückt schließlich die Normativität des Faktischen mit den jeweils herrschenden Meinungen, seien es die von einzelnen Theologen oder Richtungen, sei es auch die öffentliche Meinung – als dogmatische Kriterien ein, denen man allenthalben völlig hilflos ausgeliefert ist. Was das Zeitbewußtsein fordert, wird zur alleingeltenden Norm, weil die Vorstellung von Geschichte auf der unmittelbaren Wechselbeziehung von Sein und Bewußtsein beruht.

Wenn aber auf diese Weise denkerisch Sein und Bewußtsein prinzipiell oder tendenziell gleichgesetzt werden, dann gibt es für die Wertung nur noch Fortschritt oder Rückschritt, es gibt aber weder Sünde noch Gnade, weder Umkehr noch Vergebung, weder Rettung noch Verwerfung vor Gott – wohl aber vor Menschen.

Was den christlichen Glauben in der Begründung durch die Wahrheit, die Jesus Christus ist, ausmacht, tritt damit in eine unmittelbare Konkurrenz zu dem menschlichen Bewußtsein, wie es sich als Produkt der jeweiligen Zeit versteht und behauptet. Alles aber hängt letztlich daran, ob die Geschichte das Wort Gottes oder das Wort Gottes die Geschichte bestimmt; ein Drittes gibt es nicht. Damit aber stehen wir in der Theologie vor der Entscheidung, ob wir die Zufälligkeit und Wandelbarkeit des menschlichen Bewußtseins in seiner geschichtlichen Selbstbetrachtung und Selbstbestätigung als Norm ansetzen, oder ob wir von dem ausgehen, was Gott ist und tut, der sich in seinem Wort offenbart. Das Wortspiel macht die Entscheidung deutlich: *Was war und ist oder was wahr ist und bleibt.*

5. Kapitel: Schriftgemäßheit der Schriftauslegung

In Verteidigung und Ablehnung ist die sog. ‚historisch-kritische Methode' Anlaß zu manchen heftigen Kontroversen um die rechte Schriftauslegung geworden. Dieser Methodenstreit ist indes lediglich Symptom einer wesentlich weiter reichenden Auseinandersetzung um Geltung und Anerkennung des Schriftprinzips. Die Gemeinde als Ganze ist davon betroffen, und es sind immer wieder ganz bestimmte Punkte, die das Glaubensbekenntnis berühren und die christliche Lebensführung betreffen, an denen solche Kontroversen keineswegs nur unter Theologen aufbrechen können.

„The Fundamentals, A Testimony to the Truth", war eine von 1910 bis 1915 in den USA in zwölf Broschüren erscheinende Schriftenreihe, in der Theologen verschiedener Denominationen sich mit den Widersprüchen befaßten, die sich aus der Wissenschaft der Zeit gegenüber der Autorität der Schrift ergaben und diese in Frage stellten. Die Fundamente beschränkten sich keineswegs auf die Verteidigung eines formalen Schriftprinzips, vielmehr handelte es sich darum, daß durch solche Widersprüche Grundlagen des christlichen Glaubens aufgehoben wurden. „Fundamentalismus“ ist heute eine vorwiegend disqualifizierend verwendete Bezeichnung für ein bestimmtes Schriftverständnis, das mit „Buchstabengläubigkeit“, „Verbalinspiration“ und deshalb mit Ungeschichtlichkeit und Unwissenschaftlichkeit in Verbindung gebracht wird. Auf diese Weise verdrängen die Methodenfragen im Zusammenhang von Schriftprinzip und Schriftauslegung die sie auslösenden Sachfragen im Zusammenhang der Schriftautorität für die Grundlage des Glaubens.

Fundamentalismus ist eine unklare Bezeichnung, bei der es weniger um eine Grundposition als um eine Konfliktlage geht. Zwar kann der Fundamentalismus als kirchentrennender Gegensatz auftreten. Doch die einzelnen Konfliktpunkte können aus gegebenem Anlaß auch innerhalb bestehender Kirchengemeinschaften aufbrechen. Davor sind selbst Kirchen und Fakultäten fundamentalistischer Prägung nicht geschützt. Aber auch bei theologischen Gesprächen zwischen verschiedenen Kirchen können ähnliche Probleme auftreten, so z. B. bei der Begegnung von orthodoxen und evangelischen Theologen[30]. Historische Beobachtungen zur Begründung und Ent-

[30] Ein Beispiel dafür bietet die Kontroverse, zu der es bei dem 7. Theologischen Gespräch zwischen Vertretern der Russischen Orthodoxen Kirche und der Evangelischen Kirche in Deutschland vom 6.–10. Juni 1976 in der Evangelischen Akademie Arnoldshain zwischen dem orthodoxen Theologen Professor Protopresbyter Vitalij Borovoj und dem evangelischen Theologen Professor Peter Stuhlmacher gekommen ist. Hier ging es um die Frage, inwieweit die Forschungsergebnisse historischer Exegese die Lehre der Kirche oder nur eine persönliche Meinung zum Ausdruck bringen. Borovoj äußerte zu dem Vortrag von Stuhlmacher. „Wir befinden uns hier in einem Dialog zwischen zwei Kirchen, der Russischen Orthodoxen Kirche und der Evangelischen Kirche in Deutschland. Unsere Aufgabe ist es, die Lehren unserer Kirchen zu untersuchen, um herauszufinden, wo wir Gemeinsamkeiten haben, was uns trennt und wie wir zur Einheit des Glaubens gelangen können. Daher hätten wir es sehr begrüßt, wenn Prof. Stuhlmacher am Ende seines Vortrages gesagt hätte, daß das Dargelegte nicht seine persönliche Meinung, sondern Lehre seiner Kirche sei. Statt dessen wies er aber darauf hin, daß er Ergebnisse der neuesten neutestamentlichen Forschung und Bibelwissenschaft vorgetragen habe. Das setzt für uns Orthodoxe einen völlig anderen Akzent; denn wissenschaftliche Forschung und Kritik sind keine verbindliche Lehre der Kirche, und die Autorität der Wissenschaft müssen wir nicht unbedingt anerkennen. Natürlich ist die Freiheit der Wissenschaft eine großartige Sache. Wir schätzen diese Freiheit sehr und achten auch die wissenschaftlichen Forschungsergebnisse. Aber wir sprechen der Forschung das Recht ab, im Namen der Mehrheit der Gelehrten und erst recht im Namen der Mehrheit der gläubigen Christen zu sprechen. Verbindlichkeit hat in diesem Sinne für uns allein die Lehre der Kirche.“ – Es war ebenso bezeichnend wie notwendig, daß Stuhlmacher in dieser Situation bei der Antwort sich ausdrücklich auf seine Ordination berief und damit auf seine Bindung an die Kirche und seine Verantwortung für die Kirche: „Als ordinierter Pfarrer einer lutherischen Kirche und als Lehrer der Heiligen. Schrift bin ich der Wahrheit verpflichtet. Ich habe nicht darzulegen, was ich oder wie ich mir etwas wünschte, sondern ich habe die Wahrheit wiederzugeben. Das ist der ganze Ansatz meines Referates. Seit Origenes ist es die Verpflichtung kirchlicher Exegese, dem Zeugnis des Geistes, das die Kirche ausrichtet, durch die Wissenschaft zu dienen. Die Art und Weise der Wissenschaft hat sich nach unserem abendländischen Verständnis seit dem 2./3. Jh. bis heute gewandelt; der Auftrag der kirchlichen Exegese jedoch nicht...“ (Kirchliches Außenamt der EKD (Hg.), Das Opfer Christi und das Opfer der Christen) (Studienheft 10 – Beiheft zur

wicklung des kirchlichen Amtes können hier in Widerspruch treten zu einem kirchlichen Amtsverständnis, für das die Ursprünglichkeit der Einsetzung durch den Herrn und die unveränderte Bewahrung durch die Geschichte hindurch das entscheidende Merkmal ist. Es kommt dann zu einem der gar nicht seltenen Konflikte zwischen der Autorität historischer Forschung und der kirchlichen Lehrautorität in ihrer Bedeutung für die rechte Auslegung der Schrift.

Die in den Kontroversen um Schriftprinzip und Schriftauslegung berührten Sachfragen sind weit gestreut; sie können aber unter bestimmten Schwerpunkten gegliedert werden: Von den Methodenfragen her treten zunächst die literarisch-historischen Aspekte in den Vordergrund, von denen die Authentizität der Schrift berührt wird. Das sind Fragen nach der Verfasserschaft, nach der Datierung, nach Quellen und Quellenscheidung, nach redaktioneller Zusammenstellung und Bearbeitung, nach religionsgeschichtlichen Parallelen und traditionsgeschichtlicher Entwicklung. Wenn dabei vieles der allgemeinen Geschichts- und Literaturforschung zugeordnet werden kann, so werden doch bei der Verbindung von Altem und Neuem Testament sowie bei der Abgrenzung des Kanons Entscheidungen berührt, die keineswegs zur Disposition gestellt werden können, weil sie zu den Grundlagen des christlichen Glaubens gehören. Im Zentrum der Auseinandersetzungen stehen verständlicherweise christologische Themen wie die Gottheit Jesu Christi, die Jungfrauengeburt, die Geschichtlichkeit des Ostergeschehens und der Himmelfahrt. Erhebliche Widersprüche im Rahmen der Schöpfungslehre, der Anthropologie sowie der Sündenlehre ergeben sich durch die Deszendenztheorie, wenn der Mensch nicht aus der Schöpfertat Gottes, sondern aus einer Entwicklung der Arten durch Mutation und Selektion hervorgegangen sein soll, wenn der Sündenfall nicht zurechenbare Tat des Menschen mit der unentrinnbaren Folge des Todes für alle Menschen ist, sondern z. B. lediglich eine niedrigere Entwicklungsstufe, die physisch und psychisch zu überwinden ist. Neben diesen und vielen ähnlichen Beispielen dürfen nicht jene Themen übergangen werden, bei denen es auch innerhalb von sog. ‚fundamentalistischen' Kreisen zu erheblichen Differenzen um Schriftprinzip und Schriftauslegung kommen kann. Das geschieht z. B. bei der Beurteilung von Geistesgaben, besonders bei der „Glossolalie" sowie bei Deutung und Datierung der Endzeiterwartung. Ein weites und geradezu unerschöpfliches Feld für Kontroversen um Schriftprinzip und Schriftauslegung bilden die Fragen der Kirchenordnung – von besonderer kirchentrennender Aktualität die Frauenordination – sowie die Gebote und Weisungen für das christliche Leben. Die Unveränderlichkeit der Gebote Gottes nach der Heiligen Schrift

---

Ökumenischen Rundschau Nr. 34) Frankfurt 1979. 219. 221 f. Es geht hier nur um die Beschreibung, nicht um die Bewertung des Vorgangs, der aber kein Einzelbeispiel für derartige Dogmenkonflikte im zwischenkirchlichen Gespräch bietet, die man nicht umgehen, wohl aber angemessen bestehen sollte.

tritt dann in Spannung zu der These von einer Geschichtsbedingtheit im Wandel der gesellschaftlichen Verhaltensweisen, und das betrifft z.B. Ehe, Ehescheidung und Wiederverheiratung Geschiedener, die Beurteilung der Homosexualität u.a.

Dies alles sind Sachfragen, die durch die Methodenfragen nicht verdeckt werden dürfen. Daran zeigt sich aber auch, daß solche Sachfragen als „bloße" Methodenfragen kaum zureichend theologisch behandelt werden können, ganz zu schweigen davon, ob diese oder jene Methode sich überhaupt so eindeutig darstellen läßt.

Die Debatte um die exegetischen Methoden trägt alle Zeichen einer hilflosen Vergeblichkeit, und es ist nicht überraschend, daß in der deutschen Theologie eine solche Debatte überhaupt nicht mehr stattfindet, nachdem sich seit langem in theologischer Ausbildung und Forschung die Wege geschieden haben. Für die einen ist die ‚historisch-kritische Methode' Kriterium wissenschaftlicher Theologie; für die anderen bedeutet die ‚HKM' die Aufhebung des Schriftprinzips und der Schriftautorität. Auf beiden Seiten wird, allen Karikierungen zum Trotz, aus Gewissensgründen der Anspruch auf die Geltung des Schriftprinzips und den Vollzug rechter Schriftauslegung im Dienst zeitgemäßer Verkündigung erhoben.

Was die Gemeinden in verschiedenen Gruppierungen und bei konkreten Anlässen heftig in Bewegung setzen kann, begegnet nach der seit langem vollzogenen Scheidung der Weg in der akademischen Theologie allenfalls noch durch einzelne Studenten und Studentenkreise. Es kommt dann zu jenen bedauerlichen Situationen vor allem in Proseminaren, wenn die Gewissensanfechtung junger Studenten auf die Gewissensüberzeugung von Dozenten trifft. Daß in solchen Fällen eine Verständigung offenbar nicht mehr möglich ist, weil der Mensch in Gewissensfragen verletzbar und deshalb auch verletzend sein kann, ist charakteristisch für den realen Dogmenkonflikt.

Der Eindruck, daß nicht allein die theologischen, sondern die meisten kirchlichen Probleme auf die Schriftauslegung konzentriert sind, ist zutreffend. Allerdings sollte nicht übersehen werden, daß die in der Exegese geführten Auseinandersetzungen um die historische Methode und ihre theologische Berechtigung in allen anderen Fächern längst entschieden sind. Die normative Funktion geistesgeschichtlicher Entwicklungen für die theologische Aufgabe ist allenthalben eine selbstverständliche Voraussetzung, die meist völlig unreflektiert, selbst von den Kritikern der historischen Methode in der Exegese, geteilt wird. Allenfalls besteht ein Unterschied darin, ob bestimmte geistesgeschichtliche Entwicklungen wie z.B. die Aufklärung als Geschichtsaxiom positiv oder negativ zu bewerten sind. Wer fragt schon danach, daß Dogmatik primär unter dem Aspekt der geistesgeschichtlichen Integration und daß Ethik unter dem Aspekt der sozialen Integration verstanden und betrieben wird?

Wenn man aber nun einmal bedenkt, daß in den meisten theologischen

Disziplinen die Entscheidung über das, was wahr ist, nach dem Maßstab von dem, was war und ist, gefällt wird, erscheint der Konflikt um die exegetischen Methoden in einem völlig anderen Licht. Denn die schwierigen und schmerzlichen Kontroversen um Schriftprinzip und Schriftauslegung können auf diesem Hintergrund durchaus als eine Folge, ja als eine *Wirkung der faktischen Schriftautorität* aufgefaßt werden. Diese Einsicht hätte eine große Bedeutung für die gesamte theologische und kirchliche Arbeit in ihrer Bindung an die Heilige Schrift. Der Methodenstreit ist bestenfalls ein Signal für die notwendige und, recht verstanden, heilsame Auseinandersetzung um die Schriftgemäßheit der Schriftauslegung, und diese wiederum betrifft die Schriftgrundlage für das Glaubensleben der christlichen Gemeinde.

Was mit diesen Hinweisen einleitend angesprochen ist, soll im folgenden im einzelnen bedacht werden.

1. Methodenfragen als Dogmenkonflikt

Methodenfragen sind schwer zu verhandeln, und so ist es kein Wunder, wenn die ‚historisch-kritische Methode' eher ein Reizwort ist als eine eindeutige Größe, die genau zu beschreiben und zu erfassen wäre. In der Kontroverse hat dies die bedauerliche Folge, daß die überaus wichtige historisch-philologische Arbeit bei der Schriftauslegung ins Zwielicht gerät. Das äußere Bibelwort ist Grundlage und Maßstab für den Glauben der christlichen Gemeinde; jede Übersetzung und Auslegung geht davon aus und ist daran zu messen, und dazu gehört ein Höchstmaß an Kenntnissen von Sprachen, Inhalt und Geschichte der Heiligen Schriften. Wo die stets neu zu verantwortende Bindung an das äußere Bibelwort aufgehoben wird, beginnt die Schwärmerei, deren Kennzeichen darin liegt, daß der Geist vom Buchstaben getrennt wird. Diese historisch-philologische Bemühung um das Verständnis des äußeren Bibelwortes ist weder auf die sog. ‚historisch-kritische Methode' beschränkt noch mit dieser abzulehnen.

Nicht zuletzt ist es auf die Verselbständigung der theologischen Disziplinen und die Eigengesetzlichkeit in ihrer zunehmend spezialisierten Forschung zurückzuführen, daß die theologischen Probleme bestimmter methodischer Voraussetzungen überhaupt nicht mehr verhandelt werden können. Wer überzeugt ist, daß im Verlauf der geistesgeschichtlichen Entwicklung die dogmatische durch die historische Methode abgelöst worden sei, dem müssen dogmatische Informationen von vornherein als überholt vorkommen. Einzelne Versuche, die pneumatischen Implikationen der Schriftauslegung mit der Unterscheidung von Geist und Buchstabe, Gesetz und Evangelium zu bedenken, haben kein nennenswertes Echo gefunden. Vielmehr ist festzustellen, daß meistens auch bei den Kritikern der ‚historisch-kritischen Methode' eine klare Einsicht in diese Voraussetzungen fehlt. Die nach wie vor beste Darstellung der Problematik hat Gerhard Ebeling in seinem aus dem Jahr 1949 stammenden Beitrag über „Die Bedeutung der historisch-kritischen Methode für die protestantische Theologie und Kirche"[31] vorgelegt. Diese Abhandlung ist wohl zugleich in Deutschland die letzte Auseinandersetzung mit bestimmten Einwänden gegen die ‚historisch-kritische Methode'. Ihr besonderer Vorzug liegt darin, daß die mit dieser Methode verbundene Axiomatik sehr klar hervortritt, und das betrifft die folgenden Punkte:

1. Es wird sehr genau gesehen, daß die Geltung der Methode dogmatische Voraussetzungen und infolgedessen auch Konsequenzen für die Dogmatik hat: „Es führt nur zur Verschleierung der Problemlage, wenn man die historisch-kritische Methode für eine rein formale, voraussetzungslose wissenschaftliche Technik hält, deren Anwendung auf die historischen Gegenstände im Bereich der Theologie keine Konflikte hervorruft und das Gefüge der Dogmatik nicht antastet. Wenn es sich auch in einem höheren Sinn als richtig herausstellen wird, daß die historisch-kritische Methode die Wahrheit des christlichen Glaubens nicht erschüttert, so sind doch die Schwierigkeiten nicht leicht zu nehmen, die hier aufbrechen" (28f.). Es wird darauf hingewiesen, daß diese Methode von anderen, in früheren Epochen der Kirchen- und Theologiegeschichte begegnenden Formen historisch-literarischer Forschung sich in entscheidenden Punkten unterscheidet.

2. Begründet wird die Methode nicht durch ihre besondere Angemessenheit gegenüber dem Gegenstand und zur Erfüllung der Aufgabe der Schriftauslegung, sondern aus der geschichtlichen Bedingtheit ihrer Entstehung: „Historisch-kritische Methode ist erst hervorgewachsen aus dem Geist des geschichtlichen Umbruchs der Neuzeit. Sie ist nicht nur dort, wo sie ihre legitimen Grenzen überschreitet, sondern wesenhaft verbunden mit Sachkritik. Sie kann bei der Beschäftigung mit der Vergangenheit und bei der Interpretation von deren Quellen nicht einfach das Wirklichkeitsverständnis beiseite setzen, wie es der Geist der Neuzeit gewonnen hat. Sie ist darum eng verkoppelt mit dem Fortschritt der Wissenschaften und der Philosophie" (29).

Nicht die Methode also, sondern die geistesgeschichtliche Entwicklung und Situation der Neuzeit machen die Geltung aus. Die Änderung des Weltbilds und eine sich daraus ergebende veränderte Stellung des christlichen Glaubens werden als Voraussetzung für die Methode der Schriftauslegung ins Spiel gebracht. Der „Geist der Neuzeit" bezeichnet die Hypostasierung geschichtlicher Axiome. Eine axiomatische Funktion bekommt dann auch die Behauptung einer geschichtlichen Veränderung, die nicht durch Quellen

---

31 Gerhard Ebeling, Wort und Glaube (I), Tübingen 3. Aufl., 1967, 1–49. Beim Rückgriff auf diesen Aufsatz geht es ausdrücklich um die darin vorgetragene Problemanalyse, von der wohl bis heute festgestellt werden kann, daß die Punkte, über die das Gespräch geführt werden müßte, mit höchster Klarheit formuliert worden sind. Es geht also um die Position, nicht um die Person bei der Verwendung dieses Beitrags.

belegt zu werden braucht, weil sie als Ausdruck von Zeitbewußtsein an das Bewußtsein der Zeit appelliert: „In der Neuzeit hat der christliche Glaube die Selbstverständlichkeit eingebüßt, mit der er mehr als ein Jahrtausend lang in der abendländischen Geschichte gegolten hatte. Ihm kommt keine formale, extra controversiam stehende Autorität mehr zu. Selbstverständliche Allgemeingültigkeit besitzt jetzt nur noch, was der Mensch als solcher mit seinen rationalen und empirischen Fähigkeiten erkennen, einsehen, begründen und kontrollieren kann. Das führt aber zu einer positiven Feststellung: In der Neuzeit gibt es einen so vorher unbekannten Bereich neuer Selbstverständlichkeiten, deren Geltung sich auch der Christ nicht entziehen kann, und zwar auch dann nicht, wenn sie im Widerspruch stehen zu solchen Anschauungen, die vor dem Anbrechen der Neuzeit zu den Selbstverständlichkeiten christlicher Weltanschauung gehörten" (30). Was darin als irreversible Veränderung in der geschichtlichen Entwicklung beschrieben wird, findet seine Bestätigung in der herrschenden Meinung, wie umgekehrt die herrschende Meinung dadurch bestätigt wird. Mit der Vorstellung von einer irreversiblen geschichtlichen Veränderung wird der eigentliche Autoritätenkonflikt zwischen christlichem Glauben und Zeitbewußtsein aufgehoben. Weil es doch heute so ist, wie die meisten Menschen meinen, kann es überhaupt nicht mehr anders sein, wie es möglicherweise einmal gewesen ist.

Dabei spielt es überhaupt keine Rolle, ob sich ein solcher Umbruch, wie er mit dem ominösen „Geist der Neuzeit" bezeichnet wird, historisch nachweisen läßt. Denn dieser „Geist der Neuzeit" ist selbst ein Mittel der Geschichtsdeutung.

3. Die geschichtliche Entwicklung der Neuzeit dient also als Norm für die Geltung der Methode sowie als Rechtfertigung für den unübersehbaren Wechsel in den dogmatischen Voraussetzungen der Schriftauslegung. Daß auf diese Weise die gesamte Theologie, also nicht allein die Schriftauslegung, am Gang der Geschichte ausgerichtet wird, ist nicht zu übersehen. Bei der Abfassung der Abhandlung waren für den Autor wie für die Leser die theologischen Gegensätze aus der Zeit des Kirchenkampfs noch in unmittelbarer Erinnerung. Auf diesem Hintergrund ist es überraschend, wenn nun die Auffassung vertreten wird, die Theologie müsse sich eben an der geschichtlichen Stunde und an den gesellschaftlichen Verhältnissen orientieren und ihnen folgen. In einer von außen kommenden Kritik würden solche Einwände unvermeidlich an den Punkt rühren, an dem die sachliche Auseinandersetzung persönlich verletzend wird, weil sich natürlich niemand mit den theologischen Voraussetzungen der Deutschen Christen in Verbindung bringen lassen will. Der Verfasser aber stellt sich selbst diesem Einwand: „Die Theologie geht also wesensgemäß, sofern sie nicht ihrer Aufgabe untreu wird, mit der Zeit, d.h. sie geht ein auf die Sprache, die Denkform und die Problemstellungen der Gegenwart. Nun brauche ich freilich nur an das Wort ‚zeitgemäß', das in den Anfängen des Kirchenkampfes einen so ominösen

Klang erhalten hat, zu erinnern, um uns die ganze Problematik, um die es hier geht, vor Augen zu stellen. Man könnte geradezu die Frage nach Recht und Grenzen des Zeitgemäßen in der Theologie als das eigentliche Kernproblem der gegenwärtigen theologischen Lage bezeichnen. Gewiß ist diese Frage zu allen Zeiten akut und fordert von jeder Generation erneute Klärung. Denn sie begleitet ja, wie gesagt, wesensmäßig die theologische Arbeit. Aber gegenwärtig ist diese Frage deshalb von erhöhter Dringlichkeit und muß in das Zentrum der Auseinandersetzung gerückt werden, weil die zur Zeit vorherrschende Tendenz in der Theologie als Gegenschlag gegen den sogenannten Neuprotestantismus aufgetreten ist, d.h. gegen eine theologiegeschichtliche Periode, in der die Parole der Zeitgemäßheit Trumpf war und offensichtlich zu den schwersten Krisen in Theologie und Kirche geführt hat. Darum ist die Frage nach Recht und Grenzen des Zeitgemäßen in der Theologie um so brennender geworden, je mehr man – und zwar weithin durchaus richtig – die Fehlentwicklung von zwei Jahrhunderten vor Augen hat und darum geneigt ist, in scharfer Antithetik dazu die Frage selber gar nicht mehr zu sehen. Denn es handelt sich doch um eine Verkennung des Problems als solchen, wenn man meint, die Forderung der Schriftgemäßheit bzw. der Bekenntnisgemäßheit der Theologie der Frage nach deren Zeitgemäßheit einfach entgegensetzen zu können, als ob damit die Sache entschieden wäre. Denn der Begriff der Schriftgemäßheit bzw. Bekenntnisgemäßheit enthält ja eben selber das Problem der Auslegung und damit das Problem der Zeitgemäßheit in sich" (11).

Ähnlich wie bei dem früheren Beispiel von Ernst Troeltsch findet sich auch bei Ebeling die charakteristische zirkuläre Selbstbegründung der historischen Methode durch den historischen Entwicklungsgedanken. Die Hypostasierung der Geschichte wird zu einer der Geschichtlichkeit der Schrift, ihrer Auslegung, damit auch der Schriftgemäßheit und der Bekenntnisgemäßheit übergeordneten dogmatischen Norm. Der eigentliche Dogmenkonflikt wird sichtbar, wenn man fragt, wie sich der „Geist der Neuzeit" zu dem durch das Wort der Schrift redenden Geist des dreieinigen Gottes verhält.

Da nun der Begriff Neuzeit das Selbstbewußtsein heutiger Menschen nicht nur beschreibt, sondern zugleich bestimmt, kann eine solche Überlegung von vornherein als antiquiert abgetan werden. Dabei würde vom Historischen her jedoch übersehen, daß eine weitgehend von Hegels „Phänomenologie des Geistes" geprägte Vorstellung von Neuzeit im Grunde nicht anderes ist, als eine vom Schriftprinzip abgelöste und im menschlichen Bewußtsein generalisierte Trinitätslehre. Wenn dann die Philosophie für die Theologie die Geistesgeschichte repräsentiert, führt dies dazu, daß der Geist nicht mehr nach dem äußeren Wort der Schrift identifiziert und unterschieden wird, sondern daß geistesgeschichtliche Manifestationen dem Schriftprinzip und der Schriftauslegung vorgeordnet werden. Hier liegt der eigentliche Dogmenkonflikt, der von den Methodenfragen verdeckt wird, und es zeigt sich, wie mit einer gewissen Zwangsläufigkeit die Geistesgeschichte in ihrer Dynamik und Gesetzmäßigkeit dort einrückt, wo eigentlich die Wirkung des Heiligen Geistes durch Wort und Sakrament ihren Ort hätte.

2. Dogmatische Konflikte in der Schriftauslegung

Es ist nicht die Exegese, durch die theologische Probleme entstehen, wohl aber treten bestimmte theologische Probleme unter der allgemein die Theologie beherrschenden historischen Betrachtungsweise am deutlichsten in der Exegese zutage, und das ist ein Zeichen für die Wirksamkeit der Schrift und gehört zu dem notwendigen Ringen um schriftgemäße Schriftauslegung in Theologie und Kirche. In anderen Fächern, so auch in der Dogmatik, kann man sich leicht auf eine Lehrgeschichte zurückziehen, und der Gedanke einer fortschreitenden Lehrentwicklung im Horizont der allgemeinen Geistesgeschichte tritt an die Stelle der dogmatischen Kriterien. Die historische Rekonstruktion einer Lehrbildung ersetzt dann die dogmatische Verantwortung für die Lehrentscheidung.

In der Exegese hingegen brechen unvermutet die fundamentalen dogmatischen Konflikte auf. Allerdings werden sie kaum als solche wahrgenommen und noch weniger in angemessener Weise dogmatisch reflektiert. Denn einerseits wird ein methodischer Ansatz nach der geistesgeschichtlichen Axiomatik vorausgesetzt und als Ausweis der Wissenschaftlichkeit verteidigt. Andererseits läßt sich dieser Anspruch mit dem Hinweis auf das Schriftprinzip legitimieren, obwohl nicht zu übersehen ist, daß die dogmatischen Voraussetzungen des reformatorischen „sola scriptura“ völlig andere sind als die der historisch-kritischen Methode[32]. Das „sola scriptura“ bleibt auf das Formalprinzip der Heiligen Schrift als Grundquelle beschränkt, während das Materialprinzip der Geschichtsbedingtheit von Schriftauslegung und Lehrbildung unterstellt wird.

Die dogmatischen Probleme, die in der Schriftauslegung aufbrechen, können leicht mit dem Hinweis neutralisiert werden, daß die an den Text der Schrift gebundene historische Betrachtungsweise nach den Anforderungen wissenschaftlicher Forschung schriftgemäß sei. Der „Stand der Forschung“ oder der Name eines Forschers bürgen dafür. Jeder Einwand dagegen erscheint automatisch und ohne böse Absicht als „unwissenschaftlich“. Eine dogmatische Differenz, die sich für beide Seiten zunächst nur als Einwand oder Ablehnung manifestiert, kann nur als Gegensatz formuliert werden. Die unterschiedlichen Konsequenzen aus den gegensätzlichen Voraussetzun-

[32] Vgl. hierzu: Bernhard Rothen, Die Klarheit der Schrift. 1. Martin Luther: Die Wiederentdeckung der Grundlagen. 2. Karl Barth: Eine Kritik. Göttingen 1990. In dieser Arbeit wird u. a. gezeigt, wie das Schriftverständnis Martin Luthers dadurch verzerrt wird, daß heute verbreitete Voraussetzungen von Schriftverständnis und Schriftauslegung eingetragen werden.

gen lassen sich jedoch zeigen. Mit einigen charakteristischen Beispielen soll das illustriert werden:

1. *Die Verbindung von Altem und Neuem Testament* ist eine entscheidende Voraussetzung im christlichen Schriftprinzip. Sie hat ihren Grund in der Offenbarung der Dreieinigkeit Gottes[33], der seine Treue auch in der Untreue seines Volkes durchhält. Sobald die „Trinitätslehre" als geschichtliches Produkt theologischer Reflexion aufgefaßt wird, rücken andere Prinzipien für die Bestimmung des Verhältnisses von Altem und Neuem Testament ein. In chronologischer Folge läßt sich eine Entwicklung unter den Gesichtspunkten der Kultur-, Literatur- und Frömmigkeitsgeschichte rekonstruieren. Dabei kann auch in der christlichen Exegese die Eigenständigkeit des Alten Testaments so stark hervorgehoben werden, daß man von der „jüdischen" oder, was historisch nicht einmal ganz zutreffend ist, von der „hebräischen Bibel" bzw. mit der jüdischen Bezeichnung vom „Thanach" spricht. Viele sind davon überzeugt, daß die Dreieinigkeit Gottes ein begrenztes christliches Dogma sei, während Kultur-, Literatur- und Frömmigkeitsgeschichte als Geschichte Allgemeingültigkeit besitzen. Doch bereits dabei zeigt sich, wie das Wesen Gottes durch die Geschichtsbedingtheit von Gottesvorstellungen und -bildern ersetzt und einem Geschichtsprinzip untergeordnet worden ist. Das Geschichtliche bekommt dann einen unbegrenzten Eigenwert, der, je nach Standpunkt, positiv oder negativ sein kann. Daß sich schon in den zwanziger Jahren dieses Jahrhunderts die verschiedenen Varianten des „Deutschglaubens" auf die wissenschaftlichen Ergebnisse der religionsgeschichtlichen Schule berufen konnten, läßt die dogmatischen Konsequenzen erkennen. So heißt es in der ersten der „197 Thesen zur Vollendung der Reformation" von Artur Dinter von 1926: „Das Alte Testament ist kein göttlich geoffenbartes Buch, sondern das widerspruchsvolle Werk irrender Menschen. Es ist von jüdischen Priestern aus teils jüdischen, teils nichtjüdischen Schriftwerken zusammengearbeitet worden. Es sind zahlreiche Schichten seiner Entstehung und Bearbeitung wissenschaftlich festgestellt." Auch Alfred Rosenbergs Bemerkung über die „Viehhalter- und Zuhältergeschichten" und die Forderung, das Alte Testament abzuschaffen und ein 5. Evangelium als „Schöpfung eines Mannes" zu schaffen (Der Mythus des zwanzigsten Jahrhunderts, 603) geht von derselben Vorstellung kulturgeschichtlicher Entwicklung und Wertung aus. Die Beispiele sind abschrekkend, zumal aller Grund besteht, die verhängnisvollen Konsequenzen abzulehnen. Doch die tiefere Ursache liegt nicht in den menschlichen Einstellungen und Wertungen, sondern in der Vertauschung von Gott und Geschichte. In der sog. „Ersten Barmer Erklärung über das rechte Verständnis der reformatorischen Bekenntnisse in der Deutschen Evangelischen Kirche der Gegenwart" vom 3. Januar 1934 wurde gewarnt vor einer „Gottesoffenba-

---

[33] S. o. 43.

rung in Natur und Geschichte". Dagegen wurde betont: „Die Kirche hört das ein für allemal gesprochene Wort Gottes durch die freie Gnade des Heiligen Geistes in dem doppelten, aber einheitlichen und in seinen beiden Bestandteilen sich gegenseitig bedingenden Zeugnis des Alten und des Neuen Testamentes, d.h. in dem Zeugnis des Mose und der Propheten von dem kommenden, und in dem Zeugnis der Evangelisten und Apostel vom gekommenen Jesus Christus. – Damit ist abgelehnt die Ansicht: Die biblischen Schriften seien zu verstehen als Zeugnisse aus der Geschichte menschlicher Frömmigkeit; maßgebend für die christliche Frömmigkeit sei aber vorwiegend oder ausschließlich das Neue Testament; es könne oder müsse darum das Alte Testament zugunsten des Neuen abgewertet, zurückgedrängt oder gar ausgeschieden werden."[34]

2. Ein weiterer Anlaß für dogmatische Konflikte, die in den verschiedensten Sachzusammenhängen aufbrechen können, ergibt sich daraus, daß die wichtige *Unterscheidung von Gottes Wort und Menschenwort* in ihrer kritischen Konfrontation durch den geschichtlichen Entwicklungsgedanken überhaupt nicht mehr möglich ist. Statt dessen rückt alles unter die Frage nach dem Entstehen und Verstehen der biblischen Texte in der Ausrichtung am Wandel bzw. Fortschritt der Geistesgeschichte. Natürlich kann auch dazu bemerkt werden, daß die Geschichtlichkeit des Entstehens und Verstehens der Heiligen Schrift eine irreversible Einsicht des neuzeitlichen Geistes sei. Dies hat zur Folge, daß der Begriff der Theologie mit der Geschichtsbedingtheit des Redens von Gott verbunden wird, während das Reden Gottes in dem er selbst das Subjekt seines Wortes ist, aufgehoben wird. Die Untersuchung von „Theologien" in biblischen Schriften, Quellenschichten und redaktionellen Bearbeitungen ist dann die exemplarische Grundlage für den

---

[34] BSKORK 330. In derselben Richtung werden in dem „Betheler Bekenntnis" von 1933 notwendige Abgrenzungen vollzogen: „Wir verwerfen die Irrlehre, die die Einheit der Heiligen Schrift zerreißt, indem sie das Alte Testament verwirft oder gar durch nichtchristliche Urkunden aus der heidnischen Frühzeit eines anderen Volkes ersetzt. Die heilige Schrift ist eine unteilbare Einheit, weil sie in ihrer Gesamtheit ein Zeugnis von und über Christus ist.

Wer das Alte Testament verwirft und nur als Bibel Jesu bzw. der urchristlichen Gemeinde anerkennt, zerreißt diese Einheit.

Wir verwerfen jeden Versuch, mit dem Maßstab der uns gewährten Erkenntnis und des uns geschenkten Erlebens Gotteswort und Menschenwort in der Heiligen Schrift zu sondern. Luthers Satz, daß die Heilige Schrift Gottes Wort sei, wo sie Christum treibet, gibt keineswegs einem willkürlichen Wählen in der Schrift Raum. Die ganze Schrift, wie sie im Kanon zusammengefaßt ist, treibt Christum. Aber der Heilige Geist offenbart uns Christus in der Schrift, wo und wann er will. Der Heilige Geist, der durch ein Wort der Heiligen Schrift spricht, ist immer der Geist der ganzen heiligen Schrift und kann darum nie mit dem uns gewährten Vermögen zum Sehen und Erkennen und dem uns verliehenen Maß an Glauben und Liebe verwechselt werden..." (II. Von der heiligen Schrift).

In diesem Zusammenhang steht das wichtige, heute kaum noch beachtete und verstandene Werk von Wilhelm Vischer, Das Christuszeugnis des Alten Testaments. 2 Bde. Zürich 1934–1942. Vgl. dazu auch Hans-Joachim Kraus, Geschichte des historisch-kritischen Erforschung des Alten Testaments. Neukirchen-Vluyn, 3. Aufl., 1982, 426–433.

Entwurf entsprechender „Theologien" unter veränderten geistesgeschichtlichen Bedingungen. Das reformatorische „sola scriptura" ist jedoch keine theologische Neuentdeckung im geschichtlichen Fortschritt, wohl aber ist es das Beispiel für einen aktuellen Autoritätenkonflikt innerhalb der christlichen Gemeinde, bei dem das „in den Worten Gottes gefangene Gewissen"[35] einer absolute göttliche Autorität beanspruchenden kirchlichen und staatlichen Instanz gegenübertritt. In einem solchen Autoritätenkonflikt treten die dogmatischen Differenzen zutage und müssen dann freilich auch im Ringen um eine schriftgemäße Schriftauslegung entschieden werden. Wenn nach den Prinzipien der Schriftauslegung die Unterscheidung von Gottes Wort und Menschenwort aufgehoben wird, dann wird das Schriftprinzip in das Traditionsprinzip überführt. Die Schrift mag dann zwar als geschichtliches Dokument einen Ursprung, eher wohl einen Durchgangspunkt bezeichnen. Die theologische Konstante aber liegt in dem geschichtlichen Wandel des menschlichen Bewußtseins, das sich in der Jeweiligkeit der Situation sprachlich artikuliert und entsprechend sprachlich affiziert werden muß. Das Wort Gottes geht dann ganz auf in das Wort von Menschen über Gott. Die Aussagen über das Sein und Handeln Gottes nach seinem Wort werden in Existenziale überführt, deren Realitätsgehalt sich auf die menschliche Subjektivität konzentriert und infolgedessen auch darin verifiziert werden muß.

3. Ein *Subjektwechsel* vollzieht sich, wenn die Unterscheidung von Gottes Wort und Menschenwort aufgehoben wird. Das zeigt sich besonders folgenreich an den zentralen trinitarischen und christologischen Aussagen, wenn sie nunmehr grundsätzlich als Produkte menschlicher Vorstellungen aufgefaßt werden. Es ist dann nicht die Offenbarung Gottes bzw. des Sohnes Gottes und des Heiligen Geistes, in der sich Gott den Menschen zu erkennen gibt und zu ihnen spricht. Vielmehr sind es Vorstellungen von Gott, die unter der Bedingung geschichtlicher Umstände, vor allem auch einer materialen Basis, entstehen und in jeweils entsprechender Weise kommunizierbar gemacht werden. Nicht die Person Jesu Christi begründet, bestimmt und begrenzt, was die Gemeinde von ihm sagt, wie sie ihn preist und anbetet. „Prädikationen" sind dann vielmehr das Ergebnis religionsgeschichtlicher Überlieferung und der zeitgemäße Ausdruck für Vorstellung und Mitteilung des Redens von Gott. Dahinter liegt ein geradezu klassisches Problem der Dogmen- und Theologiegeschichte, um das immer wieder heftig gerungen worden ist. Daß theologische Redeweise und göttliche Seinsweise auseinandertreten, war einer der schweren Vorwürfe in den arianischen Streitigkeiten, als es darum ging, die wesenhafte Gottheit des Sohnes festzuhalten, wie sie in dem biblischen Zeugnis von der Gemeinschaft von Vater und Sohn enthalten ist. Dabei wurde betont: Jesus Christus wird nicht nur Sohn *genannt* (legetai) – nämlich von der Schrift in den Gebeten, den Hymnen und den Bekenntnis-

[35] WA 7,838, 1–9.

sen der gottesdienstlichen Gemeinde – sondern er *ist* (estin) auch der Sohn. Das Verhältnis von Vater und Sohn ist also *nicht nur analog* im Sinne einer gleichnishaften Darstellung, sondern es ist *real* im Sinne der Gleichheit des Wesens (homousios) und der personalen Differenz[36].

Eine ähnliche Abgrenzung betrifft die Aussagen, die sich aus der Gemeinschaft der beiden Naturen und der wechselseitigen Mitteilung ihrer Eigenschaften (communicatio idiomatum) in der Person des Gottmenschen Jesus Christus ergeben. Dabei ist festzuhalten, daß diese Aufstellungen über die Person (propositiones personales) nicht nur *verbal*, sondern *real* aufzufassen sind. Sie haben ihren Grund also nicht erst in der theologischen Reflexion, sondern in der Person des Gottmenschen Jesus Christus[37].

Diese und viele ähnliche Abgrenzungen sind keineswegs das Produkt einer geschichtlich bedingten „Substanzontologie" – was auch immer man sich darunter vorstellen mag. Vielmehr geht es darum, daß nicht das menschliche Bewußtsein das Sein Gottes begründet, sondern Gott sich in seinem Wort dem Menschen offenbart, so wie er ist. Bezogen auf den Gottesdienst geht es darum festzuhalten, daß nicht durch den Lobpreis der Gemeinde Gottesprädikationen auf Jesus Christus übertragen werden, sondern daß er mit Gott dem Vater gepriesen und angebetet wird, weil er in gleicher Weise Gott ist. Im ersten Artikel der Augsburgischen Konfession von 1530 wird dies auf der Grundlage der apostolischen Lehre und in der Gemeinschaft der katholischen Kirche ausdrücklich festgehalten, „daß ein einig gottlich Wesen sei, welchs *genennt wird und wahrhaftiglich ist* (quae et appellatur et est) Gott, und seind doch drei Personen in demselben einigen gottlichen Wesen…"[38]

Es ist leicht einzusehen, daß der ganze christliche Gottesdienst sowie jedes Gebet seinen Realgrund verliert, wenn die Anrede Gottes nicht in der Selbstoffenbarung Gottes, sondern in den Entwürfen menschlicher Gefühle und Erfahrungen begründet wird. Die Entstellung des Gottesdienstes zu menschlicher Selbstdarstellung ist eine unvermeidliche Konsequenz. Ebenso verständlich ist es, wenn unter dieser falschen Voraussetzung aus menschlichen Werten, Erfahrungen und Hoffnungen wie z. B. Weiblichkeit, Hautfarbe, sozialer Status u. a. Gottesbilder entworfen werden.

Ein dogmatischer Fehler in diesen Zusammenhängen beschränkt sich nicht darauf, daß irgendein theoretischer Lehrsatz nicht respektiert wird, sondern zeigt, daß andere dogmatische Voraussetzungen in Kraft getreten sind.

4. *Das Verhältnis von Zeichen und Bezeichnetem* (signum und res) stellt einen weiteren dogmatischen Konfliktpunkt mit klassischen Vorbildern in der Schriftauslegung dar. Das zeigt sich bereits an der Überlegung, ob in der Verkündigung nur „über Christus" oder ob „im Namen und Auftrag Jesu Christi" (1.Kor 1,10, Röm 1,5) sowie „an Christi statt" (2.Kor 5,20, Lk 10,16)

[36] Athanasios, Oratio 1 adv. Arianos, c5 (MPG 26,21).
[37] FC SD VIII,13,55.63.
[38] BSLK 50, 5–8.

gesprochen wird. Die methodisch fixierte Trennung von Zeichen und Bezeichnetem entspricht der Vorstellung von dem Eingehen des Wortes Gottes in die jeweilige Darstellung durch das Menschenwort. Das damit verbundene dogmatische Problem ist am besten faßbar bei Texten mit direkter Anrede Gottes oder Christi an Menschen. Das sind in aller Regel Worte von Verheißung und Geheiß, Gesetz und Evangelium. Was bei den Geboten oder bei der Bergpredigt der Subjektwechsel für praktische Konsequenzen hat, ist in anderem Zusammenhang zu behandeln. Sehr gut greifbar aber sind die Folgen bei dem Verständnis der *Einsetzungsworte* für Taufe und Abendmahl sowie bei dem Wort vom Binden und Lösen. Einsetzung durch Jesus Christus heißt, daß hier etwas durch den Herrn für seine Gemeinde begründet wird unter der verbindlichen Zusage, daß er tut, was er sagt. Der Glaube darf und soll sich an das Wort des Herrn halten, von dem er getragen wird. Darin liegt die mitgeteilte Gabe des neuen Lebens, der Sündenvergebung und der Rettung aus dem kommenden Gericht. Damit steht und fällt also der Glaube, sofern er nicht nur subjektive Überzeugung ist, sondern in dem Handeln Gottes in Jesus Christus und der Gegenwart seines Geistes seinen Grund hat.

Inzwischen hat sich mit unkritischer Selbstverständlichkeit das Ergebnis historischer Kritik durchgesetzt, daß die Einsetzungsworte und ähnliche Worte „nach dem Stand der exegetischen Forschung" eben nicht als authentische Worte Christi an seine Jünger und an die Gemeinde aufzufassen seien, sondern als „Gemeindebildung", in der sich der Glaube an Jesus Christus oder auch die Vorstellungen von Jesus Christus unter den Bedingungen der Zeit artikulieren. In der Beschreibung des Sachverhalts bedeutet dies zunächst einmal, die Gemeinde tritt an die Stelle ihres Herrn, und dies geschieht nicht im Verhältnis des Glaubensgehorsams gegenüber seinem Wort, sondern in der jeweiligen Darstellung einer geschichtlichen Nachwirkung. Auf die praktischen Konsequenzen für die Gestaltung des Gottesdienstes ist später zurückzukommen. Die dogmatische Differenz aber läßt auch hier erkennen, wie durch die Vorstellung einer geschichtsbedingten „Gemeindebildung" das Gegenüber von Herr und Gemeinde, wie es durch das Herrenwort konstituiert wird, aufgehoben ist. Der Glaubensgehorsam gegenüber Christus schlägt dann um in eine Selbstdarstellung des christlichen Bewußtseins. Die Christen treten an die Stelle Christi.

5. Als letztes Beispiel sei noch das Stichwort der *Parusieverzögerung* erwähnt. Es betrifft die These, Jesus habe ein unmittelbares Kommen des Reiches Gottes erwartet und verkündigt, das jedoch nicht eingetreten sei. In gewisser Hinsicht hat diese These eine Schlüsselfunktion, weil das Ausbleiben der angekündigten Gottesherrschaft für die christliche Gemeinde zur zwingenden Notwendigkeit wird, sich in den geschichtlichen Verhältnissen dieser Welt einzufügen und ihnen anzupassen. Daß nach dem vielzitierten Wort von Alfred Loisy Jesus zwar das Reich Gottes verkündigt habe, aber die Kirche gekommen sei, ist nur eine Variante der These von der Parusieverzö-

gerung, die unter dem von Albert Schweitzer geprägten Begriff einer „Interimsethik" auch zur Erklärung der Tatsache dienen kann, daß viele Weisungen Jesu an seine Jünger mit einem kurzen Zwischenzustand bis zum Ende rechnen, während sie unter den Bedingungen geschichtlicher Verantwortung nicht mehr realisierbar sind[39].

Ob eine solche geschichtlich-kulturelle Anpassung nun beklagt oder gefordert wird, macht den Unterschied nicht aus. Immerhin ist das Problem selbst nicht neu. Es findet sich im Alten Bund (z. B. Ez 12,21–28), und es hat von Anfang an, wie 2.Petr 3,3ff. aber auch Mt 24,48ff. zeigt, die Gemeinde als Glaubensanfechtung begleitet. Dies aber beschränkt sich nicht auf die Verstehbarkeit von Vorstellungen, sondern umfaßt die Grundlage der Weltbeurteilung und Lebenseinstellung. Die spöttische Frage lautete damals schon: „Wo bleibt die Verheißung seines Kommens? Denn nachdem die Väter entschlafen sind, bleibt alles, wie es von Anfang der Schöpfung gewesen ist." Die anschließende Bemerkung ist aufschlußreich, daß nämlich Menschen mit einer solchen Auffassung auch davon nichts wissen wollen, daß die Schöpfung mit Himmel und Erde von Anfang an ihren „Bestand hatte durch Gottes Wort". Dasselbe Wort ist der Seinsgrund und die Erkenntnisgrundlage für die christliche Gemeinde, daß diese Welt „aufgespart (ist) für das Feuer, bewahrt für den Tag des Gerichts und der Verdammnis der gottlosen Menschen". Nicht das Wort hängt an den Vorstellungen, sondern die Vorstellungen hängen an dem Wort, und darin liegt die dogmatische Differenz, ob man nun an eine Unveränderlichkeit und Ewigkeit dieser Welt glaubt oder aber von der an das Wort gebundenen und von ihm getragenen Verheißung erfüllt ist: „Wir warten aber auf einen neuen Himmel und eine neue Erde nach seiner Verheißung, in denen Gerechtigkeit wohnt."

Diese und viele ähnliche Beispiele sind quälend, indem sie nicht nur einen etablierten Konsens historischer Forschung treffen, von dem aus sie mit leichter Hand als Ausdruck überholter Weltanschauung weggewischt werden können. Schwerer aber wiegt, daß damit auch Vorstellungen berührt werden, die nicht allein unter Theologen, sondern in weiten Kreisen der

---

[39] Vgl. z.B. Albert Schweitzer. Das Messianitäts- und Leidensgeheimnis. Eine Skizze des Lebens Jesu. Tübingen (1901), 3. Aufl., 1956 bes. 21ff.; Wilhelm Herrmann, Die sittlichen Weisungen Jesu. Ihr Mißbrauch und ihr richtiger Gebrauch. Göttingen (1904), 2. Aufl., 1907. Es ist in beiden Fällen – was weiter auszuführen wäre – bezeichnend, wie das Schriftprinzip wegen der vermeinten Geschichtsbedingtheit aufgehoben und gleichzeitig durch eine Bewußtseinsentsprechung ersetzt wird. Das Verbindende ist dann die „Gesinnung", die aber nicht mehr durch den am Wort ausweisbaren Heiligen Geist bestimmt ist, sondern die inhaltlich für jede Beliebigkeit geöffnet ist. Ausführlicher: Reinhard Slenczka, Geschichtlichkeit und Personsein Jesu Christi. Studien zur christologischen Problematik der historischen Jesusfrage (FSÖTh 18) Göttingen 1967. 26ff.; 271ff. Martin Künzi, Das Naherwartungslogion Matthäus 10,23. Geschichte seiner Auslegung (= BGBE 9) Tübingen 1970; ders., Das Naherwartungslogion Markus 9,1 par. Geschichte seiner Auslegung mit einem Nachwort zur Auslegungsgeschichte von Markus 13,30 par. (= BGBE 21) Tübingen 1977.

christlichen Gemeinde das Bewußtsein beherrschen. Der neuzeitliche Mensch wird gerade in seiner Situation der Neuzeit, wie ihm das in der Theologie suggeriert wird, nicht nur den Grund, sondern auch das Recht seiner Verstehensschwierigkeiten erblicken. Die dogmatische Differenz wird auf diese Weise neutralisiert und als hermeneutisches Problem, das von der Theologie zu lösen wäre, kaschiert. Mit Lessing wird dann nach dem „Erweis des Geistes und der Kraft“ gefragt, um den „garstigen breiten Graben“ zu überwinden, der sich aus der Einsicht ergibt: „... zufällige Geschichtswahrheiten können der Beweis von notwendigen Vernunftswahrheiten nie werden.“ Lessing, der oft mit diesem Wort als Kronzeuge für den Geist der Neuzeit angeführt wird, hat, wie der Titel dieses Fragments zeigt, die Schriftstelle 1.Kor 2,4 im Sinn gehabt, wo es heißt: „... und mein Wort und meine Predigt geschahen nicht mit überredenden Worten menschlicher Weisheit, sondern in Erweisung des Geistes und der Kraft, damit euer Glaube nicht stehe auf Menschenweisheit, sondern auf Gottes Kraft.“ Was die Vorstellung einer geistesgeschichtlichen Entwicklung verdeckt, enthüllt dann aber den tieferen Gegensatz und das Ringen von Geist Gottes und Geist der Geschichte.

3. Die Schriftgelehrsamkeit

Bei der Anwendung der historisch-kritischen Methode in der Auslegung der Schrift verbindet sich das Interesse an der historischen Ursprünglichkeit mit der Erwartung gegenwärtiger Verständlichkeit, wenn durch erstarrte, überholte oder auch entstellende Formulierungen der unmittelbare Zugang verstellt zu sein scheint. Darin zeigt sich der umfassende theologische Anspruch der Methode; mit ihr soll nicht nur Ursprüngliches rekonstruiert werden, sondern es soll als Element menschlicher Geschichte dem gegenwärtigen Bewußtsein auch erschlossen werden. Die historische Dogmenkritik ist ein wesentliches Element dieser Bemühungen, und das betrifft keineswegs nur allgemeine Aufgaben literarischer Interpretation, sondern die Grundlage des Christusbekenntnisses, wie sich z.B. an Adolf von Harnacks (1851–1930) „Vorlesungen über das Wesen des Christentums“ (1900) zeigen läßt. Besser als bei vielen Spezialuntersuchungen ist an diesen öffentlichen Vorlesungen das eindringende Bemühen zu erkennen, die Christusbotschaft Menschen nahezubringen, die ihr verständnislos oder ablehnend gegenüberstehen, obwohl sie Glieder der christlichen Gemeinde sind. Alle Erwägungen kreisen daher unermüdlich um die Gottheit bzw. Gottessohnschaft Jesu Christi, in der Harnack einerseits das größte Glaubenshindernis, andererseits aber auch den entscheidenden Glaubensinhalt erblickt. Das Verstehen wird dann hier wie bei vielen anderen Bemühungen durch das Angebot von Identifikationsmöglichkeiten erschlossen. Bei Harnack besteht sie in der

Hilfe zur Lösung der sozialen Frage und zur Beantwortung der Frage nach dem Sinn des Lebens. Andere verweisen auf den „Heroismus im Scheitern" (Albert Schweitzer), auf den Vollmachtsanspruch in den erkennbaren Spuren der Verkündigung Jesu, auf seinen Radikalismus oder auf einzelne eindrucksvolle Züge seiner Persönlichkeit. Mit solchen und ähnlichen Identifikationsmöglichkeiten wird jeweils auf etwas hingewiesen, was die bestehende Differenz nicht nur zwischen Vergangenheit und Gegenwart, sondern gleichzeitig zwischen dem menschlichen Selbstbewußtsein und dem Christusglauben überwindet. So schließt Harnack seine Vorlesungsreihe mit einer Art Verheißung: „Wenn wir aber mit festem Willen die Kräfte und Werte bejahen, die auf den Höhepunkten unseres inneren Lebens als unser höchstes Gut, ja, als unser eigentliches Selbst aufstrahlen, wenn wir den Ernst und den Mut haben, sie als das Wirkliche gelten zu lassen und nach ihnen das Leben einzurichten, und wenn wir dann auf den Gang der Geschichte der Menschheit blicken, ihre aufwärts sich bewegende Entwicklung verfolgen und strebend und dienend die Gemeinschaft der Geister in ihr aufsuchen – so werden wir nicht in Überdruß und Kleinmut versinken, sondern wir werden Gottes gewiß werden, des Gottes, den Jesus Christus seinen Vater genannt hat und der auch unser Vater ist."[40]

Mit wünschenswerter Klarheit ist in diesem Zitat das entscheidende Anliegen dieser Schriftauslegung festgehalten, das darin besteht, in der Verkündigung den Glauben an Jesus Christus dadurch zu erschließen, daß er als förderndes und daher notwendiges Element der Menschheitsentwicklung vorgeführt wird. Das begegnet dann auch in vielen Predigteinleitungen, Bibelgesprächen, im Religions- und Konfirmandenunterricht. Das ist von tiefer Überzeugung von der Sache und von dem Auftrag bewegt. Gerade deshalb ist es aber so schwer und verletzend, den dogmatischen Fehler zur Sprache zu bringen. Hermann Cremer (1834–1903) hat seine Vorlesungen über „Das Wesen des Christentums", die er 1901 in Greifswald gehalten hat, so abgeschlossen: „Von Jesu aber gilt, daß er allein und er wirklich uns die Religion ermöglicht hat, denn in ihm haben wir einen freien, offenen Zugang zum Vater durch sein Blut, durch die Vergebung der Sünden!" In der Widmung der Veröffentlichung an Friedrich von Bodelschwingh erinnert er an die Aufgabe, „daß man den Armen und Elenden, den Kindern und Alten, den Kranken und Sterbenden und darum auch den Gesunden nur dienen kann, indem man ihnen den Christus der Bibel, den Christus der apostolischen Verkündigung vor Augen malt, den Christus, der vom Himmel herniedergekommen ist und sich in unser Fleisch und Blut gekleidet hat, um für uns zu sterben und für uns und mit uns zu leben. Man mag den anderen Christus besser begreifen, glauben kann man nur an diesen Christus, an den auch die

[40] Zitiert nach Siebenstern-Taschenbuch München/Hamburg 1964. 178.

Kinder glauben."[41] Die Schärfe des Gegensatzes hilft, die dogmatische Differenz zu erfassen. Wo Harnacks aufrichtiges Bemühen darauf zielt, als Theologe zu der Erkenntnis Gottes in Jesus Christus hinzuführen, dort kommt Cremer von der Offenbarung Gottes in Jesus Christus her, die den Glauben begründet. Der Kern dieser Entscheidung aber liegt im Verständnis der Schrift: Für Harnack ist sie ein Produkt der Geistesgeschichte, und sie muß daher auch aus dieser Geschichte für die Geschichte im Wandel der Zeiten erschlossen werden. Für Cremer hingegen gehören Geist und Buchstabe zusammen, und daher geht von der Schrift selbst die Wirkung auf die Geschichte aus.

Das exegetische Methodenproblem ist in seinem Grunde ein christologisches Problem, und darin liegt auch die Entscheidung über die rechte Schriftgelehrsamkeit. Die wichtige Aufgabe des Schriftgelehrten ist die Verantwortung für die gewissenhafte Überlieferung der Texte sowie für die Auslegung und Anwendung der Schriften. Das Kriterium aller Schriftgelehrsamkeit und Schriftauslegung aber liegt nach dem historischen Zeugnis des Neuen Testaments in der Stellung zu Christus und seiner Verkündigung des Reiches Gottes. Das hat zur Voraussetzung, daß der auferstandene Herr selbst die Schrift in ihrer Erfüllung dem Verständnis von Menschen erschließt, die, wie das Beispiel der Emmaus-Jünger von Lk 24 zeigt, anders selbst mit offenen Ohren und Augen nicht begreifen, was sie hören und sehen[42]. Das „Wort vom Kreuz" ist im effektiven Sinne Kriterium rechter Schriftgelehrsamkeit. Dies zeigt 1.Kor 1, 18–20: „Denn das Wort vom Kreuz ist eine Torheit denen, die verloren werden; uns aber, die wir selig werden, ist's eine Gotteskraft. Denn es steht geschrieben (Jes 29,14): ‚Ich will zunichte machen die Weisheit der Weisen, und den Verstand der Verständigen will ich verwerfen.' Wo sind die Klugen? Wo sind die Schriftgelehrten? Wo sind die Weisen dieser Welt? (Jes 33,18) Hat nicht Gott die Weisheit der Welt zur Torheit gemacht?"

Bei der Schriftauslegung der christlichen Gemeinde kann nicht eingewandt werden, daß es sich hier um eine pneumatische Voraussetzung handele, die sich der wissenschaftlichen Verfügbarkeit entziehe. Denn dies würde einerseits dem Text mit seinem geschichtlichen Inhalt zuwiderlaufen; andererseits würde dadurch jede inhaltliche Aussage des christlichen Glaubens in die Subjektivität verwiesen und der Bindung an das äußere Schriftwort entzogen. Luthers Grundsatz für die Schriftauslegung „res sunt praeceptores" – „die Dinge (um die es geht) sind die Lehrmeister" zeigt die theologische Entscheidungsfrage der Schriftauslegung. Er zeigt vor allem auch, daß diese „res" nicht ideologisch als Sache oder Begriff aufzufassen ist, sondern personal bezogen auf den Herrn, der durch die Schrift bezeugt wird und der sich in ihr wirksam bezeugt. So heißt es in einer Tischrede Luthers: „Von der

[41] Hermann Cremer, Das Wesen des Christentums. Gütersloh 1901. 234 und III.
[42] S. o. 53ff.

Auslegung. Die Dinge sind die Lehrmeister. Wer die Dinge nicht begreift, kann aus den bloßen Wörtern keinen Sinn herausholen. Daher irrt (der Hebraist Sebastian) Munster des öfteren, da er die Dinge nicht begreift. Ich habe mehr Stellen durch die Erforschung der Dinge als durch andere grammatische Forschung ausgelegt. Wenn die Juristen nicht die Dinge (um die es geht) begriffen, würde niemand die Worte verstehen. Also das Studium der Dinge, das tut's."[43] Der Hinweis auf die Juristen läßt erkennen, daß für die Schriftauslegung keine Sonderregelung postuliert wird, wohl aber ein Sachbezug, der an die Eigenart des Inhalts gebunden ist und von ihm her zu messen ist, daß die Heilige Schrift Wort des dreieinigen Gottes ist.

Der Schriftbeweis im biblischen Sinne wird immer durch Christus und für Christus geführt. So legt Philippus, vom Geist getrieben, dem Kämmerer, der den Text vor Augen hat, die Stelle Jes 53,7 auf Christus aus (Apg 8,26 ff.). So prüft auch die Gemeinde von Beröa täglich nach der Schrift, ob es sich mit Christus so verhält, wie es von den Aposteln gepredigt wird (Apg 17,11).

Es gibt viele Gründe, diesen Grund der Schriftgelehrsamkeit in der Person Jesu Christi zurücktreten zu lassen oder als Unverfügbarkeit der geistlichen Wirklichkeit des Glaubens auszuschließen. Nach der dogmatischen Entscheidung indes muß man sich darüber im klaren sein, daß dann andere Gründe als Kriterium der Schriftgelehrsamkeit wirksam werden. In den reformatorischen Bekenntnisschriften wird auf die Konsequenzen hingewiesen, daß die Verkündigung der Gerechtigkeit aus Glauben aus dem Werk Jesu Christi beseitigt wird, wenn „die Schriftstellen entweder auf philosophische oder jüdische Weise verstanden werden"[44].

Die christologische Begründung und Beurteilung der Schriftgelehrsamkeit ist historisch eindeutig aufweisbar. Der christliche Maßstab für die rechte Schriftgelehrsamkeit ist daher keineswegs unhistorisch, wohl aber wird darin der fundamentale Unterschied zwischen christlicher und nichtchristlicher Schriftgelehrsamkeit erkennbar.

4. Was ist schriftgemäß?

Der Frage, was schriftgemäß sei, begegnet auch in der christlichen Gemeinde sogleich die Gegenfrage, wie überhaupt die Schriftgemäßheit eindeutig festgestellt werden könne. Hingewiesen werden kann auf widersprüchliche Aussagen in den biblischen Texten, auf die Unsicherheit von Textüberlieferung, auf die Vieldeutigkeit von Übersetzungen und nicht zuletzt auf die erheblichen Unterschiede in der Auslegung. Nichts davon ist zu übersehen oder gar zu bestreiten. Die Folge könnte sein, auf die Schrift überhaupt zu

[43] WA.TR 54 Nr. 5246, S. 26, 11–16. S. a. WA 42,195,3 ff.

[44] „Quod talibus locis scripturae seu philosophico seu iudaico more intellectis abolent iustitiam fidei et excludunt mediatorem Christum" – AC IV, 376, BSLK 230, 55.

verzichten. Doch dies ist schon deshalb nicht möglich, weil es für den Inhalt des christlichen Glaubens überhaupt keine andere Erkenntnisgrundlage gibt. Der christliche Glaube hat also seinen Grund in der Schriftgemäßheit, während umgekehrt die Schriftgemäßheit das Unterscheidungsmerkmal für den christlichen Glauben ist.

Auf zwei Wegen kann versucht werden, der vom Text der Schrift her immer möglichen Problematisierung der Schriftgemäßheit zu entrinnen. Entweder wird eine absolute Irrtumslosigkeit des Inhalts dadurch verteidigt, daß eine absolute Fehlerlosigkeit des Textes behauptet wird, so daß jeder Widerspruch innerhalb der Schrift prinzipiell ausgeschlossen ist und es letztlich dann nur noch den Widerspruch gegen die Schrift geben kann. Oder es wird versucht, hinter der vorfindlichen überlieferten Textgestalt Inhalt und Form in seiner dahinterstehnden Ursprünglichkeit herauszuarbeiten. Es ist seltsam, wie sich Fundamentalismus und Kritizismus in dem Bemühen um eine buchstäbliche Authentizität aus verschiedenen Richtungen begegnen. Denn beiden geht es offenbar darum, mögliche Fehler im Textbestand und im Textverständnis auszuschließen. Beiden ist freilich auch gemeinsam, daß die Autorität der Schrift mit ihrer Wirkung nicht vorausgesetzt, sondern verteidigend begründet wird. Und in beiden Fällen ist, vorsichtig ausgedrückt, die Gefahr groß, daß nicht der Geist des dreieinigen Gottes, sondern der Geist des Menschen die Zuverlässigkeit der Schrift feststellen will. Kritik und Abwehr betreffen Sachverhalte im biblischen Textbestand, die die Schriftauslegung seit ihren Anfängen und nicht erst in neuerer Zeit begleiten. Sollte nicht auch dies zur Wirkung des Wortes Gottes der Heiligen Schrift gehören[45]?

Nun wird von vornherein der Zugang zur Frage der Schriftgemäßheit verstellt, wenn die Heilige Schrift nach ihrer uns heute vorliegenden Form als Buch in einem Einband betrachtet wird. Die Eigenart der Schriften wird dann im Grunde aus der Buchform abgeleitet, und von dieser Voraussetzung her auch ihre Einheit gefordert. Doch was die in den Buchdeckeln zusammengebundenen Schriften verbindet, ist zunächst einmal das, was sich von allen anderen Schriften unterscheidet. Der biblische Kanon ist daher ein erstes Kriterium der Schriftgemäßheit, mit dem andere Schriften als Grund und Maßstab ausgeschlossen sind. Entsprechendes gilt von der inneren Aufteilung der Heiligen Schriften in Altes und Neues Testament. Das Chri-

[45] Die Frage der „Irrtumslosigkeit" (inerrantia) der Heiligen Schrift verdient gerade heute eine besondere Erörterung. Ein klares theologisches Verständnis von der Heiligen Schrift als Wort des Dreieinigen Gottes, das er spricht und durch das er wirkt, müßte aber wohl sekundäre Begründungen und Verteidigungen überflüssig machen, bei denen dann die geistliche Realität in einer Idealität – sei es eines ursprünglichen oder sei es eines unveränderlichen Textbestandes gesehen wird. Wer die Wirkung Gottes durch sein Wort kennt, braucht dies weder zu verteidigen noch zu begründen. Es ist beachtlich, mit welcher Unbesorgtheit Luther sich zu Fragen dieser Art äußern konnte. Vgl. dazu: Hermann Sasse, Sacra Scriptura. Studien zur Lehre von der Heiligen Schrift. Hg. F.W. Hopf. Erlangen 1981. 275ff. 291ff.

stuszeugnis ist das in der Schrift enthaltene Kriterium für die Schriftgemäßheit. Dies ist eine ganz klar bestimmbare Grenze des Christlichen, die allein von der Schrift her feststellbar ist. Alles weitere bewegt sich innerhalb dieser Grenze, damit auch innerhalb einer Gemeinschaft, die durch die Autorität der Heiligen Schrift begründet ist und sich damit von anderen Gemeinschaften und Autoritäten unterscheidet.

Auf früher zu den Grundlagen Ausgeführtes (Kap. 3) kann zunächst für das weitere zurückgegriffen werden: *Schriftgemäß* heißt im Neuen Testament „kata tas graphas"' – also „den Schriften bzw. Schriftstellen entsprechend". Nach 1.Kor 15,3f betrifft dies die Authentizität der Christusverkündigung in ihrer Übereinstimmung mit den schriftlich vorliegenden Worten Gottes als deren Erfüllung: „Daß Christus gestorben ist für unsere Sünden nach den Schriften; und daß er begraben worden ist; und daß er auferstanden ist am dritten Tage nach den Schriften..." Schriftgemäßheit bezieht sich infolgedessen auf die wechselseitige Verifikation des geschriebenen Wortes Gottes in der Verheißung und seiner Erfüllung durch Jesus Christus. Verheißung und Erfüllung ist etwas anderes als Bezeichnung und Bedeutung oder Wort und Auslegung des Wortes. Wohl aber kann in diesem Zusammenhang mit Julius Schniewind daran erinnert werden, daß nach Joh 1,18 Jesus Christus der eigentliche „Exeget" Gottes ist. Die Schriftgemäßheit nach 1.Kor 15,3.4 zeigt ferner, wie die Christusoffenbarung als Erfüllung der Verheißung die Erkenntnisgrundlage für die Situation des Menschen enthält: „... gestorben ist für unsere Sünden..."

Es gehört weiter zur Bestimmung der Schriftgemäßheit durch die Heilige Schrift, daß um die Eindeutigkeit der Textgestalt und ihrer Überlieferung, wie die Erzählung vom Sündenfall (Gen 3)[46] zeigt, sowie um den Praxisausweis für die Gottessohnschaft bei der Versuchung Jesu (Mt 4)[47] um das Wort Gottes gerungen wird. An beiden Beispielen ist zu sehen, wie hinter der vordergründigen Verstehensfrage das Bestehen in der Anfechtung als Infragestellung des Glaubensgehorsams und der Gemeinschaft mit Gott durch sein Wort hervortritt.

So betrachtet wird die Frage nach der Schriftgemäßheit nicht erst durch die Schriftauslegung ermöglicht, sondern umgekehrt ist an jede Auslegung die Frage der Schriftgemäßheit zu stellen, wie jede Auslegung auch der Versuchung in der Anfechtung unseres Glaubensgehorsams ausgesetzt ist. Die Auslegungsgeschichte sollte deshalb nicht unter dem Aspekt einer fortschreitenden Interpretation im Wandel der geistesgeschichtlichen Entwicklung und der gesellschaftlichen Verhältnisse gesehen werden. Bei einer solchen Betrachtungsweise besteht die Gefahr, daß die Schriftauslegung die Schriftautorität verdeckt, und sei dies auch durch das Bemühen, sie jeweils neu zu

[46] S.u. 158f.
[47] S.o. 61f.

erschließen und zur Geltung zu bringen. Die Heilige Schrift steht jeder Auslegung zu jeder Zeit und an jedem Ort in gleicher Weise gegenüber. Wie sie so Grund der Erkenntnis ist, ist sie auch Maßstab für das Erkannte. Die sog. Geschichtlichkeit des Verstehens ist etwas völlig anderes als die geschichtliche Dialektik des Glaubensgehorsams, die sich in der je neuen Spannung von Glauben und Unglauben, von Gehorsam und Ungehorsam sowie von Verstehen und Verstockung unter dem Hören auf das Wort der Schrift vollzieht.

Die Frage nach der Schriftgemäßheit stellt sich im Hören auf die Schrift, und sie kann nur durch das Hören auf die Schrift beantwortet werden. Doch dabei geht es nicht um unser Urteil über die Schrift, sondern um unsere Beurteilung durch die Schrift. So ist es nicht die Frage, ob die Schrift unseren Vorstellungen und Wünschen gemäß ist, sondern ob wir in unserem Glauben und Leben der Schrift gemäß sind. Leicht kann es dazu kommen, daß die Verstehensfrage lediglich eine Flucht in Probleme vor dem konkreten Glaubensgehorsam ist, wenn wir versuchen, mit Fragen an die Schrift der erneuernden Infragestellung durch die Schrift zu entrinnen.

Die Frage nach der Schriftgemäßheit umfaßt die Kirche in ihrer Gesamtheit ebenso wie das gesamte Leben des einzelnen Christen. Danach muß immer wieder geprüft werden, ob die Autorität der Schrift in Kraft ist, oder ob sie durch andere Autoritäten verdrängt wird. Es ist zu prüfen, ob die Schrift in Verkündigung und Lehre in der rechten Weise ausgelegt wird, ob das Leben des einzelnen Christen vom Hören auf das Wort der Schrift begleitet wird, ob an dem Reden Gottes mit dem Menschen auch unser Reden mit Gott ausgerichtet ist.

Eine schriftgemäße Theologie hat diese Schriftgemäßheit des christlichen Lebens zu verantworten. Es wäre schlimm um die Kirche bestellt, wenn die Kritik an der Schrift die Kritik der Schrift an der Gemeinde verdrängte.

5. Redender Gott und empfangender Mensch

Das Verhältnis von Wort Gottes und Menschenwort ist in der Schriftauslegung eine Voraussetzung, bei der weitreichende aber kaum bedachte Vorentscheidungen fallen. Dem Grundsatz, daß die Heilige Schrift Wort des dreieinigen Gottes ist und daß Gott in seinem Wort gegenwärtig spricht und handelt, wird der Satz entgegengehalten, in der Heiligen Schrift sei das Wort Gottes in der Gestalt von Menschenwort enthalten, und es müsse infolgedessen auch unter den Bedingungen der Geschichtlichkeit menschlichen Redens und Verstehens jeweils neu durch Auslegung und Verkündigung erschlossen werden[48].

[48] S.o. 59f.

Gelegentlich werden auch biblisch-theologisch scheinende Begründungen angeführt, nach denen diese Geschichtlichkeit vom Wort Gottes im Menschenwort der Menschwerdung des Wortes Gottes in Jesus Christus, seinem Eingehen in die Geschichte und damit auch in die Geschichtlichkeit entspreche. Oder es wird zur Illustration auf die Verbindung von göttlicher und menschlicher Natur in Christus hingewiesen. Solche christologischen Analogien für das Schriftverständnis mögen anschaulich und eindrucksvoll sein. Allerdings gibt es dafür keinen einzigen biblischen Beleg. Die Inkarnation ist nach dem Zeugnis der Schrift immer nur personal auf Jesus Christus bezogen, niemals aber in einer Entsprechung übertragen auf die Schrift, die das bezeugt. Menschwerdung ist das Kommen des Sohnes Gottes in diese Welt als Mensch, und die darin erneuerte Gemeinschaft von Gott und Mensch, in der wir der göttlichen Natur teilhaftig werden (2.Petr 1,4), ist nicht ontologisch mit der Verbindung von Transzendenz und Immanenz zu verwechseln. Vielmehr geht es hier soteriologisch um die Befreiung von der Herrschaft unter Sünde, Teufel und Tod durch das Versöhnungswerk Christi in Kreuz und Auferstehung. Geschichtsbedingtheit ist etwas völlig anderes als die Erniedrigung Gottes in der Menschwerdung und die Erkenntnis von Macht, Herrlichkeit und Liebe Gottes im Kreuz Christi.

Auch beim Schriftverständnis ist darauf zu achten, daß die Soteriologie, die durch Person und Werk Jesu Christi bestimmt ist, nicht durch eine Ontologie ersetzt wird, bei der es im Sinne der Gnosis um die prozessuale Wiederherstellung der Verbindung von Göttlichem und Menschlichem geht. Vor allem ist darauf zu achten, daß das Wort Gottes nicht von den ontologischen und erkenntnistheoretischen Voraussetzungen des menschlichen Bewußtseins bestimmt wird, sondern daß umgekehrt das Wort Gottes, in dem Gott redet und handelt, das Bewußtsein des Menschen bestimmt. Jedes Hören auf das Wort der Heiligen Schrift und alle Auslegung der Heiligen Schrift kommt von dem her, was Gott in seinem Wort sagt und tut.

Wird hingegen beim Verständnis der Heiligen Schrift und des Wortes Gottes von der Geschichtlichkeit menschlichen Redens und Verstehens ausgegangen, dann konzentrieren sich alle weiteren Überlegungen bei der Auslegung auf den empfangenden Menschen mit den Möglichkeiten und Schwierigkeiten seines Verstehens im Wandel der Zeiten. Auslegung und Verkündigung befinden sich dann nicht mehr in der Situation, daß sie von der Wirklichkeit des Wortes herkommen, ihr im Gehorsam unterstellt sind und von ihr in der Verheißung getragen sind. Vielmehr kreist dann alles um die Verstehensvoraussetzungen und Lebensfragen des Menschen. Der Anspruch aus der Vollmacht des Wortes Gottes wird zum Angebot an Bewußtsein und Lebensumstände des Menschen[49].

---

[49] In der Trennung von Geist und Buchstabe beim Wort Gottes und von Wort und Wirkung beim Menschen sah Luther „der Schwärmer Irrtum von Gottes Wort". Den Fehler sieht er darin, daß sie „scheideten, also von einander das Wort und Geist, sonderten den Menschen, der das

Was gelegentlich auch in diesem Zusammenhang als irreversible geschichtliche Einsicht betrachtet wird, ist in Wirklichkeit eine Grundlagenentscheidung, bei der es um das Verhältnis von Geist und Buchstaben im äußeren Wort der Heiligen Schrift geht. Es ist das Kennzeichen für die verschiedensten Erscheinungsformen des Spiritualismus, daß Geist und Buchstabe auseinandertreten, so daß der Geist entweder als tieferer Sinn hinter den Buchstaben zu suchen ist oder als besondere Wirkung für das Verstehen zu erschließen ist. In beiden Fällen wird nicht mehr in der Identität von Geist und Buchstaben von dem in seinem Wort redenden Gott ausgegangen, sondern von bestimmten Einsichten und Erfahrungen, die dadurch auszulösen sind. Die richtende Funktion des Wortes Gottes geht damit völlig verloren. Über dem Bemühen um die Ermöglichung des Glaubens geht die Einsicht in die Heillosigkeit des Unglaubens verloren; über dem Bemühen um Handlungsanleitung geht die Erkenntnis der Sünde verloren; in dem unermüdlichen Bemühen um Verstehen geht die Einsicht in die auch durch Gottes Wort gewirkte Verstockung verloren. Dies wirkt sich tiefgreifend auf den Dienst am Wort in der Gemeinde wie auch auf das Selbstverständnis der Gemeinde und jedes einzelnen Christen aus.

Wort predigte und lehrete, von Gott, der da wirkete; item den Diener, der da täufet, von Gott, der es geheißen und befohlen hat; und meineten, der heilige Geist werde gegeben und wirke ohne das Wort, welches Wort nur wie eine äußerliche Losung, Zeichen und Gemerk sei, daß den Geist, so zuvor und allbereit im Herzen ist, finde. Wenn nu das Wort den Geist nicht findet, sondern einen gottlosen Menschen, so sei es nicht Gottes Wort. Definirn und achten also das Wort nicht nach Gott, der es redet, sondern nach dem Menschen, der es annimmet und empfähet; wollen nur, daß solches Gottes Wort sei, das da reinige und bringe Friede und Leben, weil es aber in Gottlosen nicht wirket, so sei es nicht Gottes Wort.

Also lehren sie itzt, daß das äußerliche Wort sei gleich als ein Obiectum und Bild, so etwas erkläret, anzeiget und deutet; definiren und messen nur seinen Brauch nach der Materien, wie es nur ein pur Mensch fur sich selber redet. Wollen nicht, daß das Wort Gottes ein Instrument und Werkzeug sei, dadurch der Heilige Geist wirket und sein Werk ausrichtet und einen Anfang machet zu der Rechtfertigung oder Justification. In diesem Irrthum sind sie ersoffen, daß sie sich selbs nicht verstehen.“ Ausdrücklich wird, wie es im lateinischen Text heißt jene „distictionem metaphysicam“ abgelehnt, durch die es zu einem Auseinandertreten von Gott und seinem Wort, sowie von seinem Wirken und dem Menschen kommt. (WA.TR 3,672, 35–673, 12).

6. Kapitel: Das theologische Urteil

Das theologische Urteil ergibt sich aus der Tatsache, daß Gott in seinem Wort spricht. Damit ist für das theologische Urteil auch das vorausgesetzt, was durch das Wort Gottes gewirkt und aufgedeckt wird, nämlich Glaube und Unglaube, Gehorsam und Ungehorsam, Verstehen und Verstockung, ewiges Leben und ewige Verdammnis. Die alles zusammenfassende, die Vollmacht begründende und zugleich begrenzende Grundlage des theologischen Urteils aber ist das Wort des Herrn vom Binden und Lösen (Mt 16,19; 18,18; Joh 20,23).

1. Unterscheidung

Die Prüfung und Scheidung der Geister (diakrisis pneumatoon; discretio spirituum) ist die biblische Bezeichnung für das theologische Urteil. Sie vollzieht sich, wo der Geist Jesu Christi ist. Daher gehört sie zu den Gaben des Geistes (1.Kor 12,10); sie setzt den Empfang des Geistes bei dem einzelnen Glied der Gemeinde voraus (vgl. 1.Thess 4,7.8). Diese Gabe ist nicht an ein Amt gebunden, sondern sie begründet überhaupt erst einen solchen Dienst aus der besonderen Befähigung in der Einsetzung durch Gott (1.Kor 12,28ff.). Die durch den Geist gewirkte Prüfung und Scheidung wird nicht allein durch die Gemeinde vollzogen; sie vollzieht sich in der Gemeinde und an ihr, und dies geschieht, wie z.B. die drei Johannesbriefe zeigen können, in harten Auseinandersetzungen und im harten Widerspruch der Ansprüche, das Christliche zu vertreten, sich auf das Wort Gottes berufen zu können und über die Zeichen des Geistes zu verfügen. Weit entfernt ist das theologische Urteil von einer sog. theologischen Theorie, mit der aus der Betrachtung Möglichkeiten erschlossen und Wege gezeigt werden sollen. Die Prüfung und Scheidung der Geister begründet nicht erst etwas, sie folgt vielmehr aus dem Grund der Gemeinde, und daher können nur von der geltenden und wirksamen Grundlage her die Kriterien bestimmt und angewandt werden, nach denen zu unterscheiden ist, was christlich und was nicht christlich ist, selbst wenn es den Anspruch des Christlichen erhebt.

Die Gaben des Geistes kommen aus der Zusage Gottes, und dem entspricht allein die inständige und unablässige Bitte um die Erfüllung der Verheißung (Joh 14,26; 16,12ff.; Lk 11,13). Durch das Wort Gottes müssen die Gaben des Geistes in der Gemeinde geweckt, gepflegt und geprüft werden, und nur so wird durch Übung der Sinne die Fähigkeit erworben, Gutes und Böses zu unterscheiden (Hebr 5,14). Darum wäre es ein verhängnisvolles Mißverständnis, das theologische Urteil auf die Theologie als Wissenschaft und auf den Theologen nach seiner wissenschaftlichen Qualifikation zu beschränken. Diese Gefahr liegt freilich sehr nahe, wenn die Theologie als Geisteswissenschaft mit der prüfenden und unterscheidenden Erkenntnis der Geister durch den Heiligen Geist gleichgesetzt wird. Genau an dieser Stelle kommt es darauf an, Klarheit zu gewinnen, wo die Geistesgeschichte zum pneumatischen Surrogat bei der Prüfung und Scheidung der Geister im theologischen Urteil geworden ist.

Es gibt andere Auffassungen vom theologischen Urteil und von der Aufgabe der Theologie. Wenn Theologen über Theologie und damit über andere Theologen urteilen, dann ist das ein theologisches Urteil im Rahmen der Fachdiskussion, die zwar nötig ist, aber leicht dazu führen kann, daß die internen Probleme der Theologie und einzelner Fächer sich verselbständigen und darüber ihren Bezug zu der eigentlichen Aufgabe des Theologen verlieren. In der Theologendiskussion könnte es erhellend sein festzustellen, nach welchen Kriterien jeweils theologisch über Theologie geurteilt wird.

Eines der wichtigsten Kriterien bildet offenbar die Verantwortung der Theologie als Wissenschaft vor anderen Wissenschaften oder auch vor dem Bewußtsein der Zeit und den Problemen der Gesellschaft. Bestimmte Infragestellungen im Blick auf das Verstehen und bestimmte Forderungen im Blick auf das Handeln liefern die Maßstäbe für eine solche theologische Verantwortung. Das ist oft mit dem unmittelbaren Zwang verbunden, die „Glaubwürdigkeit“ des christlichen Glaubens und die Existenzberechtigung der christlichen Gemeinde einsichtig zu machen.

Ein von diesen Forderungen geleitetes theologisches Urteil wird sich vor allem an der Gegenwartsbedeutung des christlichen Glaubens ausrichten und sich um die kulturelle und soziale Integration der Kirche in der Gesellschaft bemühen. „Vermittlung“ erscheint dann als die vordringliche theologische Aufgabe, zumal wenn in einer volkskirchlichen Situation die maximale Übereinstimmung von Kirche und Gesellschaft den statistisch erfaßbaren Maßstab für theologisches Urteil und kirchliche Entscheidungen liefert.

Die tiefgreifende Vertauschung der Maßstäbe für das theologische Urteil wird an dieser Stelle als Einstieg für die weiteren Erwägungen faßbar. Bei der Vermittlungstheologie steht nicht die Wirkung des Wortes Gottes nach der Heiligen Schrift im Vordergrund, sondern eine scheinbare Wirkungslosigkeit des Wortes Gottes, wie sie sich in der Erfahrung gegenwärtiger Wirklichkeit aufdrängt. Alles zielt dann auf Nachweise für die Möglichkeit des Glaubens gegenüber solcher erfahrenen Unmöglichkeit. Die Unterscheidung von wahrem und falschem Glauben, von Glauben und Aberglauben und damit die durch den Heiligen Geist Jesu Christi gewirkte Prüfung und Scheidung der Geister tritt völlig in den Hintergrund, vielleicht wird sie sogar als überflüssig oder unmöglich angesehen. Das theologische Urteil als Urteil von Theologen und über Theologie ist damit keineswegs ausgeschlossen; es hat aber dann andere Maßstäbe sowie einen anderen Geltungs- und Anwendungsbereich.

2. Urteil und Gericht

Von Urteil und Gericht zu reden wirkt in Theologie und Kirche von vornherein abschreckend, zumal wenn die damit verbundenen Vorgänge auf Verurteilung und Strafgericht bezogen werden. Diese Zurückhaltung bis zur Verdrängung steht jedoch in keinem Verhältnis zu der Tatsache, daß Menschen ständig urteilen, beurteilen, verurteilen, richten und auch selbst gerichtet werden.

Jeder Satz, der gesprochen wird, ist als Aussage ein Urteil. Die Satzform enthält bereits eine ganze Reihe von Urteilen, die in der Verbindung von Subjekt, Prädikat und Objekt vollzogen werden, die zueinander passen müssen, wenn der Satz sinnvoll und verständlich sein soll. Urteile in unüberschaubarer Fülle werden in der geforderten bzw. behaupteten Übereinstimmung von Gegenstand, Wahrnehmung und Aussage vollzogen. Jede Behauptung und Mitteilung beruht auf der Voraussetzung, daß etwas so ist, wie ich es sage und daß das Gesagte als Mitteilung weitergegeben werden kann, um Zustimmung zu finden. Das ist alles so selbstverständlich, daß man darüber nicht nachzudenken braucht. Nachdenklich wird man vielmehr erst, wenn Unstimmigkeiten auftreten, wenn etwas nicht verstanden wird bzw. wenn es anders gesehen und beurteilt wird. Zwischen verschiedenen Urteilen zu richten oder sich danach zu richten ist nicht leicht. Das beginnt schon bei alltäglichen Entscheidungen des Geschmacks, des Verhaltens, des Tuns und Lassens, der Gemeinschaft und der Aufhebung von Gemeinschaft.

Am klarsten ist der Vorgang von Urteil und Gericht in der Rechtsprechung. Wird jemand angeklagt, dann ist im Urteil des Gerichts zu entscheiden, ob er schuldig oder unschuldig ist. Das Gesetz ist die Voraussetzung für das Urteil. Gegenstand der Beurteilung ist ein Tatbestand, der dem Angeklagten als seine Tat nachzuweisen ist und bei dem zu prüfen und zu entscheiden ist, unter welches Gesetz er fällt und mit welchen Sanktionen er nach dem Gesetz zu belegen ist. Ohne Gesetz als feste Norm kann es weder ein Urteil noch eine Verurteilung geben (nullum crimen sine lege – kein Verbrechen ohne Gesetz). Sonst müßte an die Stelle des Gesetzes die subjektive Willkür oder persönliche Meinung von einzelnen nach der jeweiligen Forderung der Situation treten. Der Richter spricht Recht nach den Gesetzen, aber er macht nicht die Gesetze. Wenn durch die Rechtsprechung Konfliktsituationen geklärt und entschieden werden sollen, dann können die Normen dafür nicht erst aus der Situation abgeleitet werden, sondern der gegebene Fall ist nach geltenden Normen zu beurteilen und zu entscheiden. Ein

Zustand der Rechtlosigkeit entsteht, wenn gegen geltende Gesetze oder ohne Gesetze geurteilt wird.

Die unter evangelischen Theologen verbreitete Abneigung gegen Gesetz, Gericht und Urteil blockiert oft schon im Ansatz die Einsicht in diese Vorgänge und in die damit verbundene theologische Verantwortung. Denn tatsächlich ist dabei nicht für oder gegen Urteil und Gericht zu entscheiden, wohl aber ist zu entscheiden, nach welchen Kriterien man richtet bzw. sich richtet. Die unreflektierte Verbreitung der mit Urteil und Gericht verbundenen Vorgänge läßt ferner erkennen, daß wir es beim theologischen Urteil nicht mit der Spezialaufgabe einer Disziplin zu tun haben, sondern mit allem, was den christlichen Glauben betreffen mag. Die theologische Aufgabe zielt darauf, dies zu reflektieren, und zwar besonders im Blick auf die materialen, genauer: die pneumatischen Kriterien, die dabei am Werk sind.

Mit dieser Einsicht erschließt sich der bemerkenswerte Sachverhalt, in welcher Breite und Selbstverständlichkeit in den biblischen Schriften des Alten und Neuen Testaments von Richten und Urteilen, verbunden mit den dazugehörenden Elementen wie Gesetz, Gebot, Gerechtigkeit, Gerechtmachung und Verurteilung, Verdammung die Rede ist. Das ist nicht ein isoliertes Einzelthema neben anderen, sondern das, was den Bund Gottes mit dem Menschen ausmacht. Daß es recht zugeht, verbindet das Wesen Gottes mit dem Wesen des Glaubens in einer alles Sein umfassenden Bestimmung. „Ohne Glauben ist es unmöglich, Gott zu gefallen; denn wer zu Gott kommen will, der muß glauben, daß er ist und daß er denen, die ihn suchen, ihren Lohn gibt.“ (Hebr 11,6)

Das theologische Urteil setzt daher bei der Erkenntnis aus dem Wort Gottes ein, daß *Gott Richter* ist. Darin ist enthalten, was er ist und was er tut. Das göttliche Richten beginnt mit der scheidenden und ordnenden Tat der Schöpfung durch das Wort am Anfang (Gen 1; Hebr 11,3; Ps 104). In diesem guten, d.h. an das Wort Gottes gebundenen Verständnis ist durchaus von Gottes Schöpfungsordnung zu sprechen, die ohne Ausnahme alles in dieser Welt umgreift und bestimmt. Das ursprüngliche Verhältnis Gottes zu den von ihm geschaffenen Menschen bekommt seine Gestalt durch Gebot und Verbot, und darin ist die Freiheit des Menschen gegenüber Gott in Vertrauen und Gehorsam begründet (Gen 2,15–17). Gottes Richten umfaßt die Natur und den Menschen. Die Unverbrüchlichkeit seines Willens umgreift den Anfang der sehr gut geschaffenen Welt bis zum Ende mit dem Gericht über alle Welt. Daß Gott Richter ist, bildet die Richtschnur für Natur und Geschichte unter dem Aspekt der Ewigkeit des Wortes Gottes und der Unverbrüchlichkeit seiner Treue und Gerechtigkeit. Daß der Glaube sich daran hält und davon gehalten wird, kommt nicht zuletzt dort zur Geltung, wo das Gute und Gerechte in der Natur und unter Menschen zu fehlen scheint. Das Buch Hiob sowie viele der Psalmen enthalten zu dem erfahrenen Widerspruch zwischen der Gerechtigkeit Gottes und der Ungerechtigkeit in der von ihm geschaffenen Welt (Theodizee) nicht eine theoretische Lösung, wohl aber eine praktische Anleitung, wie dieses Ringen im Glauben unter Menschen und mit Gott um die unverbrüchliche Gerechtigkeit Gottes angesichts erfahrener Ungerechtigkeit geführt wird. Das Wort Gottes in der Heiligen Schrift enthält vielfältige Anleitung, wie nach dem Wort Gottes in solchen Situationen auch mit Gott zu reden und zu ringen ist (Ps 73). Daran wird eine Entscheidung deutlich. Wenn die Zuversicht, daß Gott Richter ist, und daß er nach der Verheißung und dem Maßstab seines Wortes endgültig Lohn und Strafe austeilen wird, zerbricht, dann wird das Gericht zu einer innerweltlichen Größe, und es vollzieht sich nach dem Maßstab von Erfolg und Mißerfolg im Leben des einzelnen sowie in den zwischenmenschlichen Beziehungen. An die Stelle des Gerichtes Gottes tritt das Gericht der Geschichte und von Menschen über Menschen.

Gott richtet nicht nach dem Ansehen der Person; das wird immer wieder hervorgehoben (Röm 2,11; Eph 6,9; Kol 3,25; 1.Petr 1,17; 1.Sam 16,7; 2.Chr 19,7 u.a.). Er richtet auch nicht nur die Taten, sondern prüft „Herz und Nieren" (Ps 7,10; Jer 11,20; 17,10; 20,12; Apg 1,24 u.a.). In Gottes Urteil sieht daher nach dem Wort Gottes vieles anders aus als im Urteil von Menschen, die sich von Ansehen, Erfolg und Einfluß leiten lassen. Wo aber das Vertrauen auf das gerechte Gericht Gottes schwindet, wächst die Furcht vor dem Gericht der Menschen, und es ist wohl nicht zufällig, daß Menschen sich immer nach dem richten, vor dessen Gericht sie sich scheuen bzw. vor dem sie meinen, bestehen zu müssen. Wenn in Theologie und Kirche das göttliche Richten nach dem Zeugnis der Schrift außer Kraft gesetzt wird, wird unvermeidlich das menschliche Richten und die Ausrichtung nach den Bedürfnissen und Forderungen von Menschen in Kraft gesetzt.

Der Glaube hängt nach dem biblischen Zeugnis unmittelbar mit dem göttlichen Richten und Gericht zusammen. Das Wort Gottes enthält den Maßstab des Gerichts nach den Werken in der Form des *Gesetzes*. Es enthält das *Evangelium* von Jesus Christus als die frohe Botschaft von der Rettung aus dem kommenden Gericht. Entscheidend dabei ist, daß dem Gericht Gottes alles menschliche Richten, und zwar sowohl in der Verurteilung wie in dem Freispruch und der Rechtfertigung untergeordnet ist. Das Wort Gottes hat wiederum in diesem Zusammenhang seine tragende Bedeutung gegenüber aller Wirklichkeitserfahrung von Gericht. Denn Gebot und Verheißung umschließen, was im menschlichen Leben nach Erfahrung und Handeln unter die Kategorien von Erfolg und Mißerfolg fällt. Ein Beispiel neben manchen anderen sind die Seligpreisungen (Mt 5,1–10), durch die von Jesus zugesprochen wird, was in der unmittelbaren Erfahrung der Welt weder erkennbar noch erreichbar scheint. Doch an die Stelle des *Erfolgs vor Menschen* in dieser Welt tritt nach dem Wort Gottes die Verheißung des *Lohns im Himmel*, und das ist nicht eine billige Vertröstung auf ein Jenseits, sondern der tragende Grund des Glaubens im Diesseits. Dasselbe gilt nach dem Wort Gottes für die Strafe, selbst wenn es in dieser Zeit scheint, daß die Übertretung oder gar Aufhebung von Gottes Geboten in dieser Welt keinen Schaden, sondern unter Umständen sogar Befriedigung und Erfolg bringt.

Daß Gott richtet, hebt menschliches Richten nicht auf, wohl aber setzt es ihm den rechten Maßstab, die rechte Zeit und eine genaue Grenze. Die Mahnung Jesu: „Richtet nicht, damit ihr nicht gerichtet werdet" (Mt 7,1; Lk 6,37), ist mit dem Hinweis verbunden, daß vor dem Gericht Gottes derselbe Maßstab für alle Menschen gilt: „Denn nach welchem Recht ihr richtet, werdet ihr gerichtet werden; und mit welchem Maß ihr meßt, wird euch zugemessen werden." (Mt 7,2; Lk 6,38; vgl. Joh 8,7f.). Die apostolische Mahnung nimmt das auf: „Richtet nicht vor der Zeit, bis der Herr kommt, der auch ans Licht bringen wird, was im Finstern verborgen ist, und wird das Trachten der Herzen offenbar machen. Dann wird einem jeden von Gott sein Lob zuteil werden." (1.Kor 4,5) Alles Richten des Menschen ist dem Gericht Gottes unterstellt, dessen unveränderlicher Maßstab allein aus dem Wort Gottes erkannt werden kann. Ohne die klare Erkenntnis des Wortes Gottes kann nur menschlich gerichtet werden, indem man sich nach Menschen richtet.

Beim theologischen Urteil haben wir es daher nicht mit dem Urteil von Menschen, und seien sie auch Theologen, zu tun, sondern mit dem Urteil nach dem Wort Gottes, durch welches das Gericht Gottes vollzogen und aus dem Gericht Gottes gerettet wird. Aus dem Wort Gottes erfahren wir, wie wir selbst unter diesem Gericht stehen (Joh 12,48; Röm 2,1f.).

Im Blick auf das göttliche Richten wird der fundamentale Zusammenhang von Glaubensbindung und Gewissensfreiheit aufgedeckt. Der Glaube ist Gabe des Geistes, und er begründet die Gewißheit, vor Gottes Gericht zu bestehen. Das macht unabhängig von allem menschlichen Richten: „Der geistliche Mensch aber beurteilt alles, und wird doch selber von niemandem beurteilt." (1.Kor 2,15) Wer unter dem Maßstab des Gerichtes Gottes lebt, der braucht sich nicht nach Menschen zu richten und vor ihrem Gericht zu fürchten: „Mir aber ist's ein Geringes, daß ich von euch gerichtet werde oder von einem menschlichen Gericht; auch richte ich mich selbst nicht. Ich bin mir zwar nichts bewußt, aber darin bin ich nicht gerechtfertigt; der Herr ist's aber, der mich richtet." (1.Kor 4,3–4) Dies zeigt, auch in der Gemeinde gibt es ein gottloses Richten, das sich nicht nach dem Wort Gottes richtet. Die Gewissensfreiheit aus der Glaubensbindung betrifft aber auch das Verhältnis zur Welt. Wer unter dem Gericht Gottes steht und sich nach dem Urteil Gottes richtet, der braucht sich weder vor der Welt zu fürchten, noch vor dem, was diese Welt fürchtet (1.Petr 3,13ff.). Wer schließlich in der Gewißheit lebt, durch Christus vor dem Gericht Gottes zu bestehen, der braucht die Verfolgung um Christi willen durch das Urteil der Welt nicht zu fürchten.

Die enge Verbindung von Glaube, Urteil und Gericht läßt sich sprachlich im Neuen Testament an der Gegenüberstellung von Glauben und Zweifel zeigen. Glaube ist Gewißheit und Treue. Zweifeln kann mit dem griechischen Wort „diakrinesthai“ bezeichnet werden, und das betrifft eine Unsicherheit oder Verunsicherung im Urteil. Das kann ein äußeres Ringen unter Menschen zwischen verschiedenen Meinungen sein (vgl. Röm 14,1 ff.; Apg 11,2); es kann auch das innere Ringen eines Menschen bei der Abwägung verschiedener Möglichkeiten sein (vgl. Röm 14,23). Die Unsicherheit in Urteil und Entscheidung kann aber auch aufbrechen in der Spannung zwischen der Macht Gottes nach der Offenbarung seines Wortes und der Macht der Natur in der Erfahrung ihrer Wirklichkeit, wie das in dem Wort Jesu vom festen Glauben gesagt wird: „Wahrlich, ich sage euch: Wenn ihr Glauben habt und nicht zweifelt (mee diakritheete), so werdet ihr nicht allein Taten wie die mit dem Feigenbaum tun, sondern, wenn ihr zu diesem Berge sagt: Heb dich und wirf dich ins Meer!, so wird's geschehen.“ (Mt 21,21; vgl. Mk 11,23; Jak 1,6) Der Ruf zum glaubenden Vertrauen führt zum Wort; die Warnung vor der Ungewißheit des Zweifels führt in das Gebet. Die Bindung an das Wort und die Weisung Gottes ist die tragende Grundlage des Glaubens. Abraham ist dafür Vorbild und Beispiel: „Denn er zweifelte nicht an der Verheißung Gottes durch Unglauben, sondern wurde stark im Glauben und gab Gott die Ehre und wußte aufs allergewisseste: Was Gott verheißt, das kann er auch tun.“ (Röm 4,20) Als Petrus Zweifel hat, ob das Evangelium auch für die Heiden bestimmt sei, wird der innere Konflikt durch die Weisung Gottes aufgelöst: „... so steh auf, steig hinab und geh mit ihnen und zweifle nicht (meeden diakrinomenos), denn ich habe sie gesandt.“ (Apg 10,20)

Was die Glaubensbindung im Vertrauen auf die Rettung aus dem Gericht durch Jesus Christus und die Gewissensfreiheit gegenüber dem Richten von Menschen auch innerhalb der christlichen Gemeinde bedeuten kann, zeigen die Auseinandersetzungen um das Götzenopferfleisch (Röm 14; 1.Kor 8) zwischen den Starken und Schwachen in der Gemeinde[50]. Diese Stellen werden oft so verstanden, daß nach dem Gebot der Liebe und aus Rücksicht gegenüber den Schwachen auch Verhaltensweisen zu akzeptieren seien, die der Freiheit des Evangeliums und möglicherweise sogar den Geboten Gottes widersprechen. Der Hinweis auf die „Schwachen in der Gemeinde“ ist dann das stärkste Argument, das theologische Urteil abzuschwächen oder ganz aufzuheben. Die entscheidende Voraussetzung für die Überwindung des Konflikts zwischen verschiedenen Richtungen in der Gemeinde wird indes dabei übersehen. Sie liegt in dem, was der Glaube an Jesus Christus als Rettung aus dem Gericht Gottes ist. So wird auch hier das Gericht Gottes und die Rettung aus ihm durch den Glauben an Jesus Christus mit dem Gericht von Menschen über Menschen konfrontiert. Der Konflikt zwischen den Richtungen in der Gemeinde, in dem die einen über die Glaubensstärke

[50] S.u. 148f.

oder -schwäche der anderen richten, wird auf das Gericht Gottes bezogen mit der Glaubenszuversicht, durch Tod und Auferstehung Jesu Christi darin zu bestehen. Der Richtungsstreit in der Beurteilung der Lebensweise wird auf die Gewißheit des ewigen Lebens bezogen, um das es für den christlichen Glauben geht. Diese Heilsgewißheit, die auf das Bestehen im Gericht vor Gott bezogen ist, soll vor einer Verunsicherung der Gewissen durch menschliches Richten geschützt werden. In dieser Perspektive bekommt das Zufällige eine grundsätzliche Bedeutung: „Denn unser keiner lebt sich selber, und keiner stirbt sich selber. Leben wir, so leben wir dem Herrn; sterben wir, so sterben wir dem Herrn. Darum: Wir leben oder sterben, so sind wir des Herrn. Denn dazu ist Christus gestorben und wieder lebendig geworden, daß er über Tote und Lebende Herr sei" (Röm 14,7–9). So ist die Gewissensfreiheit gegenüber menschlichen Forderungen begründet in der Glaubensbindung. Nicht die Beliebigkeit von Entscheidungen zur Lebensführung, sondern die Grundsätzlichkeit des göttlichen Richtens enthält den Maßstab, nach dem das Gericht über den Bruder durch den Hinweis auf den Richtstuhl Gottes eingegrenzt wird. Geschützt werden soll das Gewissen des Bruders davor, daß es in der Gewißheit dieser Rettung nicht ungewiß gemacht wird. Denn wenn ein Bruder veranlaßt wird, etwas zu tun, von dem er fürchtet, daß es vor Gottes Gericht nicht bestehen kann, dann verliert er durch eine solche Verunsicherung seines Gewissens die Glaubensgewißheit (13–21). Das ist etwas völlig anderes als die Beliebigkeit subjektiver Willkür, auf die man sich oft genug in der christlichen Gemeinde beruft, wenn der Ausblick auf das göttliche Gericht verschwindet. Was Sünde und was Rettung ist entscheidet sich in der auf Christus bezogenen und von ihm getragenen Glaubensgewißheit. Deshalb steht über allem menschlichen Richten, nach dem der Mensch sich und andere richtet, als absoluter Maßstab des Urteils das Gericht Gottes und die Rettung aus dem Gericht durch Jesus Christus: „Wer aber dabei zweifelt, und dennoch ißt, der ist gerichtet, denn es kommt nicht aus dem Glauben. Was aber nicht aus dem Glauben kommt, das ist Sünde." (Röm 14,23)

Dieser Satz ist ein Grundsatz des theologischen Urteils. Für alles weitere ist daraus festzuhalten, daß es dabei nicht um vordergründige Interpretationen und Aktualisierungen geht, sondern um das ewige Leben. Das theologische Urteil betrifft die Heilsgewißheit gegenüber jener Verunsicherung des Urteils, die sich keineswegs nur aus einer vordergründigen Infragestellung von Glaubensnormen und Verhaltensweisen ergibt, sondern allein auf das Bestehen im Gericht durch Christus bezogen ist. Die sog. „neuzeitliche Subjektivität" hat zwar ihren Ursprung in diesem Text, der aber dadurch völlig ins Gegenteil verkehrt wird, daß die Selbstrechtfertigung an die Stelle der Glaubensgerechtigkeit gerückt wird. Wenn sie dann noch in der Theologie als Maßstab des theologischen Urteils herangezogen wird, zeigt dies lediglich die Urteilslosigkeit einer Theologie, die ihre biblischen Grundlagen verloren hat und sich dafür an dem Zeitbewußtsein ausrichtet.

Wenn nun der Zweifel die Unsicherheit oder Verunsicherung des Urteils im Blick auf das Urteil des göttlichen Gerichts enthält, dann ist unter den griechischen Komposita zu dem Wortfeld ‚krisis' / Urteil, Gericht und ‚krinein' / urteilen, richten noch ein Wort zu erwähnen, das uns als deutsches Fremdwort „Hypokrisie" und „Hypokrit" bekannt ist. Das Wesen der Heuchelei und des Heuchlers besteht darin, daß man etwas vorgibt zu sein, was man nicht ist. Dieser Vorwurf wird von Jesus häufig den Pharisäern und Schriftgelehrten gemacht (Mt 23,13ff.; 6,1ff. u.a.). Er kann aber auch allgemein jenen Schein der Frömmigkeit treffen, der das äußere Ansehen bei Menschen sucht, während das Herz ganz andere Absichten hegt. Ein ernstes Beispiel mit der Verwendung dieses Wortes ist die Auseinandersetzung zwischen Paulus und Petrus in Antiochia (Gal 2,11ff.). Aus Furcht vor den Anhängern des Jakobus gibt Petrus die Tischgemeinschaft mit den Heidenchristen auf und sondert sich nach den jüdischen Reinheitsgeboten wieder von ihnen ab. Der Grund für diese „Heuchelei" für ihn und die anderen, die er mitzieht, ist: „... weil er die aus dem Judentum fürchtete". Diese Hypokrisie deutet einen Wechsel im Kriterium des theologischen Urteils an. An die Stelle der Gerechtigkeit aus dem Glauben an Jesus Christus, die Juden und Heiden im Gericht vor Gott verbindet, tritt die Gegensätzlichkeit der Gerechtigkeit aus den Reinheitsvorschriften des mosaischen Gesetzes, die Juden von Heiden trennt. An die Stelle der Zuversicht, aus dem Gericht Gottes durch Jesus Christus gerettet zu werden, tritt die Furcht, durch das Gericht von Menschen verurteilt zu werden. Das aber heißt, die Gnade Gottes zu mißachten und zu verwerfen, um von Menschen nicht mißachtet und verworfen zu werfen (Gal 2,21 vgl. Joh 12,43).

Auch in der Lehre gibt es, wie 1.Tim 4,1ff. zeigt, eine solche „Heuchelei der Lügenredner, die ein Brandmal in ihrem Gewissen haben". Auch hier geht es um ein Urteilen von falschen Voraussetzungen her und mit falschen Zielen. Menschliche Lebensformen, die von Menschen gefordert werden und bei Menschen Zustimmung finden, verdrängen die Ausrichtung an Gottes Wort: „Denn alles, was Gott geschaffen hat, ist gut, und nichts ist verwerflich, was mit Danksagung empfangen wird; denn es wird geheiligt durch das Wort Gottes und Gebet."

Glaubenswirklichkeit und Lebenswirklichkeit treten nicht auseinander, sondern von der Glaubenswirklichkeit, die an Gott durch sein Wort gebunden ist, wird die Lebenswirklichkeit beurteilt. Klare Entscheidungen werden dann möglich, bei denen allerdings immer wieder die durch die Rettung aus dem Gericht Gottes begründete Glaubensfreiheit mit der Furcht vor der Verurteilung durch das Gericht von Menschen in Widerstreit tritt. Die Konkurrenz zwischen dem göttlichen Richten und dem menschlichen Richten bricht innerhalb der christlichen Gemeinde durch das Wort Gottes auf. Das ist die Grundlage für das theologische Urteil.

3. Theologisches Urteilen

Die am weitesten verbreitete Form des theologischen Urteils ergibt sich daraus, daß Theologen über andere Theologen und deren Theologie urteilen. Damit ist keineswegs ausgemacht, daß es sich im strengen Sinne um theologisches Urteilen handelt. Denn zweifellos gibt es schon im internen Wissenschaftsbetrieb sehr viele andere Gesichtspunkte, unter denen Zustimmung und Ablehnung geäußert, Lob oder Tadel laut werden können. Auch in der Theologie muß daher geprüft werden, wie sich das theologische Urteil von anderen Urteilen der Theologen unterscheidet.

In der Wissenschaft geht es gemeinhin um den Fortschritt des Erkennens und die Erweiterung des Wissens. Das gilt auch für die Theologie als Wissenschaft in mancher Hinsicht. Aber es ist schon eine Erwägung wert, was Erkenntnisfortschritt und Wissenserweiterung im Blick auf die Erkenntnis Gottes durch sein Wort überhaupt bedeuten kann. In der Verbindung von Urteil und Gericht Gottes bezieht sich das theologische Urteil auf das, was heilsentscheidend ist, gegenüber dem, was ins Unheil führt. Das Endgültige darin ist das Grundlegende beim theologischen Urteil. Wird dies an den Rand geschoben oder völlig verdrängt, dann wird nicht nur die wichtigste Aufgabe der Theologie versäumt, sondern andere Aufgaben drängen sich in den Vordergrund und beherrschen das Interesse.

Die Maßstäbe für das Urteilen gehören in den Bereich des Dogmatischen. Infolgedessen können bei der Analyse solcher Maßstäbe reale Dogmengegensätze aufgedeckt werden. Zudem wird sich herausstellen, wie das Verhältnis von methodischen Voraussetzungen und sachlichen Inhalten in der Theologie jeweils ist.

a) Das einfachste theologische Kriterium ergibt sich daraus, daß ein Theologe redet oder schreibt. Die Legitimation seines Urteils stützt sich auf die fachliche Ausbildung mit den entsprechenden Qualifikationen. Was rechte Lehre ist, richtet sich dann zuerst nach den Lehrern, die lehren und prüfen, deren Werke gelesen werden und die auf diese Weise einen entsprechenden Einfluß ausüben. Autorität und Vertrauen sind die Grundlage, auf die man sich dabei guten Gewissens verlassen darf. Das gilt nicht allein für die akademischen Lehrer, sondern auch für die Lehre bei der Verkündigung und Unterweisung in der Gemeinde.

In der theologischen Argumentation kann auf *Namen von Lehrern* hingewiesen werden, es können *Werke von Lehrern* zitiert werden, und unter Berufung auf solche theologischen Autoritäten aus Vergangenheit und Gegenwart kann die Geltung des eigenen Arguments unterstützt werden. Daß der Lehrer mit seinem Lehramt für die Lehre einsteht, ist ein wesentliches Kriterium für das theologische Urteil. Darin liegt seine *personale Komponente*, allerdings verbunden mit der Gefahr, daß es zu einer Entstellung kommen kann, wenn nicht die Wahrheit der Lehre den Lehrer ausweist, sondern der

Name des Lehrers für die Wahrheit der Lehre steht. Wird die Theologie mit einem Possessivpronomen verbunden – „meine Theologie" – oder durch einen Namen qualifiziert, dann kann eine solche Originalität nur eine Begrenzung sein. Der Name Christi darf durch den Namen eines Theologen nicht verdeckt werden.

b) Die personale Komponente des theologischen Urteils führt weiter zu dem *Konsens in der Lehre von Theologen* als theologisches Kriterium. Konsens ist Übereinstimmung untereinander, aber stets verbunden mit der Abgrenzung gegenüber anderen, denen man nicht zustimmt.

Wie in anderen Wissenschaften tritt ein solcher Konsens auch in der Theologie beim Vollzug des theologischen Urteils am deutlichsten in Zitaten und Fußnoten hervor. So kommt durch den Hinweis auf andere Namen, sei es deren Gewicht oder deren Zahl, zum Ausdruck, daß man sich auf eine breite Übereinstimmung in der Gegenwart oder auch in der Geschichte berufen kann. Im engeren Sinne betrifft das den vielbeschworenen *Stand der Forschung*. Darunter sind in erster Linie die durch Übereinstimmung anerkannten Ergebnisse innerhalb einer Disziplin zu verstehen. Daß es auch dabei oft recht enge Grenzen gibt, wenn man sich bei der Erhebung dieses Standes der Forschung auf von gleichen Voraussetzungen ausgehende Schulrichtungen beschränkt oder auf die Publikationen in einem bestimmten Sprachgebiet, ist nicht zu übersehen. Vor allem gibt es rein technische Grenzen bei der Aufnahme und Auswertung von Forschungsergebnissen. So ist bei nüchterner Betrachtung der Stand der Forschung nicht mehr als das, was ein Forscher aufzunehmen bereit und in der Lage war. Die begrenzte Nachprüfbarkeit erhöht jedoch die Unanfechtbarkeit der auf den Stand der Forschung sich stützenden Urteile.

Der Konsens hat über die akademische Theologie hinaus für das theologische Urteil eine erheblich weiter reichende Bedeutung, wie die Übereinstimmung unter Menschen nicht nur ein formales Argument, sondern ein inneres Bedürfnis ist. Im Anschluß an den ersten Artikel der Confessio Augustana ist in neuerer Zeit die Wendung „magnus consensus" in Umlauf gekommen. „Ecclesiae magno consensu apud nos docent..." – „Erstlich wird einträchtiglich gelehrt und gehalten..." Dieser „magnus consensus" kann natürlich einfach für das genommen werden, was widerspruchslos herrschende Meinung ist, um sich bei auftretendem Widerspruch darauf zu stützen. Nach vielen Beispielen der Kirchengeschichte und gerade auch der Reformation ist jedoch auch in der Kirche die herrschende Meinung nicht immer mit der Wahrheit gleichzusetzen.

Der „magnus consensus" in den Bekenntnisschriften meint etwas anderes. Er betrifft in dem umfassenden Verständnis von „docere" / „lehren" alles, was nicht nur in der Theologenausbildung, sondern auch in Verkündigung, Unterweisung und Seelsorge in der Gemeinde geschieht. So heißt es in der sächsischen Vorform zu CA I: „In dem Kurfürstenthumb Sachsen wird einhellig *gelehrt und gepredigt*..." Nicht nur die Lehre an den Universitäten, sondern der Zustand der Gemeinden ist von diesem „magnus consensus" umfaßt. Was für die Gegenwart Geltung haben muß, wird auf die Kontinuität rechter Lehre und wahrer Kirche in der Geschichte bezogen. CA I verweist unmittelbar auf den Beschluß des Konzils von Nizäa, und in entsprechender Weise werden in den weiteren Artikeln die Abgrenzungen des wahren Glaubens gegenüber dem falschen Glauben im Laufe der Geschichte nicht nur formell anerkannt, sondern auch für die gegenwärtige Entscheidung angewandt. Demnach ist der „magnus consensus" in Raum und Zeit nach den Bekenntnisschriften keineswegs der Gang einer geschichtlichen Lehrentwicklung, sondern nachweisbarer Ausdruck geschichtlicher Lehridentität in der fortlaufenden Abgrenzung zwischen wahrer und falscher Lehre. Darin manifestiert sich die *Katholizität* der Kirche unter dem Nachweis der *Apostolizität* ihrer Lehre. Die reformatorischen Bekenntnisse haben sich jedenfalls niemals als eine geschichtliche Entwicklungsstufe der Bekenntnisbildung oder als einen Zweig geschichtsbedingter Traditionen und Interpretationen verstanden, sondern sie stehen unter dem nachprüfbaren Anspruch apostolischer Katholizität[51].

Demnach muß auch in einer evangelischen Kirche das theologische Urteil in seiner Schriftgemäßheit der Forderung der Apostolizität entsprechen und nach seiner Geltung den Anspruch der Katholizität erheben. Das gehört nicht nur zum Selbstverständnis der Reformation, sondern es ist für die Reformation selbstverständlich.

c) Nach den durch Person und Namen von Theologen sowie durch den Konsens unter Theologen bestimmten Kriterien kommen wir zu solchen, die durch *die Situation* bestimmt sind bzw. aus ihr abgeleitet werden. In diesem Zusammenhang wäre wieder von Geschichte, Geschichtsbedingtheit und Geschichtlichkeit der Theologie zu sprechen. Doch der Begriff Geschichte ist gerade in Theologie und Kirche ebenso selbstverständlich wie vieldeutig, so daß es besser sein dürfte, zunächst einmal von *temporalen Kriterien* zu sprechen. Ihre Eigenart liegt darin, daß die jeweilige zeitliche Situation sie prägt, und darin liegt zugleich ein unterscheidendes Merkmal gegenüber anderen Situationen. Die damit verbundene Betrachtungsweise hat ein so hohes Maß an Selbstverständlichkeit und Allgemeingültigkeit, daß die darin liegenden dogmatischen Voraussetzungen nur schwer zu fassen sind.

Ein gutes Beispiel für eine systematische Formulierung dieser Betrachtungsweise liefert Schleiermacher in seiner „Kurzen Darstellung des theologischen Studiums zum Behuf einleitender Vorlesungen" (1830²). Theologie ist für Schleiermacher eine „positive Wissenschaft" (§ 1) insofern sie auf den christlichen Glauben und die christliche Gemeinde als geschichtlich vorgegebene Erscheinungen bezogen ist. Sie dient zur Lösung einer praktischen

---

51 Vgl. BSLK 83c, 7-83d, 25; FC Vorrede 739ff.; Summarischer Begriff 767f.

Aufgabe, nämlich der Kirchenleitung (§ 3). Nach ihrem Gegenstand aber bezieht sich die Kirchenleitung auf die Kirche in ihrer fortschreitenden Entwicklung sowie auf die zunehmende Verbreitung in verschiedenen „Sprach- und Bildungsgebieten" (§ 4). Daher kann sie „nur von einem sehr entwickelten geschichtlichen Bewußtsein ausgehen, aber auch nur durch ein klares Wissen um die Verhältnisse der religiösen Zustande zu allen übrigen recht gedeihlich werden" (§ 8). Innerhalb der grundlegenden „philosophischen Theologie" wird die Kirche im Rahmen der Ethik als „Wissenschaft der Prinzipien der Geschichte" (§ 29) betrachtet in ihrer spezifischen Differenz unter der Vielfalt der „frommen Gemeinschaften". So erscheint die christliche Kirche als Teil in der Geschichte des menschlichen Geistes, und zwar nach ihrer besonderen Art wie auch nach der höchsten Stufe. Innerhalb der „historischen Theologie" wird dann die christliche Kirche in ihrer eigenen Geschichtlichkeit betrachtet. „Die historische Theologie ist sonach der eigentliche Körper des theologischen Studiums, welcher durch die philosophische Theologie mit der eigentlichen Wissenschaft, und durch die praktische (Theologie) mit dem tätigen christlichen Leben zusammenhängt" (§ 28). Der Organismusgedanke bestimmt bei Schleiermacher die geschichtliche Erscheinung und Entwicklung der christlichen Kirche, und bei der theologischen Aufgabe liegt alles daran, die Beziehung zum „Wesen des Christentums" in den geschichtlichen Entwicklungen und Wandlungen zu erkennen. Die „historische Theologie" bildet deshalb den Körper, weil überhaupt erst in dieser Gesamtheit das Wesen des Christentums faßbar wird. Sie ist in drei Teile gegliedert: „Kenntnis des Urchristentums, Kenntnis von dem Gesamtverlauf des Christentums, und Kenntnis von seinem Zustand in dem gegenwärtigen Augenblick" (§ 85). Wenn in dieser Weise die historische Theologie den Rahmen unter der Vorstellung geschichtlicher Entwicklung und Verzweigung bildet, so bekommen Exegese, Kirchengeschichte sowie Dogmatik und Statistik darin die Stellung von Epochen in dieser wachsenden Entwicklung von den Ursprüngen des Christentums über den Verlauf der Geschichte bis zur unmittelbaren Gegenwart. Die historische Theologie hat insgesamt insofern eine kritische Funktion und die Aufgabe einer Kritik auszuüben, als sie in diesem Gang der geschichtlichen Erscheinungen immer wieder das spezifisch Christliche zu identifizieren hat. Vordergründig ist leicht zu sehen, wie bei Schleiermacher im Gesamtzusammenhang der historischen Theologie das Schriftprinzip aufgehoben und in das Traditionsprinzip überführt wird. Die Schrift ist nicht die jeder Epoche in gleicher Weise übergeordnete Norm, sondern Grund und Anfang einer fortschreitenden geschichtlichen Entwicklung. Allerdings denkt Schleiermacher dabei nicht an das Hervortreten eines säkularen „neuzeitlichen Geschichtsbewußtseins". Vielmehr steht bei ihm dahinter die charakteristische Konvergenz von Heiligem Geist und Geist der Geschichte in der Geschichtlichkeit der christlichen Kirche, und davon wird alle theologische Arbeit bestimmt. Nach seiner erklärten Absicht geht es Schleiermacher um eine pneumatische Identität in der geschichtlichen Kontinuität der Kirche.

Was für das theologische Urteil der Situationsbezug bedeutet, zeigt sich innerhalb der historischen Theologie an der Stellung, die die Dogmatik nach der Exegese und der Kirchengeschichte, verbunden mit der Statistik, einnimmt unter der Aufgabe, „die geschichtliche Kenntnis von dem gegenwärtigen Zustande des Christentums" zu erheben. *Dogmatische Theologie* ist die „Kenntnis der jetzt in der evangelischen Kirche geltenden Lehre"; *Statistik* ist die „Kenntnis des gesellschaftlichen Zustandes in allen verschiedenen Teilen der christlichen Kirche" (§ 195). Diese Aufgabe stellt sich also an dem Schnittpunkt von geschichtlicher Entwicklung und gegenwärtiger Situation. Was unter „der zur gegebenen Zeit geltenden Lehre" (§ 196) zu verstehen ist, wird von Schleiermacher selbst zunächst nur negativ nach der Widerspruchslosigkeit bestimmt: „... was amtlich behauptet und vernommen wird, ohne amtlichen Widerspruch zu erregen." (§ 196). Es ist aber nun nicht allein für Schleiermacher bezeichnend, wie die weiteren Kriterien für die „zur gegebenen Zeit geltende Lehre" durch Wertungen nach formal-temporalen Gesichtspunkten bestimmt werden. Die Unterscheidung von *alt* im Sinne von antiquiert und *neu* im Sinne von geschichtlicher Bedeutung enthält die Grundbestimmung der nun in Kraft tretenden temporalen Kriterien, nach denen dann auch die Unterscheidung von orthodox und heterodox ausgerichtet wird: „Jedes Element der Lehre, welches in dem Sinne konstruiert ist, das bereits allgemein Anerkannte zusamt den natürlichen Folgerungen daraus festzuhalten, ist orthodox; jedes in der Tendenz konstruierte, den Lehrbegriff beweglich zu erhalten und anderen Auffassungsweisen Raum zu machen, ist heterodox." (§ 203; §§ 203–208) Unter dieser Perspektive einer geschichtlich fortschreitenden Entwicklung der Kirche und ihrer Bedeutung für die Theologie rückt der Erkenntnisfortschritt in der exegetischen Forschung an die Stelle des Schriftprinzips (§§ 209–210). Unter den temporalen Kriterien der Geschichte der Schriftauslegung entscheidet dann also immer zuerst die Aktualität der Forschung und der vorherrschende Konsens in der theologischen Wissenschaft über die jeweils geltende Lehre. Im Grunde wird damit die Kirche sich selbst in der Jeweiligkeit ihrer Theologie zum Maßstab der rechten Lehre.

Eine weitere, nicht unmittelbar in die Augen fallende Konsequenz bei dieser Bestimmung der temporalen Kriterien ist die *lokale Fixierung* auf die Jeweiligkeit der geschichtlichen Individualität von Kirche und Theologie. Als Produkte oder „Zweige" der geschichtlichen Entwicklung des Christentums verlieren die Konfessionskirchen ihren ursprünglichen Anspruch auf Katholizität. Die Partikularität wird zur geschichtlichen Erscheinungsform, an die dann die Theologie gebunden bleibt, sofern sie lediglich mit der konfessionellen Identität in geschichtlicher Situation befaßt ist. Die Konfessionen, die, worauf früher hingewiesen wurde, den Anspruch der Katholizität der Kirche unter dem Nachweis der Apostolizität der Lehre vertreten, werden zu „Traditionen" im Sinne geschichtsbedingter Auslegung und Gestaltung. Diese Betrachtungsweise ist heute so selbstverständlich, daß die damit vollzogene Veränderung der Grundlagen und Kriterien kaum noch verständlich zu machen ist. Ebenso selbstverständlich erscheint die sich daraus ergebende Konsequenz, daß die Dogmatik durch die Theologiegeschichte ersetzt und als Theologiegeschichte betrieben wird, sofern sie der geschichtlichen Entwicklung zu folgen bzw. diese als gegenwärtig geltende Lehre zu erheben hat.

d) In unmittelbarem Zusammenhang mit den temporalen, aus der Situation bzw. aus der geschichtlichen Entwicklung abgeleiteten Kriterien steht die Bedeutung, die *geschichtliche Epochen*, einzelne Ereignisse oder auch bestimmte Vertreter der Geistesgeschichte für die Theologie und für das theologische Urteil bekommen können. Die temporale (geschichtliche) und lokale (geographische) Verankerung der Kriterien für das theologische Urteil läßt sich mit vielen geläufigen Beispielen zeigen.

Geistesgeschichtliche Epochen werden nicht nur beschrieben, sondern sie enthalten etikettierende Werturteile für einen Zustand und die damit zusammenhängende Entwicklung. Die Wertung ist umso wirkungsvoller, je geringer die historische Kenntnis ist. So wird das Mittelalter umso finsterer und die Aufklärung umso heller, je weniger man von beiden weiß. Aber aus der heutigen Perspektive kann der Mensch für sich sehr vorteilhaft die Entwicklung von der Unterdrückung zur Befreiung der Vernunft verfolgen und auf sich beziehen trotz aller gegenwärtig erfahrenen Unterdrückung und Unvernunft.

Einzelne Ereignisse können zu geschichtswirksamen Axiomen werden: Eine Naturkatastrophe wie das Erdbeben von Lissabon 1755, obwohl es vorher und später andere und schlimmere gab; die französische Revolution als geschichtliches Datum für den Zusammenbruch einer Klassenherrschaft und den Aufbruch zur Herrschaft des Proletariats, ohne Rücksicht auf die Grausamkeiten und die neue Diktatur. Was der Name Auschwitz für eine „Theologie vor oder nach dem Holocaust" bedeutet, ist Hinweis auf ein Geschichtsaxiom, das mindestens in Deutschland nicht berührt, geschweige denn hinterfragt werden darf. Umso stärker zeigt sich daran für alle anderen Beispiele nicht nur die bewußtseinsprägende, sondern auch die bewußtseinsbindende Kraft solcher Geschichtsaxiome.

Auch einzelne Namen von Philosophen oder auch Theologen können Kriterium im theologischen Urteil werden. Dazu gehört z.B. die singuläre Funktion, die Descartes für die Begründung der „neuzeitlichen Subjektivität" bekommen hat, für die das Auseinandertreten von „res cogitans" und „res extensa" bezeichnend sein soll. Daß es sich bei der Selbstvergewisserung des Ich nicht um ein neuzeitliches Problem, sondern um ein Grundproblem des menschlichen Denkens handelt, läßt sich mit dem Hinweis z.B. auf

Augustin und Plato leicht zeigen. Auch mit Kant verbinden sich geistesgeschichtliche Axiome, die im theologischen Urteil etwa die Form haben: „Seit Kant kann man nicht mehr..." Die damit postulierte Unmöglichkeit soll die Unfähigkeit des Menschen nach der Aufklärung zur Gotteserkenntnis und die Unmöglichkeit der Gottesbeweise dartun. Dabei könnte es einen guten theologischen Sinn haben, wenn Kant die Vernunft bei der Gotteserkenntnis in ihre natürlichen Grenzen verweist, und die Unmöglichkeit der Gottesbeweise ist weder bei Kant noch bei anderen Philosophen wie Hegel, der in Kants Ablehnung des ontologischen Arguments eine „völlige Zertretung der Vernunft" erblickte, aufgehoben.

Die faktische Wirksamkeit dieser und vieler anderer Geschichtsaxiome ist nicht zu bestreiten. Wohl aber wäre zu prüfen, welchen Rechtsgrund diese Axiome für die Bindung des menschlichen Denkens beanspruchen können. Welche Wirkung hat ein Ereignis, das ich nur vom Hörensagen kenne und an dem ich überhaupt nicht beteiligt bin? Welche Wirkung soll ein noch so berühmter Philosoph auf das menschliche Denken ausüben, wenn seine Schriften nur von ganz wenigen gelesen und noch wenigeren richtig verstanden werden? Und bei dem ehe- und kinderlosen Kant ist nicht einmal an eine genetische Nachwirkung zu denken. Gleichwohl bietet sich ein reiches Betätigungsfeld, durch Epochen, Ereignisse und Namen Entwicklungslinien zu konstruieren, deren gemeinsames Ziel der Standpunkt und deren Inhalt der begrenzte Horizont des Betrachters ist. Man muß nur die Grenzen eines Kulturkreises überschreiten, u. U. die Grenzen von Bildungsschichten, um zu erleben, wie die Pfeiler des neuzeitlichen Bewußtseins zerfallen wie ein Kartenhaus.

Da sich gegen solche Beobachtungen aus verständlichen Gründen alles wehrt, was unsere Schulweisheit ausmacht, wird es gut sein, ein Beispiel für diese unreflektierte und, wie zu betonen ist, unhistorische Geschichtsaxiomatik anzuführen. Eine dafür besonders geeignete Beschreibung der „neuzeitlichen Subjektivität" in ihren geschichtlichen Ursprung liefert Ernst Troeltschs Abhandlung „Die Aufklärung" von 1897[52]. „Aufklärung besteht einheitlich in dem durchgängigen Kampf gegen den kirchlichen Supranaturalismus und dessen praktische Folgen... Sie zeigt eine gewisse Gemeinsamkeit der hierbei gebrauchten Methode." – Das Wesen der Aufklärung bildet „der Widerspruch gegen den bisherigen Zwiespalt von Vernunft und Offenbarung und gegen die praktische Herrschaft der supranaturalen Offenbarung über das Leben. Eine immanente Erklärung der Welt... und eine rationale Ordnung des Lebens im Dienste allgemeingültiger praktischer Zwecke ist ihre Tendenz. Da sie beides... auf dem Wege rein verstandesmäßigen Raisonnements zu erreichen suchte, so ist... ihr Hauptcharakter eine nüchtern zergliedernde Verständigkeit und ein reformlustiger Utilitarismus... Als der

[52] Gesammelte Schriften IV, Tübingen 1923, 339ff.

erste umfassende Kampf gegen die Überlieferung der Kirche und der Antike ist sie schließlich erfüllt von einem einzigartigen Selbständigkeitsgefühl und einem unbegrenzten Optimismus... Der endlich mündig gewordenen Vernunft (traut sie) eine nie geahnte weltverbessernde Wirkung zu."

Es sind geläufige Wendungen, die mit der Aufklärung als einem geistesgeschichtlichen Ereignis verbunden und in einen Prozeß der geschichtlichen Befreiung und Selbstverwirklichung menschlicher Vernunft eingefügt werden. Mündigkeit und Autonomie des Menschen ergeben sich aus einem geschichtlichen Ereignis, durch das der für alle weitere Geschichte unaufhebbare Gegensatz von Vernunft und Offenbarung, damit auch von Kirche und Welt fixiert wird. Daß es sich dabei nicht um ein Ergebnis der Geschichtsforschung, sondern um ein Prinzip der Geschichtsbetrachtung handelt, bleibt natürlich solange verschlossen, wie nicht zur Kenntnis genommen wird, „daß das ganze 18. Jahrhundert hindurch kein derartiger Aufklärungsbegriff entwickelt worden ist"[53]. An diesen und ähnlichen Gesichtsaxiomen zeigt sich jedoch auch, wie schwer sie in ihrer dogmatischen Voraussetzung zu durchschauen und in ihrer faktischen Wirkung aufzuheben sind.

An den angeführten Beispielen läßt sich aber auch zeigen, wie ursprünglich christliche Begriffe selbst in der Theologie und von Theologen in einer Weise säkularisiert werden, daß sie sich als Geschichtsaxiome gegen den ursprünglichen biblischen Inhalt wenden. Was ist z. B. „Aufklärung" im Verhältnis zu der „illuminatio" in der Heilszueignung des „ordo salutis"? Die Grundlage dafür bildet 2. Kor 4,6, und dort geht es um die Neuschöpfung, bei der Gott in unseren Herzen ein Licht aufleuchten läßt zur Erkenntnis der Herrlichkeit Gottes im Angesicht Christi. – Die vielbeschworene *Mündigkeit* des neuzeitlichen Menschen mit der Aufklärung ist ziemlich genau das Gegenteil von Unmündigkeit und Mündigkeit unter der Befreiung durch das Evangelium. Unmündig sind Menschen, die unter der Herrschaft der kosmischen Prinzipien stehen (Gal 4,1 ff.), die sich „von jedem Wind einer Lehre bewegen und umhertreiben lassen durch trügerisches Spiel der Menschen, mit dem sie uns arglistig verführen" (Eph 4,14). Es ist eine erschreckende Vertauschung der Maßstäbe für das theologische Urteil, wenn die Mündigkeit des neuzeitlichen Menschen nach der Aufklärung der Mündigkeit aus der Befreiung durch das Evangelium gegenübergestellt wird. Damit tritt die Geschichte des menschlichen Geistes mit ihrer Axiomatik in der Theologie an die Stelle des Wirkens des Heiligen Geistes.

e) Die Beispiele für die temporalen und die damit verbundenen lokalen Kriterien, die im theologischen Urteil ebenso häufig wie unreflektiert verwendet werden, läßt sich leicht vermehren. Im Grunde haben sie ihren Sitz in der Umgangssprache; sie sind nicht das Ergebnis, sondern die Grundlage der Betrachtung. Doch hier kommt es darauf an, die Grundstrukturen zu erfas-

---

[53] Horst Stuke, In: Geschichtliche Grundbegriffe. Bd. 1, 2. Aufl., 1979, 245 f. s. o. 84 ff.

sen, die sich in vielen Einzelfällen wiederholen, dann aber in bemerkenswerter Häufung nicht allein im expliziten Argument, sondern im gängigen Stil der Darstellung als sprachlicher Ausdruck unbewußter Bewertung. In dem unscheinbaren Wörtchen *„heute"* laufen sämtliche temporalen und lokalen Kriterien zusammen. Von heute aus kann rückblickend bestimmt werden, was „schon" und was „noch nicht" da ist. Mit dem „Menschen von heute" kann im Rückblick auf die fortschreitende Entwicklung seines Geistes gesagt werden, was für ihn noch oder nicht mehr „glaubhaft" ist, was er verstehen oder nicht mehr verstehen kann. Unschlagbar erscheint das Argument „man kann doch heute nicht mehr" oder positiv: „Heute muß man..." Mit diesem positiven Dogma des „heute" verbindet sich eine umfassende *negative Dogmatik* nach dem geläufigen Schema der Unvereinbarkeit: „Man kann nicht elektrisches Licht und Radioapparat benutzen, in Krankheitsfällen moderne medizinische und klinische Mittel in Anspruch nehmen und gleichzeitig an die Geister- und Wunderwelt des Neuen Testaments glauben." Zu diesem Satz bemerkte ein Naturwissenschaftler, daß es heute offenbar nicht ausgeschlossen ist, schamanische Praktiken bei elektrischem Licht und Geistheilungen im Fernsehen auszuüben oder mit dem Intercity zu Hexenkongressen zu reisen und Horoskope mit dem Computer zu erstellen, um nur ein paar Beispiele des verbreiteten Aberglaubens in unserer aufgeklärten Zeit zu nennen. In der Verbindung mit dem ominösen „heute" begegnen eigenartige Hypostasierungen, die zumal in der Theologie eine normative Funktion nicht zuletzt gegenüber dem Wort Gottes bekommen. Dazu gehört nicht allein der moderne Mensch mit seiner neuzeitlichen Subjektivität, sondern auch „die Wissenschaft, die gezeigt hat" oder Zeit und Gesellschaft, die dieses oder jenes fordern. Im Grunde wird „die Geschichte" selbst zu einer solchen Hypostase mit einer axiomatischen Funktion, allerdings mit wechselhafter inhaltlicher Füllung. Damit lassen sich Ansprüche verbinden, die nicht begründet werden müssen, da jeder, der Einwände erhebt, sich den Vorwurf zuzieht, unwissenschaftlich zu sein oder ungeschichtlich zu denken. Daran zu rühren heißt in der Tat, die Grundlagen des heutigen Selbstbewußtseins – auch in Theologie und Kirche – in Frage zu stellen.

Wie verhält sich aber im theologischen Urteil das „heute" und das „man" der axiomatisierten Subjektivität zu der durch das Wort Gottes geschaffenen Situation: „Heute, wenn ihr seine Stimme hören werdet, so verstockt euer Herz nicht..." (Ps 95,7; Hebr 3,7f.)? Wie verhält es sich zu der in Jesus Christus begründeten temporalen Identität: „Jesus Christus gestern und heute und derselbe auch in Ewigkeit" (Hebr 13,8)? Was durch den Entwicklungsgedanken in seiner Gegensätzlichkeit neutralisiert wird, erscheint nunmehr als direkter Widerspruch mit der Frage, ob wir aus dem „Heute" neuzeitlicher Subjektivität das Christusgeschehen nach dem Zeugnis des Wortes Gottes bestimmen, oder ob wir umgekehrt von dem Christusgeschehen her das Heute aufnehmen unter die Herrschaft dessen, der gestern war und in Ewigkeit bleibt.

f) Es wäre nun völlig falsch, diese temporalen und lokalen Kriterien als Scheinkriterien abzutun. Ihre verbreitete Geltung und ihr eigenes Gewicht können nicht unterschätzt werden. Selbst wenn der „moderne Mensch von heute“ ein Konstrukt kirchlicher Frustrationen sein sollte, ist damit doch eine oft genug bedrängende Wirklichkeit bezeichnet. Und wer könnte sich der lapidaren, so häufig begegnenden Feststellung entziehen: „Das ist doch heute so“? Doch wenn die Geschichte des menschlichen Geistes sich so, wie es in allen diesen Beispielen der Fall ist, gegen das geschichtliche Wirken des Heiligen Geistes wendet, dann zeigt sich daran, daß offenbar Christus nicht mehr als der Herr der Geschichte erkannt und anerkannt wird. Offenbar ist dann auch übersehen, wie unsere lineare Zeitrechnung in ihrem Ursprung an der Menschwerdung des Sohnes Gottes ausgerichtet ist, auf den die Zeit hinläuft, von dem her sie gezählt wird und durch dessen Wiederkunft sie begrenzt wird und ein Ziel erhält. Es ist schon merkwürdig, wenn ausgerechnet in der christlichen Theologie die durch Christus bestimmte Geschichte sich in der Ablösung von Christus gegen die Geltung des Christlichen wendet und sie an die geschichtliche Entwicklung bindet.

4. Das geistliche Urteilen

Vom Heiligen Geist geht das geistliche Urteilen in der christlichen Gemeinde aus. Durch den Heiligen Geist kann es daher auch nur erkannt, vollzogen und beurteilt werden. Was dabei geschieht, kann mit verschiedenen Ausdrücken und in verschiedenen Zusammenhängen beschrieben werden. Die Prüfung und Scheidung der Geister (diakrisis pneumatoon) ist eine Zusammenfassung für diese Vorgänge, und deshalb hat diese Bezeichnung eine umfassende Bedeutung bekommen. Nach 1.Kor 12,10 gehört die Prüfung und Scheidung der Geister unter die verschiedenen Gaben/Charismen, die von dem einen Geist und als Offenbarung des Geistes einzelnen zuteil werden zum Nutzen der ganzen Gemeinde.

Wird vom geistlichen Urteilen gesprochen, dann melden sich auch in der christlichen Gemeinde sogleich Fragen: Wie macht man das, wie lernt man das oder: „Dann möchte ich einmal wissen, in welchem Geist hier geurteilt wird.“ Hinter Fragen dieser Art steht weniger eine Unkenntnis als vielmehr die besorgte Abwehr gegenüber einer geistlichen Macht, die weder faßbar noch ausweisbar zu sein scheint und für die allenfalls abschreckende Beispiele aus der Geschichte rasch bei der Hand sind. Auch im Neuen Testament gibt es das geistliche Todesurteil (1.Kor 5,3ff.; Apg 5,1–11). Daher wird schon das Thema lieber verdrängt, und das hat zur Folge, daß man dann pneumatischen Erscheinungen nicht nur hilflos gegenübersteht, sondern sie überhaupt nicht wahrnehmen kann. Damit ist keineswegs ausgemacht, daß dann nicht geurteilt bzw. gerichtet wird; es geschieht dann lediglich in anderen Formen und nach anderen Kriterien, ohne daß dies theologisch verantwortet wird.

Die Heilige Schrift ist die einzige mögliche Erkenntnisgrundlage für das geistliche Urteilen, weil der Heilige Geist durch das Wort Gottes spricht und nur durch dieses Wort Gottes erkannt werden kann. Der Hinweis auf eine innere Unklarheit der Schrift oder auf die Widersprüchlichkeit ihrer Auslegung ist ein naheliegender Einwand, mit dem dieser Grundsatz rasch abgeschoben werden kann. Daß aber dann die Geistesgeschichte an der Stelle des äußeren Wortes der Heiligen Schrift zur pneumatischen Norm wird, dürfte nach allem, was bisher gesagt worden ist, deutlich sein, selbst wenn es auf Widerspruch trifft.

Wie aber vollzieht sich das geistliche Urteilen nach der Erkenntnis der Schrift?

Die Zusage des Geistes erfüllt sich in der Gabe des Geistes, und dem entspricht die Bitte um den Heiligen Geist, die sich vor Gott auf diese Zusage beruft. So ist es von vornherein eine Sache des an das Wort gebundenen und von ihm getragenen Glauben, ob davon ausgegangen wird oder nicht.

Eine vom Geist gewirkte Erkenntnis kann im Blick auf den Geist niemals problematisierend sein, sondern sie ist assertorisch. In der Problematisierung wird versucht, eigene Fragen und tatsächliche oder vermutete Fragen anderer aufzunehmen und zu beantworten. Die an das Wort Gottes gebundene Wirklichkeit des Geistes wird damit auf eine Möglichkeit zurückgenommen, für die eine Bestätigung erst gesucht wird.

Das Assertorische in der geistlichen Erkenntnis kann auch in der christlichen Gemeinde leicht als unbegründeter Anspruch, als überhebliche Glaubensgewißheit gegenüber Glaubenszweifeln aufgefaßt werden. Wer aber die geistliche Erkenntnis recht versteht, wird wissen, daß genau das Gegenteil der Fall ist, weil unter der Wirkung des Heiligen Geistes das menschliche Ich in seiner Selbstbehauptung gegenüber Gott zugrunde geht. Es verliert seinen Ruhm vor Menschen; es lebt nicht mehr unter der Furcht vor dem Tod und im Kampf gegen den Tod, sondern in der Zuversicht des ewigen Lebens in Christus (vgl. Phil 1,19–26; 2.Kor 5,11–12). Wenn daher gilt, „nun lebe nicht mehr ich, sondern Christus lebt in mir" (Gal 2,20), dann ist das als Grund des geistlichen Urteilens die höchste Vollmacht des Göttlichen in der völligen Selbstaufgabe des Menschlichen. Vom Wort Gottes her geschieht so die Selbstprüfung mit der Trennung zwischen dem alten und dem neuen Menschen in uns, ohne die jedes geistliche Urteil zur Hypokrisie wird.

Die durch den Geist offenbarte Weisheit im Wort vom Kreuz kann nicht auf die Anerkennung durch menschliche Weisheit rechnen, sondern wird als Torheit beurteilt; doch daran entscheidet sich Heil und Unheil (1.Kor 1,18ff.). Die geistliche Erkenntnis ist untrennbar mit der Einsicht verbunden, daß zwischen Gott und Mensch nicht bloß eine Fraglichkeit im strebenden Bemühen steht, sondern die Sünde mit der Abwendung des Menschen von Gott und der Auflehnung gegen sein Gebot. So gehört es auch zum Wesen geistlicher Erkenntnis, daß nicht der Weg vom Menschen zu Gott führt, sondern daß er durch den Geist Gottes für den Menschen geöffnet wird. 1.Kor 2,6–16 beschreibt diesen Vorgang mit der Begründung der geistlichen Existenz und des geistlichen Urteils. Im Geist kann der Mensch nur bekennen, daß er allein durch den Geist Gott erkennt und daß sich ihm so im Kreuz Christi die „Tiefen Gottes" erschließen, die der „Geist der Welt" nur verkennen und verspotten kann. Damit bricht der unterscheidende und scheidende Widerspruch auf zwischen dem Geist der Welt und dem Geist Gottes, zwischen menschlicher Weisheit und göttlicher Weisheit. „Wir aber haben nicht empfangen den Geist der Welt, sondern den Geist aus Gott, daß wir wissen können, was uns von Gott geschenkt ist. Und davon reden wir auch nicht mit Worten, wie sie menschliche Weisheit lehren kann, sondern mit Worten, die der Geist lehrt, und deuten (beurteilen) geistliche Dinge für geistliche Menschen." (1.Kor 2,12–13) Daß die geistliche Erkenntnis durch den Geist in geistlichen Dingen für Träger des Geistes begründet wird, ist ein Zirkel. Wie aber darin das eigene Ich aufgehoben wird, so vollzieht sich dadurch auch die Unterscheidung von anderen Menschen: „Der natürliche Mensch aber vernimmt nichts vom Geist Gottes; es ist ihm eine Torheit, und er kann es nicht erkennen: denn es muß geistlich beurteilt werden." (V. 14) Das ist der alte Mensch in uns und um uns, der andere Maßstäbe für die Beurteilung von Gott und Mensch, von Weisheit und Torheit hat. „Der geistliche Mensch aber beurteilt alles und wird doch selber von niemandem beurteilt." (V. 15) Das ist die geistliche Freiheit, die sich nicht mehr nach Menschen richten muß, weil sie in der Gewißheit der Rettung aus dem Gericht Gottes durch das Kreuz Christi steht. „Denn ‚wer hat des Herrn Sinn erkannt, oder wer will ihn unterweisen' (Jes 40,13)? Wir aber haben Christi Sinn." (V. 16)

Dieser Text beschreibt nicht nur die geistliche Wirklichkeit, sondern er zeigt, wie die Gemeinde von Anfang an immer wieder daran erinnert, ja genauer: auf diese geistliche Grundlage zurückgeführt werden muß. Die Situation, in der das geschieht, ist bestimmt dadurch, daß andere Maßstäbe der Beurteilung und damit auch der Unterscheidung in der Gemeinde am Werk sind. Es sind Namen, die Glanz haben, es sind Taten, die bewundernswert sind, es sind Zeugnisse, mit denen die Anerkennung durch Menschen für Menschen bestätigt wird. Allen diesen Erscheinungen gegenüber ist es auffallend, wie die geistliche Erkenntnis auf das Unscheinbare zurückführt, nämlich auf das „Wort vom Kreuz" und auf das Bekenntnis, daß Jesus der Herr sei, das durch den Heiligen Geist gewirkt ist und daher auch das einzige eindeutige Kriterium für die Wirkung des Geistes bildet (1.Kor 12,1–3). Diesem Unscheinbaren gegenüber werden auch in der christlichen Gemeinde Forderungen erhoben, daß die selbstverständliche Voraussetzung, die nicht bestritten wird, doch in den praktischen Konsequenzen in Erscheinung treten müsse. Für die Theorie der Grundlage wird die Praxis der Verwirklichung verlangt, und es wird ausdrücklich proklamiert: „Das neue Kriterium der Theologie und des Glaubens liegt in der Praxis." Die Reduktion bei den biblischen Beispielen jedoch zeigt das Umgekehrte, weil sie in der Umkehr besteht. Es wird nicht ein Prinzip entwickelt, um in der Praxis angewandt zu werden, sondern die Verwirklichungen in der christlichen Gemeinde mit den verschiedensten Plänen und Taten, die miteinander konkurrieren, werden zurückgeführt auf die tragende und verbindende Wirklichkeit des Geistes. Das ist der Weg der geistlichen Erkenntnis und der Vollzug des geistlichen Urteils: *Nicht Fortschritt, sondern Rückkehr.*

Für das geistliche Urteilen ist die Klarheit der Schrift vorausgesetzt, und in ihr liegt daher auch das Kriterium für das geistliche Urteilen. Die Klarheit liegt im äußeren Wort, durch das der Geist die innere Erleuchtung „zur Erkenntnis der Herrlichkeit Gottes in dem Angesicht Jesu Christi" (2.Kor 4,6) bei Menschen wirkt, von denen ausnahmslos gilt, daß sie ein verfinstertes Herz (Röm 1,21) haben, mit dem sie von sich aus nichts von der Herrlichkeit Gottes verstehen, erkennen und ertragen können. So bewirkt die äußere Klarheit der Schrift die innere Aufklärung des Herzens; ohne ein so aufgeklärtes Herz aber erscheint die Schrift unverständlich und vieldeutig. Dann ist in der Tat ein geistliches Urteil nicht möglich, und es müssen andere Kriterien für die Sicherung der Verbindlichkeit und Verständlichkeit herangetragen werden.

In diesen Zusammenhang von äußerer und innerer Klarheit bzw. Dunkelheit der Schrift stellt Luther in seiner Schrift „Vom unfreien Willen" (1525) eine entsprechende zweifache Bestimmung des geistlichen Urteils: „Mit einem zweifachen Urteil sind die Geister zu untersuchen bzw. zu prüfen. Das eine ist das innere (Urteil), mit dem durch den Heiligen Geist oder eine einzigartige Gabe Gottes ein jeder für sich und für sein Heil des einzelnen erleuchtet, auf das gewisseste urteilt und unterscheidet die Dogmen und Meinungen von allen. Davon heißt es 1.Kor 2,15: ‚Der geistliche Mensch aber beurteilt alles und wird doch selbst von niemandem beurteilt.' Dies betrifft den Glauben und ist nötig für einen jeden und auch den einzelnen Christen..." Dieses innere Urteil (iudicium interius) ist also die persönliche Glaubensgewißheit als Gabe des Heiligen Geistes, damit sorgfältig zu unterscheiden von jeder anderen axiomatisierten Subjektivität. Davon hat nicht nur der Theologe auszugehen, sondern das ist bei jedem Christen vorauszusetzen, und er muß darauf auch angesprochen werden. Der Geist würde verleugnet, wenn an der Stelle der Glaubensgewißheit immer nur die Infragestellung des Glaubens thematisiert würde.

Das bei jedem Christen unter der Gabe des Geistes vorauszusetzende innere Urteil führt zu dem zweiten, dem äußeren Urteil (iudicium externum). Während das innere sich auf die christliche Einzelexistenz bezieht, gilt das äußere der christlichen Gemeinschaft: „Daher ist das andere ein äußeres Urteil, mit dem wir nicht nur für uns selbst, sondern für andere und um des Heils der anderen aufs gewisseste die Geister und Dogmen aller beurteilen. Dieses Urteil ist Sache des öffentlichen Dienstes am Wort und des äußeren Amtes; in höchstem Maße kommt es den Leitern und Verkündigern des Wortes zu. Wir machen davon Gebrauch, wenn wir die Schwachen im Glauben stärken und die Widersacher zurückweisen. Früher haben wir das als die äußere Klarheit der Heiligen Schrift bezeichnet. So sagen wir nun: Mit der Schrift als Richter sind alle Geister im Angesicht der Kirche zu prüfen. Nämlich dies muß bei den Christen in besonderer Weise gültig und absolut feststehend sein, daß die Heiligen Schriften das geistliche Licht sind, weit heller als die Sonne, zumal bei den Dingen, die das Heilsnotwendige betreffen."[54]

Das geistliche Urteil kann also nur von der Klarheit der Schrift her vollzogen werden; völlig ausgeschlossen aber ist ein Weg, auf dem die Klarheit der Schrift erst hergestellt werden müßte. Die Stärkung des angefochtenen Glaubens geschieht durch den mit dem Wort wirkenden Geist. Die Zurückweisung der Widersacher macht die durch den Geist gewirkte Grenze deutlich. Die Verantwortung für das einzelne Glied der Gemeinde und für die gesamte Gemeinde ist also im geistlichen Urteil beim Dienst am Wort ganz eng miteinander verbunden. Daran ist zu sehen, daß mit dem geistlichen Urteil keineswegs in dieser Zeit eine endgültige Abgrenzung durchgeführt wird, sondern daß es um einen sich durchhaltenden Widerspruch geht, wie er von dem Zeugnis des Geistes und durch die Verkündigung des Wortes ausgelöst wird. Das beginnt in uns selbst, es geht weiter im Dienst an dem angefochtenen Glauben und mündet in die stets neue Verantwortung für die Unterscheidung und Scheidung von wahrem und falschem Glauben.

Als geistliches Geschehen ist das etwas völlig anderes als ein Konformismus von Lehrsätzen oder als eine interpretierende Vermittlung von Texten im Wandel der Zeiten. Alles liegt an den Mitteln, durch die der Geist wirkt, nämlich Wort und Sakrament. Die Reduktion des geistlichen Urteils auf diese „Gnadenmittel" zeigen die Artikel 5 und 7 der Confessio Augustana: „Solchen Glauben zu erlangen, hat Gott das Predigtamt eingesetzt, Evangelium und Sakrament geben, da durch er als durch Mittel den Heiligen Geist gibt, welcher den Glauben, wo und wenn er will, in denen, so das Evangelium hören, wirket..." Womit das Amt beauftragt ist, dadurch wird die Kirche als „Versammlung aller Gläubigen" erbaut, und daran wird sie erkannt: „... bei welchen das Evangelium rein gepredigt und die Heiligen Sakrament lauts des Evangelii gereicht werden..." Diese Mittel, durch die der Geist wirkt, sind klar zu unterscheiden von den Früchten, die aus der Wirkung des Geistes

[54] WA 18, 653, 13–31 = BoA 3, 141,32–142,19.

erwachsen. Bei den angeführten biblischen Beispielen wird regelmäßig zur Grundlage des geistlichen Urteils aus solchen Situationen zurückgeführt, in denen es um solche Früchte unter den Gliedern der Gemeinde zum Streit kommt.

Das geistliche Urteil, so wie es in besonderer Weise an Wort und Sakrament gebunden ist, setzt die Wirkung immer schon voraus und braucht daher nicht nach einer besonderen Verwirklichung zu fragen. Wenn dieser Dienst nicht in der assertorischen Form, die ihren Grund in der Verheißung hat, geschieht, sondern in problematischer Form, die von den Fraglichkeiten des neuzeitlichen Menschen meint ausgehen zu müssen, dann ist das im tiefsten Sinne eine Verleugnung des Geistes. Doch der Geist wird damit nicht allein negiert, sondern durch anderen Geist substituiert.

5. Die Konkurrenz der Kriterien

Das geistliche Urteil ist leicht mit dem Hinweis auf die scheinbare Unklarheit der Heiligen Schrift zu karikieren und mit Beispielen für seinen Mißbrauch in Geschichte und Gegenwart zu diffamieren. Indes bedeutet die verbreitete Abneigung gegen Urteil und Gericht in Theologie und Kirche keineswegs einen Verzicht auf Entscheidungen und Scheidungen. Werden sie jedoch nicht in ausweisbarer theologischer Verantwortung wahrgenommen, dann bleiben sie anderen überlassen und vollziehen sich vor allem nach anderen Maßstäben.

Am weitesten verbreitet, doch am schwersten zu durchschauen ist der Wechsel der Kriterien dort, wo von der *Problematisierung* von Verkündigung und Glauben ausgegangen wird. Es sind unübersehbare und unbestreitbare Erfahrungen, die um die Wirkungslosigkeit der Verkündigung, die Verstehensschwierigkeiten des heutigen Menschen sowie um die Vielzahl unbewältigter Aufgaben und unbeantworteter Fragen von heute kreisen. Es werden Lösungen gefordert; alles was neue Wege verheißt, wird mit großen Erwartungen aufgenommen, während umgekehrt die Weigerung, sich derartigen Aufgaben zu stellen und entsprechenden Programmen anzuschließen, als Versäumnis der theologischen Verantwortung gegenüber dem heutigen Menschen verurteilt wird. Den Menschen in seiner geschichtlichen und gesellschaftlichen Situation zu verfehlen hieße, den an ihn gerichteten Auftrag zu versäumen. Entsprechend scharf werden an diesem Punkt die Gegensätze und die Vorwürfe. Die Problematisierung in ihren Ursachen zu bestreiten, hieße, die Wirklichkeit zu verfehlen.

Genau darin manifestiert sich ein *Dogmenkonflikt*, der auf einen Wechsel der Kriterien zurückzuführen ist. Die Problematisierung bezieht sich auf Mängelerscheinungen im Verstehen des heutigen Menschen, in den Zahlen der Beteiligung am Gottesdienst und kirchlichem Leben sowie an der Aktivität in der Öffentlichkeit. Wird dies der geistlichen Kraft von Wort und Sakrament gegenübergestellt, dann bleibt es nicht bei einer Beschreibung von Erfahrungen, sondern es handelt sich letztlich darum, daß sich dem Anschein nach die mit dem Auftrag von Verkündigung und Sakramentsverwaltung verbundene Verheißung nicht erfüllt. Der Zweifel an der Erfüllung der Verheißung führt zum Ringen um die Bewältigung der Probleme in der vorfindlichen Wirklichkeit.

Wenn es bei dem durch die Kraft des Geistes wirkenden Wort um die Erfüllung der Verheißung geht, dann vollzieht sich dies als Scheidung zwischen Glauben und Unglauben, Gehorsam und Ungehorsam sowie Verstehen und Verstockung. Daß dies geschieht, wissen wir aus dem Wort Gottes; wann, wie und wo es beim einzelnen Menschen geschieht, können wir im vornherein niemals wissen. Die Problematisierung aber richtet sich genau auf diesen Punkt mit dem, was beim Menschen geschieht. Es wird in den verschiedensten Zusammenhängen analysiert mit dem Ziel, Einfluß zu gewinnen und Wirkungen auszulösen. Der Mensch soll in Bewegung gesetzt, ja gar mit Begeisterung erfüllt werden, und wir kennen im Leben der Gemeinden die Vielfalt der Mittel und Wege, durch die versucht wird, über das Ohr hinaus das Bewußtsein gezielt zu beeinflussen.

Welches die Situation des Menschen ist, scheint gerade bei der Problematisierung völlig klar zu sein. Säkularisation als geschichtlicher Prozeß der Verweltlichung in der Neuzeit, das wissenschaftliche Weltbild und nicht zuletzt die tiefgreifenden Überlebensfragen der heutigen Zeit machen das aus, was den Menschen von heute bestimmt. Im Hintergrund steht die Vorstellung von Zeiten, in denen nach den äußeren Umständen der Glaube leichter und der Einfluß der Kirche größer gewesen sein soll. Es gehört zur Eigenart geschichtlicher Verhältnisse, daß der Mensch selbst dafür nichts kann, sondern ihnen unentrinnbar ausgesetzt ist. Vieles läßt sich eindrucksvoll aufzählen, „was heute nicht mehr geht“ und „was heute nicht mehr ankommt“.

In seiner Situation wird dann dem Menschen nachgegangen, was unbestreitbar eine Aufgabe der Verkündigung und Seelsorge ist. Doch in dem Augenblick, wo die so oder ähnlich beschriebene Situation zum Kriterium wird, wechselt der von der Wirkung des Wortes beschriebene Auftrag mit der Verheißung der Erfüllung um in eine Verwirklichung, deren Wirkung sich im Erfolg zeigen muß. Verkündigung und Unterweisung geraten dann unter die Prinzipien der Werbung, die sich an den Kriterien von Angebot und Nachfrage ausrichten muß.

Bei der Problematisierung ist immer nur die Infragestellung des Christlichen im Blick, vorwiegend als geschichtsbedingte Zerfallserscheinung. In der volkskirchlichen Situation läßt sich dies prozentual an dem Verhältnis von Bevölkerungszahl und Kirchenmitgliedschaft, also von Kirche und Gesellschaft anschaulich machen. Besonders in der theologischen Reflexion wird überhaupt nicht bedacht, daß außerhalb des christlichen Glaubens keineswegs ein neutraler Bereich des säkularisierten, wissenschaftlich geprägten neuzeitlichen Denkens liegt, sondern daß wir es hier mit anderen Bindungen, anderen Glaubensinhalten, Religionen und Weltanschauungen zu tun haben. Der sog. „neuzeitliche Mensch" erweist sich damit lediglich als Produkt kirchlicher Negativerfahrungen, und die darin vollzogenen Alternativen religiöser Bindungen werden überhaupt nicht durchschaut. Das Auseinandertreten von Kirche und Gesellschaft, von Kultur und Religion mag in geschichtlicher Perspektive bewegend als Zerfallserscheinung beschrieben werden, auch wenn bei genauerem Zusehen vieles anders aussieht. Mit großem Einsatz kann man versuchen, die Differenzen zu überwinden, um sich irgendwelchen idealen Vorstellungen aus der Vergangenheit anzunähern. Doch auch die Idealvorstellung einer Kirche aus der Vergangenheit oder in der Zukunft kann niemals Kriterium des theologischen Urteils sein.

Wenn aber die pneumatischen Kriterien des theologischen Urteils fehlen, rücken die menschlichen Kriterien von Moral und Politik ein. Als moralisch gilt es dann, jede Meinung und Einstellung zu akzeptieren, die der Einheit und dem Frieden dient. Politische Kriterien aber strömen ein, wenn man sich an dem Verhältnis von Kirche und Gesellschaft bzw. Öffentlichkeit ausrichtet. Damit ist nicht allein das Wesen der Kirche verkannt, sondern die Unterscheidung von Kirche und Gesellschaft verschwindet, weil der Geist fehlt, der nur durch die Mittel von Wort und Sakrament gegeben und an ihnen erkannt wird.

Das Wort Gottes in seiner geistlichen Wirkung setzt nicht ein wie auch immer bedingtes Nichtverstehen voraus, sondern die Sünde der schuldhaften Abwendung des Menschen von Gott und der Auflehnung gegen ihn. Wenn Gott so durch sein Wort die von ihm vor aller Zeit erwählte Gemeinde aus dieser Welt sammelt, dann kann die verstehende Zustimmung die Zahl und die Aktivität der Mitglieder überhaupt kein Maßstab sein, wo es allein darum geht, daß Menschen durch Umkehr und Erneuerung in die Gemeinschaft mit Gott durch Jesus Christus zurückgeführt und darin im rechten Glauben bewahrt werden.

Das Wort Jesu vom Binden und Lösen gibt den Grund und das Ziel von dem zu erkennen, was Vollmacht und Verheißung des theologischen Urteils ausmacht: „Was ihr auf Erden binden werdet, soll auch im Himmel gebunden sein, und was ihr auf Erden lösen werdet, soll auch im Himmel gelöst sein" (Mt 18,18; 16,19; Joh 20,23). Das verweist nicht auf innergeschichtliche Kontinuität, sondern auf das ewige Heil; darauf zielt alle theologische Verantwortung.

Teil III

Die Erbauung der Gemeinde

7. Kapitel: Glaubensgehorsam

Um den *Grund*, durch den der Glaube entsteht und auf dem er besteht, ging es in Teil I. Um das *theologische Urteil*, das von diesem Grund ausgeht und auf ihn bezogen ist, ging es in Teil II. Wenn wir uns nunmehr mit Teil III der *Erbauung der Gemeinde* zuwenden, ist das nicht etwa ein Übergang von der Theorie zur Praxis, sondern es geht um die christliche Gemeinde, deren geistliches Zentrum und deren jedermann sichtbare und hörbare Erscheinung der Gottesdienst ist. Eine Unterscheidung von Theorie und Praxis, auf das Verhältnis von Theologie und Gemeinde angewandt, würde genau dieses empirische geistliche Zentrum der Gemeinde verfehlen.

Die falsche, weil das Wesen der christlichen Gemeinde in der Gegenwart verfehlende Unterscheidung von Theorie und Praxis drängt sich allerdings in den verschiedensten Zusammenhängen immer wieder ein. Dadurch entstehen überhaupt erst bestimmte Probleme, auf die dann die theologische Arbeit im Sinne einer Theoriebildung festgelegt wird, indem Lösungen erwartet und angeboten werden. Vermittlung erscheint dann als die Aufgabe, das Verstehen für die Zustimmung angesichts der geschichtlichen Wandlungen zu erschließen. Anwendbarkeit erscheint als die Aufgabe, Grundsätze des Glaubens im Sinne einer Bewußtseinsbestimmung in manifestierendes Handeln umzusetzen. Das Gelingen des Verstehens nach dem Grad der Zustimmung und des Handelns nach dem Grad öffentlicher Anerkennung werden dann die meist unreflektierten Kriterien des theologischen Urteils und der kirchlichen Entscheidung. Insofern führt bereits die Unterscheidung von Theorie und Praxis in der Anwendung auf die kirchliche Wirklichkeit zu einer folgenreichen Verwechslung theologischer Kriterien.

Daß bei einem solchen Wechsel die Theologie sich in der Zeitgemäßheit verlieren kann, indem sie ständig hinter der Zeit herläuft, ohne jemals auf der Höhe der Zeit zu sein, ist leicht einzusehen. Tiefer aber greifen die Überlegungen, wenn man daran denkt, daß dem Glauben nicht lediglich Verstehensschwierigkeiten gegenüberstehen, sondern der Unglaube, der seinem Wesen nach ein anderer Glaube ist. Entsprechendes gilt für das Handeln, wenn man sieht, daß sich hinter dem Suchen nach neuen Normen für neue Situationen und Probleme im Grunde die Frage nach dem Gehorsam gegen Gottes Gebot verbirgt. Glaube und Gehorsam aber stehen nach biblischem Verständnis nicht in einem Kausalzusammenhang von Ursache und Folge. Sie bilden vielmehr eine Einheit, in der sie durch das Wort Gottes zusammengefaßt sind. Wird dieser Zusammenhang von Wort Gottes, Hören und Gehorchen sowie Glaube nicht beachtet, gerät man unvermeidlich in die Psychologisierung der Verstehensfragen und die Moralisierung oder auch Politisierung der Probleme des christlichen Handelns in der Zeit. Was der Grund ist und stets gegenwärtig wirkt, wird ersetzt durch ein niemals endendes Suchen nach Begründungen. Im rechten Verständnis jedoch kann es unter der Wirklichkeit des Geistes nicht um Begründungen gehen, sondern um Unterscheidungen und Entscheidungen. Der Glaube ist nicht eine Möglichkeit, vor der der Mensch steht, sondern die Wirklichkeit, unter der er steht.

1. Glaube aus dem Hören auf das Wort

„So kommt der Glaube aus dem Hören, das Hören aber durch das Wort Christi" (Röm 10,17). Wenn das griechische Wort für „Hören" meist mit „Predigt" übersetzt wird, ist darin angedeutet, worauf es bei der Predigt ankommt. Für das Verstehen gibt es alle möglichen Wege und womöglich noch mehr Abwege. Biblisch ist jedoch die Predigt nicht mit der Möglichkeit oder Unmöglichkeit des Verstehens verbunden, sondern sie steht unter der Vollmacht der Verkündigung und ist auf den Gehorsamsanspruch des Glaubens gerichtet. „Durch ihn haben wir empfangenen Gnade und Apostelamt, in seinem Namen den *Gehorsam des Glaubens* aufzurichten unter allen Heiden" (Röm 1,5). Gehorsam oder Ungehorsam, das ist die primäre Wirkung des Evangeliums und mithin das, was durch die Verkündigung des Evangeliums aufgedeckt wird (vgl. Röm 16,19; 2.Kor 10,4ff.; Röm 6,16f..; 10,16; 2.Thess 1,8; 3,14).

Nicht auf das kommt es an, was ich fühle oder wie ich mich fühle, sondern alles ist auf das *äußere Wort* bezogen und von ihm bestimmt, daß ich es höre und ihm gehorche. Daher ist auch der „Jünger" in des Wortes ursprünglicher Bedeutung ein „Schüler", der gehorsam auf das Wort eines „Lehrmeisters" hört und hinter ihm hergeht.

Die Predigt des Wortes Gottes ist kein Angebot zum Aussuchen nach Geschmack und Bedürfnis. Die notwendige Eindeutigkeit der Verkündigung ist vielmehr durch den Anspruch des Wortes begründet, dem der Prediger nicht ausweichen darf und den er der Gemeinde nicht vorenthalten darf, ohne das, was sein Auftrag und die damit verbundene Verheißung der Wirkung ist, in folgenreicher Weise zu verändern. Allerdings wird dabei auch eine Grenze für die Verkündigung des Wortes deutlich. Das Hören des äußeren Wortes reicht in der Verkündigung nur bis zum Ohr des Hörers. Was darüber hinaus im Herzen eines Menschen geschieht, hat der Prediger nicht in der Hand, und oft genug ist es für den Hörenden selbst nicht direkt erkennbar, was an ihm geschieht. Jeder Prediger weiß, wie widersprüchlich und undurchdringlich Reaktionen auf die Verkündigung oder auch auf persönliche Anrede in der Seelsorge sein können. Der eine sagt ja und tut nichts, der andere sagt nein und tut's doch (Mt 21,28–32). Ablehnung kann Zeichen des getroffenen Herzens sein, während Zustimmung Ausdruck bloßer Selbstbestätigung sein mag. „Ich kann nicht weiterkommen als bis zu den Ohren, ins Herz kann ich nicht kommen: Dieweil ich dann den Glauben ins Herz nicht gießen kann, so kann noch soll ich niemand dazu zwingen noch dringen, wenn Gott tut das alleine und macht, daß er vor im Herzen lebt. Darum soll man das Wort freilassen und nicht unser Werk dazutun: Wir haben wohl jus verbi aber nicht executionem. Das Wort sollen wir predigen, aber die Folge soll Gott allein in seinem Gefallen sein."[1] Mit diesem mahnenden Hinweis wandte sich Luther in den Invokavit-Predigten von 1522 gegen die schwärmerischen Bilderstürmer, die meinten, sie müßten selbst das äußere Wort über innere Bewegung in sichtbare Taten umsetzen.

Wenn die Verkündigung des Wortes Gottes auf verstehende Zustimmung und sichtbare Taten drängt und darin den Maßstab des Erfolgs sieht, dann fehlt bereits die Einsicht in Wesen und Wirkung des Wortes Gottes. Es fehlt die Einsicht in den Vollzug der inneren Erneuerung, aber auch die Einsicht in den Vollzug der Scheidung von Glauben und Unglauben, von Gehorsam und Ungehorsam. Glaubensgehorsam ist bestimmt durch das gehorsame Hören auf das Wort Christi. Das ist eine so klare und nüchterne Bestimmung, daß sie sogar mit einer gewissen Unausweichlichkeit auf Vertiefung und Erweiterung drängt. Das geschieht genau in dem Maße, wie nicht mehr deutlich ist, daß das Wort Christi in der wirksamen Gegenwart Christi durch seinen Geist besteht. Das Wort erscheint dann als „bloßer Text"; der lebendige auferstandene und zur Rechten Gottes erhöhte Herr Jesus Christus erscheint lediglich als christologische Vorstellung, und alles Bemühen richtet sich dann darauf, den toten oder überholten Buchstaben im Bereich von Gefühl und Erfahrung lebendig werden zu lassen. Erfahrungen sollen ausgelöst werden; Gefühle wollen befriedigt werden. Ausführlich beschäftigt sich der Prediger mit dem, was die Hörer wohl fühlen mögen, was ihre Erwartungen sind und ihre Verstehensschwierigkeiten; er spekuliert auf Grenzsituationen von Verlassenheit und Ängsten. Oft genug wird dann von der Kanzel der Gemeinde überhaupt erst suggeriert, was sie nicht verstehen kann und was sie fühlen

---

[1] WA 10,III, 15,5–12 = BoA 7 368,13–20. In einer Predigt Luthers über Mt 11,25–30 heißt es: „Zum andern tröstet und erfreut uns das auch, daß wir wissen, unsere Predigt gehe nicht ohne Frucht ab, die Unmündigen nehmens gerne an, denn Denselbigen offenbarts der Vater. Also lehren wir nicht im Herzen, sondern Gott ist allda Meister, der es offenbart wen er will, wie und wann es ihm gefällt, doch tut er solches durch das äußerliche Wort, welches er dazu verordnet hat als ein Mittel und wie ein Rohr, dadurch er solches ins Herz hineinbringe." (WA 23,686 6–1).

sollte. Umgekehrt bildet sich in der Gemeinde eine Erwartungshaltung, der die Predigt entsprechen soll, die damit jedoch ihren Anspruch völlig verliert.

Die Ablösung des Geistes vom äußeren Wort und die Ergänzung durch die innere Erfahrung ist das Kennzeichen der Schwärmerei[2]. Der negative Klang dieses Wortes und manche damit verbundenen abschreckenden Beispiele in Geschichte und Gegenwart dürfen nicht verdecken, daß in solchen Fällen der Heilige Geist durch ein buntes Angebot von Mitteln der Begeisterung ersetzt werden kann, die Menschen keineswegs abschrecken, sondern anziehen und befriedigen. Wo das äußere Wort als „bloßes Wort" disqualifiziert wird, drängen sich dann z. B. non-verbale Praktiken der Meditation und Kommunikation in den Vordergrund. Das Wort wird bestenfalls noch als Vehikel verwendet, um bestimmte individuelle oder kollektive Erfahrungen auszulösen. Wenn Christus in seinem Wort uns sagt: „Ich bin der Weg und die Wahrheit und das Leben; niemand kommt zum Vater denn durch mich" (Joh 14,6), dann ist das unter dem Anspruch des Wortes Gottes ein Entscheidungsruf auf dem rechten Weg zum Vater. Wird dieses Wort hingegen zum Anlaß genommen, Wege gehend zu erfahren, was man dabei empfindet, dann wendet sich der Glaubensgehorsam vom Wort des Herrn ab und wird ersetzt durch eine Gefühlsbefriedigung, für die man alle möglichen Wörter und Bewegungen heranziehen kann.

Mit dem Ruf zum Glaubensgehorsam wird der Glaube auf das Hören des Wortes verwiesen, an das er gebunden ist und von dem er getragen wird. Das ist ein rein äußerlicher Vorgang, der darin besteht und dann auch daran zu prüfen ist, ob tatsächlich das Wort der Heiligen Schrift in der Gemeinde und vor allem auch im alltäglichen Leben ihrer Glieder regelmäßig gelesen und gehört wird. Im Leben eines jeden einzelnen Christen wird sich dann sehr bald herausstellen, wie viele Empfindungen und Bedürfnisse es gibt, die uns mit unabwendbarer Dringlichkeit davon abhalten. Das sind die Ausreden, mit denen wir uns der Anrede Gottes entziehen, und ihre Zahl ist ebenso unendlich, wie das menschliche Herz unergründlich ist. Schon die fehlende Zeit macht deutlich, wie wir dann nicht unter der Herrschaft Gottes in Freiheit leben, sondern Sklaven unter der Herrschaft der Zeit sind.

Der Glaube kommt aus dem Hören, er besteht im Hören und durch das Hören. Leicht könnte sich auch herausstellen, daß viele Verstehensbemühungen letztlich gerade nicht zum Verstehen helfen, sondern den Ungehorsam entschuldigen, weil sie vom gehorsamen Hören des Wortes wegführen.

---

[2] Nur wenn die pneumatische Wirkung der Gnadenmittel von Wort und Sakrament erkannt wird, ist deutlich, daß der „Erfolg" des Predigtamts nicht beim Prediger, sondern allein in der rechten Verwaltung der Mittel liegt. Dies zeigt CA 5, und hier wird in der Abgrenzung auch gezeigt, wie als Alternative dazu nach Motiven für subjektive Begeisterung gesucht wird: „Und werden verdammt die Wiedertaufer und andere so lehren, daß wir ohn das leiblich Wort des Evangelii (sine verbo externo) den heiligen Geist durch eigene Bereitung, Gedanken und Werk erlangen." BSLK 58,11–15.

Damit aber verliert der Glaube an Christus seine Grundlage, von der aus er allein christlicher Glaube sein und bleiben kann, und die Gemeinde wird entmündigt.

2. Der rechte Glaube und das gute Gewissen

Glauben verstehen wir als eine religiöse Größe; das Gewissen verstehen wir als eine moralische Instanz. Damit erscheinen Glauben und Gewissen voneinander getrennt. Auf sein Gewissen beruft sich jeder, selbst wenn er mit dem Glauben nichts zu tun hat oder anzufangen weiß. Auf das Gewissen ist auch jedermann ansprechbar. Wer „sich kein Gewissen macht", ist ein leichtfertiger Mensch. „Gewissenlos" zu sein oder zu handeln ist ein schwerwiegender Vorwurf. „Gewissensfreiheit hingegen ist ein hohes Gut, das zu den Grundrechten gehört, auf die der Mensch als Mensch Anspruch hat, und durch die in unseren Verfassungen Gesetzgebung, vollziehende Gewalt und Rechtsprechung gebunden sind. In Artikel 4 des Grundgesetzes heißt es: „(1) Die Freiheit des Glaubens, des Gewissens und die Freiheit des religiösen und weltanschaulichen Bekenntnisses sind unverletzlich." Es ist bemerkenswert, daß Glaubens- und Gewissensfreiheit offenbar einen gemeinsamen Sachverhalt bezeichnen. Allerdings kann sich daraus die Konsequenz ergeben, daß Glaubensbindung und Gewissensfreiheit in Konkurrenz treten können. Das kann oft genug in der christlichen Gemeinde geschehen, wenn persönliche Einsichten und Überzeugungen der Verbindlichkeit von Schrift und Bekenntnis entgegengesetzt werden. Grundtext für diese geradezu klassische Konfliktsituation ist Röm 14, wo es darum geht, daß in der Auseinandersetzung um den Genuß von Fleisch aus dem heidnischen Kultbereich nun freilich nicht das Gewissen, sondern der Glaube der Schwachen gegenüber der Glaubenszuversicht der Starken geschützt wird. Wenn die Starken im Glauben zu Recht der Überzeugung sind, daß das Fleischessen gegenüber dem Herrn vertretbar ist (Röm 14,6), weil es „keinen Götzen gibt in der Welt und keinen Gott als den einen" (1.Kor 8,4), so ist doch der Verzicht bei den Schwachen im Glauben von der Sorge bestimmt, daß der Genuß des Fleisches aus dem heidnischen Kultbereich nicht mit der Gemeinschaft in Christus vereinbar ist und daher das Gericht zur Folge hat. Auf das Bestehen im Gericht vor Christus und durch Christus bezieht sich das Glaubensurteil[3], und zwar sowohl in der Stärke wie in der Schwäche des Glaubens. Der Zweifel aber beruht in einer Unsicherheit des Urteils bzw. in einer Verunsicherung durch andere im Blick auf das Urteil des Herrn. Die Gegensätzlichkeit der menschlichen Entscheidung innerhalb der Gemeinde wird aufgehoben durch die Allgemeinheit der göttlichen Entscheidung als letzte Instanz

[3] S.o. 120ff.

des Christusglaubens. Deshalb gilt: „Wer aber dabei zweifelt und dennoch ißt,der ist gerichtet, denn es kommt nicht aus dem Glauben. Was aber nicht aus dem Glauben kommt, das ist Sünde“ (Röm 14,23). In dieser Hinsicht auf das göttliche Gericht sind Glaube und Gewissen so eng miteinander verbunden, daß die Begriffe austauschbar werden, wie sich bei der Behandlung eines entsprechenden Konflikts in 1.Kor zeigt. Wo Röm 14,1 vom Glauben die Rede ist, steht 1.Kor 8,7.10.12 Gewissen, und das kann 1.Kor 8,7.10 auch mit „Erkenntnis“ bzw. „Wissen“ (gnoosis) gleichgesetzt werden. Vor dem Gericht Gottes ist also alles zusammengefaßt, was den Glauben, was das Gewissen und was die davon bestimmten vernünftigen Entscheidungen betrifft. Innerhalb der christlichen Gemeinde können daher überhaupt nicht Gewissensfreiheit und Glaubensbindung auseinandertreten, vielmehr ist die Glaubensbindung die Grundlage für den Schutz und die Freiheit des Gewissens, das nicht mit der Meinung von anderen, sondern durch den eigenen Herrn steht und fällt im Leben und im Sterben (Röm 14,4–12). Es mag aber auch verständlich werden, daß diese Verbindung von Glauben, Gewissen und Wissen auseinanderfällt, wenn der Bezug auf die Rettung aus dem Gericht Gottes nicht mehr gesehen wird.

Die Gewissensfreiheit ist ein Rechtsgut christlichen Ursprungs, das es wohl auch nur auf christlicher Grundlage geben kann, wenn man weiß, daß alles auf das Gericht Gottes und die Rettung aus ihm durch Jesus Christus bezogen ist. Das Gericht von Menschen fordert, und dies schon im kleinsten Kreis, unbedingte Zustimmung und Übereinstimmung, und das zeigt sich in den angegebenen Texten eben auch in der christlichen Gemeinde, wenn sie vergißt, was Grund und Ziel der Rettung ist. Dies kann auch zur Folge haben, daß der christliche Ursprung der Gewissensfreiheit völlig in Vergessenheit gerät und durch den ominösen Begriff „neuzeitlicher Subjektivität“, „Autonomie“ und „Mündigkeit“ das Gewissen dann nur noch als eine geschichtlich-anthropologische Größe aufgefaßt wird, die dann sogar in der Theologie als Norm für das Verständnis von Glaubensinhalten und für die Ausrichtung des Lebens herangezogen wird. Die Willkür und der Zwang der Subjektivität verdrängen dann die Freiheit des Evangeliums, und die Analyse des neuzeitlichen Menschen gewinnt die Geltung eines unaufhebbaren Dogmas. Gewissen und Bewußtsein jedoch werden dann funktionalisiert, weil sie von der inhaltlichen Bestimmung durch das Wort Gottes in Gesetz und Evangelium abgelöst sind. Es wird aber nicht mehr gesehen, wie dort, wo die christliche Glaubensbindung fehlt, dann andere Inhalte das Bewußtsein erfüllen und das Gewissensurteil leiten.

Das Gewissen kann aber auch psychologisch gedeutet werden, und dafür gibt es entsprechend der Vielfalt und Gegensätzlichkeit psychologischer Schulen verschiedene Möglichkeiten[4]. Nach Sigmund Freud kann die Entste-

---

[4] Jürgen Blühdorn (Hg.), Das Gewissen in der Diskussion (= Wege der Forschung Bd. 37),

hung des Gewissens mit der ödipalen Entwicklungsphase und dem Konflikt zwischen Fremdbestimmung durch das „Über-Ich" und der „primären sexuell-libidinösen Triebhaftigkeit des Menschen" in Zusammenhang gebracht werden[5]. Daraus ergeben sich weitreichende Folgen für die Beurteilung des menschlichen Wesens, seine Entwicklung, Erziehung und Bildung. Die Befreiung vom Zwang einer Fremdbestimmung mit dem Ziel einer Selbstverwirklichung wird zur Heilslehre, die auch in der christlichen Gemeinde Anhänger und Zulauf findet. Was menschlicher Lebenssinn, menschliche Freiheit, aber auch menschliches Versagen ist, erscheint von diesen dogmatischen Voraussetzungen her in einem ganz bestimmten Licht oder auch Dunkel, das aber nichts mehr mit dem Heilsgeschehen durch das Wort Gottes zu tun hat.

Eine andere Variante für die inhaltliche Bestimmung und Bindung von Gewissen und Glauben bietet die marxistische Klassenkampfdogmatik. Nach ihr gilt: „Der Begriff des Gewissens hat für verschiedene Zeiten und für die Angehörigen verschiedener Klassen nicht den gleichen Inhalt."[6] Es sind die gesellschaftlichen Verhältnisse, die das Gewissen bestimmen: „In der bürgerlichen Welt gerät das Gewissen des ehrlichen Menschen ständig in Widerspruch mit seinem Gewissen als Staatsbürger. Ein Mensch, der vor die Notwendigkeit gestellt wird, mit anderen dauernd wegen des Profits, wegen eines vorteilhaften Postens zu konkurrieren, muß mit seinem eigenen Gewissen... einen Kompromiß schließen und sich den Verhältnissen anpassen, mit anderen Worten, er muß sich ein staatlich sanktioniertes Gewissen anschaffen." Hingegen: „In der sozialistischen Gesellschaft wird das Gewissen nicht vom Despotismus des Kapitals erstickt, es kennt keine Konflikte mit dem Gesetz (da das Gesetz den Werktätigen dient) und ist nicht in zweierlei Gewissen gespalten: in das Gewissen des Menschen und das des Staatsbürgers..."[7] Daraus ergibt sich konsequent, daß individuelles Gewissen und kollektives Bewußtsein prinzipiell nicht mehr in Widerspruch treten können; wenn dies aber vorkommt, dann ist dies als krankhaft oder kriminell zu beurteilen und entsprechend zu behandeln.

Die inhaltliche Füllung des Gewissens ist stets zugleich eine Bindung des Bewußtseins, und dies keineswegs nur in einem negativ zu verstehenden Sinne, sondern in der Weise, daß ein Mensch darin seine Selbstsicherheit findet und in der Gemeinschaft mit anderen Menschen verbunden ist. Deshalb ist es nicht überraschend, wenn wir hier im Zentrum des Dogmatischen

---

Darmstadt 1976. In der Vielfalt und Gegensätzlichkeit seiner Beiträge ist dieser Sammelband ein Dokument für die verschiedenen dogmatischen Voraussetzungen bei der Bestimmung des Gewissensbegriffs.

[5] Vgl. hierzu Dietrich Rüdiger, Der Beitrag der Psychologie (In: Das Gewissen in der Diskussion) 467.

[6] L.M. Archangelski, Das Gewissen (In: Das Gewissen in der Diskussion) 355.

[7] A.F. Schischkin, Das Gewissen (In: Das Gewissen in der Diskussion) 347. 349.

starken Bindungen, ja auch Zwängen begegnen, die beim Widerspruch zu tiefgreifenden, aber gerade deshalb nur schwer zu überwindenden Konflikten führen. Denn beim Gewissen, das nicht allein als moralische Instanz zu verstehen ist, sondern Selbstbewußtsein und Weltanschauung des Menschen umgreift, geht es nun einmal um den Glauben. Es ist daher völlig falsch, irgendwelche historischen, psychologischen oder ideologischen Gewissenstheorien auch unter dem Schein einer wissenschaftlichen Begründung dem christlichen Glauben gegenüberzustellen oder für ihn als Vehikel ins Spiel zu bringen. Die Auseinandersetzungen, die wir heute nicht nur in der theologischen Fachdiskussion, sondern vielmehr in weiten Bereichen kirchlicher Arbeit und in den Gemeinden erleben, sind notwendig und sachbedingt. Wenn hingegen mit dem Hinweis auf einen Stand der wissenschaftlichen Erkenntnis und auf die Erfordernisse der Zeit und der Lage des Menschen unreflektiert und widerspruchslos solche Gewissensinhalte und Bewußtseinsbindungen übernommen werden, dann bedeutet das, daß hier bereits das tragende, verbindende und darum verbindliche Fundament des christlichen Glaubens aufgegeben worden ist. Sicher ist vom Wesen des Glaubens als Gabe Gottes festzuhalten: „Der Glaube ist nicht jedermanns Ding" (2.Thess 3,2). Er kann weder gefordert noch befohlen werden. Aber gerade das schließt nicht aus, daß wahrer und falscher Glaube, christlicher und nichtchristlicher Glaube klar voneinander unterschieden werden können und müssen. Die Gewissensfreiheit hebt die Glaubensbindung nicht auf, sondern setzt sie voraus, damit freilich auch die unaufhebbare Vielfalt und Gegensätzlichkeit von Glaubensinhalten und Glaubensbindungen.

Die Heilige Schrift ist gerade in diesem Bereich die unersetzliche Grundlage für das, was uns aus der Offenbarung Gottes am Menschen zu erkennen gegeben wird. Was bereits mit den Texten aus Röm 14 und 1.Kor 8 angedeutet wurde mit der auffallenden Gleichsetzung von Glaube, Gewissen und Wissen, läßt sich mit einer Fülle von weiteren Hinweisen aus dem Alten und Neuen Testament vertiefen. 1.Tim 1,5 heißt es in einer knappen Zusammenfassung des weiten Sachverhalts, der sich hier eröffnet: „Die Hauptsumme aller Unterweisung aber ist Liebe aus *reinem Herzen* und aus *gutem Gewissen* und aus *ungefärbtem Glauben*." Herz, Gewissen und Glaube bezeichnen etwas Gemeinsames im Menschen, was aber gerade unter der Verkündigung des Wortes in seiner Zusammengehörigkeit aufgedeckt und inhaltlich gefüllt wird.

Herz bezeichnet das Personzentrum des Menschen, wobei bis heute in unserem von der Bibelsprache geprägten Verständnis der Zusammenhang von Physischem und Psychischem zum Ausdruck kommt. Jeder weiß aus eigener Erfahrung, wie im Herzen innere Erregung und äußere Bewegung zusammenfallen. Redewendungen machen das deutlich, wenn wir bedenken, „was zu Herzen geht" und „was von Herzen kommt", was Herzklopfen alles bedeuten und bewirken kann, was schließlich in der Bewertung von menschlichem Verhalten „herzlich“ und was „herzlos“ ist, was ein ruhiges und was ein unruhiges Herz ist, ein reines oder ein steinernes Herz. Daß mancher etwas auf dem Herzen hat, der etwas am Herzen hat, weiß der Arzt.

Herz ist gleichbedeutend mit *Gewissen* wie z.B. Röm 2,15 zeigt. Den Heiden ist „in ihr Herz geschrieben“, „was das Gesetz fordert“. Das Gewissen aber ist der Vorgang, unter dem sich im Denken Anklage und Verteidigung vollziehen, und dieser Vorgang wird unmittelbar fortgeführt auf den Tag, „an dem Gott das Verborgene der Menschen durch Christus Jesus richten wird, wie es mein Evangelium bezeugt“. In dieser Perspektive auf das Gericht über alle Welt wird durch das Wort Gottes sowohl die subjektive Begrenzung wie auch die Pluralität der inhaltlichen Füllung beim Gewissen aufgehoben. Als allgemeine anthropologische Größe wird dann das Gewissen nicht einfach vom Menschsein des Menschen her verstanden, sondern aus der unentrinnbaren Verantwortung vor dem Gericht Gottes über alle Welt und jeden Menschen.

Die Verbindung von Herz und Gewissen in der Weiterführung auf den *Glauben* als Vertrauen und Treue läßt schließlich erkennen, wie das Gewissen nicht auf die moralische Instanz praktischer Vernunft beschränkt ist, sondern aus dem Verhältnis zu Gott und dem Verhältnis Gottes zum Menschen erschlossen wird. So geht es beim Gewissen um das, was der Mensch durch Gott ist und was er vor Gott ist.

Diese Totalbestimmung des Menschen in seiner physischen und psychischen Gesamtheit kommt neben vielen anderen Stellen besonders im ersten Teil des Doppelgebots zum Ausdruck: „Du sollst den Herrn, deinen Gott, liebhaben von ganzem *Herzen*, von ganzer *Seele* und mit aller deiner *Kraft*“ (Dtn 6,5). „Herz“, „Seele“, „Gemüt“ (Dianoia = Denken) heißt es Mt 22,37 in der griechischen Fassung. Dem Herrn dienen heißt aber dann stets, ihm vertrauen und seinem Wort gehorchen (vgl. Jos 24,24).

In diesem Zusammenhang muß noch einmal an den Übergang vom Alten zum Neuen Bund und damit vom alten zum neuen Menschen erinnert werden. Denn dieser Übergang erfaßt nach dem biblischen Verständnis das Personzentrum des Menschen[8], und auch das ist ein Grund dafür, daß Glaube und Gewissen nicht voneinander getrennt werden können. Wenn jedoch in der christlichen Gemeinde, aus welchen Gründen auch immer, Glaube und Gewissen oder auch Wissen auseinandertreten und miteinander konfrontiert werden, dann stehen wir vor dem Gegensatz zwischen altem und neuem Menschen, zwischen dem Fleisch der Sünde und dem Geist der Heiligung, zwischen Gesetz und Evangelium. Es kommt alles darauf an, die so oft begegnenden Situationen dieser Art in ihrer geistlichen Eigenart zu erfassen und zu bestehen. Das betrifft den einzelnen Menschen unter dem Wort Gottes ebenso wie den Dienst am Wort Gottes. Schließlich ist von hier

---

[8] S. o. 76.

aus zu erkennen, in welcher Weise die Taufe auf die Erneuerung des Menschen im Zentrum seiner Existenz zielt und was dies mit Glaube und Gewissen zu tun hat. Hebr 10,22 spielt auf diesen Zusammenhang an mit der Aufforderung: „So laßt uns hinzutreten mit wahrhaftigem *Herzen* in vollkommenem *Glauben*, besprengt in unseren *Herzen* und los von dem bösen *Gewissen* und gewaschen am Leib mit reinem Wasser.“ Dasselbe findet sich, wenn es 1.Petr 3,21 im Rückblick auf die Arche Noahs heißt: „Das ist ein Vorbild der Taufe, die jetzt auch euch rettet. Denn in ihr wird nicht der Schmutz vom Leib abgewaschen, sondern wir bitten Gott um ein gutes *Gewissen*, durch die Auferstehung Jesu Christi...“, und darin liegt wiederum eine Anspielung auf Ps 51,12–14. So finden wir Geist, Glaube, Herz und Gewissen in einem engen Zusammenhang, der uns vom Wort Gottes als Gemeinschaft mit Gott in Jesus Christus erschlossen wird. Das Gewissen steht also nicht Gott gegenüber, sondern in ihm und nach seiner Bestimmung entscheidet sich, wer oder was mein Gott ist: „Qualis enim est conscientia, talis Deus.“ – Wie das Gewissen beschaffen ist, so ist Gott beschaffen[9].

Rechter Glaube und gutes Gewissen stehen in einem unauflösbaren Zusammenhang. Denn die Zuversicht des rechten Glaubens ist getragen von der frohen Botschaft der Rettung aus dem Gericht durch Christus. Das gute Gewissen in der Bindung des Glaubens aber hat seinen Grund in dieser Gewißheit, durch Christus vor Gott im Gericht zu bestehen.

In diesem Zusammenhang zeigt uns das Wort Gottes, was durch das Wort Gottes im Herzen geschieht und wie dann auch von Herzen mit Gott zu reden ist. Wo das Bewußtsein oder auch das Unterbewußte des Menschen lediglich aus seiner Selbstdarstellung und seinem Bemühen um Selbstverwirklichung betrachtet wird, bleibt alles beim alten Menschen. Aus dem Wort Gottes aber öffnen sich ganz andere Einsichten, und es tritt zutage, was den Unterschied und den oft schmerzlichen Übergang vom alten zum neuen Menschen in diesem Leben ausmacht.

Zunächst einmal wird für das menschliche Eindringen in den Bereich des Bewußtseins durch das Wort Gottes eine Schranke aufgerichtet: „Ein Mensch sieht, was vor Augen ist; der Herr aber sieht das Herz an.“ (1.Sam 16,7) Jeder weiß, welche Täuschungen es in dem Verhältnis von Innerem und Äußerem des Menschen gibt, indem Menschen einander täuschen und sich über andere täuschen und enttäuscht werden. Daß Gott in das Herz sieht, daß er „Herz und Nieren prüft“, „die Herzen erforscht und kennt“ (Ps 7,10; Jer 11,20 u.ö.), daß er ein „Herzenskenner“ (Apg 1,24; 15,8) ist, macht uns deutlich, daß vor Gott nichts verborgen bleibt, weil er alles sieht und weiß, daß er uns daher auch besser kennt, als wir uns selbst und andere kennen. Vor

---

[9] WA 14,648, 14. Vgl. WA 1, 372,32 ff. = BoA 5, 400, 18 ff. In seiner Erläuterung zur These VI der Heidelberger Disputation von 1518 bemerkt Luther hier zu Röm 14,23 daß er diese Stelle mit Augustin „de fide Christi intelligit, Licet alii exponant de conscientia“. Dazu verweist er auf 1.Petr 3,21.

allem wird unser vermeintliches Wissen um das Bewußtsein von anderen auf seine ganz engen Grenzen hingewiesen. Wenn der Diener am Wort Gottes weiß, wie Gott die Herzen erforscht und in ihnen wirkt, dann braucht er sich um seine eigene Wirkung überhaupt keine Gedanken zu machen, solange er bei dem Wort Gottes bleibt. Vielmehr wird er bedenken müssen, daß er sich in seiner Menschlichkeit täuscht oder auch durch Menschliches getäuscht wird.

Auf Herz, Gewissen/Bewußtsein und damit auf den Glauben können sämtliche Lebenszustände eines Menschen bezogen und damit zusammengefaßt werden: Ein Herz ist traurig und verzagt (Jer 17,9); „mein Herz will mir in meinem Leibe brechen" (Jer 23,9), und das betrifft die Bewegung in Freude, Schmerz, Unruhe und Angst. Daß es sich dabei nicht einfach um Gefühle handelt, die man haben oder erregen kann, sondern daß sich darin in elementarer Weise die Gemeinschaft mit Gott vollzieht und manifestiert, ist ein Sachverhalt, der uns auf Schritt und Tritt vom Wort Gottes in der Heiligen Schrift aufgedeckt wird. Im Herzen ist der Ort der Entscheidung zwischen dem, was Gott ist und tut, und dem, was Gott nicht ist und was er nicht will. Hos 10,2 ist dieser Sachverhalt mit verschiedenen Lesarten, die sich dann auch in den Übersetzungen niedergeschlagen haben, folgendermaßen beschrieben: Das Herz Israels, das sich von Gott abwendet und der Verehrung der Fruchtbarkeitsgottheiten Kanaans zuwendet, ist „falsch", aber dies in dem Sinne, daß es „zertrennt" ist. So beginnt auch der Ungehorsam gegen das Gebot und den Willen Gottes nicht erst bei der Tat, sondern im Herzen. Das Wort Jesu in der Bergpredigt zielt auf diesen Sachverhalt, und das beginnt, wenn man sich zunächst nur an das Wort „Herz" hält, bei der sechsten Seligpreisung: „Selig sind, die reinen Herzens sind; denn sie werden Gott schauen" (Mt 5,8). Die Übertretung göttlicher Gebote wird vor den Augen der Menschen als Tat sichtbar. Doch das Wort Jesu leuchtet in die Tiefe des Herzens, wenn es zum sechsten Gebot heißt: „Ich aber sage euch: Wer eine Frau ansieht, sie zu begehren, der hat schon mit ihr die Ehe gebrochen *in seinem Herzen*" (Mt 5,28). Wer kann das sehen und vor allem für sich selbst eingestehen, wenn er nicht durch dieses Wort auf diesen Bereich hingewiesen wird? Daß gute Werke Früchte sind, die daraus hervorgehen, daß das Herz gut gemacht und erneuert ist, wird in vielfältiger Weise dargelegt. „Das Dichten und Trachten des menschlichen Herzens ist böse von Jugend auf" (Gen 8,21; 6,5), und sämtliche Übertretungen der Gebote haben ihre Wurzel in dem Personzentrum des Menschen: „Was aus dem Mund kommt, das kommt aus dem Herzen, und das verunreinigt den Menschen. Nämlich aus dem Herzen kommen die bösen Gedanken, Mord, Ehebruch, Unzucht, Diebstahl, Falschzeugnis, Lästerung..." (Mt 15,17ff.).

Wenn im Herzen die Entscheidung fällt, wie der Mensch in seinem Glaubensgehorsam zu Gott steht, so ergibt sich daraus unmittelbar, wie Gott zum Menschen steht und was sein Gott ist. „Denn wo dein Schatz ist, da ist auch dein Herz“ (Mt 6,21; Lk 12,34). Die Entscheidung, was mein Gott ist, fällt nach dem ersten Gebot im Herzen und durch das, woran mein Herz hängt, worauf es sich verläßt und wovor es sich fürchtet[10]. Dies aber ist nicht einfache Bewußtseinsanalyse und Selbstreflexion, sondern daß dies erkannt wird und daß das Herz erneuert und erleuchtet wird, geschieht durch das Wort Gottes nach der Heiligen Schrift.

Wie Bewußtsein/Gewissen, Herz und Glaube zusammenhängen, kann auf mannigfaltige Weise beschrieben und entfaltet werden. Die angeführten Belege lassen sich erheblich vermehren. Ist man einmal darauf aufmerksam gemacht, wird man ihnen auf Schritt und Tritt im Alten wie im Neuen Testament begegnen.

Nun wäre es leicht, daraus eine Anthropologie oder Psychologie zu entwerfen oder entsprechende Vorstellungen unserer Zeit einzutragen. Doch die Begriffe, um die es hier geht, sind nicht bloße Bezeichnungen für Sachen, die man u. U. auch anders beschreiben könnte, sondern alles ist einbezogen in einen Vorgang, der im Wort Gottes begründet ist und daher auch an das Wort Gottes gebunden bleiben muß. Nach diesem Vollzug aber besteht der im Wort Gottes begründete Glaubensgehorsam grundlegend im *Gebet*. Die Psalmen können einerseits diesen Sachverhalt aufdecken und andererseits zum Vollzug des Gebets anleiten. Auf diese Weise deckt das Wort Gottes dem Menschen auf, wie es im Innersten um ihn steht; es hilft ihm auszusprechen, was er unter Berufung des Wortes Gottes vor Gott bringen und ihm sagen soll. „Mein Herz hält dir vor dein Wort: ‚Ihr sollt mein Antlitz suchen.‘ Darum suche ich auch, Herr dein Antlitz.“ (Ps 27,8) Das Gebet kann daher als Reden des Herzens bezeichnet werden (Ps 19,15, vgl. Gen 24,12,42,45). Wer die Psalmen so durchgeht, der wird begreifen, daß der ganze Psalter nichts anderes ist „denn eitel Gedanken und Übunge des ersten Gebots“[11]. Die leiblichen Bedürfnisse bis ins einzelne werden vor Gott zur Sprache gebracht; Erfahrungen aus der Geschichte und im Umgang mit Menschen werden aufgenommen; was das Herz bewegt und wie Gott uns begegnet wird ausgesprochen in Lob und Klage. In welcher Weise dabei gerade auch das vor Gott durch das Wort Gottes zur Sprache gebracht wird, was wir als Menschen vor anderen und vor uns selbst zu verhüllen suchen, zeigt sich am klarsten an den Texten, die auch in der christlichen Gemeinde nicht nur auf Unverständnis, sondern auf Ablehnung stoßen, an den Rachepsalmen. Wenn Gott in seinem Wort uns sagt: „Die Rache ist mein; ich will vergelten“ (Dtn 32,35; Röm 12,19), dann öffnet er uns hier das Herz, um im Gebet vor ihn zu bringen und auszuschütten, was unser Herz bewegt. Diese Gefühle, die doch jeden Menschen überfallen können, werden nicht unterdrückt, sondern gerade befreit, weil Gott Richter ist (z. B.: Ps 55; 69; 109; 137).

---

[10] S. o. 76.

[11] Großer Katechismus, Vorrede. BSLK 552,24–26.

Viele Versuche, das Wort der Heiligen Schrift im geschichtlichen Wandel menschlicher Vorstellungen zu erklären und die Bedeutung zu erschließen, verfehlen meist die elementare Verbindung von Glauben und Gewissen/ Bewußtsein. Das ergibt sich zwangsläufig daraus, daß Wesen und Wirkung des Wortes verkannt werden, zugleich aber auch die Wirklichkeit des menschlichen Bewußtseins, die nur durch das Wort Gottes aufgedeckt und erschlossen und dann auch verändert werden kann. Es ist dann kein Wunder, wenn in diesem so empfindlichen Bereich Surrogate aller möglichen Arten sich eindrängen und begierig aufgegriffen werden.

Was das Herz des Menschen erfüllt und was es bewegt, ist nach dem Zeugnis der Schrift bestimmt durch den *Heiligen Geist*. Der Heilige Geist ist Gabe und Gegenwart des dreieinigen Gottes in uns, wie sie uns als Gemeinschaft mit Gott durch Jesus Christus in der Taufe geschenkt wird. Besonders klar tritt dieser Vorgang in seiner Vielschichtigkeit in Röm 7,25–8,39 zutage, wenn man dabei voraussetzt, daß Röm 7 und 8 von der Beschreibung der Taufe in Röm 6 bestimmt werden. Die Verse Röm 7,24–8,2 sind nach ihrer Form Bekenntnis der Sünde unter der Wirkung des Gesetzes und Zuspruch der Vergebung in der Kraft des Evangeliums, und dieser Zuspruch erfolgt in der zweiten Person Einzahl, nach anderer gleichbedeutender Lesart auch in der ersten Person Einzahl: „Denn das Gesetz des Geistes, der lebendig macht in Christus Jesus, hat dich (mich) frei gemacht von dem Gesetz der Sünde und des Todes." Das ist Absolution aus der Gabe und Wirkung des Geistes. Wer den Text aufmerksam verfolgt, wird darin erkennen, wie diese Absolution aus der Zuwendung Gottes in Jesus Christus hervorgeht und in der Gabe des Geistes besteht, also trinitarisch ist.

Besonders aber wird dann deutlich, wie durch die Gabe des Geistes die reale Gemeinschaft mit Gott begründet und gleichwohl die Unterscheidung von Gott und Mensch im menschlichen Bewußtsein festgehalten wird, und das geschieht unter drei Aspekten: 1. Der Geist bestimmt die Art und Weise des neuen Lebens, und das betrifft die Gesinnung und das Handeln: „Geistlich sein", „geistlich gesinnt sein", „durch den Geist die Taten des Fleisches töten" (8,5–13). In dieser Weise ist der Geist *modal*, also als *Zustand* zu verstehen. 2. Dann aber ist der Geist auch Gabe, indem er von uns (in der Taufe!) empfangen wird (V. 15) und „in uns wohnt" (V. 9.11). In dieser Weise erscheint der Geist als *Objekt* bzw. als *Gegenstand*. 3. Schließlich wird von diesem einen Geist auch gesagt, was er in uns wirkt (V. 13), und dies geschieht in der Weise, daß er von unserem Geist und Bewußtsein unterschieden ist, denn „der Geist selbst gibt Zeugnis unserm Geist, daß wir Gottes Kinder sind" (V. 16); „desgleichen hilft auch der Geist unserer Schwachheit auf, denn wir wissen nicht, was wir beten sollen, wie sich's gebührt; sondern der Geist selbst vertritt uns mit unaussprechlichem Seufzen", (V. 26) und in dem allen gilt: „Der aber die Herzen erforscht, der weiß, worauf der Sinn des Geistes gerichtet ist; denn er vertritt die Heiligen, wie es Gott gefällt" (V. 27). In diesem Sinne der Unterscheidung von unserem Geist ist der Heilige Geist *Subjekt*, weil er für uns eintritt und uns vor Gott vertritt; er ist *Beistand*.

Wer dieses Wirken und diese Wirklichkeit des Geistes von dem Wort Gottes her kennt, der wird verstehen, daß dies durch keine psychologisierende Bewußtseinsanalyse, durch keine soziologische Gesellschaftsanalyse und durch keine historische Zeitanalyse ersetzt werden kann noch darf. Wo der alte Mensch in uns sich durch Verstehensfragen dem Anspruch des Glaubensgehorsams aus dem Wort Gottes zu entziehen sucht, wird der neue Mensch durch dieses Wort Gottes unter die Wirkung des Heiligen Geistes gestellt, die mit den Worten des vierten Bußpsalms (Ps 51) in das bekennende Gebet um die Erneuerung des Herzens und die Gabe des Heiligen Geistes führt: „Schaffe in mir, Gott, ein reines Herz, und gib mir einen neuen, beständigen Geist. Verwirf mich nicht von deinem Angesicht und nimm deinen Heiligen Geist nicht von mir. Erfreue mich wieder mit deiner Hilfe, und mit einem willigen Geist rüste mich aus" (Ps 51,12–14).

3. Was soll ich tun? – Was habe ich getan?

Abgründig ist die Frage: „Was soll ich tun – was sollen wir tun?" Sie stellt sich angesichts neuer Möglichkeiten, wie sie sich aus den Fortschritten der Medizin, Naturwissenschaft oder der Technik ergeben. Sie stellt sich ebenso angesichts von Problemen in Gesellschaft und Natur, die mit bedrängender Größe auftreten, wie Hunger, Unterdrückung, Krieg. Sie stellt sich regelmäßig angesichts der Veränderungen, die sich geschichtlich seit der Entstehung der biblischen Schriften und vor allem seit der Verkündigung Jesu vollzogen haben. Hinter dieser Frage steht Rat- und Hilflosigkeit; aber diese Frage enthüllt auch die Situation des Zuschauers, der nach möglichen oder nötigen Taten fragt, meist ohne selbst tätig zu sein.

Einen anderen Ton bekommt die Frage, wenn sie nicht auf allgemeine Beobachtungen, sondern auf persönliches Verhalten bezogen wird, etwa als Wahl zwischen verschiedenen Möglichkeiten oder Wegen. Wo der Weg sich gabelt und in zwei verschiedene Richtungen führt, geht es indes nicht um Tun oder Nichttun, sondern um die Entscheidung, welchen der beiden Wege ich gehen soll.

In jedem Fall sind Fragen dieser Art beunruhigend. Lösungen werden gefordert, die Entscheidungen sind. Fragen der Wissenschaft werden dann zu Gewissensfragen, und Gewissensfragen drängen auf Wissen. Nicht allein eine breite Literatur zu allen möglichen Themen, sondern vor allem heftige Auseinandersetzungen sind die Begleiterscheinung bei dem Bemühen um die Beantwortung solcher Fragen. Doch abgründig sind diese Fragen nicht allein in ihrer Unlösbarkeit, sondern auch weil sie sich stets von neuem aufdrängen, ohne Aussicht, jemals endgültig beantwortet zu werden. Die

Frage „was soll ich tun – was sollen wir tun?" begleitet den Menschen und die Menschheit.

Noch abgründiger erweist sich die Frage, wenn man bedenkt, warum sie überhaupt gestellt wird. Als Problemlösung zielt sie auf eine klare Unterscheidung von gut und böse, von richtig und falsch. Nach dem Zeugnis der Schrift aber ist genau diese Fähigkeit, gut und böse zu unterscheiden, eine Folge des Sündenfalls (Gen 3,5.6.22). Damit schlägt die Frage „was soll ich tun?" um in die Erkenntnis „was habe ich getan!". Dieser Sachverhalt wird durch das Wort Gottes aufgedeckt und kann an drei Beispielen aus der Heiligen Schrift anschaulich werden.

1. Die Erzählung vom „Sündenfall" in Gen 3, in der bemerkenswerterweise das Wort Sünde überhaupt nicht vorkommt, beginnt mit einer ethischen Diskussion unter den Geschöpfen Gottes über das Gebot Gottes: „Ja, sollte Gott gesagt haben: Ihr sollt nicht essen von allen Bäumen im Garten?" (Gen 3,1) Die Frage der Schlange nach der Authentizität des göttlichen Verbots ist zugleich eine listige Infragestellung. Das Weib hat die Möglichkeit, auf die Tatsache hinzuweisen, daß durch das Handeln der Menschen der verallgemeinernde Vorwurf gegen Gott zurückgewiesen wird: „Wir essen von den Früchten der Bäume im Garten" – und das betrifft die positive Seite des göttlichen Gebots für die Versorgung des Menschen mit dem, was er zum Leben braucht (2,16). Außerdem bietet die Frage der Schlange dem Weib die Möglichkeit, den Urtext des göttlichen Verbots wieder herzustellen in seiner ältesten Fassung: „Esset nicht davon, und rühret sie auch nicht an, daß ihr nicht sterbet!" Durch die Hinzufügung „rühret sie auch nicht an" wird das Verbot sogar noch verschärft; denn Gott hatte das nicht verlangt. Mit der Beseitigung der Textentstellung und durch eine richtige, ja sogar überzogene Auslegung wird Gott von dem Weib gegenüber der Schlange verteidigt. Doch nachdem Wortlaut und Bedeutung des Gebots klargestellt sind, wird von der Schlange das Gebot nach seinen Motiven hinterfragt. Der erklärten Absicht in Gottes gutem Willen, den Menschen vor dem Tod zu schützen, wird die böse Absicht unterstellt, daß Gott sich vor den Menschen schützen will. Nachdem an die Stelle des Vertrauens das Mißtrauen getreten ist, wendet sich das Weib vom Hören auf das Wort zur Wahrnehmung mit den Sinnen: Die *Augen* sehen, der *Gaumen* schmeckt, und zu allem die Verheißung, *aus Erfahrung klug* zu werden (3,6). Welch ein tiefer Gegensatz von Glaubensgehorsam, der an das äußere Wort gebunden ist, und Sinneserfahrung, die ihre Bestätigung oder Widerlegung im Erfolg sucht! Das ist in der Tat nicht nur menschlich, sondern menschheitlich, samt der schönen Geste des Weibes, von dem, was gut schmeckt, liebevoll dem Mann abzugeben, „und er aß".

Die Erkenntnis von gut und böse ist eine Sache von Leben und Tod. Doch was in dem Verbot Gottes eine schützende Warnung gewesen ist – „denn an dem Tage, da du von ihm issest, mußt du des Todes sterben" (2,17) –, das ist nach der Übertretung des Gebotes unentrinnbare Folge. Die Erkenntnis von gut und böse ist mithin nicht nur ein Wissen um Leben und Tod oder eine Wahl zwischen beiden, sondern sie steht bereits unter der Unentrinnbarkeit des Todes nach dem Fall. An die Stelle des ewigen Lebens in der Gemeinschaft mit Gott ist der endliche Tod unter der Abwendung von Gott getreten.

Mißtrauen ist der Gegensatz zum Vertrauen, d.h. zum Glauben. Das kommt darin zum Ausdruck, daß zuerst die beiden Menschen, Mann und Frau, sich voreinander verhüllen und alsdann vor dem Angesicht Gottes sich verstecken. Mißtrauen ist Scham und Angst.

Bezeichnend ist dann auch nach dem Fall die menschliche Schuldbewältigung durch Schuldabwälzung, und das geschieht in der Analyse und Aufarbeitung eines Kausalzusammenhangs, in dem von der letzten Tat auf die vorangehenden Verursacher zurückverwiesen wird: „Das Weib, das *du* mir zugesellt hast..." – „Die Schlange betrog mich...". Daß der Schöpfer bei dieser Schuldbewältigung unter den Geschöpfen ins Spiel kommt, ist nicht zufällig, und die Geschichte vom Sündenfall zeigt, wie geschichtliche Ursächlichkeit immer mit Schuld verbunden ist. Wenn schon die Sünde kein Begriff ist, der hier erscheint, so wird sie gezeigt als der Zustand, von dem der Mensch ergriffen ist und unter dem das Verhältnis zueinander sowie das Verhältnis zu Gott seither steht.

Aber dann wird noch dies klar: Die Strafe Gottes trifft den Menschen in den entscheidenden Lebensvollzügen: In der Feindschaft der Kreatur untereinander, bei der Fortpflanzung, bei dem Verhältnis von Mann und Frau sowie bei der Mühe um die Ernährung. Doch eigenartigerweise hat die Last des Lebens mit der Erhaltung des Lebens zu tun, selbst wenn der Tod unentrinnbar ist. Die Last des Lebens aber ist nicht die Sünde, sondern die Folge der Sünde. Deshalb wendet sich die Frage „was soll ich tun?" zurück in die Erkenntnis und das Bekenntnis „was habe ich getan!" Ätiologie ist nach diesem Beispiel nicht nur eine literarische Form, mit der Ursachen anschaulich gemacht werden, sondern ein Vorgang durch das Wort Gottes, in dem die Ursache der Schuld und ihre Folgen aufgedeckt werden.

2. Die Menschheitsfrage „Was soll ich tun?", wie sie im menschheitlichen Ursprung gegenüber dem eindeutigen Gebot Gottes gestellt worden ist, wiederholt sich in der Schriftgelehrsamkeit gegenüber dem geschriebenen Wort Gottes. Lk 10,25–37 liefert das Beispiel. Ein Schriftgelehrter, wörtlich: ein Gesetzeskundiger, der aus den Heiligen Schriften das Gesetz genau kennt und studiert hat, kommt zu Jesus mit der Frage: „Meister, was muß ich tun, daß ich das ewige Leben ererbe?" Ewiges Leben ist das Gut, das bei der Erschaffung des Menschen durch die Grenze des Gebots geschützt worden war und das durch die Übertretung des Menschen verloren ist.

Der Gesetzeskundige stellt eine Frage, für die er selbst der Fachkundige ist. Er will von Jesus wissen, was er selbst durchaus weiß. So wird ihm die Frage zurückgegeben mit dem Hinweis auf die schriftliche Evidenz des Willens Gottes, zusammengefaßt im Doppelgebot der Gottes- und Nächstenliebe.

Was so einfach und eindeutig ist, wird von neuem problematisiert, und der gesetzeskundige Schriftgelehrte möchte damit die Berechtigung seiner Frage unterstreichen. Die zweite Frage „Wer ist denn mein Nächster?“ richtet sich auf einen sog. „Zwischengrundsatz“ oder „mittleres Axiom“, bei dem es um die Vermittlung zwischen dem Grundsatz in seiner Formulierung und die Anwendung in der Tat geht. Es ist offensichtlich, wie mit der Überlegung zu den Bedingungen für die Möglichkeit der Tat der Nächstenliebe der unmittelbare Glaubensgehorsam suspendiert wird. Die theoretische Reflexion über Grenzen und Möglichkeiten der Anwendung des klaren Gebots auf den Nächsten schiebt sich dazwischen.

Jesu Erzählung vom barmherzigen Samariter beantwortet nicht nur die theoretische Frage des Bibeltheologen durch die praktische Tat des Samariters, der außerhalb der Tempelgemeinschaft steht. Gleichzeitig wird vielmehr an dem Beispiel von Priester und Levit der Ungehorsam gegenüber Gottes klarem Gebot in einer professionellen Theologie aufgedeckt. Wo nach dem Nächsten theoretisch gefragt wird, bleibt nicht nur der Nächste vor den Füßen liegen, sondern es wird übersehen, daß mein Nächster immer derjenige ist, dem ich am nächsten bin. Daß ausgerechnet diejenigen, die nach dem klaren Wort der Heiligen Schrift den Weg zum ewigen Leben vor Augen haben, den Nächsten im Nächstliegenden durch ihre Problematisierungen verfehlen, ist ein bitterernster Hinweis dieses Textes. Die problematisierende Schriftauslegung erweist sich als Verweigerung des Glaubensgehorsams.

3. Das dritte biblische Beispiel für die Frage „Was soll ich tun?“ trifft die Frömmigkeit eines Menschen, der mit dem vollen Ernst seines ganzen Lebens dem Willen Gottes folgt. Der reiche Jüngling (Mt 19,16–22) richtet an Jesus ebenfalls die Frage nach dem im Sündenfall verlorenen ewigen Leben: „Meister, was soll ich Gutes tun, damit ich das ewige Leben habe?“ Die Frage nach dem Guten als Bedingung für das ewige Leben wird, scheinbar beiläufig, von Jesus zurechtgerückt. Das Gute ist nicht durch das bestimmt, was der Mensch tut, sondern was Gott ist: „Gut ist nur einer.“ Erfüllung der Gebote ist daher Gemeinschaft mit Gott, so wie das im Ursprung der Schöpfung gewesen ist.

Im Unterschied zu dem Schriftgelehrten liegt in der Frage des Jünglings, welche Gebote gemeint seien, nicht eine Infragestellung von Bekanntem, sondern der Wunsch nach Vergewisserung. Jesus hält ihm die Gebote der zweiten Tafel mit der Zusammenfassung im Gebot der Nächstenliebe wie einen Beichtspiegel vor. Der Jüngling sieht sich darin ohne Fehler: „Das habe ich alles gehalten von meiner Jugend an.“ Aber trotzdem weiß er, daß ihm noch etwas fehlt. Mk 10,17–22 wird die persönliche Seite dieser Begegnung hervorgehoben, wenn der Jüngling vor Jesus auf die Knie fällt und Jesus ihn anblickt und ihn lieb hat. Die Antwort auf die zweite Frage „Was fehlt mir noch?“ trifft ins Herz. „Willst du vollkommen sein, so geh hin, verkaufe, was du hast, und gib's den Armen, so wirst du einen Schatz im Himmel haben;

und komm und folge mir nach!“ Schmerzlich wird durch das Wort des Herrn aufgedeckt, worüber sich auch dieser Jüngling in seinem Glaubensgehorsam selbst keine Rechenschaft geben konnte. Sein Herz hängt im tiefsten trotz aller Frömmigkeit nicht am *ewigen* Leben, sondern am *guten* Leben.

„Denn wo dein Schatz ist, da ist auch dein Herz“ (Mt 6,21). Der Gehorsam gegenüber den Geboten der zweiten Tafel hat seine Grenze bei den Geboten der ersten Tafel, und jeder, der diese Perikope liest, muß sich sagen lassen, daß er diese Grenze nicht überschreiten will. Deshalb kommt die entsetzte Frage der Jünger: „Ja, wer kann dann selig werden?“ (Mt 19,25). Sie hat nicht allein eine spezielle, auf den reichen Jüngling bezogene Bedeutung, sondern eine generelle für jeden Menschen. Der ursprüngliche Zustand des ewigen Lebens kann eben auch nicht über das Maximum des guten Lebens erreicht werden; die Trennung von Gott bleibt, und sie wird durch das Wort Jesu selbst in dem bewundernswertem Glaubensgehorsam dieses Jünglings in der Tiefe des Herzens aufgedeckt.

Wenn wir so mit der Frage, „was soll ich tun?“ – was sollen wir tun?“ an die Schrift herantreten, um Antworten und Lösungen zu finden, dann wird uns unsere Frage an die Schrift von der Schrift als Frage an uns zurückgegeben. Es wird uns aufgedeckt, wie hinter der vordergründigen Entscheidung zwischen gut und böse die menschheitliche Abwendung von der Güte Gottes in seinem Gebot steht. Es wird uns gezeigt, wie die Problematisierung zur praktischen Anwendung und Erfüllung der Gebote letztlich eine Flucht aus dem unmittelbaren Glaubensgehorsam ist; und es wird schließlich gezeigt, wie selbst in dem höchsten Bemühen um Glaubensgehorsam die Bindung an das gute Leben den Weg zum ewigen Leben versperrt. Wie aber der Fall am Anfang menschheitlich ist, so ist auch die Antwort Jesu auf die entsetzten Fragen der Jünger „ja, wer kann dann selig werden?“ menschheitlich für jeden Menschen gültig: „Bei den Menschen ist's unmöglich; aber bei Gott sind alle Dinge möglich.“ (Mt 19,25 f.).

4. Rechte und falsche Sündenerkenntnis

Sünde gehört zu den biblischen Begriffen, durch die mit unserer Sprache auch unser Bewußtsein geprägt ist. So hat jedermann eine Vorstellung davon, daß der christliche Glaube es mit Sünde zu tun hat. Doch die Umgangssprache zeigt auch, wie dieser Begriff Sünde in dem Maße schillernd wird, wie er sich von der biblischen Grundlage entfernt. Ein „Sündenfall“ wird dann zu einem u. U. amüsanten Ereignis; ein Verkehrssünder mag zwar in einer Verkehrssünderkartei registriert oder auch bestraft werden; nach verbreiteter Auffassung indes handelt es sich dabei nicht nur um fahrlässige, sondern um zulässige Sünden, soweit nur Verkehrsregeln übertreten, aber Menschen nicht willkürlich geschädigt worden sind. Bei einer solchen Bewertung ist dann offenbar nicht die Straßenverkehrsordnung in ihrer gesetzlichen Formulierung der Maßstab, sondern der verursachte Schaden. Die Unbedingtheit der rechtlichen Norm, die immer und für alle gelten soll, ist dann überführt in die Bedingtheit der Situation, in der der Erfolg – nicht erwischt zu werden – oder der Mißerfolg – erwischt zu werden oder Schaden zu verursachen – Geltung und Anwendung der Norm bestimmen. Die Frage des Schlagers „Kann denn Liebe Sünde sein?" unterstellt von vornherein die Unvereinbarkeit von beidem, sofern Liebe die Sünde und Sünde die Liebe auszuschließen scheint. Es ist auffallend, in welchem Umfang gerade in der Anwendung auf geläufige Verhaltensweisen der Begriff Sünde nicht nur abgeschwächt, sondern geradezu ins Gegenteil verkehrt wird. Schlecht von anderen zu reden wird in der alltäglichen Verbreitung dieser Übertretung des achten Gebots kaum als Sünde erkannt. Um so schärfer aber werden bestimmte Zustände, unter denen Menschen leiden, als Sünde nicht nur bezeichnet, sondern verurteilt und bekämpft. Wir haben dafür in unserer Sprache eine ganze Reihe von bezeichnenden Neubildungen: „Rassismus ist Sünde" ebenso wie „Sexismus"; „Kolonialismus" und „Militarismus", für einige „Kapitalismus" und für die anderen „Sozialismus", um nur einige dieser Beispiele zu nennen, mit denen Verhältnisse und Verhaltensweisen beschrieben werden, die mit Unterdrückung und Ausbeutung verbunden sind. Daß Menschen hier nicht zu ihrem Recht kommen, scheint in diesen Fällen das Wesen der Sünde auszumachen. Daß ihnen Recht und bessere Lebensmöglichkeit geschaffen wird, ist das Ziel einer entsprechenden Verurteilung oder Bekämpfung dieser Sünde.

Der Begriff Sünde kann in mancher Hinsicht analysiert werden. Doch die Unterscheidung von rechter und falscher Sündenerkenntnis beginnt mit der Einsicht, daß die Sünde nicht nur ein Begriff ist, der auf bestimmte Erscheinungen angewandt werden kann, sondern daß wir von der Sünde ergriffen sind. Die nur erkannte Sünde bleibt immer eine verkannte Sünde, solange sie nicht als meine Sünde auch bekannt wird. In der allgemeinen Einsichtigkeit der Sünde mit der Beschreibung von Zuständen, die nicht so sein sollten wie sie sind, ist u. U. sogar in der schärfsten Zuspitzung auf bestimmte Sachverhalte ein Ausweichen vor der Sünde, unter deren Herrschaft wir selbst stehen und die wir tun. Die Sünde wird dann lediglich als eine Störung der menschlichen Natur und als ein Mangel in der Befriedigung ihrer Bedürfnisse angesehen, doch es wird übersehen, wie sie im Grunde gerade mit der Befriedigung der menschlichen Natur zusammenhängt. Sie hat es eben nicht einfach mit dem zu tun, was der Mensch nicht will, sondern gerade mit dem, was er will und für notwendig ansieht[12].

Nicht weil und insofern der Mensch sündigt, ist er ein Sünder; vielmehr

[12] Hans Joachim Iwand hat dies in einer Kritik an Schleiermacher folgendermaßen formuliert: „Denn Sünde ist gar keine Störung, sondern eine Befriedigung der menschlichen Natur. Schleiermacher sagt ja selbst: Eigenwilligkeit des Fleisches. Aber mehr, diese Befriedigung ist

sündigt er, weil er ein Sünder ist. Erbsünde bezeichnet einerseits die Unentrinnbarkeit der Sünde, und zwar so wie ein Mensch ohne eigene Entscheidung mit seinen Anlagen geboren wird. Damit wird, gegenteiligen Behauptungen zum Trotz, nicht Zeugung und Fortpflanzung als Sitz der Sünde deklariert, was auch in der Heiligen Schrift nicht geschieht. Wohl aber wird ausgeschlossen, die Entstehung der Sünde im Leben eines Menschen auf eine individuelle Entscheidung, die sein oder nicht sein kann, oder auf die willkürliche Nachahmung von dem, was andere vormachen, zurückzuführen. Andererseits ist in dem Begriff Erbsünde neben der Unentrinnbarkeit auch die Zurechenbarkeit der Tat enthalten. Infolgedessen kann es dafür keine Entschuldigung durch Beschuldigung anderer geben.

Der Begriff Erbsünde kommt in der Heiligen Schrift nicht vor, wie es überhaupt bemerkenswert ist, daß es in den biblischen Schriften entgegen unserem Sprachgebrauch kein durchgehendes Wort für Sünde gibt. Im Alten Testament stehen allein hinter diesem einen Wort mindestens 23, und im Neuen Testament mindestens 13 verschiedene Wörter. In diesen Zusammenhang gehört auch die bereits erwähnte Tatsache, daß in der allgemein bekannten „Erzählung vom Sündenfall“ (Gen 3) überhaupt kein Wort für Sünde vorkommt! Vielmehr geht es um Beziehungen zwischen den Geschöpfen Gottes und um deren Beziehung zu ihrem Schöpfer. Was aber diese Gemeinschaft begründet und woran sie dann auch zerbricht, geht aus von dem Wort Gottes, von seinem Gebot und Verbot. So ist hier der Glaubensgehorsam in der Beziehung auf das Wort Gottes die vertrauensvolle Gemeinschaft mit Gott, während die Beziehung zerbricht durch das Mißtrauen gegenüber dem guten Willen Gottes in seinem Gebot und Verbot zum Heil des Menschen.

Rechte Sündenerkenntnis kann es nur vom Wort Gottes her geben, niemals aber als menschliche Selbsterkenntnis. „Solche Erbsunde ist so gar ein tief boße Verderbung der Natur, daß sie kein Vernunft nicht kennet, sondern muß aus der Schrift Offenbarung geglaubt werden.“ So heißt es in den Schmalkaldischen Artikeln Luthers[13], und dazu wird der biblische Erkenntnisgrund mit dem Hinweis auf wichtige Stellen angegeben: Psalm 51, der vierte Bußpsalm, der nicht nur die Sünde als Begriff und Erscheinung beschreibt, sondern in dem durch das Wort Gottes zum Bekenntnis der Sünde angeleitet wird: „Gott, sei mir gnädig nach deiner Güte, und tilge meine Sünden nach deiner großen Barmherzigkeit...“ Röm 5 ist der neutestamentliche Grundtext für den Sachverhalt der Erbsünde. Die Erkenntnis der Sünde aber geht hier aus von dem Empfang der Gerechtigkeit in Christus und dem Frieden mit Gott: „Da wir nun gerecht geworden sind durch den Glauben, haben wir Frieden mit Gott durch unsern Herrn Jesus Christus...“ Von hier aus wird zurückgeblickt: „Denn Christus ist schon zu der Zeit, als wir noch

Gehorsamsverweigerung und – die Gehorsamsverweigerung umgekehrt ist Befriedigung.“ H.J. Iwand, Nachgelassene Werke Bd. 6. München 1964. 87.

13 BSLK 434,8ff.

schwach waren, für uns Gottlose gestorben ... Gott aber erweist seine Liebe zu uns darin, daß Christus für uns gestorben ist, als wir noch Sünder waren ..." Und schließlich weitet sich unter der durch Christi Tod und Auferstehung empfangenen Gerechtigkeit der Blick auf die durch den Fall Adams, des einen Menschen, in dem die ganze Menschheit zusammengefaßt ist, begangene Sünde mit ihrer Todesfolge: „Deshalb, wie durch einen Menschen die Sünde in die Welt gekommen ist und der Tod durch die Sünde, so ist der Tod zu allen Menschen durchgedrungen, weil sie alle gesündigt haben." Nicht der Zustand der Menschheit, sondern der Tod des Sohnes Gottes für das Heil der Menschen ist der eigentliche Erkenntnisgrund: „Denn wenn durch die Sünde des einen die Vielen gestorben sind, um wieviel mehr ist Gottes Gnade und Gabe den Vielen überreich zuteil geworden durch die Gnade des einen Menschen Jesus Christus." Die Einsicht, daß der Tod nicht zur Natur des Menschen gehört, sondern der „Sünde Sold ist", ist überhaupt nur ertragbar, wo sie getragen ist durch die Zusage: „Die Gabe Gottes aber ist das ewige Leben in Christus Jesus, unserm Herrn." (Röm 6,23) Und es ist in diesem Zusammenhang auch bemerkenswert, wie unter dieser Einsicht der wichtigste Schlüssel zum biblischen Gehalt des unbiblischen Begriffs Erbsünde in der Wiedergeburt liegt, die durch die Taufe gewirkt wird und durch die der alte, unter der Herrschaft von Sünde, Teufel und Tod stehende Mensch in Christus ein neues Geschöpf wird (Röm 6; 2.Kor 5,14–17; 1.Petr 1,3 ff.; Tit 3,5; Joh 3,5 u. a.). Ex 33 wird angeführt mit dem Hinweis auf die dringende Bitte des Mose an Gott: „Laß mich deine Herrlichkeit sehen!" Daß Mose das Angesicht Gottes nicht sehen kann, sondern nur hinter ihm herblicken darf, nachdem Gott an der Felsspalte vorübergegangen und seine Hand schützend über Mose gehalten hat, wird vom Wort Gottes begründet: „... denn kein Mensch wird leben, der mich sieht."[14] – An letzter Stelle erst, und das ist wichtig für den rechten Erkenntnisgang, wird die Erzählung vom Sündenfall Gen 3 genannt.

Die Sündenerkenntnis, die nicht aus der vernünftigen Selbsterkenntnis des Menschen abgeleitet ist, sondern zu der das Wort Gottes in der Heiligen Schrift den Glauben anleitet, führt also in das Bekenntnis meiner Sünde vor Gott, in die Erkenntnis der menschheitlichen Sünde aus Tod und Auferstehung Jesu Christi, des Sohnes Gottes, für die Sünde der Welt; sie lehrt, wie der dem Strafgericht Gottes verfallene Mensch von Gott selbst vor der vernichtenden Kraft seiner Herrlichkeit geschützt wird, und dies umschließt dann auch die Einsicht, daß von Beginn der Menschheit und jeden Menschen umfassend die ursprüngliche Gemeinschaft von Gott und Mensch an dem Mißtrauen gegen Gott und der daraus folgenden Übertretung seines Gebots entstanden ist.

Wenn so die rechte Sündenerkenntnis nur im Glauben aus der Offenba-

---

[14] S. o. 51 f.

rung der Schrift erfolgen kann, dann ergibt sich, daß es „eitel, Irrtum und Blindheit wider diesen Artikel“ ist, was „die Schultheologen gelehrt haben“. In den Schmalkaldischen Artikeln werden Beispiele für solche Lehren aus der spätmittelalterlichen Theologie aufgezählt, die durchweg vom ethischen Vermögen des Menschen und seiner Fähigkeit, gut und böse zu unterscheiden, sowie das Gute zu tun und das Böse zu meiden, ausgehen. In dieser Begrenzung auf das gute Wollen und Tun des Menschen aber wird nicht nur das Wesen der Sünde verkannt, sondern das Werk Jesu Christi verleugnet. Das Urteil über eine solche Theologie und ihre falsche Sündenerkenntnis ist so klar, aber auch so scharf, daß das, was damals und heute gilt, nur mit den Schmalkaldischen Artikeln zitiert werden kann: „Solche und dergleichen viel Stuck sind aus Unverstand und Unwissenheit beide der Sunden und Christi, unsers Heilands, kommen, rechte heidnische Lehre, die wir nicht leiden konnen; denn wo diese Lehre recht sollt sein, so ist Christus vergeblich gestorben, weil kein Schaden noch Sunde im Menschen ist, (darum) dafur er sterben mußte, oder wäre allein fur den Leib nicht fur die Seele auch gestorben, weil die Seele gesund und allein der Leib des Todes ist.“[15]

Falsche Sündenerkenntnis, ja eben unchristliche Sündenerkenntnis liegt dort vor, wo die Sünde nicht aus der Schrift, wo sie ohne Christus und mithin ohne das Bekenntnis der Sünde, ohne den Zuspruch der Vergebung und ohne die Gabe der Wiedergeburt erkannt wird. Dies bleibt auch festzuhalten, selbst wenn noch so eindringlich die Sünde als Leiden, Unterdrückung und Ungerechtigkeit beschrieben, verurteilt und bekämpft wird. Im Lichte der Christusoffenbarung lehrt uns das Wort Gottes vielmehr, daß alle diese Erscheinungen nicht die Sünde, wohl aber Folge der Sünde sind.

Rechte christliche Sündenerkenntnis beruht auf dem Zusammenhang von Sünde des Menschen und Gnade Gottes in Jesus Christus. Daher hat die Erkenntnis der Sünde ihr Ziel in Umkehr und Vergebung; der Sünder soll gerade nicht verurteilt, sondern aus dem Gericht Gottes durch Tod und Auferstehung Jesu Christi gerettet werden. Das Verlorene wird von dem guten Hirten gesucht, und deshalb wiederholt sich in Lk 15 bei den Beispielen vom verlorenen Schaf, vom verlorenen Groschen und vom verlorenen Sohn, den der Vater bei seiner Heimkehr sehnsüchtig erwartet, immer wieder das Wort *Freude* – die Freude über einen Sünder, der Buße tut.

Die falsche Sündenerkenntnis ist unchristlich und heidnisch, weil dieses Heil in Christus fehlt, und dann fehlt auch die Freude der Buße, die davon bestimmt ist, daß die eindeutig erkannte Sünde bekannt und im Namen Christi vergeben wird. Gleichwohl haben wir es bei der falschen, weil unchristlichen Sündenerkenntnis durchaus mit einer Erkenntnis von Sünde und dem Bemühen um ihre Bewältigung zu tun. Denn die Beseitigung von Sünde ist nun einmal eine allgemein menschliche Notwendigkeit, und der

15 BSLK 435,7–16.

erste Schritt richtet sich schon darauf, daß die Sünde in ihrer Unentrinnbarkeit und Zurechenbarkeit, mit der sie alle Menschen umfaßt und beherrscht, nicht erkannt, sondern bestritten und abgestritten wird. Wie sollte auch ohne den Tod des Sohnes Gottes für die Sünde der Welt zumutbar und erträglich sein, daß der Tod der Sünde Sold ist und daß das Böse sowie Leid und Tod in der Welt nicht eine fremde Macht, auch nicht ein blindes Schicksal, sondern Folge des menschlichen Ungehorsams ist?

Rechte christliche Sündenerkenntnis erwächst aus der angebotenen Vergebung der Sünden im Namen Jesu Christi. Ihre alltägliche Notwendigkeit legt uns das Gebet des Herrn mit der fünften Bitte, die auf die Bitte um das tägliche Brot folgt, in den Mund: „Und vergib uns unsere Schuld, wie auch wir vergeben unsern Schuldigern." Wo aber so die Vergebung der Sünden in Kreuz und Auferstehung Jesu Christi angeboten wird, zeigt sich die tiefste Tiefe der Sünde darin, nicht zu glauben, daß wir als Menschen zu Recht den Zorn und das Strafgericht Gottes verdient haben, die der Sohn Gottes für uns getragen hat. Zur Verkennung dieser menschheitlichen Situation gehört es dann auch, wenn selbst in der christlichen Gemeinde die Forderung auftaucht, die Folgen der Erbsünde müßten von Generation zu Generation zurückgedrängt werden[16], was dann freilich nicht durch die Vergebung Christi, sondern durch die Tat der Christen zu geschehen hat.

Bei der falschen Sündenerkenntnis wird der Zusammenhang von Sünde und Gnade ersetzt durch die Gegenüberstellung von gut und böse. Nach Gen 3 ist die Einsicht in diese Unterscheidung die Folge des Sündenfalls. Es ist die Verheißung der Schlange, die zur Übertretung des Gebotes Gottes führt und mit der die Warnung vor dem Tod in den Wind geschlagen wird: „Da sprach die Schlange zum Weibe: Ihr werdet keineswegs des Todes sterben, sondern Gott weiß: An dem Tage, da ihr davon esset, werden eure Augen aufgetan, und ihr werdet sein wie Gott und wissen was gut und böse ist." Das erste, was die Menschen mit den durch den Fall geöffneten Augen erkennen ist, „daß sie nackt waren" (Gen 3,4f. 7).

Durch diese Situation des Menschen ist auch das *Gebot Gottes* bestimmt in seiner Wirkung. Und die Gebote Gottes sind das zweite wichtige Kriterium für rechte und falsche Sündenerkenntnis. Infolgedessen begegnet auch hier nicht erst heute eine tiefgreifende Geistesverwirrung und eine oft nur schwer zu durchschauende Verführung in der christlichen Gemeinde. Für das Volk Gottes ist es schlimm, wenn ihm durch das Wort Gottes gesagt werden muß: „Deine Propheten haben dir trügerische und törichte Gesichte verkündet und dir deine Schuld nicht offenbart, wodurch sie dein Geschick abgewandt hätten, sondern sie haben dich Worte hören lassen, die Trug waren und dich

[16] So z.B. der Begründer des amerikanischen ‚Social Gospel' Walter Rauschenbusch, Die religiösen Grundlagen der sozialen Botschaft. Zürich/Leipzig o.J. 101. Doch man braucht nicht auf einen Autor festzulegen, was eine zweifellos auch heute weitverbreitete Meinung und Einstellung ist.

verführten" (Klgl 2,14). In dieser Verwirrung muß vieles, was das Gebot Gottes betrifft, nachbuchstabiert werden.

Alles hängt daran, daß es *Gottes* Gebot ist. Denn nur aus der Zuwendung Gottes, wie sie uns im ersten Gebot mit der direkten Anrede: „Ich bin der Herr, dein Gott…" entgegentritt, liegt der Grund für die Einsicht, daß Gott unser Gutes will. Daß er möglicherweise das Gute dem Menschen vorenthalten will, ist das menschheitliche Mißtrauen und Ursprung der Menschheitssünde. Die Gemeinschaft mit Gott entscheidet daher über das Verständnis seiner Gebote.

Gottes Gebote sind von Menschengeboten zu unterscheiden. Dies ist festzuhalten, wenn die Auffassung vertreten wird, die Gebote Gottes in der Heiligen Schrift seien von Menschen verfaßt und unter den Bedingungen menschlicher Geschichte überliefert worden. Wieder treffen wir auf die früher ausführlich behandelte Grundsatzentscheidung, die sich keineswegs erst durch neuere Forschungen und Betrachtungsweisen stellt. Vielmehr muß eindringlich gemahnt werden, wie es Luther bei der Auslegung des ersten Gebots im Großen Katechismus tut: „Darümb lasse es ihm ein iglicher ernstlich zu Herzen gehen, daß man's nicht achte, als habe es ein Mensch geredt. Denn es gilt dir entweder ewigen Segen, Glück und Seligkeit oder ewigen Zorn, Unglück und Herzeleid…"[17]

Die Gebote und Weisungen im Alten wie im Neuen Testament haben in aller Regel die Form des Verbots. Es wird gesagt, was der Mensch nicht tun soll, was voraussetzt, daß er von sich aus Neigung und Willen hat, das Verbotene zu tun. Damit erschließt sich aus den Geboten die Situation des Menschen. Verbote sind prohibitiv, nicht also produktiv. D.h. sie verhindern, was nicht sein soll, doch sie führen nicht einen Zustand herbei, in dem alles, was verboten und schädlich ist, beseitigt wäre. So zeigen die Gebote als Verbote nicht nur die einzelne Sünde, sondern die Tatsache, daß der Mensch ein Sünder ist.

Gebote Gottes, die den Willen Gottes für den Menschen anzeigen und den bösen Willen des Menschen aufdecken, treten unausweichlich in Konkurrenz mit Geboten von Menschen, in denen sich der Wille und die Bedürfnisse von Menschen artikulieren. Es ist schon menschlich, daß allein die Form des Verbots „du sollst nicht" zum Widerspruch reizt und Begründungen fordert. Gefragt wird nach der Anwendbarkeit und Erfüllbarkeit solcher Gebote, gefragt wird auch nach Zweckmäßigkeit und Erfolg. Die Fähigkeit des Menschen, gut und böse zu unterscheiden, orientiert sich dann an dem, was für den Menschen zunächst persönlich, aber dann auch für alle Menschen als gut erscheint, weil es lebensfördernd und lebenserfüllend ist, und was als böse erscheint, weil es lebenswidrig und schmerzlich ist. Der Hedonismus als natürliche menschliche Lebenseinstellung richtet sich nach einem Maximum

[17] BSLK 570, 8–13.

an Freude und einem Minimum an Leid. Das kennt und will jeder Mensch, und so liegt es auch nahe, daß der Zusammenhang von Sünde und Gnade, wenn er durch das Verhältnis von gut und böse ersetzt wird, dazu führt, daß die Gnade im guten, glücklichen und sinnvollen Leben gesehen wird, während Leid, Schmerz und Not als Sünde empfunden werden. Entsprechend sind die daraus abgeleiteten Gebote und Verhaltensweisen, die dann auf Problemlösungen abzielen und letztlich auf einen Zustand, in dem alles Leid durch reine Freude ersetzt sein soll.

Der Konflikt zwischen diesen Einstellungen spielt sich nicht allein am Rand der Gemeinde, sondern auch in ihr und gewiß auch in jedem einzelnen Christen ab. Es ist eine Situation, die durch das Gebot Gottes nach dem Zeugnis der Heiligen Schrift ausgelöst wird, und in diesem Licht sind dann auch die Argumente zu prüfen, die durchweg davon bewegt sind, daß an die Stelle von Sünde und Gnade der Gegensatz von gut und böse tritt. Das geschieht in oft höchst subtiler Form und mit gewichtigen theologischen und wissenschaftlichen Argumenten. Verführung ist nun einmal nicht schwach und abscheulich, sondern stark und überzeugend. Unvermeidlich werden aber dann auch empfindliche Bereiche berührt, die nicht nur anonyme Richtungen, sondern den einzelnen in seinem Denken und Handeln betreffen.

Der Protest gegen „starre Regeln“ oder „unveränderliche Normen“ ist eine verbreitete Erscheinung unter dem Anspruch der göttlichen Gebote. „Moral ohne Normen“ oder „Ethik ohne Gesetze“ ist dann eine entsprechend verlockende Verheißung. Schon die Bezeichnungen üben eine entwertende Wirkung aus, wenn z.B. die Gehorsamsbindung des Gewissens an die unveränderlichen göttlichen Gebote als „zeitloser Prinzipienspeicher“ beschrieben wird. Solche Bewertungen und Programme begegnen auch in der christlichen Gemeinde verständnisvoller Zustimmung. Doch wenn die Gebote Gottes als „starre Regeln“ erscheinen, ist dies ein Hinweis darauf, daß sie nicht mehr als *Gottes* Gebote erkannt und aus der Gemeinschaft mit Gott gelehrt und gelernt werden. Auch das ist eine alte Erscheinung im Volk Gottes, wenn Gott in seinem Wort sagt: „Wenn ich ihm auch noch so viele meiner Gebote aufschreibe, so werden sie doch geachtet wie eine fremde Lehre“ (Hos 8,12). Fremde Lehre werden die Gebote in dem Augenblick, wo sie nicht mehr aus der Beziehung „ich bin der Herr, dein Gott“ verstanden werden.

Ein anderes Argument, das zu einer Relativierung oder gar prinzipiellen Aufhebung der göttlichen Gebote in ihrer Unveränderlichkeit führen kann, erscheint mit biblischer Begründung in einer besonders schwer zu durchschauenden christlichen Gewandung: „So ist nun die Liebe des Gesetzes Erfüllung“ (Röm 13,10). Auch das Doppelgebot der Gottes- und Nächstenliebe kann als Grundregel für Geltung und Anwendung von Einzelgeboten in der konkreten Situation herangezogen werden, und das kann schließlich alles zusammengefaßt werden in dem immer wieder begegnenden Zitat von Augustin „dilige, et quod vis fac" – „Liebe, und tu was du willst"[18].

Wer von der Liebe spricht und sie als die einzige Norm und als das einzige Kriterium für Anwendung und Geltung von Normen ausgibt, kann auf breite Zustimmungen rechnen, weil er anspricht, was jeder Mensch wünscht und braucht, was er bitter vermißt, wenn es ihm fehlt. Aber weiß nicht auch jeder Mensch, wie groß gerade hier unter den verschiedenen Vorstellungen die Täuschungen und Enttäuschungen sind? Daß mit dem liebenden Vertrauen zu Gott auch die vertrauensvolle Liebe unter den Menschen zerbricht, so daß sie sich voneinander und vor Gott verhüllen müssen, gehört zu den Symptomen des Sündenfalls. Wenn nun in den angeführten Stellen der Heiligen Schrift von Liebe die Rede ist, dann erscheint sie Röm 13,8 ff. nicht als die Aufhebung, sondern als die Erfüllung des Gesetzes, und dazu werden im Zusammenhang des zweiten Teils des Doppelgebots die einzelnen Gebote der zweiten Tafel des Dekalogs ausdrücklich aufgeführt. Die Liebe als des „Gesetzes Erfüllung" steht also nicht über den Geboten, sondern in den Geboten Gottes. Auch im „hohen Lied der Liebe" 1.Kor 13 wird gezeigt, daß die Liebe nicht gleichgültig ist gegenüber Ungerechtigkeit und Wahrheit: „Sie freut sich nicht über die Ungerechtigkeit, sie freut sich aber an der Wahrheit." Und die so griffige Wendung Augustins, die bei der Auslegung von 1.Joh 4,9 auf dieses hohe Lied der Liebe anspielt, zählt im weiteren Zusammenhang auf, was in Liebe zu geschehen hat und ohne Liebe nicht geschehen darf: „...ob du nun schweigst, schweige mit Liebe; ob du nun schreist, schreie mit Liebe; ob du nun zurechtweist, weise mit Liebe zurecht; ob du nun verschonst, verschone mit Liebe; inwendig soll die Wurzel der Liebe sein, und es kann von dieser Wurzel nur Gutes entstehen." Das muß eindringlich gesagt werden, daß es hier um die Liebe Gottes geht in seinem Gebot, die gerade auch wo sie verbietet, das Gute für den Menschen will. Das ist etwas völlig anderes als die Liebe von Menschen, die zuerst immer ausgerichtet ist auf das, was der Mensch in erster Linie für sich selbst und dann auch für einen anderen und andere für gut hält, solange es ihm gut scheint. Während die Liebe Gottes das Gute des Gebots begründet, fragt die Liebe des Menschen gegenüber dem Gebot Gottes zuerst danach, ob es mir damit gut geht oder nicht. Das als starr und fremd empfundene Gebot Gottes deutet in solcher Situation den Widerspruch zwischen dem Willen Gottes und dem Eigenwillen des Menschen an. Wenn man es recht versteht, ist auch dies ein geistlicher Sachverhalt, dem man nicht ausweichen darf. Liebe aber im biblischen Verständnis heißt und ist Jesus Christus.

Der Hinweis auf die *Autonomie* und *Mündigkeit* des neuzeitlichen Menschen seit der Aufklärung liefert weitere Argumente gegen die Verbindlichkeit und Unveränderlichkeit der Gebote Gottes. Autonomie wird als ein

[18] In Ep.Joan. Tract. VII, 8 zu 1.Joh 4,9.

Fortschritt in der Entwicklungsgeschichte der menschlichen Vernunft angesehen, den sie von der Fremdbestimmung/Heteronomie zur Selbstbestimmung macht. Heteronomie wird nach verbreiteter Auffassung als Bevormundung durch religiöse Autoritäten aufgefaßt, während Autonomie die Selbstbestimmung des mündigen Menschen in eigener Verantwortung und persönlicher Freiheit bezeichnen soll. Der geistesgeschichtliche Entwicklungsgedanke wird so gerade im Bereich der Ethik mit der Vorstellung einer Emanzipation – das ist wörtlich die Sklavenbefreiung – verbunden. „Befreiungsschritte" werden dann vorgeführt, die sich gegen überholte christliche Vorstellungen in Erziehung und Unterweisung sowie gegen „Disziplinierungsversuche" von Kirchenleitungen und gegen die dadurch verursachten Zwänge oder auch Schuldvorstellungen richten. „So erfährt die herkömmliche Ehe- und Familienmoral eine deutliche Verengung. Ihre verengten Grenzen sind nun aber im gesellschaftlichen Leben des letzten Jahrzehnts gerade von mündigen, verantwortlichen, sensiblen Menschen überschritten worden. Die zahlreichen Opfer, die Frauen durch die mit der verengten Ehe- und Familienmoral verbundene Männerherrschaft abverlangt wurden, sind schrittweise der Vergessenheit entrissen worden. Für die tiefgreifenden Verletzungen, die Kindern im Wege der Verengung der herkömmlichen Familie zugefügt wurden, gilt das gleiche..."

In kirchlichen Zeitschriften verbreitet, wirken solche Argumente sehr überzeugend und ermutigend, wenn, wie in dem angeführten Beispiel, dann außereheliche Beziehungen, die Ablösung der Kindererziehung von der Familiengemeinschaft sowie das Ausleben von Homosexualität damit begründet werden. Das Ja zum Wollen des Ich und der Befriedigung seiner Wünsche erscheint unter dem Gedanken der Emanzipation als Norm des Fortschritts in der Veränderung herkömmlicher Verhaltensweisen, die als repressiv ausgegeben bzw. empfunden werden, weil der gute und schützende Wille Gottes gegenüber dem bösen Willen von Menschen nicht erkannt wird. Eine epochale Wendung im Gang der Geschichte sowie eine scheinbar nachweisbare Veränderung in den Verhaltensweisen liefert gewichtige Argumente, unter denen die Karikatur eines christlichen Lebens nach dem Gebot Gottes leicht zusammenbricht.

Doch was ist eigentlich *Autonomie*? In Kants „Grundlegung zur Metaphysik der Sitten" (B 87–89) ist „Autonomie des Willens" „die Beschaffenheit des Willens, dadurch derselbe ihm selbst (unabhängig von aller Beschaffenheit der Gegenstände des Wollens) ein Gesetz ist. Das Prinzip der Autonomie ist also: Nicht anders zu wählen, als so, daß die Maximen seiner Wahl in demselben Wollen zugleich als allgemeines Gesetz mitbegriffen sein." Dies aber schließt jeden Subjektivismus sowohl in der Form des Hedonismus als auch in der Form des Utilitarismus aus. Autonomie geht von einem absoluten Vernunftgesetz aus, an das sich die Vernunft in Freiheit bindet und das jederzeit und für jedermann unwandelbar und unabhängig von der Situation

Geltung hat. *Heteronomie* hingegen ist eine Fremdbestimmung des Willens, und sie beruht darin, daß der Wille sich nicht an den allgemeinen und absoluten Grundsätzen ausrichtet, sondern an Objekten, Bedürfnissen und Zwecken. Die unbedingte Geltung des Gesetzes (kategorischer Imperativ) wird bei der Autonomie zu einer bedingten (hypothetischen) Geltung: „Ich soll etwas tun darum, weil ich etwas anderes will" – also nicht um des Gesetzes selbst willen, sondern um des erwünschten Zieles willen. „Ich soll nicht lügen, wenn ich bei Ehren bleiben will." Das ist die Orientierung an der Zustimmung von anderen und dem Ansehen vor anderen. „Ich soll nicht lügen, ob es mir gleich nicht die mindeste Schande zuzöge" – das ist die unbedingte Geltung des Gesetzes im Sinne der Autonomie. Daran wird deutlich: Was unter dem Vorzeichen von neuzeitlicher Autonomie sich an den individuellen Bedürfnissen und sozialen Leitbildern orientiert, ist im Verständnis von Kant in Wirklichkeit Heteronomie. Der Wille wird nicht von Grundsätzen, sondern von Zwecken und Nützlichkeiten geleitet; er richtet sich nicht nach dem Gericht Gottes, sondern nach dem Gericht des Menschen.

Ist diese zumal von Theologen verbreitete geistesgeschichtliche Axiomatisierung schon geistesgeschichtlich nachweisbar falsch[19], dann gilt das noch mehr für die damit zusammenhängende theologische Begründung. Unmündigkeit ist nach Gal 4,1 ff. die Situation der Unfreiheit unter der „Knechtschaft der Mächte der Welt" (4,3); Unmündigkeit ist auch die Unerfahrenheit, wenn die Kenntnis und Übung des Wortes Gottes fehlt (Hebr 5,13 f.). Mündigkeit hingegen ist die Befreiung durch Christus mit der Einsetzung in Gotteskindschaft durch die Gabe des Geistes. Diese erneuerte Gemeinschaft mit Gott aber äußert sich in der Anrede Gottes als Vater. „Unmündigkeit" heißt nach Eph 4,14, daß Menschen sich „von jedem Wind einer Lehre bewegen und umhertreiben lassen durch trügerisches Spiel der Menschen, mit dem sie uns arglistig verführen."

Das Leitbild vom mündigen Menschen hat nicht nur eine weite Verbreitung, sondern auch eine tiefgreifende Überzeugungskraft und ist in seiner Wirkung ein reales, jedoch falsches Dogma in Bewußtseinsprägung und -bindung. Wer kann sich dem Argument entziehen, daß der Mensch von heute autonom sein will, weil er mündig ist. Jeder Widerspruch dagegen würde sich von selbst als rückständig und überholt erklären.

Nun hat es in der falschen Sündenerkenntnis zweifellos auch eine innere Konsequenz, wenn unter der Voraussetzung einer geschichtlichen Veränderung der gesellschaftlichen Verhältnisse auch von einem Wandel der Gebote Gottes gesprochen wird. Denn es kommt ja nun darauf an, den Widerspruch zwischen diesen Geboten und den veränderten Verhaltensweisen aufzuhe-

---

19 Vgl. hierzu: Ernst Feil, Antithetik neuzeitlicher Vernunft. ‚Autonomie – Heteronomie' und ‚rational – irrational'. (= FKDG 39) Göttingen 1987. s. o. 132 ff.

ben, um auf diesem Wege der Anklage der Gebote zu entgehen. Die Vorstellung von einer Veränderung der Gebote unter der Veränderung von Verhältnissen und Verhaltensweisen schließt also einen Vorgang der Schuldbewältigung ein. Was heute alle tun und was man deshalb vom heutigen Menschen nicht mehr verlangen kann, das ist ein erdrückendes Argument, gegen das die Berufung auf Wort und Gebot Gottes sehr rasch in eine hilflose Minderheit gedrängt wird. Und jeder weiß, daß herrschende Verhaltensweisen auf Anerkennung drängen und keinen Widerspruch dulden. Im konkreten Fall wird dann vielmehr die Gemeinschaft aufgekündigt, ein schmerzlicher, aber unausweichlicher Vorgang. Es sind nicht erst die theologischen Richtungen, sondern die persönlichen Beziehungen, in denen dann Entscheidungen fallen, ob man die Gemeinschaft auf Kosten des Glaubensgehorsams durchhalten will oder ob unter dem Glaubensgehorsam die Gemeinschaft zerbricht.

Fallbeispiele für diese Normenkonflikte und ihre Konsequenzen lassen sich in großer Zahl beibringen, und wenn man darauf zu sprechen kommt unter Menschen, dann gehen Schleusen auf und angestaute Fluten von Enttäuschung und Empörung brechen los.

Doch wenn es um die Gebote Gottes geht, wie sie uns in der Heiligen Schrift zuverlässig überliefert sind, dann geht es eben nicht um diesen oder jenen Einzelfall, sondern um den Grund der Gemeinschaft mit Gott und um den Glaubensgehorsam, der von diesem Wort getragen wird und an es gebunden ist. Denn „wer das nun verachtet, der verachtet nicht Menschen, sondern Gott, der seinen Heiligen Geist in euch gibt". (1.Thess 4,8) Alles was über Entwicklung und Veränderung von Geboten Gottes zu sagen ist, steht und fällt mit dem Subjekt dieser Gebote und mit der Frage, welche Autorität dann mit dem göttlichen Anspruch auftreten darf und kann: „Ich aber sage euch..." In den Heiligen Schriften gibt es durchaus eine Veränderung des Gebotes Gottes durch Gott selbst. So wird das von Gott gegebene Zeremonialgesetz des Alten Bundes durch den Neuen Bund in Leib und Blut Christi ersetzt und zugleich erfüllt. Denn Christus ist Priester und Opfer zugleich (Hebr 8–10). Das Gesetz Gottes aber wird in diesem Fall dadurch aufgehoben, daß es erfüllt ist durch Christus. – Eine Veränderung ist auch dort zu beobachten, wo Jesus sagt: „Ihr habt gehört, daß zu den Alten gesagt ist... ich aber sage euch..." (Mt 5,21ff.). Doch in der Bergpredigt ist auch dies eindeutig nicht Auflösung, sondern Erfüllung des Gesetzes (Mt 5,17). Dabei wird einerseits die Gehorsamsentscheidung von der sichtbaren Tat in den unsichtbaren Bereich von Herz, Gewissen und Bewußtsein zurückgenommen. Ferner wird gegenüber menschlichen Veränderungen und Mißdeutungen wieder zu dem ursprünglichen Willen Gottes zurückgeführt. Das geschieht in den Auseinandersetzungen um das Sabbatgebot. Denn wenn in menschlichen Überlegungen sorgsam geprüft wird, wie dieses Gebot recht eingehalten und wo es übertreten wird, dann wird bei den Heilungen Jesu am Sabbat sowie beim Ährenraufen der Jünger am Sabbat aufgedeckt: „Der

Sabbat ist um des Menschen willen gemacht und nicht der Mensch um des Sabbats willen." (Mk 2,27) Gottes Gebot steht für den Menschen und nicht gegen den Menschen. Besonders klar wird der Sachverhalt auch beim sechsten Gebot und der Frage der Ehescheidung (Mt 5,27–32; 19,1–9 pp). Denn als Einwand erscheint hier der Hinweis auf die Regelung im Gesetz des Mose Dtn 24,1) „wer sich von seiner Frau scheidet, der soll ihr einen Scheidebrief geben." Es ist durchaus zu beachten, daß im Unterschied zu der Wiederholung der zehn Gebote (Dtn 5) in der direkten Rede Gottes in Dtn 24 Mose das Subjekt der Rede ist. Darauf bezieht sich auch der Unterschied zwischen dem ursprünglichen Willen Gottes und der menschlichen Konzession an des „Herzens Härtigkeit". Dem ursprünglichen Willen Gottes aber widerspricht die Ehescheidung und die Heirat Geschiedener. Man kann sich dieser klaren Vorstellung des ursprünglichen Wortes Gottes durch das Wort des Sohnes Gottes entziehen, indem man auf die Ausnahmeklausel von Mt 5,32 und 19,9 – „es sei denn wegen Ehebruchs" (Unzucht) – hinweist, die in den parallelen Texten Mk 10,11 und Lk 16,18 nicht enthalten ist. In der traditionsgeschichtlichen Betrachtungsweise kann man dann darin eine spätere Konzession der Gemeinde unter dem Druck veränderter Verhältnisse sehen, und auf diese Weise wird der Weg zu analogen Entscheidungen nicht nur beim sechsten Gebot geöffnet. Die Grundsatzentscheidung jedoch beruht in dem Wechsel des Subjekts von dem Wort des Herrn zu den Bedürfnissen und Vorstellungen der Gemeinde. Der Apostel Paulus hat sorgfältig an der Unterscheidung zwischen dem unveränderlichen Herrngebot und der daraus abgeleiteten und daran zu messenden apostolischen Weisung festgehalten und in Einzelfällen auch darauf hingewiesen, selbst wenn er in apostolischer Vollmacht solche Weisungen gibt (1.Kor 7,10.12.25.40; 14,37).

Mit welcher verblendeten Selbstverständlichkeit wird heute in der christlichen Gemeinde die Veränderung der Verhältnisse gegenüber der Unveränderlichkeit des Gebotes Gottes ins Feld geführt! Wer bemerkt dann überhaupt noch, daß damit die Forderung von geschichtlicher Entwicklung und gesellschaftlichen Verhältnissen an die Stelle der Forderung Gottes tritt!? Worauf stützt sich eine Vollmacht, die gegenüber den konkreten Weisungen von Gal 5,16ff., die in den Hinweis münden: „Die solches tun, werden das Reich Gottes nicht erben" behaupten kann, man könne heute durchaus dieses und jenes tun, „weil die Wissenschaft gezeigt hat", ohne damit das Reich Gottes zu verlieren? Zeigt sich nicht gerade daran, wie die Sorge, Menschen und deren Sympathien zu verlieren, wesentlich stärker als die Sorge, daß Menschen das Reich Gottes verlieren? Wenn die Sünde aber nicht recht erkannt, damit auch bereut und bekannt wird, um vergeben zu werden, entwickelt sie offenbar eine erstaunliche Fähigkeit, unser Gewissen zu vernebeln, und wir suchen dann viele Wege, uns zu verteidigen und uns vor Gott und vor der Welt zu behaupten.

5. Die Werke des Fleisches und die Frucht des Geistes

Werke sind das, was ein Mensch tut. Sie stehen unter dem Maßstab von Erfüllung und Nichterfüllung, von gut und böse. *Frucht* ist das, was gesät wird, was wächst, reift, um schließlich geerntet zu werden. Die apostolische Ermahnung an die Gemeinde in Gal 5–6 ist darauf gerichtet, die Unterscheidung zwischen den „Werken des Fleisches" und der „Frucht des Geistes" einzuschärfen. Das beginnt mit der Erinnerung an das, was Christen durch Jesus Christus sind: „Zur Freiheit hat euch Christus befreit! So steht nun fest und laßt euch nicht wieder das Joch der Knechtschaft auflegen!" (5,1) Das ist die Grundlage des Glaubensgehorsams, die in der Wirkung und Gabe des Geistes steht, und darin liegt die Erkenntnisgrundlage für das, was die Gemeinde und was der Christi durch Jesus Christus ist. Aus der Freiheit, zu der er befreit bzw. berufen ist (5,1.13) wird erkennbar, wie alles andere Unfreiheit und Sklaverei ist. Auch die Unterscheidung von Fleisch und Geist wird erst durch die Gabe des Geistes möglich. Daraus erwächst dann aber auch das Aufbegehren des Fleisches gegen den Geist (5,17). Damit ist nicht nur eine begrenzte Form von Triebhaftigkeit im Menschen gemeint, sondern es ist alles umschlossen, was die Selbsterhaltung des menschlichen Lebens, die Selbstbehauptung gegenüber anderen und die Selbstverwirklichung als sinnvolle Lebenserfüllung betrifft. Und im Grunde ist das alles von dem Bestreben bewegt, dieses Leben gegenüber dem Tod zu behaupten, von dem es umstellt scheint.

Die Schärfe des Konflikts zwischen Fleisch und Geist hat daher auch darin ihre Ursache, daß dieses dem Fleisch eigentümliche und notwendige Streben auf Lebenserfüllung und Lebenserhaltung radikal nicht nur bestritten, sondern aufgehoben wird. Gegenüber dem Geist aus der Auferstehung Jesu Christi von den Toten hat unser Fleisch immer den Eindruck, ausgerechnet in dem vernachlässigt und unterdrückt zu werden, was die Bedingung unserer Existenz ist.

Es kommt darauf an, dieses Widerstreben als eine geistliche, nämlich vom Geist bewirkte Situation zu erkennen. Absolut falsch, weil geistlos aber wäre es, diesem Widerstreben nachzugeben und ihm damit selbst zu erliegen. Jeder Vermittlungsversuch bedeutet nicht allein, die Unterscheidung von Geist und Fleisch aufzuheben, sondern dann entfliehen wir der Wirkung des Geistes und verlieren die Gabe Christi. Diese notwendige und heilsame Unterscheidung will vielmehr im Glaubensgehorsam erkannt und bestanden werden, und das beginnt mit der Einsicht, daß gerade im Widerstreben die Wirkung des Geistes hervortritt. Das Wort Gottes hat diese unterscheidende und scheidende Funktion, mit der es nicht nur an den Menschen herantritt und sein Verstehen und Gehorchen in Anspruch nimmt; es geht vielmehr durch den Menschen hindurch wie es Hebr 4,12 heißt: „Denn das Wort Gottes ist lebendig und kräftig und schärfer als jedes zweischneidige

Schwert, und dringt durch, bis es scheidet Seele und Geist, auch Mark und Bein, und ist ein Richter der Gedanken und Sinne des Herzens. Und kein Geschöpf ist vor ihm verborgen, sondern es ist alles bloß und aufgedeckt vor den Augen Gottes, dem wir Rechenschaft geben müssen."

So wird auch die Unterscheidung zwischen den Werken des Fleisches und der Frucht des Geistes durch das Wort in der Gemeinde und in jedem einzelnen Glied der Gemeinde Jesu Christi gewirkt. Vordergründig, nämlich in den erkennbaren Verhaltensweisen, scheint das mit der Unterscheidung von gut und böse, von sittlich und unsittlich zusammenzufallen. Bei genauerem Zusehen aber wird anderes sichtbar. Die Werke des Fleisches (5,19) stehen in der Mehrzahl. Eine ganze Reihe von solchen Werken kann aufgezählt werden: „Unzucht, Unreinheit, Ausschweifung, Götzendienst, Zauberei, Feindschaft, Hader, Eifersucht, Zorn, Zank, Zwietracht, Spaltungen, Neid, Saufen, Fressen..." Es sind die einzelnen Fälle, gegen die auch einzelne Gebote angeführt werden können. Es sind zugleich die verschiedenen Situationen, in denen es um Selbsterhaltung, Selbstbehauptung und Selbstverwirklichung für den Menschen geht.

Die Frucht des Geistes (5,22) steht in der Einzahl, obgleich auch hier verschiedene Dinge aufgezählt werden wie „Liebe, Freude, Friede, Geduld, Freundlichkeit, Güte, Treue, Sanftmut, Keuschheit". Aber die Einzahl ergibt sich aus dem einen Geist, aus dem dies alles erwächst. Die Mehrzahl der Werke hingegen ergibt sich aus den endlosen Bedürfnissen des Fleisches, die immer neu befriedigt werden wollen.

Nun könnte man meinen, Enthaltung und Verzicht begründeten den Unterschied von Fleisch und Geist. Gal 5,24 aber lehrt, woher die Frucht des Geistes kommt und woraus sie wächst: „Die aber Christus Jesus angehören, die haben ihr Fleisch gekreuzigt samt den Leidenschaften und Begierden." Im Kreuz Christi haben wir als Christen die Konkretion für das Leben mit Christus und in Christus. Mit Christus gekreuzigt zu sein und zu sterben geschieht in der Taufe (Röm 6,6) und es ist daher das, was aus der Taufe folgt. Den Worten von der Kreuzigung des Fleisches und der Abtötung der „Glieder, die auf Erden sind... (Kol 3,5) widerstrebt zutiefst die Selbstbehauptung des Fleisches gegenüber dem Tod, obwohl gerade auch unser Fleisch die Unentrinnbarkeit des Todes erkennt. Nur im Blick auf Kreuz und Auferstehung Jesu Christi wird die Gabe des ewigen Lebens erkennbar, die uns mit dem Tod des Fleisches unter der Herrschaft der Sünde in Christus zuteil geworden ist. Wenn das freilich nicht gesehen und dann verschwiegen wird, verkommt der christliche Glaube zur bloßen Moral und zur Befriedigung der vielfältigen und endlosen Bedürfnisse des Fleisches.

8. Kapitel: Wovon die Gemeinde lebt

Die christliche Gemeinde lebt von dem Dienst Jesu Christi für die Gemeinde (Mt 20,28). Was im Namen Jesu Christi geschieht, bildet den Grund und damit auch die Grenze für den Dienst an der Gemeinde. Es mag daneben viele Aufgaben im Dienst am Menschen geben, denen ihr eigener Wert nicht abzusprechen ist, doch der Dienst an der Gemeinde Jesu Christi steht und fällt mit dem Dienst Jesu Christi selbst.

Damit wenden wir uns dem zu, was den Kern des Gemeindelebens ausmacht, wovon die Gemeinde lebt und ohne das sie geistlich überhaupt nicht Gemeinde Jesu Christi sein kann. In dem vierten Sendschreiben der Offenbarung wird der Gemeinde in Sardes gesagt: „Ich kenne deine Werke: Du hast den Namen, daß du lebst, und bist tot." (Offb 3,1) Nach menschlichem Urteil kann eine christliche Gemeinde äußerlich sehr lebendig erscheinen. Das menschliche Urteil richtet sich nach Zahlen und Aktivitäten in den „Äußerungen des kirchlichen Lebens", und das wird dann zum Maßstab der Zufriedenheit, umgekehrt aber auch der Enttäuschung. Das Urteil des Herrn, daß eine Gemeinde tot sei, auch wenn sie noch so lebendig erscheint, hat andere Maßstäbe, die in dem liegen, wovon eine Gemeinde lebt. Wir müssen damit rechnen, daß gerade in diesem Bereich menschliches Urteil und göttliches Urteil einander scharf widersprechen können. Die Entscheidung, wonach wir uns richten, ist eine Lebensfrage der Gemeinde.

1. Die gottesdienstliche Versammlung

Die christliche Gemeinde versammelt sich regelmäßig seit ihren Anfängen alle sieben Tage (Joh 20,26) am „Tag des Herrn" (Offb 1,10) zum Gottesdienst „im Namen des Vaters, des Sohnes und des Heiligen Geistes"[20]. Auch hier zeigt sich, wie unsere Zeit in Ablauf und Einteilung der Woche vom Gottesdienst bestimmt wird.

Wenn der Gottesdienst „im Namen des Vaters, des Sohnes und des Heiligen Geistes" beginnt, dann hat diese Eröffnung die Form und die Funktion einer Proklamation. Sie umschließt diejenigen, die auf den Namen des drei-

[20] An dieser Stelle wird aufgenommen und fortgesetzt, was im Rahmen der Grundlagen in Kap. 2 s.o. 24ff. bereits behandelt worden ist. Das zugrundegelegte liturgische Formular entspricht in seinen Hauptstücken der Agende I der VELKD. Bei allen möglichen Varianten dürfte jedoch im Vergleich mit anderen Formularen der Grundbestand eines christlichen Gottesdienstes leicht zu erkennen sein. Es kommt nicht darauf an, die Fülle möglicher Mißstände und Entstellungen zu beschreiben, sondern die geistlichen Grundlagen in Erinnerung zu rufen, von denen aus die Verantwortung für die rechte Gestalt des Gottesdienstes wahrzunehmen ist. Vgl. dazu: Reinhard Slenczka, Jus Liturgicum. Die theologische Verantwortung für den Gottesdienst, ihre Aufgaben und Maßstäbe. ZEvKR 26, 1981, 263–279.

einigen Gottes getauft sind oder getauft werden wollen, die diesen Namen bekennen. Proklamiert wird damit die geistliche Gemeinschaft der Gemeinde als Leib Christi; das ist es, was sie untereinander verbindet und nach außen unterscheidet, auch wenn die Türen geöffnet sind.

Es gibt andere liturgische Formen für die Eröffnung des Gottesdienstes so z. B. eine deprekative (betende) Form: „Unser Anfang geschehe im Namen des Herrn, der Himmel und Erde gemacht hat", oder: „Gebenedeit sei das Reich des Vaters und des Sohnes und des Heiligen Geistes, jetzt und immerdar und in alle Ewigkeit." (Chrysostomos-Liturgie) In der Verschiedenheit der Formen findet sich aber stets die Eindeutigkeit von Namen und Werk des dreieinigen Gottes: Gott selbst ist gegenwärtig, er spricht in seinem Wort und handelt in den Sakramenten; er hört den Lobpreis der Gemeinde und ihr Gebet. Das sind nicht nur Vorstellungen und Erfahrungen, sondern darin liegt die geistliche Wirklichkeit des Gottesdienstes und mithin auch das Kriterium für die Unterscheidung von rechtem und falschem Gottesdienst. Es ist leicht einzusehen, daß sich viele Veränderungen und Entstellungen breit machen, wenn der Gemeinde und ihren Dienern diese Voraussetzung nicht bewußt ist.

Es haben sich aber auch andere Formen der Eröffnung verbreitet, die dann als Begrüßung der Gemeinde durch den Pfarrer gestaltet wird, wie z. B. *„ich* begrüße *Sie* ..." Das kann verhüllt werden durch die Aufnahme des Wochenspruchs oder eines anderen biblischen Votums; enthüllend aber ist der Hinweis auf mitwirkende Personen oder Kreise bei der Vorbereitung und Durchführung des Gottesdienstes, in *deren Namen* dann auch begrüßt wird. Eröffnungen dieser Art mögen gut gemeint sein und menschlich wohltuend empfunden werden, geistlich zeigt sich jedoch bereits am Anfang eines solchen Gottesdienstes, wie die Gemeinschaft im Namen des dreieinigen Gottes umfunktioniert ist zu einer Publikumsveranstaltung, in der sich Darsteller und Zuhörer oder Zuschauer begegnen, die einen, wie es gelegentlich dann auch ausgesprochen wird, mit dem „Lampenfieber" vor dem Auftritt, die anderen mit der Erwartung, was wohl an Unterhaltung und Befriedigung geboten wird. Das ist nicht nur ein Formfehler, sondern Zeichen dafür, daß hier etwas fehlt, was allein in der Gemeinschaft des Leibes Christi und dem daraus erwachsenen Zusammenwirken der Ämter, Dienste und Gaben zu verstehen ist. Die Salutatio (Wechselgruß) zwischen Pfarrer und Gemeinde: Der Herr sei mit *euch*" – „und mit *deinem* Geiste." – erscheint gegenüber einer solchen Begrüßung fremd.

2. Das Wort Gottes im Gottesdienst

Die zentrale Stellung und der zeitliche Umfang der Predigt im evangelischen Gottesdienst erwecken den Eindruck, daß sich das Wort Gottes im

Gottesdienst darauf konzentriert oder gar beschränkt. Die Reformatoren hatten die Predigt als Schriftauslegung deshalb wieder in die Mitte des Gottesdienstes gestellt, weil das Wort Gottes durch andere Dinge verstellt oder verdrängt worden war. Wir werden darauf achten müssen, daß ein rechter Gottesdienst in allen seinen Teilen und Vollzügen vom Wort Gottes der Heiligen Schrift bestimmt ist. Dabei hört die Gemeinde nicht nur das Wort Gottes, sondern sie spricht auch mit dem Wort Gottes in Gebet und Bekenntnis; sie lobt und preist Gott in Psalmen und Liedern, die aus diesem Wort Gottes kommen. Schließlich kommen Taufe und Abendmahl als Handlungen der Gemeinde aus dem Wort Gottes, und durch das Wort Gottes wird die Gemeinde zum Gottesdienst gerufen, wie sie ebenso am Ende des Gottesdienstes mit dem Segen des Wortes Gottes entlassen bzw. gesandt wird. So hat die Gemeinde das Wort der Heiligen Schrift nicht nur in der Buchform vor sich, um es durch die Auslegung aufzunehmen, sondern sie ist von diesem Wort umgeben und erfüllt. Die Heilige Schrift Alten und Neuen Testaments liegt sichtbar auf dem Altar aus. Jedes Glied der Gemeinde kennt sie und sollte sie auch zu Hause besitzen und benützen.

Wie die Gemeinde mit dem Wort Gottes der Heiligen Schrift selbst spricht, zeigt sich ausgerechnet dort am deutlichsten, wo sich, wie schon in anderem Zusammenhang erwähnt[21], bis heute biblische Wendungen unübersetzt in der Ursprache erhalten haben und jedermann verständlich sind: Das griechische „Kyrie eleison“ – „Herr erbarme dich“, das hebräische „Halleluja“ – „preiset den Herrn“ oder auch der hebräische Gebetsabschluß „Amen“, von Luther im Kl. Katechismus so schön übersetzt: „Das ist gewißlich wahr.“

Bei aller lokalen Verschiedenheit der liturgischen Ordnungen sind die Grundvollzüge von der Heiligen Schrift nicht zu trennen, und darin kann auch die grundlegende Übereinstimmung und mögliche Verschiedenheit geprüft werden. An den wichtigsten Stücken kann dies kurz deutlich gemacht werden: Im *Confiteor* wird die Sünde bekannt und die Vergebung zugesprochen. Das geschieht in gemeinsamen Sprechen vor dem Angesicht Gottes und durch den Zuspruch der Vergebung aus dem Wort Gottes. Die Bitte „Gott sei mir Sünder gnädig“ erinnert an die Perikope vom Pharisäer und Zöllner (Lk 18,9–14), und damit wird aus dem Wort Gottes die Situation erhellt, in der wir vor Gott stehen. Es ist nichts aufzurechnen an guten Taten im pharisäischen Vergleich mit anderen anwesenden und abwesenden Zeitgenossen, sondern es geht um die Erkenntnis und das Bekenntnis, daß wir in unserer natürlichen Vorfindlichkeit Sünder sind. Daher lautet die gemeinsame Bitte im Bekenntnis: „Der allmächtige Gott erbarme sich unser. Er vergebe uns unsere Sünde und führe uns zum ewigen Leben. Amen.“ Vergebung der Sünde und ewiges Leben umschließen das ganze Heil, und damit ist jede innerweltliche und zwischenmenschliche Verkürzung des Heilsgesche-

[21] S. o. 28.

hens von vornherein ausgeschlossen, wenn es recht zugeht. Der *Gnadenzuspruch* oder die *Gnadenverkündigung* macht im Wort deutlich, was im Glauben empfangen wird: „Der allmächtige, barmherzige Gott hat sich unser erbarmt, seinen eingeborenen Sohn für unsere Sünde in den Tod gegeben und um seinetwillen uns verziehen. Er hat allen, die an seinen Namen glauben, Macht gegeben, Gottes Kinder zu werden und ihnen seinen Heiligen Geist verheißen. Wer da glaubt und getauft wird, der wird selig werden (Mk 16,16)." Die *Tauferinnerung* hat hier einen festen und wichtigen Ort im Gottesdienst.

Der *Introitus* ist von alters her ein Psalm, der beim Einzug von der Gemeinde gesungen wird oder mit dem der Einzug des Herrn besungen wird. Daran zeigt sich die elementare Form, wie die Gemeinde mit dem Wort Gottes der Heiligen Schrift zum Lobpreis Gottes angeleitet wird. In der den Psalmengesang abschließenden trinitarischen Doxologie, dem *„Gloria Patri"*, „Ehre sei dem Vater und dem Sohne und dem Heiligen Geiste..." zeigt sich einerseits die Einheit von Altem und Neuem Bund unter der Dreieinigkeit Gottes, andererseits aber auch die Tatsache, wie das Sein und Handeln Gottes nicht nur in die Zeit eingeht, sondern alle Weltzeit umgreift: „...wie es war im Anfang, jetzt und immerdar und von Ewigkeit zu Ewigkeit."

Ebenfalls mit den Worten der Schrift und meist in der griechischen Ursprache des Neuen Testaments singt die Gemeinde das trinitarische *„Kyrie eleison. Christe eleison. Kyrie eleison"*, und das ist zugleich Gottesprädikation und Bitte um Hilfe und Heilung, wie uns das durch die Psalmen (z.B. 4,2; 6,3; 9,14; 86,3) in den Mund gelegt und in den neutestamentlichen Heilungsgeschichten (z.B. Mt 9 27; 20 30.31; Lk 18,38.39) vor Augen geführt wird. Damit zeigt sich auch hier, wie Gottes Handeln aus der Erkenntnis des Wortes Gottes den gesamten Menschen in allen seinen Bezügen und Bedürfnissen umschließt. Das auch im Gottesdienst sich meldende Bedürfnis nach allen möglichen Ergänzungen und Erweiterungen kommt nur dadurch zustande, daß dieser Sachverhalt nicht mehr begriffen wird. Mit dem anschließenden *„Gloria in excelsis"* – „Ehre sei Gott in der Höhe" stimmt die Gemeinde auf Erden in den Lobgesang der himmlischen Heerscharen (Lk 2,14) vor Gottes Thron ein, und mit der Erinnerung an die Weihnachtsgeschichte hat das seinen Grund in der Menschwerdung des Sohnes Gottes. Hier ist der Himmel auf Erden und die Erde im Himmel. Der Gottesdienst verkümmert zu ästhetischer Betriebsamkeit, wenn diese geistliche, nämlich Gott und Mensch verbindende Weite nicht mehr im Bewußtsein der Gemeinde gegenwärtig ist[22].

---

[22] Peter Brunner bedenkt von hier aus den „kosmologischen Ort des Gottesdienstes" (Zur Lehre vom Gottesdienst der im Namen Jesu versammelten Gemeinde. In: Leiturgia. Handbuch des Evangelischen Gottesdienstes. Bd. 1, Kassel 1954. 168ff.). Es wäre zu erwägen, ob der Verlust dieser Einsicht in die kosmologische Dimension des Gottesdienstes nicht eine Ursache dafür ist, daß sich viele innerweltliche Probleme für die christliche Gemeinde verselbständigen.

Das *Kollektengebet* richtet sich nach der Zeit des Kirchenjahrs, und daher ist es in der Regel auch auf die folgenden Schriftlesungen bezogen. Die Gemeinde spricht darin Gott auf das an, was er in seinem Wort zu tun verheißen hat, und auf diese Weise ist sie betend in die Gemeinschaft des dreieinigen Gottes, der auch hier im Gebet gepriesen wird, einbezogen. An den *Schriftlesungen*[23] zeigt sich in der Verschiedenheit der Texte aus Altem Testament, neutestamentlichen Briefen und Evangelien die Einheit der Heiligen Schrift im Heilshandeln des dreieinigen Gottes, der in seinem Wort selbst gegenwärtig ist und entsprechend von der Gemeinde akklamiert wird. Das *gemeinsame Bekenntnis* aber ist nicht nur Antwort auf dieses Wort, sondern, wenn man das recht von 1.Kor 12,3 und Röm 8,15 her versteht, Manifestation der durch Gottes Geist begründeten Gemeinschaft mit Gott und Ausdruck der durch die Taufe begründeten Gemeinschaft in der Gemeinde. Diese pneumatische Realität sollte nicht durch die Vorstellung von einem bloßen Dialog zwischen Gott und Mensch nach dem Schema von Wort und Antwort verdeckt und entstellt werden.

Wenn es recht zugeht, ist die Gemeinde schon bei der Eingangsliturgie in vielfältiger Weise beteiligt; es äußert sich darin die durch das Wort Gottes gewirkte geistliche Gemeinschaft, die nicht nur eine Verbindung im Augenblick der Gegenwart ist, sondern die durch die Geschichte hindurch bis zu den Anfängen und über das Ende der Geschichte hinaus bis zur Ewigkeit Gottes reicht. Die Verkürzung, Verarmung und Entstellung der Liturgie hat eigentlich immer ihre Ursache darin, daß diese geistliche Wirklichkeit nicht erkannt wirkt.

Die Auslegung einer Schriftlesung durch die *Predigt* steht in dem weiteren Zusammenhang der durch das Wort Gottes begründeten gottesdienstlichen Gemeinschaft. Die Predigt ermöglicht nicht erst das Hören, sie gehört zum Vollzug des Hörens und Redens im Gottesdienst. So betrachtet ist es zutiefst falsch, wenn vor die Verlesung des Predigttextes hinführende Bemerkungen oder gar ganze Beispielgeschichten gesetzt werden. Damit zeigt der Prediger allenfalls, daß er nichts von der geistlichen Wirkung des Wortes und des Auftrags der Verkündigung weiß, daß er mit mancherlei Vermittlungsproblemen beschäftigt ist und sich selbst samt der Gemeinde dann nicht unter den Text, sondern über den Text stellt.

Ähnliches ist festzustellen, wenn bei der Einleitung der Predigt mehr oder minder umständliche Erwägungen über die Verständlichkeit eines Textes aus alten Zeiten für Menschen der heutigen Zeit angestellt werden. Auf diese Weise wird überhaupt erst eine Distanz aufgerissen, die unter der Geistesgegenwart im Gottesdienst überhaupt nicht bestehen kann. Wer meint, eine Fremdheit zwischen Wort Gottes und Gemeinde überwinden zu müssen, verursacht überhaupt erst die Entfremdung der Gemeinde vom Wort Gottes.

---

23 S.o. 55f.

Und in diese Kluft strömt dann vieles ein, was aus menschlichen Wünschen erwächst und an Bedürfnissen befriedigt oder bestätigt werden will. Vom Prediger her ist das eine klerikale Bevormundung der Gemeinde.

Der Prediger hat das Wort Gottes unmittelbar zu bezeugen. Es geht nicht um seine persönlichen Meinungen und subjektiven Erfahrungen, sondern als Zeuge ist er reines Werkzeug; er ist „Sklave Jesu Christi" (Röm 1,1; Phil 1,1; Gal 1,10 u. a.) und so Diener der Gemeinde. Die Verkündigung aber geschieht unter der Vollmacht und dem Anspruch, daß Gott selbst spricht (Lk 10,16). Wer hier nach der Möglichkeit solcher Vollmacht erst fragt, muß sich selbst fragen, worauf denn sonst sein Anspruch, zur Gemeinde Jesu Christi zu sprechen, gegründet ist und welche Ziele er verfolgt.

Die hörende Gemeinde bei der Predigt ist nicht ein Publikum, sondern es sind diejenigen, an denen sich durch das Wort Gottes der Ratschluß Gottes in der Erwählung und Berufung, damit aber auch in Verstockung und Verwerfung vollzieht. Die Erforschung der Wirkung von Predigten oder gar von Predigern auf die Gemeinde aber ist ein Zeichen tiefer Geistlosigkeit. Ein Pfarrer, der sich danach richten will, verfällt entweder der Eitelkeit oder der Verzweiflung angesichts menschlicher Sympathien und Antipathien. Die Frage nach der Wirkung der Predigt ist überflüssig, wenn man die Wirkung des Wortes Gottes kennt. Die rechte Predigt wirbt daher auch nicht um Zustimmung im Verstehen, sie erhebt vielmehr den Anspruch auf Glaubensgehorsam (Röm 1,5), weil es dem dreieinigen Gott um Umkehr und Rettung des Menschen geht. Dem zum Hören gerufenen Menschen wird durch das Wort Gottes aufgedeckt, wie es um ihn steht. Ausgelegt wird daher eigentlich nicht der Text, sondern der Mensch so wie er vor Gott ist, was dieser aber u. U. nicht vor anderen und auch vor sich selbst nicht eingestehen will.

Die apostolische Pfingstpredigt ist ein Beispiel, wie die menschliche Situation von der Offenbarung Gottes durch sein Handeln in Jesus Christus aufgedeckt wird. Von ihrer Wirkung heißt es dann: „Als sie aber das hörten, ging's ihnen *durchs Herz*, und sie sprachen zu Petrus und den anderen Aposteln: Ihr Männer, liebe Brüder, was sollen wir tun?" (Apg 2,37). Es werden nicht Fragen eines mehr oder minder interessierten Publikums beantwortet, sondern Fragen werden ausgelöst. Und die Antwort darauf zählt nicht auf Bestätigung, sondern auf Umkehr: „Tut Buße, und jeder von euch lasse sich taufen auf den Namen Jesu Christi zur Vergebung eurer Sünden, so werdet ihr empfangen die Gabe des heiligen Geistes." (Apg 2,38).

Die Wirkung menschlicher Worte kann man möglicherweise kalkulieren und manipulieren. Die geistliche Wirkung des Wortes Gottes im Herzen jedoch ist nicht beschreibbar, und im Neuen Testament werden bemerkenswerterweise weder bei den Berufungsgeschichten noch in der Wirkung von der Verkündigung innere Vorgänge geschildert. Das Ohr ist eine Grenze für den Menschen; das Herz aber ist das Ziel für die Wirkung des Wortes

Gottes. Buße, Taufe und Bekenntnis des Namens Jesu Christi sind eindeutige Wirkungen des Wortes Gottes.

Auch die Predigt des Apostel Paulus auf dem Areopag in Athen besteht nicht darin, daß bei menschlichen Einsichten und Fragen angeknüpft wird, sondern daß sie weggerufen werden von den falschen Göttern zu dem wahren Gott, aus der Unwissenheit zur rechten Erkenntnis und daß sie zum Glauben gerufen werden an den von den Toten auferstandenen Herrn zur Rettung aus dem kommenden Gericht. Die entscheidende Wirkung der Predigt vollzieht sich durch die Verkündigung der Auferstehung Jesu Christi. Genau an diesem Punkt zeigt sich freilich auch die Wirkung: Die einen spotten, die anderen verabschieden sich mit höflichem Interesse, und nur einige „schlossen sich ihm an und wurden gläubig" (Apg 17,16–34).

3. Die Taufe: Entscheidung, Erinnerung und Ermahnung

Die Missionspredigt, wie wir sie in den beiden Beispielen aus der Apostelgeschichte vor Augen gehabt haben, soll zur Taufe hinführen. Die Predigt im sonntäglichen Gottesdienst richtet sich dagegen in der Regel an Getaufte. Insofern führt sie nicht zur Taufe hin, aber sie kommt von der Taufe her und soll an die Taufe erinnern und zu ihr zurückführen. In elementarer Weise sind Prediger und Gemeinde durch die Taufe als Glieder im Leibe Christi miteinander verbunden. Es ist aber eine Verleugnung der Taufgabe, wenn vom Prediger die Wirklichkeit seiner Gemeinde von anderen Voraussetzungen und Erfahrungen her beurteilt wird als von dem, was durch die Taufe gegeben wird und was die Gemeinde dadurch ist. Dem Dogma vom *neuzeitlichen* Menschen wie es aus positiven und negativen Beobachtungen zusammengesetzt wird, tritt damit das Dogma vom *neuen* Menschen, wie er durch die Taufe wiedergeboren ist, gegenüber. Dem neuzeitlichen Menschen versucht man nachzugehen, um ihn mit seinen Erwartungen zu befriedigen und auf diese Weise zu gewinnen. Kein Wunder, wenn dann die Methoden der Werbung mit dem Schema von Angebot und Nachfrage die Gestaltung von Gottesdiensten und Gemeindeveranstaltungen bestimmen.

Was der *neue* Mensch aber ist, kann allein von der Taufe her erkannt werden, und dieses neue Sein muß auch, wie die neutestamentlichen Briefe unermüdlich zeigen, dem Getauften immer wieder durch das Wort Gottes zugesprochen und in Erinnerung gerufen werden. Die Taufe beruht auf der Entscheidung Gottes in seinem Sohn für uns (Röm 6,1–23; vgl. Gal 3,23–29 u. a.).

Eine sog. Aktualisierung des biblischen Textes in der Verkündigung ist daher im Grunde nichts anderes, als die Erinnerung an das, was durch die Taufe an uns geschehen ist und die Mahnung zum Wandel im neuen Leben. Wie sich von hier aus in der Zeit die Entscheidung für die Ewigkeit vollzieht, macht das Wort des Herrn für die Einsetzung der Taufe aus Mk 16,15–16 deutlich, das oft so ängstlich verdrängt wird: „Und er sprach zu ihnen: Gehet hin in alle Welt und predigt das Evangelium aller Kreatur. Wer da glaubt und getauft wird, der wird selig werden; wer aber nicht glaubt, der wird verdammt werden."

Daß die Taufe *einmalig* und unwiederholbar ist und für das ganze Leben gilt, bedeutet, daß das ganze Leben eines Christen aus der Taufe folgt und wächst. Die schlimmste, meist verborgene Verleugnung der Taufe aber besteht darin, daß die Gemeinde nicht von dieser Gabe her erkannt und beurteilt wird, daß sie selbst auch nicht angeleitet und ermahnt wird zum Leben aus der Taufe. Sehr viel kann über die Taufe diskutiert werden, aber das Entscheidende wird dabei oft versäumt, und das ist die in der Taufe begründete Entscheidung und die daraus erwachsene Verantwortung.

Die Taufe ist, ebensowenig wie jedes andere Sakrament, nicht ein Akt der Gewohnheit; sie ist auch nicht ein Einführungs- oder Übergangs-Ritus, wie er bei den Wechselfällen des Lebens gewünscht wird und üblich ist. Eine Taufe wird nicht angemeldet, um dann als Verwaltungsakt durchgeführt zu werden, sondern sie wird eingeleitet durch die *Taufbewerbung* seitens des Täuflings bzw. für ihn und die Entscheidung über die *Taufzulassung* durch den beauftragten Diener der Gemeinde. Das ist ein geistlicher Vorgang, weil der Geist durch das Wort zur Taufe führt. Entsprechend ist in der Prüfung der Geister zu entscheiden, ob die Bewerbung im Glauben geschieht. Bei uns mag die Volkskirche davon wachsen, daß die Taufe als Gewohnheit noch tief im Volk verwurzelt ist; doch die Kirche stirbt, wenn in dieser Gewohnheit das Wirken des Geistes nicht erkannt und unterschieden wird. Die elementare Form zur Prüfung des Geistes ist auch hier wie 1.Kor 12,1–3 das Bekenntnis „Jesus der Herr", das nur im Geist gesprochen werden kann und das daher auch das ausschlaggebende Zeichen des Geistes ist. Das Gespräch über die Taufbewerbung wird das sehr bald klären können, wobei sich freilich oft herausstellen kann, daß in der Verkündigung und Unterweisung Tauferinnerung und Taufermahnung versäumt worden sind. Es ist schwer, solche Versäumnisse dann erst durch ein Gespräch nachzuholen; es ist aber nicht unmöglich, auf keinem Fall darf darauf verzichtet werden.

Es gibt keine Kinder-, Säuglings- oder Unmündigentaufe, wohl aber gibt es Gründe dafür, daß Kinder christlicher Eltern zur Taufe zugelassen werden. Das ist also nicht eine Sache der Gewohnheit oder ein Anspruch, sondern eine geistliche Entscheidung, bei der davon auszugehen ist, daß solche Kinder in der christlichen Gemeinschaft von Familie und Gemeinde aufwachsen und erzogen werden. Die Entscheidung zielt also nicht auf die psychischen und intellektuellen Fähigkeiten des Täuflings, sondern auf diese geistliche Gemeinschaft, in der auch ein kleines Kind als Kind Gottes aufwächst und Gott als Vater im Namen Jesu Christi anrufen darf und damit die Verheißung des ewigen Lebens mit dem Anfang des irdischen Lebens empfängt. Wenn in der Gemeinde nicht mehr bekannt ist, daß die Taufe Wiedergeburt ist, indem sie vom „Tod als der Sünde Sold“ durch die Gabe des „ewigen Lebens in Christus Jesus, unserm Herrn“ (Röm 6,23) befreit, und wenn bei geringerer Kindersterblichkeit die quälende Frage nach dem Heil ungetauft gestorbener Kinder verdrängt ist, dann mögen sich solche Fragen in den Vordergrund schieben wie etwa die nach den intellektuellen und moralischen Fähigkeiten für eine persönliche Entscheidung. Damit aber wird die Wirkung der Taufe und das Wesen des Glaubens als Gabe des Geistes völlig verkannt, und sowohl der Empfang der Taufe wie auch das Leben aus der Taufe werden fremden Kriterien unterstellt.

In diesem Zusammenhang ist daran zu erinnern, daß auch das *Gebet* der Christen Gabe und Manifestation des Geistes ist. Das Vaterunser ist deshalb das Gebet der Getauften, weil sie durch den Sohn, Jesus Christus, Kinder Gottes werden und ihn daher in der Freiheit und Zuversicht des Geistes als Vater anrufen (Röm 8,14f.; Gal 4,5.6; vgl. Joh 14,13; 15,7; 16,23f.). Die Gebetsgemeinschaft ist wohl die früheste Manifestation der in der Taufe begründeten geistlichen Gemeinschaft von Eltern und Kindern sowie mit der ganzen Gemeinde.

Ist dieses Entscheidende der Taufe für die Befreiung von der Herrschaft der Sünde und der Macht des Todes nicht im Blick, dann richtet man sich nicht nach der Entscheidung Gottes für den Menschen in Jesus Christus, sondern man richtet sich auf die Entscheidung des Menschen für Gott. Ist aber bei Taufbewerbung und Taufzulassung klar, um was es geht, dann ist auch klar, daß es sich weder um fromme Gewohnheit noch um Zwangsmitgliedschaft handeln kann, aber auch nicht um Beliebigkeiten, die man aufschieben oder auf die man verzichten kann, sondern um Gottes neuschaffendes Handeln am Menschen, das „Bad der Wiedergeburt“ (Tit 3,5; vgl. 1.Petr 1,3 u.a.).

In rechter Verantwortung bei der Verwaltung der Taufe kann es auch zu einer Ablehnung der Taufbewerbung kommen. Das wiederum kann aber niemals ein disziplinarischer Akt oder ein nur äußerliches Urteil sein, sondern es muß ein geistliches Urteil sein, das dann aber auch bei den zu erwartenden Schwierigkeiten durchgetragen werden kann. Wo freilich Taufunterweisung und Tauferinnerung versäumt worden sind, fehlen bereits die Voraussetzungen zu einer geistlich begründeten Entscheidung über eine Taufbewerbung, und es ist zuerst der Amtsträger, auf den die Folgen dieser Versäumnisse persönlich zurückfallen, wenn er dann zum bloßen Zeremonienmeister wird. Die Taufbewerbung von Eltern für ihr Kind darf durchaus als Frucht der eigenen Taufe erkannt und als Ansatz zur Tauferinnerung auch für die Eltern und die Paten ergriffen werden.

Die Gemeinde als ganze übernimmt zusammen mit Eltern und Paten die Verantwortung für diejenigen, die durch die Taufe geistlich zu ihr gehören. Es ist aber verantwortungslos, wenn die Taufe als Kasualie im Winkel stattfindet und nicht im Gottesdienst vor der Gemeinde. Es ist ebenso verantwortungslos, wenn auf Eltern- und Patenfragen mit der Zusage christlicher Erziehung oder sogar auf das Bekenntnis verzichtet wird mit der Begründung, daß solche Zusagen doch nicht eingehalten würden. Wer so meint urteilen zu müssen, darf nicht taufen.

Die *Paten* sind ursprünglich die Zeugen vor der Gemeinde für den Glauben des Täuflings. Nicht die persönliche Verwandtschaft oder Zuneigung, sondern die geistliche Gemeinschaft bestimmt das Patenamt in der Verantwortung für das Kind und gegenüber der Gemeinde. Daraus ergeben sich klare Maßstäbe für die Auswahl und Annahme von Paten sowie für deren Aufgaben. Sie sollen in Kirchen- und Sakramentsgemeinschaft mit dem Täufling stehen, und sie sind durch ihr Amt bereits lebenslang für den Täufling Zeugen seiner Taufe. Die Tauferinnerung ist daher für die Paten eine ganz besondere Möglichkeit, und dies kann damit beginnen, daß zur Taufe ein Leuchter mit dem Taufdatum geschenkt wird, und es wäre zu erwägen, statt des Geburtstages den Tauftag zur Pflege der Verbindung zu wählen.

Die christliche Gemeinschaft in der Familie bildet den Rahmen für die Taufe auch von kleinen Kindern. Statt ständig über Mängel zu klagen, sollte man auf Möglichkeiten hinweisen und ermutigen. Die einfachen Dinge und gerade das regelmäßige Gebet morgens, abends, vor und nach Tisch gerät aus der Übung, zumal wenn es oft schon in kirchlichen Einrichtungen, darunter auch in Kindergärten nicht mehr geübt wird.

Für die christliche Erziehung in der Familie, in der Gemeinde und in der Schule haben wir heute optimale Voraussetzungen bis dahin, daß der Religionsunterricht an öffentlichen Schulen als ordentliches Lehrfach nach den Grundsätzen der Religionsgemeinschaften durch das Grundgesetz (Art 7,3) garantiert ist. Die ernste Frage an die christliche Gemeinde aber ist, ob wir diese Möglichkeiten in der rechten Weise inhaltlich füllen unter der geistlichen Verantwortung aus der Taufe und für die Getauften, oder ob wir uns durch pädagogische Probleme den Blick für die wirksame Gabe der Taufe verdecken lassen und uns statt dessen mit anderem beschäftigen. Wenn der Religionsunterricht nicht als Teil der christlichen Verkündigung aufgefaßt wird, dann ist er überflüssig und irreführend. Denn wer getauft ist, ist nicht *zum* Glauben zu erziehen, sondern *im* Glauben aus dem, was er durch die Taufe empfangen hat und ist, auch wenn er im Laufe seiner Entwicklung nicht nur als Kind, sondern auch als Erwachsener stets in dem Ringen zwischen Geist und Fleisch, zwischen altem und neuem Menschen stehen wird.

In das Herz einprägen und im Herzen aufnehmen macht die Neubildung des Menschen im Glauben aus. Deshalb muß *auswendig eingeprägt* werden, was einen Christen in seiner neuen Existenz sprach- und lebensfähig macht. Anderes prägt sich ein, wo die Prägung durch das Wort Gottes versäumt wird. Zur Ermutigung sei an die pädagogische Regel erinnert, die Luther in der Vorrede zu seinem Kleinen Katechismus gibt: „... wenn sie den Text nun wohl können, so lehre sie denn *hernach* auch den Verstand, daß sie wissen, was es gesagt..."[24] Hinter dieser Regel steht ein theologisch bestimmtes pädagogisches Leitbild, das von der erneuernden Wirkung des Wortes Gottes ausgeht und das sich darin grundlegend unterscheidet von anderen pädagogischen Leitbildern, die sich z. B. an einer Entfaltung naturgegebener Möglichkeiten und einer Selbstverwirklichung des Menschen ausrichten.

4. Die erneuernde Gemeinschaft im Herrnmahl

Die Taufe begründet die gottesdienstliche Gemeinschaft im Geist (vgl. Eph 4,4–6); wie sie die Tür zur Aufnahme in die Gemeinde ist, ist sie zugleich auch die unterscheidende Grenze nach außen, auch wenn diese Grenze bei Taufbewerbern, die noch als Ungetaufte am Gottesdienst teilnehmen, den Übergang zeigen mag. Am deutlichsten tritt die durch die Taufe bestimmte Grenze im Gottesdienst beim Abendmahl hervor, dem anderen vom Herrn eingesetzten Sakrament. Das Wort des Herrn zeigt, was im Herrnmahl geschieht und zu geschehen hat: Zeitlich erstreckt sich die Feier des Abendmahls von der Erinnerung an „die Nacht, in der er verraten ward" (nämlich von einem seiner Jünger) (1.Kor 11,23), bis zur verheißenen Wiederkunft Christi: „Das tut, so oft ihr daraus trinkt, zu meinem Gedächtnis. Denn so oft ihr von diesem Brot eßt, und aus diesem Kelch trinkt, verkündigt ihr den Tod des Herrn, bis er kommt." (1.Kor 11.25.26). Indem wir den Leib und das Blut Jesu Christi in Brot und Wein empfangen, bekommen wir leiblichen Anteil an ihm, der für uns am Kreuz gestorben und der auferstanden ist. Das ist „mein Blut des Bundes, das vergossen wird für viele zur Vergebung der Sünden" (Mt 26,28). So steht die Feier des Herrnmahls zwischen der Erinnerung an die irdische Gegenwart des Sohnes Gottes in der Niedrigkeit und der Erwartung seiner Wiederkunft in der göttlichen, richterlichen Herrlichkeit. In diese geschichtliche Situation wird die Gemeinde aufgenommen.

Während die Taufe einmalig und unwiederholbar ist, wird das Abendmahl wiederholt und gehörte ursprünglich wohl zu jedem Gottesdienst. Daran zeigt sich unsere Bedürftigkeit der je neuen Sündenvergebung in der Vorbereitung auf die Wiederkunft Christi.

Von hier aus sind die Entscheidungen zu vollziehen, die sich ähnlich wie bei Taufbewerbung und Taufzulassung für die *Spendung* des Abendmahls durch den beauftragten Diener der Gemeinde und den *Empfang* des Abendmahls durch die Glieder der Gemeinde stellen. Vom biblischen Zeugnis ist daran zu erinnern, daß die Einsetzung des Abendmahls sich im Kreis der vom Herrn berufenen Jünger und als Tischgemeinschaft vollzogen hat. Auf der

---

[24] BSLK 504,13–15.

anderen Seite ist darauf hinzuweisen, daß die Einladung zum himmlischen Freudenmahl weit ausgerufen wird, aber von vielen wird sie abgelehnt – „die Gäste waren's nicht wert" – statt dessen werden eingeladen von den Straßen „wen sie fanden, Böse und Gute; und die Tische wurden alle voll." (Mt 22,1–14).

Die Scheidung vollzieht sich vor dem Mahl gegenüber der Einladung sowie (Mt 25,1–13) im Wachen oder Schlafen. Sie vollzieht sich am Ende aber auch noch in der Festgemeinschaft an dem, der kein hochzeitliches Gewand" anhat (Mt 22,1). Judas war bei der Einsetzung des Abendmahls noch im Kreis der Jünger.

Die älteste Bezeichnung für das Abendmahl lautet „Herrnmahl" und das steht in betontem Gegensatz zum „eigenen Mahl" (1.Kor 11,20.21). Im 11. Kapitel des 1. Korintherbriefs fällt auf, daß die bei der Mahlgemeinschaft in der Gemeinde aufbrechenden Unterschiede zwischen Armen und Reichen nicht durch gleiche Verteilung der Speisen und Getränke überwunden werden; essen soll man zu Hause. Die Unterstützung der Bedürftigen ist nicht ausgeschlossen, aber das Herrnmahl hat sein unterscheidendes Kennzeichen darin, daß Leib und Blut Jesu Christi empfangen werden, und auf diesem Unterschied bezieht sich die Anleitung zur Selbstprüfung. Wer das Abendmahl nur als Gemeinschaftsmahl, verbunden mit bestimmten Erfahrungen menschlicher Geselligkeit, versteht, der wird die Entscheidung, zu der das Wort Gottes anleitet, überhaupt nicht verstehen, und er wird die Mahnung zur Selbstprüfung und die Warnung vor dem Essen und Trinken zum Gericht (1.Kor 11,28.29) als einen „dunklen Ton" beim Abendmahl verdrängen. Daraus folgt dann, daß das Abendmahl unterschiedslos angeboten und verteilt wird mit der erklärten Absicht, niemanden „auszugrenzen", ob er nun getauft und konfirmiert ist oder nicht, ob er zu Umkehr, Empfang und Weitergabe der Vergebung bereit ist oder nicht. Auf diese Weise verschwindet beim Abendmahl das Entscheidende, und es fehlt dann ausgerechnet das, was der wahre Grund zur Freude ist.

Wie zum ganzen Gottesdienst, so gehört gerade zum Abendmahl das Bekenntnis in seinen drei Aspekten von Bekenntnis des Glaubens, Bekenntnis der Sünde und Lobbekenntnis Gottes. Was den Vollzug ausmacht, enthält auch die Kriterien für Vorbereitung und Zulassung, und es ist eine gute Ordnung, wenn die Zulassung zur Abendmahlsgemeinschaft über Konfirmandenunterricht und Konfirmation sich auf diese Stücke bezieht und wenn das nicht nur einmal im Leben nachgeprüft wird, sondern immer wieder aus der Erinnerung geweckt wird. Es ist ferner ein notwendiges Stück beim Abendmahl, das vor dem Zutreten zum Empfang zur Selbstprüfung angeleitet und aufgerufen wird. Das kann in der Form der gemeinsamen oder auch der privaten Beichte geschehen; es kann anhand eines Beichtspiegels mit den zehn Geboten geschehen; es kann gewissermaßen im letzten Augenblick auch noch als Ermahnung an die Gemeinde vor der Einladung zum Empfang geschehen.

„Unwürdiges Essen“ bedeutet nach 1.Kor 11,27, „schuldig sein am Leib und Blut des Herrn.“ Das Essen und Trinken „sich selber zum Gericht (1.Kor 11,29) bedeutet, daß durch die fehlende Unterscheidung von Leib und Blut Jesu Christi in Brot und Wein genau das nicht empfangen wird, was aus dem Gericht rettet. Das scheinbar Dunkle, Bedrückende und Beängstigende vergeht schlagartig, wenn wir merken, daß es an dieser Grenze beim Abendmahl gerade um die Rettung aus dem Gericht geht, daß wir recht urteilen im Blick auf das offenbarte Urteil Gottes und auf die Gabe, damit wir nicht mit der Welt verurteilt werden (11,32). Wo es um die Vergebung der Sünden geht, da geht es auch um die klare Erkenntnis und das Bekenntnis der Sünde.

Das Abendmahl ist nicht dadurch gefährdet, daß möglicherweise durch den Hinweis auf diese entscheidende Grenze Menschen abgeschreckt und zurückgehalten werden; es wird vielmehr dadurch nicht nur entleert, sondern im tieferen Verständnis schädlich, daß Menschen beliebig dazu eingeladen und angenommen werden.

Beim Abendmahl geht es um die Vergebung der Sünde. Dabei spielt nicht die Größe der Sünde eine Rolle, wohl aber die Tatsache, daß sie nunmehr von Gott weggenommen wird und nicht mehr festgehalten und nachgetragen werden darf. Es ist eine gute Sitte, wenn diese Wirkung des Abendmahls vor dem Empfang (vgl. Mt 5,24) oder nach dem Empfang auch deutlich gemacht wird z. B. innerhalb einer Ehe und Familie. So geschieht beim und durch das Abendmahl dasselbe wie bei der täglich notwendigen Bitte: „Vergib uns unsere Schuld, wie *auch wir* vergeben unseren Schuldigern.“ Wer für sich Vergebung der Sünden empfangen hat, der darf nicht mehr in der Sünde beharren und sie seinem Nächsten auch nicht mehr nachtragen (Mt 18,21–35).

Wer zum Abendmahl geht, wird bei richtiger Einsicht damit erkennen und bekennen, daß er derjenige ist, für den der Sohn Gottes am Kreuz sterben mußte. Es wird empfangen, was aus dem Sieg Christi über Sünde und Tod ausgeteilt wird, damit es uns bewahre zum ewigen Leben. Gerade deshalb soll auch angesichts mancher Versäumnisse, die durch die Umstände entschuldigt werden, darauf hingewiesen werden, wie wichtig es ist, auch Kranken und Sterbenden, die selbst nicht mehr zum Gottesdienst kommen können, diese Gabe zu bringen.

Es fällt auch in unserer Zeit auf, daß es im Gottesdienst allgemein, aber auch im Umkreis der Sakramente von Taufe und Abendmahl, allerdings auch bei Beichte und Buße Wucherungen und Ersatzhandlungen gibt. Diese Erscheinungen müssen hier nicht besonders beschrieben werden, denn bei ihnen ist weder die Begeisterung noch die Empörung ein Schritt zur besseren Einsicht, und außerdem liegen wohl in den meisten Fällen Entwicklungen vor, die Zeichen einer tieferen Geistesverwirrung und Geistesverlassenheit sind. Die Gemeinde wird dadurch in der Tat verwirrt, und sie empfängt nicht mehr, was die Gabe des Geistes ist. Das gemeinsame Kennzeichen aller solcher Surrogate liegt darin, daß sie aus menschlichen Bedürfnissen erwachsen oder aber darauf eingehen und sie aufnehmen wollen. Bei aller Begeisterung, die solche Veranstaltungen auslösen mögen, muß man sich klar darüber sein, daß der heilige Geist des dreieinigen Gottes hier nicht mehr wirkt. Damit aber stirbt die Gemeinde geistlich, selbst wenn sie menschlich noch lebt.

5. Das Leben im Glauben

Wenn sich die christliche Gemeinde zum Gottesdienst versammelt, dann tut sie an einem festgesetzten Tag und zu einer festgesetzten Zeit gemeinsam, was jedes Glied der Gemeinde auch für sich und in der Familie tun sollte. Schriftlesung, Gebet und Lobgesang müssen ihren festen Ort im Alltag haben; auf diese Weise betätigt und äußert sich der Glaube, und er stirbt ab oder ist bereits tot, wo das nicht geschieht. Gründe, die dem entgegenstehen, gibt es viele, aber an den Widerständen zeigt sich etwas von dem Wirken des Geistes, das dem widerstehen will.

Vieles ist in diesem Bereich des christlichen Familienlebens versäumt worden in der Unterweisung und daher auch vergessen in der Gemeinde. Dann ist es kein Wunder, wenn sich die gottesdienstliche Veranstaltung aus dem Alltagsleben hervorhebt und umgekehrt immer wieder die Frage nach der Bedeutung des Gottesdienstes für den christlichen Alltag thematisiert wird. Luthers kleiner Katechismus entstammt aus der Beobachtung, „daß der gemeine Mann doch so garnichts weiß von der christlichen Lehre, sonderlich auf den Dörfern und leider viel Pfarrherr fast ungeschickt und untüchtig sind zu lehren“[25]. Jedermann kann aus der Familie, aus der Gemeinde und aus der Schule viele Schwierigkeiten nennen und Erfahrungen anführen für das, „was heute nicht mehr geht“. Ob das früher anders war, mag dahingestellt bleiben. Schwerer wiegt gegenüber dem schwierigen Vergleich geschichtlicher Epochen die Tatsache, daß sich die christliche Gemeinde in allen ihren Gliedern mit solchen Argumenten sowohl aus der Verantwortung für „beide Gottes und der Welt Reich“[26] entzieht und damit auch verkennt, wie sich das Ringen Gottes um den Menschen auf dem Kampfplatz zwischen diesen beiden Reichen, zwischen altem und neuem Menschen, zwischen Geist und Fleisch vollzieht, in uns selbst beginnend.

Die Thematisierung der Verstehensfrage verdirbt den Gottesdienst, und sie führt zu einem tiefgreifenden Verlust in der christlichen Lebensführung.

---

[25] BSLK 501,15f.
[26] BSLK 505,25.

Denn diejenigen, die durch die Taufe und aus der Kraft des Geistes Kinder Gottes sind, werden in eine Zuschauerhaltung versetzt, in der nach dem alten Menschen geurteilt wird, nach dem, was ihm gefällt und was ihn begeistert. Wer aber weiß, was Wiedergeburt und neues Leben aus der Taufe ist, der wird auch wissen, wovon der neue Mensch lebt.

9. Kapitel: Hirtenamt – Gemeindeleitung

Die Gemeinde ist der Leib Christi (Röm 12,3 ff.; Eph 4,4 ff.). Die Aufnahme in den Leib Christi geschieht durch die Taufe (1.Kor 12,12.13), und ebenso wird die Gemeinschaft in Jesus Christus durch die Teilhabe an Leib und Blut Jesu Christi im Abendmahl begründet und geheilt (1.Kor 10,16.17).

Wie die Glieder im Leib miteinander zu einer Lebensgemeinschaft verbunden sind, so wird der Leib durch das Haupt Christus bestimmt, und darin zeigt sich sowohl das Verhältnis der Herrschaft wie auch die alle Glieder erfassende Gemeinschaft (vgl. 1.Kor 11,3; Eph 1,22; 4,15; 5,23; Kol 1,18; 2,10).

Die Verbindung im Leib Christi sowie die Unterordnung unter Christus als Haupt der Gemeinde ist mehr als bloß ein Bild, mit dem etwas anschaulich gemacht würde, was auch auf andere Weise darzustellen wäre. Gerade hier zeigt sich, wie das Wort Gottes der Heiligen Schrift nicht nur etwas anschaulich macht, sondern eine Wirklichkeit setzt und offenbart. Denn Christus ist der gekreuzigte und auferstandene Herr, dessen Wiederkunft die Gemeinde erwartet. Infolgedessen bedeutet es eine tiefgreifende Verzerrung, ja Verkennung dieser Wirklichkeit, wenn die Kirche auch als gesellschaftliche Größe verstanden, dargestellt und vor allem beurteilt wird. Fremde Gesetzmäßigkeiten und entsprechend falsche Verhaltensweisen greifen dann Platz, selbst wenn der Name „Kirche“ die Geistverlassenheit noch zu bedecken scheint.

Wo die Gaben (charismata), Ämter (diakoniai) und Kräfte (energeemata) in der Gemeinde auseinanderstreben oder auch gegeneinander auftreten, wird nachdrücklich an diesen geistlichen Zusammenhang der Gemeinde im Leib Christi und unter dem einen Haupt erinnert (Röm 12; 1.Kor 12; Eph 4 u. a.). Das menschliche Urteil des Augenscheins wird damit zurückgeführt auf die rechte Grundlage, und es ist bemerkenswert, daß diese Grundlage 1.Kor 12,4–6 trinitarisch ist: Der eine *Geist*, der eine *Herr*, der eine *Gott*. Die Kirche steht in der Geschichte des Heilshandelns Gottes, und sie ist mit dem Wesen und Wirken des dreieinigen Gottes verbunden. Was in den Heiligen Schriften von Christus bezeugt wird, betrifft daher in seiner Person und seinem Werk immer auch die Kirche, die nur so richtig erkannt und beurteilt werden kann.

1. Hirtenamt und Lehramt

Pastor, d.h. Hirte ist eine geläufige Bezeichnung für das gemeindeleitende Amt. Im Neuen Testament jedoch wird niemals ein Amtsträger als Hirte bezeichnet, wohl aber ist die Gemeinde die Herde (Apg 20,28f.; 1.Petr 5,2; Lk 12,32). Allein Christus bezeichnet sich selbst als den guten Hirten (Joh 10; vgl. Lk 15,3–7); er ist der „Hirte und Bischof" der Seelen, zu dem die irrenden Schafe zurückkehren (1.Petr 2,25). Wohl aber wird die Tätigkeit der Gemeindeleitung als „weiden" bezeichnet, indem der Auferstandene zu Petrus sagt: „Weide meine Lämmer!" (Joh 21,15.16.17). Die Tätigkeit, die Herde zu weiden, wird also von dem gegeben, der selbst der Hirte ist und bleibt (vgl. Apg 20,28; 1.Petr 5,1f.; 1.Kor 9,7). Allein Christus ist der Hirte, und die Tätigkeit zu weiden wird im Namen und unter dem Auftrag Jesu Christi durchgeführt. Daß diese Tätigkeit recht wahrgenommen wird, ist das entscheidende, und daran ist zu sehen, daß es nicht auf irgendwelche Titel ankommt, sondern allein auf die Art und Weise, wie der Auftrag ausgeführt wird. Kann es von hier aus überhaupt Titel und Rangordnung in der christlichen Gemeinde geben, kirchliche Würdenträger und dergleichen?

Die scharfe Rede Jesu gegen die Pharisäer spricht in gleicher Weise eine deutliche Sprache, und dabei zeigt sich derselbe Sachverhalt für den Lehrer und die Lehre: „Aber ihr sollt euch nicht Rabbi nennen lassen; denn einer ist euer Meister; ihr aber seid alle Brüder. Und ihr sollt niemanden unter euch Vater nennen auf Erden; denn einer ist euer Vater, der im Himmel ist. Und ihr sollt euch nicht Lehrer (das griechische Wort „katheegeetees" bezeichnet im heutigen Griechisch den Professor) nennen lassen; denn einer ist euer Lehrer: Christus." (Mt 23,8–10) Die Jünger sind „Schüler"; Christus ist der einzige Lehrer, und alle Lehre kann daher nur Lehre Christi sein. Welche andere Gelehrsamkeit dürfte daneben oder statt dieser mit dem Anspruch der Verbindlichkeit in der Kirche auftreten, wenn sie nicht von dem einen Hirten und Lehrer Jesus Christus ausgeht und ihm untersteht?

Schließlich: Was wir als „Amt" bezeichnen, oft aber als Rang oder Würde mißverstehen, ist im Lateinischen „ministerium", im Griechischen „diakonia", also Dienst. Nach dem Vorbild und Wort Christi gilt daher: „Der größte unter euch soll euer Diener sein." (Mt 23,11; 20,25–28). Unterschieden werden nicht die Personen, sondern der Auftrag. Daher ist Apg 6 der Tischdienst ebenso wie der Dienst am Wort (V. 3.4) „Diakonie". Für diesen Sachverhalt ist auch bezeichnend, daß im Neuen Testament das Wort „Priester" niemals für ein Amt in der Gemeinde verwendet wird, sondern allein für Christus, der endgültig Priester und Opfer zugleich ist (Hebr 5–10) sowie für das „heilige", königliche Priestertum" (1.Petr 2,5.9; Offb 20,6) der Gemeinde. Die Träger des Hirten- und Lehramtes sind also nicht Priester, sondern, wie Luther sagt, „Diener von Priestern"[27]. Ihr Verhältnis zu Christus aber wird häufig als Sklavendienst bezeichnet (vgl. Röm 1,1; Phil 1,1; Tit 1,1; Gal 1,10 u. a.).

In Geschichte und Gegenwart der christlichen Kirche ist nicht zu übersehen, daß aus verschiedenen Notwendigkeiten sich verschiedene Rangordnungen und in Verbindung damit auch Gehaltsstufen entwickelt haben. Auch dabei zeigt sich eine Anpassung an die Umwelt, und das führt stets zu einer Ablösung von der im Wort des Herrn erschlossenen geistlichen Gemeinschaft und Ordnung. Die bloße Beseitigung solcher unkirchlicher Ordnungen führt nicht zur Wiederherstellung der geistlichen Ordnung, wohl aber wird durch die Erkenntnis der geistlichen Ordnung vieles in einem völlig anderen Licht erscheinen und beurteilt werden, als es in seiner Verselbständigung dasteht. Man wird hier immer bei sich selbst und nicht bei anderen einsetzen müssen.

Das Verhältnis der Diener/Amtsträger zur Herde/Gemeinde ist Richtschnur für das Verhalten zueinander. Jesu Rede vom guten Hirten (Joh 10) hebt die unterscheidenden Merkmale hervor: Jesus ist „die Tür zu den Schafen", und darin liegt das Kriterium für die Unterscheidung von Dieben und Räubern, die auf anderem Wege einsteigen. Die Schafe aber haben die Fähigkeit, die Stimme ihres Hirten zu erkennen, der sie bei ihrem Namen ruft. Der Wortlaut der Rede kann u. U. derselbe sein, der Tonfall der Stimme aber ist das unterscheidende Merkmal. Diese alltägliche Unterscheidungsfähigkeit ist schwer zu analysieren, aber eindeutig wird sie vollzogen. Schließlich ist das Besitzverhältnis ein unterscheidendes Merkmal. Ein Dieb verwendet die Herde für sich; ein Mietling läßt sie im entscheidenden Augenblick im Stich, der gute Hirte aber, dem die Schafe gehören, „läßt sein Leben für die Schafe". Was der gute Hirte tut, gilt auch für den Auftrag zum Dienst an der Gemeinde. Die Gemeinde ist nicht einfach ein Arbeitsplatz zur Befriedigung eigener Bedürfnisse; der rechte Diener Christi lebt für die Gemeinde; daß er auch von der Gemeinde unterhalten wird, ist zwar sein gutes Recht (1.Kor 9,1–18), aber es ist erst die Frucht aus der Verkündigung des Evangeliums und von der Gemeinde her die Freistellung vom eigenen Broterwerb. Auftrag und Lohn kommen allein von Gott.

Die wirtschaftliche Versorgung und die Anstellungsbedingungen für die Diener der Gemeinde sind in unserem Land und in unserer Zeit einzigartig, aber man sollte nicht vergessen, daß genau dies nicht normal ist und daß dadurch vor allem der geistliche Zusammenhang von göttlichem Auftrag und göttlichem Lohn aus dem Blick gerät. Dann kommt es dazu, daß wir „mit dem Wort Gottes Geschäfte machen" (2.Kor 2,17; 4,2) und daß die Ansprüche von Amtsträgern auf Anstellung und Versorgung vor die Bedürfnisse der Gemeinde treten.

---

[27] WA 6, 564,11–14; 10, III, 395,40–396,1.

2. Vollmacht und Verantwortung

Auch im kirchlichen Bereich gibt es eine verbreitete Autoritätsscheu, die sich einerseits gegen fremde Autorität richtet und die andererseits auf die Ausübung eigener Autorität scheinbar verzichtet. Autorität wird damit als etwas Negatives abgelehnt, was freilich keineswegs ausschließt, daß man auf andere Weise Menschen zu gewinnen und zu beherrschen versucht auf dem Wege der Anpassung und der Anbiederung. Nicht ohne Grund warnt der Herr die Seinen vor den falschen Propheten mit dem sprichwörtlichen Beispiel vom „Wolf im Schafspelz“ (Mt 7,15). In der Autoritätsscheu wie im Autoritätsverzicht zeigt sich, daß die geistliche Begründung für den Dienst in der Gemeinde verloren gegangen ist, und dann werden andere Mittel und Wege gesucht, sich anzupassen, um anzukommen.

Unter Christus, dem Hirten und Lehrer, wird jedoch die geistliche Vollmacht für den Dienst in der Gemeinde sowohl *begründet* wie auch *begrenzt*. Wer im Auftrag Christi spricht, steht an Christi Statt: „So sind wir nun Botschafter an Christi Statt, denn Gott ermahnt durch uns; so bitten wir nun an Christi Statt: Laßt euch versöhnen mit Gott!“ (2.Kor 5,20). Diese Gleichsetzung beruht nicht darin, daß der Verkündiger in seiner Person Christus vertritt oder gar als Statthalter an seine Stelle tritt, sondern darauf, daß er das Wort weiterträgt, durch das Gott spricht und wirkt. Darum gilt unter der Aussendung durch den Herrn: „Wer euch hört, der hört mich; und wer euch verachtet, der verachtet mich; wer aber mich verachtet, der verachtet den, der mich gesandt hat“ (Lk 10,16). Das ist eine Identität des Wortes Christi mit dem Wort des Boten Christi. In dieser Gleichsetzung liegt der höchste Anspruch, für Gott zu reden, und zugleich die absolute Begrenzung, nichts Eigenes zu reden oder gar sich selbst zu predigen (2.Kor 4,5).

In verschiedenen Hinsichten wird diese heilsentscheidende Identität vor Augen geführt, nämlich bei dem Wort vom Bekennen und Verleugnen[28], besonders aber auch bei dem Wort vom Binden und Lösen (Mt 16,19; 18,18; Joh 20,23) mit den „Schlüsseln des Himmelreichs“.

Die *Begründung* der Vollmacht des geistlichen Amtes liegt darin, daß die Befreiung aus dem Gericht zugesprochen wird; die *Begrenzung* der Vollmacht aber liegt darin, daß der Träger dieses Auftrags selbst vor dem Gericht Gottes steht. Deshalb braucht er sich nicht nach Menschen zu richten und auch nicht von ihnen richten zu lassen (1.Kor 2,12–16; 4,1–5).

Aus dieser Begründung und Begrenzung der geistlichen Vollmacht erwächst die hohe Verantwortung des geistlichem Amtes, von dem ja nur dann der Auftrag recht erfüllt wird, wenn das Wort Gottes in aller Eindeutigkeit ausgerichtet wird. Es ist schon ein schlimmer Mißbrauch, wenn das geistliche Amt, das zweifellos ein großes öffentliches Ansehen genießt, zum Träger

---

[28] S.o. 29ff.

anderer Wörter wird, selbst wenn sie noch so notwendig für die Zeit zu sein scheinen. Es ist aber noch schlimmer, wenn das Wort Gottes nach der Heiligen Schrift verändert oder entleert wird. Der Amtsträger der christlichen Gemeinde hat eben nicht die Vollmacht, wie Christus zu sagen „ich aber sage euch...", sondern er kann das nur von der Schrift her nachsprechen. Er weiß, daß sein Auftrag heilsentscheidend ist zur Rettung aus dem kommenden Gericht; er muß aber auch wissen, daß mit der Verantwortung für die Identität seiner Verkündigung als Wort Gottes von ihm auch Rechenschaft gefordert wird, wenn er sein Wächteramt nicht wahrnimmt (vgl. Ez 3,17–21; 33,6–9).

Mit großem Ernst muß im Blick auf die geistliche Begründung und Begrenzung der Vollmacht des Amtes auch auf *die absolute Unverbrüchlichkeit des Beicht- und Seelsorgegeheimnisses* hingewiesen werden. Grund und Recht der Verschwiegenheit liegen darin, daß Beichte und Seelsorge unter dem Wort Gottes stehen. So wird die Sünde nach dem Maßstab von Gottes Gebot erkannt und vor Gott bekannt, und es wird die Vergebung aus der Kraft des Evangeliums zugesprochen. Das ist etwas völlig anderes als eine Beratung in diesen oder jenen Lebensfragen, wie sie auch ohne alle christlichen Voraussetzungen und Inhalte durchgeführt werden kann. Eine Vermischung von Seelsorge in geistlicher Vollmacht und Beratung in menschlicher Weisheit führt in vieler Hinsicht zu tiefgreifenden Entstellungen, vor allem dann, wenn fremde Methoden mit dem Schein geistlicher Vollmacht des Amtes zugedeckt werden. Die geistliche Kompetenz des an das Wort gebundenen und davon getragenen Amtes als Dienst ist etwas völlig anderes als eine Ausbildung und Qualifikation in dieser oder jener Methode von Gespräch und Beratung, bei der es immer nur um menschliche Fähigkeiten und Erfolge gehen kann, so sehr dies auch von dem Bestreben mitmenschlicher Solidarität getragen sein mag. Wenn aber die geistlichen Voraussetzungen und Begrenzungen fehlen, dann ist es wohl auch nicht verwunderlich, wenn sich gerade an dieser Stelle das Bedürfnis nach mitmenschlicher Mitteilung und Anerkennung meldet. Es entsteht eine Kette von Mitteilungsformen im „Team", in der Supervision, in der Anfertigung, Diskussion und Publikation von Gesprächsprotokollen in Zeitschriften und Lehrbüchern und schließlich oft genug die Verwendung von Gesprächsinhalten in der Predigt von der Kanzel. An die Stelle der geistlichen Demut unter dem Wort und vor dem Gericht Gottes tritt die menschliche Eitelkeit, die öffentlichen Beifall und Anerkennung sucht und nur zu gut weiß, wie beliebt und bewundernswert der neugierige Blick in das Verborgene und Unterbewußte ist. Die Wurzel des Übels aber liegt darin, daß für den Amtsträger dann die Situation vor anderen Menschen wichtiger geworden ist als seine Situation vor dem Angesicht Gottes.

Es ist die schlimmste Versuchung des geistlichen Amtes, sich vor dem Gericht der Menschen zu fürchten und darüber die Rettung aus dem Gericht

Gottes zu versäumen. Zahlreiche Mißstände im kirchlichen Leben ließen sich hier aufzählen, bei denen genau dieser Sachverhalt hervortritt. Wer aber geistliche Vollmacht und Einsicht besitzt, wird überhaupt nicht erst auf den Gedanken kommen, den Dienst unter dem Wort Gottes zu einem Dienst an den Bedürfnissen und Wünschen der Menschen werden zu lassen. Wo diese Vollmacht und Einsicht jedoch fehlt, wird der Sklave Christi zum Sklaven von Menschen, so wie Aaron unter den Zwang der religiösen Bedürfnisse des Volkes geriet und ein goldenes Kalb machte, um dem Volk Gott anschaulich und erfahrbar zu machen (Ex 32).

3. Wahrheit – Mehrheit – Einheit

Kirchliche Entscheidungen werden bei uns nahezu ausschließlich durch Gremien und nach dem Mehrheitsprinzip vollzogen. Es gibt eine feste Hierarchie kirchlicher Gremien vom Kirchenvorstand oder Ältestenkreis der Ortsgemeinde über regionale und überregionale Synoden bis zu zwischenkirchlichen ökumenischen Konferenzen auf Weltebene. Damit verbunden ist ein dichtes Netz von Kommissionen. Auch in Kirchenleitungen werden die wichtigsten Entscheidungen durch Kollegialorgane gefällt.

Die kirchlichen Gremien repräsentieren die Gemeinde, und daher wird bei der Zusammensetzung sorgfältig darauf geachtet, daß im Querschnitt alle Gruppen, Richtungen und Interessen vertreten sind. Daß allein vom zeitlichen Aufwand keineswegs für jedermann die Mitarbeit in solchen Gremien möglich ist, sei am Rande vermerkt. Die parlamentarische Demokratie liefert hier das Vorbild der kirchlichen Ordnung, und so ist es auch das Hauptziel beim Entscheidungsvollzug solcher Gremien, im Konsensverfahren ein Meinungsbild der Gemeinde herzustellen, das dann auch für die Gemeinde annehmbar ist und von ihr „rezipiert“ werden soll. Die Mehrheit bildet die Autorität, durch die Entscheidungen und Äußerungen verbindlich gemacht werden. Gremien dieser Art sind feste Einrichtungen, und es ist auch zu beobachten, daß Zahl und Dauer ihrer Sitzungen ständig zunehmen. Sie haben ihr Gewicht, nicht allein in der Kirche, sondern auch gegenüber der Öffentlichkeit. Mit solchen Mehrheitsentscheidungen kann kirchliche Autorität begründet und beansprucht werden. Der Einzelne kann sich dahinter zurückziehen und darauf berufen; Einzelne können aber ebensogut ganze Gremien manipulieren. Das Verfahren ist durchaus sinnvoll, und man sollte nicht unterschätzen, mit welcher Selbstverständlichkeit auf diesem Wege wichtige Entscheidungen für gute Ordnung und Verwaltung der Kirche gefällt werden. Problematisch wird es eigentlich immer erst dann, wenn man selbst im Ringen um die Mehrheit unterliegt, und das kann dann zu Verärgerung, Protest oder gar Auszug führen. Es gibt wohl keine Alternative zu diesem Verfahren, vor allem auch nicht die Wahl zwischen Demokratie und

Monarchie in der Kirche, da beides weltliche Formen für die Ausführung von Entscheidung und Leitung sind. Wohl aber ist zu überlegen, wie sich bei einem solchen Verfahren Wahrheit und Mehrheit zueinander verhalten und welche Folgen das für die Einheit der Kirche hat[29].

Das griechische Wort „ekkleesia" kann im Neuen Testament sowohl die christliche Gemeinde mit ihrem Gottesdienst bezeichnen, wie auch eine Versammlung von Menschen, die in einem protestierenden Volksauflauf oder nach Ordnung und Gesetz zusammenkommt. So wird z. B. in der Apostelgeschichte von den Kirchen oder Gemeinden an verschiedenen Orten berichtet (z. B. Apg 9,31), aber in Apg 19,21–40 auch von einem Volksauflauf, den die Goldschmiede von Ephesus gegen die Christusverkündigung des Apostel Paulus auslösen, weil sie fürchten, ihr an den Artemis-Kult gebundenes Einkommen zu verlieren. Man stürmte in das Amphitheater, und „dort schrien die einen dies, die anderen das, und die Versammlung (ekkleesia) war in Verwirrung, und die meisten wußten nicht, warum sie zusammengekommen waren." (19,32) – „Synode" ist ein anderer allgemeiner Ausdruck für Versammlungen, der sich heute nur noch zur Bezeichnung kirchlicher Entscheidungsgremien findet, während das entsprechende lateinische Wort „concilium" über das englische „council" in oft hilfreicher Neutralisierung sämtliche Arten von weltlichen und kirchlichen Zusammenkünften und Gremien benennen kann. – Wenn schließlich der christliche Gottesdienst im Griechischen als „synaxis" bezeichnet wird, dann wird bei der Verwendung dieses allgemeinen Wortes für das Zusammenkommen von Menschen auch nicht auf den besonderen Inhalt, sondern auf die äußere Erscheinung der Versammlung abgehoben. Menschen können aus verschiedenen Gründen zusammenkommen, und dabei pflegt es entsprechend menschlich zuzugehen. Das unterscheidende Merkmal tritt erst hervor, wenn wir fragen, wie die verschiedenen Gremien für Begegnung, Beratung und Entscheidung in der Kirche sich zum Gottesdienst als wesenhafter Darstellung der Gemeinde verhalten. In manchen Kirchen werden Synoden oder Konzile „zelebriert" ebenso, wie das vom Gottesdienst gesagt werden kann, und dazu wird die Heilige Schrift „inthronisiert", so wie sie auch im Gottesdienst sichtbar, aber dann auch hörbar im Mittelpunkt stehen sollte. Damit ist schon angedeutet, daß der Gottesdienst nicht nur einen Rahmen für kirchliche Entscheidungsgremien bildet, sondern daß es dabei um die Gemeinschaft im Namen des dreieinigen Gottes geht. Man kann Synoden und ähnliche Gremien nach dem parlamentarischen Vorbild auffassen und durchführen, und leider ist dann auch oft von dem „Kirchenparlament" die Rede. Man kann sie aber auch in der Verbindung mit der gottesdienstlichen Versammlung sehen, und dann rückt die geistliche Gemeinschaft der Gemeinde in den Vordergrund, und es

[29] S. u. Kap. 11. Reinhard Slenczka, Synode zwischen Wahrheit und Mehrheit. Dogmatische Überlegungen zur synodalen Praxis. KuD 29, 1983, 66–81.

kann klare Unterscheidungen und Entscheidungen geben, die sonst leicht in der Eigengesetzlichkeit der Mehrheitsbildung und Konsensfindung verloren gehen.

– Über die *Tagesordnung* können klare Entscheidungen gefällt werden, wenn man die Frage stellt, was zum Wesen und zum Auftrag der von der gottesdienstlichen Versammlung her bestimmten Gemeinde gehört und was nicht. Kirchliche Gremien sind bei uns eine wirkungsvolle, daher auch beliebte und umstrittene Plattform, die öffentliche Meinung zu erreichen. Vieles, was an solche Gremien herangetragen wird, erweist sich als überflüssig oder auch irreführend, wenn geprüft wird, ob es hier nur um Interessen der Öffentlichkeit oder aber um die öffentliche Verkündigung des Wortes geht.

– Für *Beratungen und Entscheidungen* braucht man Grundlagen und Maßstäbe. Es wäre völlig falsch, sich auf bloße Meinungen zurückzuziehen und Gegensätze durch Mehrheiten oder, was viel häufiger geschieht, durch Kompromisse zu überwinden. Allerdings zeigt sich gerade an dieser Stelle die große Hilflosigkeit, die daraus erwächst, daß die kirchlichen Entscheidungsgrundlagen in der Heiligen Schrift als dem Wort Gottes historisierend relativiert und damit aufgehoben sind. Wenn von einer Vieldeutigkeit und Wandelbarkeit in der Entstehung und Auslegung der Heiligen Schriften ausgegangen wird, führt dies unausweichlich dazu, daß die Subjektivität und Pluralität von Meinungen zum Prinzip erhoben wird. Theologische Themen, die durchaus in den Tagesordnungen ihren festen Ort haben, werden dann zuerst unter dem Gesichtspunkt der Verstehbarkeit und Annehmbarkeit durch die öffentliche Meinung behandelt – („wie es draußen ankommt") –, nicht aber unter der Frage, was wahr und heilsnotwendig ist. – Bei ethischen Themen steht dann nicht die Frage nach dem Gebot Gottes als unveränderlichem Maßstab nach dem Willen Gottes für die Erkenntnis der Sünde zu Umkehr und Vergebung im Vordergrund, sondern die Bewältigung von menschlichen Problemen und die Verständigung auf der Basis gesellschaftlicher Akzeptanz mit dem erklärten Ziel, Menschen nicht zu verprellen oder vor den Kopf zu stoßen.

Mit vielen Beispielen könnte belegt werden, wie dort, wo das Wort Gottes nach der Heiligen Schrift nicht mehr Grund und Maßstab ist, der quantitative, also mehrheitliche Konsens sich zum eigenen Maßstab und damit zur kirchlichen Autorität entwickelt. Wer in diesen und anderen Zusammenhängen nur nach dem fragt, was möglich oder unmöglich ist, wird damit verlieren, wo es um Wahrheit und Irrtum und damit um Heil und Unheil geht. Die Entscheidungsgremien sind dann lediglich ein Instrument gesellschaftlicher Anpassung der Kirche.

Mehrheitsentscheidungen bedeuten letztlich immer Sieg und Niederlage, wenn nicht von vornherein ein Kompromiß angestrebt wird, der weder nützt noch schadet, sondern nur moralisch oder politisch den Willen zur Einheit ausdrückt.

Von der ersten uns bekannten christlichen Gemeindeversammlung, dem sog. „Apostelkonzil“ in Jerusalem (Apg 15,1–29) finden sich einige bedenkenswerte Hinweise. Die Auseinandersetzung um die Verbindlichkeit des mosaischen Gesetzes für die heidenchristlichen Gemeinden betrifft das Heilsentscheidende: „Wenn ihr euch nicht beschneiden laßt nach der Ordnung des Mose, könnt ihr nicht selig werden.“ (15,1) Die Beunruhigung und der Streit in der Gemeinde sind sehr groß, und entsprechend heftig sind die Auseinandersetzungen in der Versammlung. In den Reden von Petrus, Barnabas, Paulus und Jakobus aber richtet sich alles auf Wort und Tat des dreieinigen Gottes, und von hier aus wird entschieden, was vom Heil trennt und was nicht. Darum muß mit allem Ernst nicht nur gegeneinander, sondern füreinander gerungen werden, denn der Friede unter Menschen kann nicht den Frieden mit Gott ersetzen. Die Lehr- und Lebensentscheidung betrifft das Heilsnotwendige. Das Ergebnis der Verhandlungen, das den Gemeinden in einem Brief mitgeteilt wird, verweist nicht auf einen Mehrheitsbeschluß, der seine eigene Autorität hätte, sondern darauf, daß man „einmütig wurde“ (15,25), und diese Entscheidung steht dann unter dem Anspruch: „Denn es gefällt dem heiligen Geist und uns...“ (15,28). Der hohe Vollmachtsanspruch bildet zugleich eine klare Begrenzung und enthält die Möglichkeit für die Gemeinden, in der Identität des Geistes die Prüfung und Entscheidung nachzuvollziehen. Übereinstimmung und Zustimmung liegen dann in der geistlichen Grundlage der Gemeinde; es kann sich hier aber auch die Grenze der Gemeinde bis zum Zerbrechen bestehender Einheit zeigen. An die Stelle von Sieg und Niederlage zwischen Mehrheit und Minderheit tritt dann die Prüfung und Scheidung der Geister durch den heiligen Geist im Wort Gottes. Es sind nicht beliebige Themen, an denen sich solche Auseinandersetzungen entzünden, aber um so sorgfältiger und klarer wird man entscheiden können, wo es um die Heilsgemeinschaft in dem einen Geist geht.

– Aus der Apostelgeschichte ist für die *Abstimmung* in kirchlichen Gremien bei *Personalentscheidungen* noch ein anderes Mittel zu erwähnen, das weithin in Vergessenheit geraten ist. Wenn Personalentscheidungen mit Fraktionsbildungen verbunden sind, wirken sich Sieg und Niederlage nicht nur auf das Wahlgremium aus, sondern auch der Gewählte wird abhängig von bestimmten Wahlgruppen. Nach dem Ausscheiden des Judas wurde der Apostelkreis ergänzt, indem eine kleine Zahl geeigneter Kandidaten – in diesem Fall zwei – nach bestimmten vereinbarten Kriterien ausgewählt wurde, und unter Gebet wurde dann das Los über sie geworfen (Apg 1,15–26). Es ist kaum noch in Erinnerung, daß die allgemeine Bezeichnung „Klerus“ das Los bedeutet, durch das man Anteil an dem Dienst des levitischen Priestertums im Alten (1.Chr 24,5ff.; 25,8ff.) und am Apostelamt im Neuen Bund bekommt. Über der menschlichen Wahl ist die göttliche Erwählung festzustellen.

In den Entscheidungen kirchlicher Gremien kann sich bei rechtem Verständnis nur fortsetzen, was das in Christus selbst begründete Hirten- und

Lehramt ausmacht. Das Kriterium der Mehrheit und das Ringen um Sieg und Niederlage wird damit gewiß nicht ausgeschlossen, wohl aber wird sich für die Durchführung wie auch für die Annahme von Entscheidungen herausstellen, ob hier die Kirche in der Wahrheit bleibt, oder ob sie fremden Zwängen und fremder Herrschaft folgt und ausgeliefert wird (Eph 4,3–6). Für den Vollzug wie für die Annahme solcher Entscheidungen durch die Gemeinde gilt dann: „Christus ist tragender Grund und daher bleibender Maßstab und sein Wort, nicht eine Mehrheit oder Minderheit. Daher ist in vertrauensvollem Glauben, in liebendem Gehorsam und nach genauen Regeln zu unterscheiden, ob Christus spricht oder nicht. Wenn er gesprochen hat, so ist es anzunehmen, wenn nicht, dann ist es zurückzuweisen."[30]

4. Was gilt in der Kirche?

Unter dem Eindruck, daß in der Kirche nichts und alles gilt, stellt sich die Frage: „Was gilt in der Kirche?"[31] Sie zielt auf Ordnung in der Unordnung, auf Klarheit in der Unklarheit, und nicht zuletzt ist das die Frage nach einer Instanz mit entsprechender Autorität und dem dazu notwendigen Durchsetzungsvermögen. An der Notwendigkeit, die gestellte Frage zu beantworten, wird niemand zweifeln, allerdings scheitern die Ansätze dazu meist bereits am Verfahren der Entscheidungsgremien, das auf einen Konsens in der Pluralität von Meinungen und auf einen Ausgleich von gegensätzlichen Richtungen festgelegt ist. So heißt es dann in einer sehr treffenden Beschreibung der Situation: „Rechte Verkündigung bleibt die unabdingbare Grundlage dafür, daß es Kirche gibt. In allen bisherigen Überlegungen (des vorangehenden Votums R. S.) aber ist deutlich geworden, daß diese nicht einfach verfügbar ist. Weder ist in einer neuen Situation von vornherein klar, was als Gottes Wort zu sagen ist, noch kann vorweg schon festgelegt werden, was die Gemeinde als ‚Wort des Herrn' hören und annehmen wird. Auch darf die Vielfalt derer, die an der Verkündigung beteiligt sind, nicht zugunsten eines letztinstanzlich entscheidenden Lehramtes zurückgedrängt werden." (73)

Die Faktoren, von denen die Beantwortung der Frage „Was gilt in der Kirche?" abzuhängen scheinen, werden in ihrem Wirkzusammenhang klar benannt: *Rechte Verkündigung* ist die notwendige Grundlage für die Kirche. Die Schwierigkeit wird aber darin gesehen, daß das *Wort Gottes* unverfügbar sei, und das betrifft einerseits den Auftrag seiner Verkündigung und andererseits das Hören und die Annahme (Rezeption) durch die Gemeinde. Mit dieser These von der Unverfügbarkeit des Wortes Gottes steht und fällt also

---

[30] WA 39, I, 194,10–13 (lat.).

[31] Was gilt in der Kirche? Die Verantwortung für Verkündigung und verbindliche Lehre in der Evangelischen Kirche. Ein Votum des Theologischen Ausschusses der Arnoldshainer Konferenz. Neukirchen-Vluyn 1985. Seitenzahlen der Zitate im Text.

die Frage nach dem, was in der Kirche gilt. Beantwortet wird die so gestellte Frage durch den Begriff ‚magnus consensus' (volle Übereinstimmung). Ausdrücklich wird dieser ‚magnus consensus' als „Prozeß der Konsensbildung" aufgefaßt, an dem verschiedene Faktoren und Instanzen beteiligt sind, nämlich die Personen und Stellen, die das kirchliche Lehramt ausüben, die synodalen und kirchenleitenden Entscheidungsgremien, doch „letztlich geht es nicht nur um die Übereinstimmung mit den Mitchristen oder der kirchlichen Tradition, sondern vor allem mit dem Zeugnis der Schrift." – „Der ‚magnus consensus' bedeutet also einmal die breite Zustimmung, die eine Lehrentscheidung in der Kirche findet, ebenso aber die Übereinstimmung mit der Bibel und den Vätern der Kirche, an deren Zeugnis die Kirche für die Verkündigung der Wahrheit gebunden ist. So entsteht der magnus consensus im geduldigen Dialog mit den Brüdern und Schwestern, im ständigen Hören auf die Schrift und die Bekenntnisse und im Vertrauen auf den Beistand des heiligen Geistes, der uns in alle Wahrheit führen will (Joh 16,13)." (63)

Aus diesen Zitaten, die vermutlich einen verbreiteten Konsens in der Beantwortung dieser Frage wiedergeben, tritt deutlich hervor, daß alles an der sog. „Unverfügbarkeit des Wortes Gottes" hängt. Die Heilige Schrift steht nicht als Wort Gottes dem Menschenwort gegenüber, sondern sie ist nach ihrer Entstehung und in ihrer Auslegung Menschenwort, das im Reden und Hören zu Gottes Wort werden kann. Infolgedessen ist das Wort Gottes der Heiligen Schrift auch nicht mehr als Kriterium für die Prüfung und Scheidung der Geister anzusetzen, sondern ein solches Kriterium muß im Prozeß der Konsensfindung hervortreten. Nach dem Verfahren und im Ergebnis rückt mithin der Konsens als Formalprinzip rechter christlicher Lehre ein.

Es ist theologisch völlig falsch, wenn der „magnus consensus" als dynamisches Formalprinzip aufgefaßt wird, nicht aber als inhaltliches Materialprinzip. Die Ursache dieses Fehlers liegt freilich darin, daß die Heilige Schrift als Wort Gottes nicht mehr vorausgesetzt wird, sondern daß statt dessen ein inhaltlich leerer Konsens über das entscheidet, was als Wort Gottes zu sagen und zu hören ist. Diese Trennung von Wort Gottes und Heiliger Schrift ist von den Reformatoren als Schwärmerei bezeichnet worden[32].

Wenn der Konsens als Formalprinzip in der Kirche, aber auch für die Verständigung zwischen den Kirchen angesehen wird, fehlt offenbar auch die Einsicht, daß es bei der Verkündigung der Kirche um die Sammlung der Heilsgemeinde unter der Erwartung der Wiederkunft Christi zum Gericht geht. Aus dieser Perspektive aber ist dann zu verstehen, daß sich durch das Wort Gottes in dieser Zeit die endgültige Entscheidung des Gerichtes Gottes für die Ewigkeit vollzieht. Wenn aber hier nicht mehr klar ist, was heilsentscheidend ist und daher glaubensnotwendig, dann hat die christliche Ge-

[32] CA 5 (BSLK 58,11 ff.); Schmalkaldische Artikel BSLK 453,16–456,18.

meinde bereits verloren, was sie als Gemeinde Jesu Christi ist. Sie ist nach Wesen und Auftrag kein Verein in Verstehen und Verständigung, sondern die aus dieser Welt durch den Erwählungsratschluß Gottes herausgerufene Schar derer, denen das ewige Leben verheißen ist. Was in der Kirche gilt, hat seine Geltung in der Zeit für die Ewigkeit, und das ist allein an die unverbrüchliche Eindeutigkeit des Wortes nach der Heiligen Schrift gebunden. Dafür gibt es keine andere Erkenntnisquelle und auch keine andere Weise der Darstellung und Verständigung[33].

5. Die Erbauung der Gemeinde

Erwägungen zur Leitung und Organisation der Gemeinde führen leicht zu leeren Konstruktionen von Methoden und Programmen, aus denen ein besseres Funktionieren erwartet wird. Erwägungen dieser Art mögen auch dazu führen, die Notwendigkeit guter Ordnung in Recht und Verwaltung der Kirche zu unterschätzen oder zu verachten. Über das Recht in der Kirche und über das Kirchenrecht wäre besonders zu handeln samt allem, was zu einer guten Verwaltung gehört. Wo jedoch vieles mit größerer Sachkenntnis auszuführen wäre, mag es genügen, auf etwas Grundlegendes hinzuweisen, was im Neuen Testament dadurch angedeutet ist, daß in der Verbindung mit der Verantwortung für die Gemeinde immer wieder vom Hausbau (oikodomee) und von der Hausordnung oder Hausverwaltung (oikonomia) die Rede ist. Dies ist aber nicht etwas Äußerliches, was etwa zu dem geistlichen Wesen der Kirche hinzutritt oder nur in lockerem Zusammenhang mit ihm steht, sondern es ist das, was gerade Wesen und Wirkung der Gemeinde bestimmt. Zur „Erbauung“ gehört das Zusammenwirken der Glieder der Gemeinde (Röm 14,19; 15,2; 1.Kor 14,3); es gehört dazu, was Gott tut (1.Kor 3,9) und was deshalb in Gottes Auftrag von Menschen auszuführen ist (2.Kor 10,8; 12,19; vgl. Eph 4,11–16). An dem allen zeigt sich, wie die Heilsökonomie Gottes mit der Kirche in die Geschichte eingreift und hier bestimmend wirksam wird (vgl. Eph 1,3–14; 3,1–13; Kol 1,24–29; 1.Tim 1,4). Wenn man begreift, was hier von Gott her geschieht und mit welchen Mitteln das in der Gemeinde und durch sie zu geschehen hat, dann können die verschiedenen notwendigen Funktionen zur Leitung und Verwaltung der Gemeinde auf den verschiedensten Ebenen in ihrer geistlichen Einheit erkannt werden unter der Mahnung: „Und dient einander, ein jeder mit der Gabe, die er empfangen hat, als die guten Haushalter der mancherlei Gnade Gottes...“ (1.Petr 4,10). Was freilich der Gemeinde nicht fremd ist nach ihrem Wesen, das sollte auch nicht von solchen ausgeübt werden, die der Gemeinde fremd sind oder

[33] Es ist merkwürdig, daß in dem Vorwort zu dem Votum „Was gilt in der Kirche?“ die apostolische Bitte um Prüfung in der Anspielung auf 1.Kor 10,15 ausgesprochen, jedoch die Stelle 1.Kor 10,14 angegeben wird (8).

überhaupt nicht zu ihr gehören. Dies ist, so schwer es bisweilen scheinen mag, sorgfältig bei der Anstellung und Übertragung von Aufgaben in der Gemeinde zu prüfen, denn andernfalls würde ihr geistliches Wesen einer Fremdbestimmung ausgeliefert. Was für jedes einzelne Glied der Gemeinde nach dem Glaubensgehorsam gilt, das muß insbesondere und in vorbildlicher Weise erst recht für diejenigen gelten, die von ihr mit besonderen Diensten beauftragt und dafür eingesetzt werden.

Teil IV

Die Grenzen der Kirche

10. Kapitel: Die Trennungen in der Kirche

Trennungen stehen nicht nur in äußerem Widerspruch zu dem, was die Kirche nach ihrem Wesen als Leib Christi ist, sie sind vielmehr eine innere Unmöglichkeit: „Ist Christus etwa zerteilt?" (1.Kor 1,13). Dennoch gehören sie zum Erscheinungsbild der Kirche aller Zeiten, und das offenbar nicht nur als Zeichen äußeren Zerfalls, sondern innerer Notwendigkeit: „Denn es müssen ja Spaltungen (Häresien) unter euch sein, damit die Rechtschaffenen unter euch offenbar werden." (1.Kor 11,19). Die Unmöglichkeit der Trennung zeigt sich, wenn man auf den Kreuzestod Christi für die Sünde der Welt blickt und auf die Zueignung des Werkes Christi in der Taufe. Deshalb fragt der Apostel: „Ist denn Paulus für euch gekreuzigt? Oder seid ihr auf den Namen des Paulus getauft?" (1.Kor 1,13). Die Trennung manifestiert sich in der Gemeinde von Korinth dadurch, daß man sich auf verschiedene Namen von Menschen beruft wie Paulus, Apollos, Kephas und als ein Name neben anderen auch Christus (1.Kor 1,12; 3,4). Wiederum treffen wir darauf, daß die Unterscheidung zwischen Name und Werk Christi auf der einen Seite und Namen und Werken von Christen auf der anderen Seite nicht beachtet wird.

Die Tatsache und die Notwendigkeit der Trennungen zeigt sich hingegen beim Herrnmahl, und sie tritt in den Unterschieden bei der Tischgemeinschaft oder auch in der Aufhebung der Tischgemeinschaft (Gal 2,12) zutage, also gerade dort, wo es um die Heilung der zerbrochenen Gemeinschaft mit Gott und in der Gemeinde durch die Vergebung der Sünden geht.

Leicht kann es dazu kommen, die Trennungen in der Gemeinde und die damit verbundenen Begleiterscheinungen unter moralischen Gesichtspunkten zu beurteilen, um sie mit Empörung abzulehnen, soweit sie uns selbst nicht betreffen. Doch weder im 1. Korintherbrief, der für innergemeindliche Konflikte ein reiches Anschauungsmaterial bietet, noch im übrigen Neuen Testament erscheint die Einheit als ein Selbstzweck, und von Trennungen und Scheidungen wird mit aller Deutlichkeit, ja auch Schärfe geredet. Einmütigkeit und Einheit sind offenbar nicht ein äußeres Kennzeichen der christlichen Gemeinde und auch nicht ein Fernziel, das durch eifriges Bemühen zu verwirklichen wäre. Das zeigt in aller Klarheit gerade das Wort Jesu, unter dem viele Einigungsbemühungen der Christenheit stehen: „... damit sie alle eins seien ... damit die Welt glaube ...“ (Joh 17,21). Wird der Textzusammenhang nicht beachtet, dann legt sich die Vermutung nahe, die Einheit und Einigkeit der Christen sei das Motiv, „damit die Welt glaube“. Doch dieses Wort steht in dem hohepriesterlichen Gebet Jesu, mit dem er, der Sohn Gottes, vor dem Vater für die Seinen eintritt. Die wesenhafte und unauflösliche Gemeinschaft von Vater und Sohn ist nicht nur Vorbild, sondern Grundlage für die Einheit der Christen: „Wie du, Vater, in mir bist und ich in dir, so sollen auch sie in uns sein.“ Das Wort der Wahrheit aber ist das Mittel der Heiligung: „Heilige sie in der Wahrheit; dein Wort ist die Wahrheit“ (V. 17). Das Wort wirkt den Glauben und begründet die Gemeinschaft mit Vater und Sohn und unter den Christen. So ist der Glaube nicht die Bedingung der Erfüllung durch christliches Handeln, sondern die Weise des Empfangs für das Wirken Gottes in seinem Wort unter der Erhörung des Gebets des Sohnes Gottes. Wort, Glaube und Christus stehen in dem Zusammenhang, der die reale Gemeinschaft mit Gott ausmacht. Die Einheit geht aus von der Gemeinschaft von Vater und Sohn, in die die Glaubenden aufgenommen werden. Und der Glaube der Welt, um den der Sohn den Vater bittet, ist Glaube an Jesus Christus, den Sohn Gottes: „Damit die Welt glaube, daß du mich gesandt hast“ (V. 21). So ist nicht menschliche Einheit das Ziel strebender Verwirklichung, sondern die durch Christus begründete und eröffnete Gemeinschaft mit Gott. Nur durch das Wort Gottes der Heiligen Schrift ist das zu erkennen, und nur aus ihm wird es empfangen.

Für das menschliche Zusammenleben gibt es viele andere Wert- und Zielvorstellungen zur Beseitigung von Konflikten und zur Herstellung guten Einvernehmens. Es gibt lobenswerte menschliche Einstellungen und rechtliche Regelungen für die Gestaltung menschlichen Zusammenlebens, doch wenn sie nicht vom Wort Gottes bestimmt sind und von dem Wesen der christlichen Gemeinde ausgehen, wird damit aufgegeben, was die Einheit der Kirche ausmacht und trägt. Eine Unkenntnis der geistlichen Grundlagen führt dann entweder zu hilfloser Untätigkeit oder zu blinder Radikalität.

1. Das neue Gesetz Christi

Liebe findet ihren Ausdruck in Einheit, Haß führt zur Trennung, und Trennung ist das Zeichen fehlender Liebe. Mit dem Hinweis auf das Liebesgebot werden dann in der Gemeinde oft notwendige Entscheidungen aufgeschoben oder überhaupt abgelehnt. Was Liebe ist, scheint jedermann einsichtig, und dazu bedarf es nicht einmal einer christlichen Begründung; es kann viele Ursachen geben, daß sich ein verallgemeinertes Liebesgebot direkt gegen die christliche Gemeinde wendet[1]. Liebe ist ebenso vernünftig wie Haß; beides sind natürliche menschliche Regungen. Gleichwohl wird die Liebe in der christlichen Lehre nicht zu den allgemeinen philosophischen Tugenden – Tapferkeit, Enthaltsamkeit, Klugheit, Gerechtigkeit – gerechnet, sondern zu den theologischen, und dort erscheint sie in dem Ternar von 1.Kor 13,13: „Nun aber bleiben *Glaube, Hoffnung, Liebe*, diese drei; aber die Liebe ist die größte unter ihnen."

Die Liebe ist das Entscheidende über alle prophetische Rede, alle Erkenntnis, allen Glauben und alle Hingabe für den Nächsten (1.Kor 13,1–3). Die Liebe ist selbstlos: „... sie sucht nicht das Ihre, sie läßt sich nicht erbittern, sie rechnet das Böse nicht zu", doch sie ist nicht urteilslos: „Sie freut sich nicht über die Ungerechtigkeit, sie freut sich aber an der Wahrheit..." (1.Kor 13,5–6). „Die Liebe hört niemals auf...", denn sie hält sich durch in dem Übergang vom Glauben zum Schauen von Angesicht zu Angesicht. Schon diese Hinweise lassen erkennen, daß es bei der Liebe nicht um die Vollendung des Menschlichen, sondern um die Offenbarung des Göttlichen geht. Es wäre falsch, wenn in der christlichen Gemeinde das Wesen der Liebe aus menschlichen Fähigkeiten und Bedürfnissen abgeleitet würde, wo doch die Liebe Gabe und Frucht des Geistes ist (vgl. Gal 5,22; Phil 2,1). Daher wäre es auch falsch, aus einem allgemeinen Verständnis von Liebe über Gottes Wort und seine Gemeinde zu urteilen, wo sich das Wesen der Liebe überhaupt erst in Gottes Wort offenbart.

Nun ist es bemerkenswert, daß neben dem Doppelgebot der Gottes- und Nächstenliebe, das eindeutig als das höchste und größte Gebot in der Zusammenfassung des ganzen Gesetzes und der Propheten von Jesus bezeichnet wird (Mt 22,34–40 pp), noch mehrfach im Neuen Testament ausdrücklich ein *neues* Gebot Christi erwähnt wird, das seine besondere Begründung und Geltung hat. „Ein neues Gebot gebe ich euch, daß ihr euch untereinander liebt, wie ich euch geliebt habe, damit auch ihr einander lieb habt. Daran wird jedermann erkennen, daß ihr meine Jünger seid, wenn ihr Liebe untereinander habt." (Joh 13,34–35). In der Liebe Christi ist die Liebe unter den Christen begründet, und die Fußwaschung ist das Beispiel, das Jesus seinen Jüngern gibt. Dieses neue Gebot bleibt zurück, als Jesus den Weg des stellvertretenden und erlösenden Leidens geht. Es ist nicht das Prinzip allgemeiner Menschlichkeit, sondern es richtet sich an den Kreis der zurückbleibenden Jünger, und für sie ist das auch gegenüber der Welt ein unterscheidendes Merkmal. Was die Jünger unter diesem neuen Gebot verbindet und bestimmt, ist die Liebe Christi, der für Sünder in den Tod geht.

Zwei weitere Belege finden sich 1.Joh 3,23 und 4,21. Im Zusammenhang der ersten Stelle ist das Liebesgebot unmittelbar mit der Gotteskindschaft verbunden, die in dem stellvertretenden Leiden und Sterben Jesu Christi

[1] S.o. 168f.

hervortritt und durch die Gabe des Geistes zugeeignet wird. Die Liebe untereinander erwächst aus der Vergebung, und Weitergabe der Vergebung ist das Wesen christlicher Liebe; darauf bezieht sich das besondere Gebot, das neben anderen Geboten ausdrücklich in der Einzahl erscheint: „Und das ist sein Gebot, daß wir glauben an den Namen seines Sohnes Jesus Christus und lieben uns untereinander, wie er uns das Gebot gegeben hat." (1.Joh 3,23)

Die andere Stelle faßt den Sachverhalt knapp zusammen: „Und dies Gebot haben von ihm, daß, wer Gott liebt, daß der auch seinen Bruder liebe." (1.Joh 4,21) Im Zusammenhang dieser Stelle wird darauf hingewiesen, daß nicht wir durch unsere Liebe zu Gott kommen, sondern daß Gottes Liebe zu uns kommt: „Darin besteht die Liebe: nicht, daß wir Gott geliebt haben, sondern daß er uns geliebt hat und gesandt seinen Sohn zur Versöhnung für unsere Sünden." (1.Joh 4,10) Wenn dann zweimal gesagt wird „Gott ist Liebe" (V. 8.16), ist die Umkehrung, daß die Liebe Gott sei, ausgeschlossen. Die in der Liebe Gottes begründete Liebe zu Gott wirkt die Zuversicht im Blick auf den Tag des Gerichts, und deshalb treibt die vollkommene Liebe die Furcht aus, die mit der Strafe rechnet (V. 17.18).

In diesem Sinne ist die brüderliche Liebe – ‚philadelphia' – nach 1.Thess 4,9 nicht ein allgemeines Gebot oder eine humane Fähigkeit, sondern die besondere Gabe des Geistes; „denn ihr selbst seid von Gott gelehrt, euch untereinander zu lieben." Die Bruderliebe aber in der Gemeinde erwächst aus der Annahme zum Kind Gottes in Jesus Christus und der damit verbundenen Gabe des Geistes.

1.Kor 9,21 schreibt Paulus, daß er „in dem Gesetz Christi" (ennomos Christou) sei. Der weitere Textzusammenhang wird oft als Beleg für die Forderung angeführt, feste Grundsätze müßten zurücktreten, wenn es darum geht, andere zu gewinnen. Doch ein solcher Libertinismus und Indifferentismus wird ausdrücklich abgelehnt, wenn es heißt: „Obwohl ich frei bin von jedermann, habe ich doch mich selbst jedermann zum Knecht gemacht, damit ich möglichst viele gewinne. Den Juden bin ich wie ein Jude geworden..." – und dann wird, vermutlich mit einer Erinnerung an Stellen wie Röm 1,16; 2,9; Gal 3,28; Kol 3,11 fortgefahren: „Den Griechen ein Grieche", doch das steht nicht da. Diese weiteren aufgeführten Gruppen unterscheiden sich vielmehr in ihrer Stellung zum Gesetz Gottes, das die Heiden nicht haben, während die „Schwachen" (vgl. 1.Kor 8,10f.; Röm 14) sich mit sorgsamer Ängstlichkeit an das Gesetz klammern. Doch alle sollen durch das Evangelium für Christus gewonnen werden; nicht Gesetz oder Gesetzlosigkeit spielt hier eine Rolle, sondern das Evangelium zur Rettung angesichts der unterschiedslosen Heilsbedürftigkeit aller Menschen, unabhängig davon, ob sie das Gesetz haben oder nicht. Von einer Anpassung oder einem Verzicht zu reden hieße, das Gemeinte ins Gegenteil zu verkehren und an die Stelle des Evangeliums von Jesus Christus die Selbstbestätigung des Menschen in seiner kulturellen oder religiösen Vorfindlichkeit zu behaupten. Der

Apostel steht „in dem Gesetz Christi“, weil er den Auftrag hat, dieses Evangelium aller Welt auszurichten.

Die Stelle Gal 6,2 kann alles noch einmal zusammenfassen: „Einer trage des anderen Last, so werdet ihr das Gesetz Christi erfüllen.“ Voran geht die klare Grenze um das Reich Gottes mit dem Hinweis auf die „Werke des Fleisches“, von denen gilt: „Die solches tun, werden das Reich Gottes nicht erben“, und die „Frucht des Geistes“, die ein und dieselbe in den verschiedenen Tugenden wie „Liebe, Freude, Friede, Geduld, Freundlichkeit, Güte, Treue, Sanftmut, Keuschheit“ ist – „gegen all dies ist das Gesetz nicht“ (Gal 5,19–23). Die Unterscheidung ist klar und eindeutig, trotzdem geht die Ermahnung weiter und hebt von neuem an: „Liebe Brüder, wenn ein Mensch etwa von einer Verfehlung ereilt wird, so helft ihm wieder zurecht mit sanftmütigem Geist, ihr, die ihr geistlich seid; und sieh auf *dich* selbst, daß du nicht auch versucht werdest. Eine trage des anderen Last, so werdet ihr das *Gesetz Christi* erfüllen“ (6,1.2). Die unterscheidende Beurteilung der Werke des Fleisches und der Frucht des Geistes geht damit über in die Prüfung des eigenen Werks. Der Hinweis auf die Last des anderen, die zu tragen ist, wird verbunden mit dem Hinweis auf die „eigene Last“ (6,5). Nach dem Gesetz Christi, das darin begründet ist, daß Christus unsere Sünde getragen hat, kann es keine Unterscheidung zwischen Gerechtigkeit und Ungerechtigkeit bei anderen geben, in die nicht die Erkenntnis unserer eigenen Sünde eingeschlossen ist. Denn nur so wird die empfangene Vergebung der Sünden weitergegeben, wie wir täglich bitten sollen: „...Vergib uns unsere Schuld, wie auch wir vergeben unsern Schuldigern.“

Nicht die Sündlosigkeit ist das Zeichen der christlichen Gemeinde, sondern diese empfangene und weitergegebene Vergebung der Sünden. Das ist etwas völlig anderes als jene allgemeine Menschen- oder Menschheitsliebe, der das fehlen muß, was die Gemeinde durch Person und Werk Jesu Christi täglich neu empfängt und weitergeben soll. Nur von Christus her kann daher auch die christliche Liebe unterschieden werden von allgemeiner Humanität und mitmenschlicher Solidarität.

2. Die Grenze der Vergebung

„Anathema sit“ – „damnamus“ – „wir verdammen und verwerfen“ – „verdammt sei“ –„...den verdammt die christliche Kirche“. Das sind Wendungen, hinter denen in der Geschichte der christlichen Kirche nicht nur Wörter, sondern auch Taten stehen. Sie scheinen vergangenen Zeiten anzugehören, aber auch in der „Theologischen Erklärung“ der Bekenntnissynode von Barmen 1934 heißt es ausdrücklich bei jeder der sechs Thesen: „Wir verwerfen die falsche Lehre...“ Das ist ein „Anathema“, dessen Recht vermutlich heute kaum jemand bestreiten wird. Auch in der evangelischen

Kirche gehören solche Verwerfungen keineswegs nur der Vergangenheit an; sie kommen auch heute – nicht einmal selten – vor, etwa in der Form des sog. „status confessionis“: „Wir fordern alle, die mit Ernst Christen sein wollen, auf, sich der Mitwirkung an der Vorbereitung des Atomkrieges vorbehaltlos unter allen Umständen zu versagen. – Ein gegenteiliger Standpunkt oder Neutralität dieser Frage gegenüber ist christlich nicht vertretbar. Beides bedeutet die Verleugnung aller drei Artikel des christlichen Glaubens.“[2]

Verwerfungen begegnen wir aber auch im alltäglichen Gebrauch, wenn einem Menschen in höchster Wut und oft schon bei geringem Anlaß der Fluch entfährt: „Verdammt!“. Er richtet sich gegen Zustände, oft direkt auch gegen Personen, die so beschimpft werden. Wer aber denkt in seiner hilflosen Wut daran, daß ein solcher Fluch nach seiner Form ein Gebet ist, das nach dem Gericht Gottes ruft? Es gibt viele und oft banale Gründe, daß Menschen einander verfluchen und verdammen.

Die Scheu vor Entscheidungen und die Abscheu gegenüber Trennungen erscheint auf diesem Hintergrund in einem anderen Licht. Was uns das Wort Gottes dazu lehrt, zeigt gerade im Gegensatz zu der verbreiteten Zertrennung aus oft schon sehr nichtigen Gründen, daß es durchaus eine Grenze gibt, die aber dann sehr gewichtige Gründe, eigentlich überhaupt nur einen Grund hat. Das ist die *Grenze der Vergebung*, wie sie sich in dem Wort Jesu von der unvergebbaren Sünde wider den heiligen Geist zeigt: „Darum sage ich euch: Alle Sünde und Lästerung wird den Menschen vergeben; aber die Lästerung gegen den Geist wird nicht vergeben. Und wer etwas redet gegen den Menschensohn, dem wird es vergeben; aber wer etwas redet gegen den heiligen Geist, dem wird's nicht vergeben, weder in dieser noch in jener Welt.“ (Mt 12,31.32; Mk 3,28–30; Lk 12,10). Mk 3,22ff. zeigt, daß dieses Wort durch den Vorwurf der Jerusalemer Schriftgelehrten ausgelöst wird, die behaupten: „Er treibt die bösen Geister aus durch ihren Obersten“, nicht also durch den Geist und in der Kraft Gottes. Dazu sagt Jesus: „... wer aber den heiligen Geist lästert, der hat keine Vergebung in Ewigkeit, sondern ist ewiger Sünde schuldig.“

Das Wort klingt hart und schrecklich, und doch ist es in erster Linie ein Heilswort, weil damit gesagt wird, daß *alle Sünden bis auf diese eine Ausnahme* vergebbar sind. Die Grenze der Vergebung aber ist eine äußerste Grenze nach vielem, eigentlich doch allem, was vergeben werden kann bis hin zur Schmähung des Menschensohns. Dabei ist an die Verleugnung des Petrus zu denken, der von seinem Herrn wieder zurückgeführt wird, oder an die Verfolgung der christlichen Gemeinde durch Saulus, der zum Verkündiger Christi gemacht wird. Diese äußerste Grenze gilt auch für die unbegrenzte

[2] Thesen 9 und 10 aus der „Anfrage der kirchlichen Bruderschaften an die Synode der Evangelischen Kirche in Deutschland“ 1958. Zu Form und Inhalt der damit verbundenen Auseinandersetzungen vgl.: Berlin 1958. Bericht über die dritte Tagung der zweiten Synode der Evangelischen Kirche in Deutschland vom 26.–30. April 1958.

Vergebung unter den Jüngern Jesu, wenn Petrus den Herrn fragt: „Herr, wie oft muß ich denn meinem Bruder, der an mir sündigt, vergeben? Genügt es siebenmal? Jesus sprach zu ihm: Ich sage dir: Nicht siebenmal, sondern siebzigmal siebenmal“ (Mt 18,21–22). Gegenüber viel Herzenshärtigkeit unter Christen zeigt gerade dieses so hart scheinende Wort, wie weit und wie tief die Vergebung Christi reicht, der das Verlorene sucht und zurückbringt (Lk 15).

Die Grenze der Vergebung aber ist dann in aller Klarheit nach dem Wort Gottes dort zu erkennen, wo der heilige Geist, der Grund der Vergebung aufgehoben, geleugnet, ja gelästert wird. Und dieses Wort zeigt auch, daß bei der „Sünde wider den heiligen Geist“ keineswegs durch Christen ein Urteil gesprochen und gar ein Strafgericht vollzogen wird, sondern alles zielt auf das ewige Gericht Gottes, aus dem es keine Rettung mehr gibt, wo die Vergebung im Namen Jesu Christi fehlt (vgl. Hebr 6,4–8; 10,26–31).

Wenn aber der Blick auf das göttliche Gericht und die Rettung daraus verdunkelt ist, wendet sich alles dem menschlichen Richten und dem Widerspruch dagegen zu. Die äußerste Grenze der Vergebung, auf die uns die Schrift hinweist, muß aber nun sehr genau beachtet werden, weil es hier in dieser Zeit um Entscheidungen für die Ewigkeit geht. Für die christliche Gemeinde bedeutet dies zugleich, daß hier die Grenze ihrer Vollmacht erreicht ist, im Namen und Auftrag Jesu Christi Vergebung der Sünde zuzusprechen. Was könnte sie denn noch wirkungsvoll tun, wenn es an dieser äußersten, aber entscheidenden Stelle nicht durch Gottes Wort gedeckt ist? Eher aber ist damit zu rechnen, daß von uns Menschen und auch in der christlichen Gemeinde die Grenze der Vergebung wesentlich enger gezogen und früher geschlossen wird.

Das Wort Gottes gibt uns für die äußerste Grenze Regeln, so z. B. Mt 18,15–18. Das ist ein sehr langer Weg mit inständigem Bemühen und sorgfältigem Prüfen. Es beginnt mit der *ersten* Frage, ob das Gespräch unter vier Augen stattgefunden hat, ohne das zu allen weiteren Schritten und Erklärungen die Voraussetzung und damit auch das Recht fehlt. Über den anderen zu reden und zu richten ist leicht; mit ihm zu reden, um ihn zurechtzubringen, festzuhalten und als einen Bruder zu gewinnen, ist schwer, allein schon unter der Angst vor persönlicher Konfrontation. Die Behauptung des eigenen Ich tritt dann an die Stelle der Verantwortung für den Bruder.

Die *zweite* Stufe mit dem Gespräch vor einem oder zwei Zeugen ist der nächste Schritt, der ebenfalls ohne Öffentlichkeit stattfindet. Erst der letzte und *dritte* Schritt führt vor die Gemeindeversammlung, und erst wenn hier der Ruf zur Umkehr und zum Empfang der Vergebung nicht gehört wird, ist die Grenze erreicht: „So sei er für dich wie ein Heide und Zöllner.“ Auch das ist im Verlauf kein Gerichtsverfahren, sondern das Bemühen, die Gemeinschaft durch Umkehr und Vergebung zu erhalten bis zu der endgültigen Feststellung, daß diese durch das Gebot Christi zu heilende Gemeinschaft bereits aufgehoben ist.

Die Kriterien für dieses Verfahren werden uns ebenfalls in aller Eindeutigkeit gegeben. Bereits bei der „Sünde wider den heiligen Geist" ist zu erkennen, daß die Grenze der Vergebung im Grunde durch den Verlust des heiligen Geistes bestimmt ist. Dieser Sachverhalt tritt auch 1.Kor 12,1–3 hervor. Ein „anathema Jesus" – mit dem Jesus verflucht wird, zeigt, daß hier der heilige Geist fehlt, z.B. wenn Christen – auch in der Verfolgung – ihren Glauben verleugnen. Umgekehrt ist, wie wir bereits in anderem Zusammenhang gesehen haben, das Bekenntnis zu Jesus dem Herrn durch den heiligen Geist bewirkt und daher Zeichen des heiligen Geistes. Im Blick auf Jes 53,4.5 kann die Behauptung, daß Jesus verflucht sei, auch heißen, daß sein stellvertretendes Leiden für unsere Sünde nicht erkannt wird. Auf jeden Fall aber wäre in der Tat alles aufgehoben, was das Evangelium von Jesus Christus sagt und gibt; es gäbe keine Möglichkeit mehr, von Heil zu reden und Vergebung zuzusprechen. So ist das im Geist gesprochene und das Wirken des Geistes bezeugende Christusbekenntnis das Kriterium für jene äußerste Grenze der Vergebung.

Unter der Anleitung durch das Wort Gottes werden schließlich auch die *Konsequenzen* verständlich, die sich an dieser äußersten Grenze und mithin nach allem Bemühen um Umkehr, Empfang der Vergebung, den Bruder festzuhalten, ergeben. Wo der heilige Geist nicht mehr wirkt, bleibt der Gemeinde nichts anderes zu tun, als diese Grenze *festzustellen*. Die biblischen Beispiele zeigen, daß dies nichts mit Unwillen und Entrüstung zu tun hat, sondern es zu dem führen kann, was der Apostel Paulus schreibt: „Ich selber wünschte, verflucht (anathema) und von Christus getrennt zu sein für meine Brüder, die meine Stammverwandten sind nach dem Fleisch..." (Röm 9,3). Mit gleichem Ernst unterwirft er sich selbst ebenso wie jeden anderen Boten Gottes dem Anathema des göttlichen Gerichts, wenn er „ein anderes Evangelium predigen" würde (Gal 1,8.9). So von der äußersten Grenze kann nur reden, wer weiß, was das Heil in Christus ist, aber dann muß das auch für die Gemeinde klar erkennbar um ihres Heiles willen gesagt werden wie z.B. 1.Kor 16,22ff.: „Wenn jemand den Herrn nicht lieb hat, der sei verflucht (anathema). Maranatha. Die Gnade des Herrn Jesu sei mit euch! Meine Liebe ist mit euch allen in Christus Jesus!" Das Anathema ist eben nicht das Gericht, das von Christen an anderen zu vollstrecken wäre als Verfluchung anderer; es ist vielmehr der klar abgrenzbare Bereich und die Situation, in der sich das Gericht Gottes über diese Welt vollzieht, wo die Rettung durch den Glauben an Jesus Christus fehlt. Die Grenze wird aber dann nicht nur durch Erklärungen aufgedeckt, sondern auch durch Aufhebung der Gemeinschaft vollzogen (Mt 18,17; 2.Thess 3.6.14).

Die äußerste Grenze, an der die Grundlage der Vergebung aufgehoben ist und damit die Rettung aus dem Gericht Gottes aufhört, hat mit dem *Tod* zu tun. Die beiden Fälle 1.Kor 5,1–6 und Apg 5,1–11, die auf diesen Sachverhalt hinweisen, sind auf den ersten Blick erschreckend. Doch man muß genau hören und sehen: Nicht die Gemeinde vollstreckt ein Todesurteil. In 1.Kor 5 wird vielmehr darauf gedrungen, daß die Gemeinde die Trennung anerkennt, die bereits vollzogen ist, während sie sich weigert, das zur Kenntnis zu nehmen und die Konsequenzen zu ziehen. Dies aber geschieht nicht als Gericht, sondern in einer gottesdienstlichen Versammlung, „wenn ihr in dem Namen unseres Herrn Jesu versammelt seid und mein Geist samt der Kraft unseres Herrn Jesu bei euch ist" (1.Kor 5,4). Die pneumatische Entscheidung aber ist, dieser Mensch soll „dem Satan übergeben werden zum Verderben des Fleisches, damit der Geist gerettet werde am Tage des Herrn." (5,5) Sie geschieht also im Horizont des Endgerichts, und die Frage kann durchaus ohne Antwort bleiben, ob es dabei um die Rettung des Geistes geht, den er als Glied der Gemeinde einmal empfangen hat oder aber um die Integrität des Geistes der Gemeinde. Beides gehört zusammen.

Auch Apg 5,1–11 betrifft die pneumatische Integrität der Gemeinde, weil das Ehepaar Ananias und Saphira „den heiligen Geist belogen" (5,3.9) hat, nicht also nur die Apostel oder die Gemeinde. „Du hast nicht Menschen, sondern Gott belogen." (5,4) Das folgende Todesurteil wird nicht von Menschen, sondern von Gott vollstreckt, und damit wird in der Zeit etwas vom Gericht der Ewigkeit sichtbar.

Zur Bestimmung dieser Grenze gehört auch die rechte Erkenntnis der „Todsünde". Es ist nach 1.Joh 5,16f. eine Sünde, bei der die sonst unbedingt gebotene Bitte für die Umkehr des Sünders aufhört: „Es gibt aber eine Sünde zum Tode; bei der sage ich nicht, daß jemand bitten soll. Jede Ungerechtigkeit ist Sünde; aber es gibt Sünde nicht zum Tode." Damit kann nur diese Grenze der Vergebung gemeint sein, an der die geistliche Voraussetzung der Sündenvergebung aufgehoben ist. In der Fortsetzung dieser Stelle wird mit guten Gründen auf die Trennung hingewiesen, die sich durch die Wiedergeburt gegenüber dem Bösen ergibt.

Die äußerste Grenze ist vom Wort Gottes *für uns* gesetzt; sie wird aber *nicht durch uns* gesetzt. Daher wäre es ein folgenreicher Fehler zu meinen, wir könnten uns aus eigenem Ermessen über die Grenze hinwegsetzen, davon absehen und dann auch nicht davon reden und darauf hinweisen. Wir würden damit nicht nur aus dem Blick verlieren, was heilsentscheidend ist, sondern mit Sicherheit auf viele andere Grenzen treffen und sie aufbauen, die eben nicht heilsentscheidend sind. Wir werden dann Trennungen vollziehen in der Gemeinde sowie zwischen Gemeinden und Kirchen und unter Christen, die aus völlig anderen Gründen kommen und anderen Maßstäben unterstehen.

3. Die Häresie

Im geschichtlichen Rückblick erscheinen Häresien als klar abgegrenzte Größen, ihr Auftreten ist zu datieren, und ihre Vertreter sind nach dem Namen und mit ihren Abweichungen zu benennen. Bekannt sind aus der Geschichte auch die bisweilen grausamen Auseinandersetzungen, die von persönlichen Streitigkeiten über Volksaufstände bis zum Totschlag führen können. So ist es auch zu verstehen, wenn einer unterlegenen oder unterdrückten Gruppe sich das Mitgefühl zuwendet, während die sog. „Großkirche“ als – bisweilen sogar vom Staat gestütztes – Machtinstrument der Ablehnung begegnet. Mit Andersdenkenden sollten gerade Christen anders umgehen, als es die Geschichte zeigt.

In dieser Sicht wird die Unterscheidung von Häresie und Kirche, von Orthodoxie und Heterodoxie leicht ins Gegenteil verkehrt, und „Rechtgläubigkeit“ oder „reine Lehre“ wird zum abwertenden Schimpf- oder Reizwort, womit sich freilich bereits die Realität des Dogmatischen[3] andeutet.

Für die Gegenwart mag der heftige Streit um Fragen des Glaubens und der Lehre nicht nur überholt, sondern in sich als unverständlich erscheinen. Seltsam ist nur, daß uns in dieser unmittelbaren Gegenwart immer wieder die Proklamation ethischer Häresien oder eines politischen bzw. sozialen „status (casus) confessionis“ begegnet und der Vorwurf erhoben wird, daß durch ein bestimmtes Tun oder Nichttun Grundartikel des christlichen Glaubens verleugnet werden. In den meisten Fällen handelt es sich dabei um die sog. *Überlebensfragen*, bei denen, meist global gesehen, das Sein oder Nichtsein der Menschheit auf dem Spiel steht. Probleme dieser Art sind radikal; sie gehen an die Wurzel menschheitlicher Existenz, und in diesem Sinne geht es hier um Heilsentscheidendes. Mit welcher Leidenschaft dann diskutiert und demonstriert wird, wie hart die Gegensätze unter Kollegen, in den Gemeinden bis in die Familien hinein sind, hat jeder vor Augen. Gemeinschaft wird aufgekündigt oder stillschweigend aufgegeben, weil man einander unerträglich geworden ist. Hier aber haben wir in unserer Zeit und in unserer unmittelbaren Erfahrung die Realität, die hinter dem überholt scheinenden Begriff Häresie steht[4].

Häresie ist in ihrem Ursprung eben nicht ein Produkt großkirchlicher Machtausübung mit staatlicher Unterstützung, sondern der Vorgang, daß sich jemand absondert, indem er seinen eigenen Weg wählt und eine eigene Richtungsgemeinschaft sich bildet, wodurch die bestehende Gemeinschaft aufgelöst wird.

---

[3] S. o. 64ff.

[4] Dazu ausführlicher: Reinhard Slenczka, Die Lehre trennt – aber verbindet das Dienen? Zum Thema: Dogmatische und ethische Häresie. KuD 19, 1973, 125–149; ders., Das Forum ‚Gerechtigkeit, Frieden und Bewahrung der Schöpfung‘. Dogmatische Beurteilung eines ‚konziliaren Prozesses‘. KuD 35, 1989, 316–335.

Ein ähnlicher Sachverhalt steht hinter der Unterscheidung von Orthodoxie und Heterodoxie. Orthodoxie bedeutet ursprünglich nicht ein erstarrtes Lehrsystem oder eine veraltete Kirchlichkeit, sondern den rechten Lobpreis Gottes, der seinen Ort im Gottesdienst hat. Heterodoxie hingegen bedeutet ursprünglich eine andere Form der Gottesverehrung, und die Unterscheidung von beiden betrifft also nicht isolierte Lehren und Lehrunterschiede, sondern die Gemeinschaft im Gottesdienst.

In verschiedenen Bereichen der Lehre oder des Lebens sowie an verschiedenen Gegenständen der kirchlichen Ordnung und der politischen Verantwortung können Richtungsgegensätze aufbrechen, die sich in der gottesdienstlichen Gemeinschaft auswirken und dort durch Austritt oder Ausschluß zu einer Trennung führen. Wenn der förmliche Ausschluß sehr selten oder in der Durchführung unmöglich ist, so ist der faktische Austritt sehr weit verbreitet, wenn man stillschweigend nicht mehr hingeht oder sich einer anderen gottesdienstlichen Gemeinschaft anschließt.

Die Gründe für das Zerbrechen der christlichen Gemeinschaft sind ebenso vielfältig wie die Gründe, durch die Menschen miteinander verbunden oder voneinander getrennt werden. Die in solchen Fällen notwendigen theologischen Entscheidungen jedoch setzen immer das Auftreten von Häresien im Sinne der Gruppenbildung voraus und haben das zum Gegenstand ihrer Bemühungen, die primär auf Verständigung, im Ergebnis dann freilich auch auf Abgrenzung und Trennung zielen werden. Dabei kann sich durchaus, wie es in der Geschichte oft vorgekommen ist, das kirchliche Interesse an der Einheit mit dem öffentlichen Interesse an Frieden und Gemeinschaft verbinden, was Interessenkonflikte nicht ausschließt. Die entscheidende Frage aber ist nicht, ob es Häresien und den Unterschied von Orthodoxie und Heterodoxie „noch" gibt und geben darf, sondern wie die faktischen Spaltungen und Fraktionierungen in der Gemeinde bewältigt werden. Das betrifft die theologische Verantwortung für die Einheit der Kirche.

Häresien im Sinne der faktischen Trennung mögen verschiedene Ursachen haben und sich im ethischen, politischen oder sozialen Bereich ansiedeln, wo es nun einmal menschliche Verschiedenheiten und Gegensätze gibt. Doch die Entscheidung und mögliche Scheidung kann nur eine dogmatische sein, weil es dabei um das gehen muß, was das Wesen der Kirche ausmacht und was heilsentscheidend ist.

Wichtig für die theologische Verantwortung ist dabei die Unterscheidung von „Fundament" und „Aufbau". Das *Fundament* ist Jesus Christus, seine Person und sein Werk: „Einen anderen Grund kann niemand legen als den, der gelegt ist, welcher ist Jesus Christus." Der *Aufbau* aber ist das Werk der Christen, das von unterschiedlichem Wert sein kann, aber auf jeden Fall der Prüfung am Tag des Gerichts entgegengeht (1.Kor 3,11–15).

In entsprechender Weise kann mit Luther *Lehre und Leben* unterschieden werden. Die Lehre, und das betrifft Inhalt und Wirkung der Verkündigung des Wortes Gottes, gehört auf Gottes, das Leben auf unsere Seite. Darum können wir über die Lehre nicht frei verfügen, sondern sind hier an Gottes Willen gebunden. Wir können in der Lehre auch nicht nachgeben, weil wir uns sonst an Gottes Stelle setzen würden. Das Leben hingegen ist unsere Sache, und in ihm spielen sich Glaube und Unglaube, Gehorsam und Ungehorsam ab. In der theologischen Verantwortung muß klar sein, daß es sich bei der Lehre nicht einfach um einen menschlichen Konformismus oder Traditionalismus handelt, sondern um die Zueignung des Werkes Christi, durch das wir aus Gottes Gericht gerettet werden. Deshalb ist die Lehre in keiner Weise frei verfügbar, sondern an ihr wird die Grenze erreicht, bei der die Vergebung der Sünden aufhören muß, weil die Grundlage der Vergebung berührt wird. Daher gilt: „Doctrina coelum, vita terra."[5]

Wenn bei solchen Entscheidungen die Einheit über die Wahrheit gestellt würde, werden unvermeidlich auch die wechselnden Bedürfnisse des Lebens an die Stelle des ewigen Heils gesetzt. In den Pastoralbriefen ist mehrfach von der „heilsame Lehre", d.h. von der gesunden, weil gesund machenden Lehre die Rede (1.Tim 1,10; 2.Tim 4,3; Tit 1,9. 2,1). Sie hat ihren Grund in den heilsamen Worten des Herrn Jesus Christus (1.Tim 6,3). Wer das versteht, der wird die rechte Lehre nicht als Zwang zu äußerer Konformität verteidigen, aber auch nicht als Ausdruck von Engstirnigkeit abwerten, sondern sehen und dafür Sorge tragen, daß es dabei um das Heil der Gemeinde und die Rettung derer geht, die in ihr zu Jesus Christus gehören.

4. Die Entscheidung über Lehre und Lehrer

Ein geordnetes Verfahren dient dazu, der Willkür zu wehren. Für alle Beteiligten setzt es Grundlagen und Regeln voraus, und die evangelischen Kirchen verfügen über sehr klare Bestimmungen, auch wenn das vielleicht viel zu wenig bekannt ist[6]. Die Begründung der Kirche und aller ihrer Glieder und Dienste auf die Heilige Schrift und die reformatorischen Bekenntnisse wird regelmäßig in den Grundartikeln den kirchlichen Grundordnungen vorangestellt. Bei der Ordination wird das im Ordinationsvorhalt bzw. im Ordinationsgelübde verbindlich gemacht, entsprechend aber auch bei der Beauftragung kirchlicher Mitarbeiter oder bei der Einführung von Kirchenältesten. In einigen Theologischen Fakultäten findet sich bis heute noch der früher selbstverständliche Doktoreid mit der doppelten Verpflichtung zum Festhalten an der christlichen Lehre und zu einer eines christlichen Theologen würdigen Lebensführung. Hinter der Vielzahl der Fächer und der Fülle

[5] WA 40, II, 51,8/46,5ff.

[6] Ausführliche Dokumentation: Wilfried Härle, Heinrich Leipold (Hg.), Lehrfreiheit und Lehrbeanstandung. Bd. 1: Theologische Texte. Bd. 2: Kirchenrechtliche Dokumente. Gütersloh 1985.

des Stoffs ist kaum noch zu erkennen, daß es auch bei anderen theologischen Prüfungen um die unveränderliche Verbindlichkeit der heilsamen christlichen Lehre gehen muß. Die verbreitete Auffassung, eine theologische Prüfung solle oder dürfe keine Glaubensprüfung sein, zeigt bestenfalls, daß in diesem Fall der Glaube als etwas rein Subjektives und Innerliches mißverstanden wird, losgelöst von der Grundlage des Wortes Gottes und der Gemeinschaft der Kirche. Wenn aber die Originalität des Theologen und der Erfahrungshorizont der jeweiligen Situation zum dogmatischen Prinzip erhoben wird, dann ist die Apostolizität und die Katholizität kirchlicher Lehre bereits aufgegeben. Auch hier ist es dann kein Wunder, wenn der Pluralismus zum Prinzip gemacht und der formale Konsens als kirchliches Handlungsziel ausgegeben wird.

Unter einer solchen verbreiteten bzw. herrschenden Meinung ist die Durchführung einer Beurteilung von Lehre und Lehrern im geordneten Verfahren sehr schwierig, wo sie ohnehin belastet ist durch schlimme Vorbilder und Vorurteile. Die Grundrechte wie „Freiheit des Glaubens, des Gewissens und die Freiheit des religiösen und weltanschaulichen Bekenntnisses sowie der Meinungsfreiheit und der Freiheit von Kunst und Wissenschaft“[7] sowie der Anspruch auf Schutz der Privatsphäre und ähnliches treten dann als eigener Wert gegen die Grundlagen der christlichen Gemeinde im Wort Gottes auf, und es kommt unausweichlich zu einer verbreiteten Hilf- und Orientierungslosigkeit. Indes bedeutet das noch lange nicht, daß bei einer solchen Aversion gegen geordnete Verfahren zur Beurteilung von Lehre und Lehrern etwa nicht geurteilt würde. Das geschieht vielmehr ständig in der Gemeinde, und wenn es am geordneten Verfahren fehlt, dann geschieht es unordentlich und willkürlich. Es kommt zu Konflikten, unter denen die Gemeinde gespalten wird, einzelne Personen oder Berufsgruppen werden diskriminiert oder gar faktisch exkommuniziert, während andernorts die Empörung entbrennt über alles Unmögliche, was in der Kirche möglich ist.

Die Verfahrensordnungen für die Beurteilung von Lehre und Lehrern folgen stets der Gemeinderegel von Mt 18,15–18. Wenn sich die Gemeinde in allen ihren Gliedern an dieses Wort Heiliger Schrift hielte, könnte auf der ersten Stufe im Gespräch unter vier Augen und auf der zweiten im Gespräch mit ein oder zwei Zeugen vieles geklärt und mancher Bruder gewonnen werden, und es wäre nicht nötig, ja auch nicht berechtigt, Auseinandersetzungen erst auf der letzten Stufe und dazu in der Analogie zum Gerichtsverfahren durchzuführen. Allerdings muß dann auch klar sein, daß es bei den Gesprächen auf der ersten und zweiten Stufe nicht nur um persönliche Meinungen, auch nicht um einen formalen „magnus consensus“ geht, auch nicht um den derzeitigen „Stand der Wissenschaft“, sondern um das Wort Gottes, um den Grund der Kirche und die Integrität ihres Bekenntnisses.

[7] Grundgesetz Art. 4.5. s. o. 148ff.

Ohne Klarheit und Übereinstimmung in diesen Grundlagen verändert sich die geistliche Prüfung und Entscheidung in einen juristischen und weiter in einen publizistischen Konfliktfall, der dann auf einer völlig anderen Ebene und mit anderen Mitteln meist unter dem Druck der öffentlichen Meinung sich abspielt. Es ist nicht nur unverantwortlich, sondern widerspricht zutiefst dem Wesen der christlichen Gemeinde, wenn sich die Theologen hier zurückziehen und das Feld den Juristen in der Gemeinde oder gar den öffentlichen Gerichten überlassen.

Unter der Voraussetzung, daß jeder einzelne das Recht habe, „in Glaubenssachen selbständig zu suchen und zu forschen", wird in den deutschen evangelischen Kirchen seit dem preußischen „Irrlehregesetz" von 1910 Lehrbeanstandung und Disziplinarverfahren getrennt[8]. In der Praxis bedeutet dies, daß Lehrverfahren zur Beanstandung, aber auch zum Schutz von Lehre und Lehrern nur in seltenen Ausnahmefällen stattfinden, während es eine erheblich größere Zahl an Disziplinarverfahren gibt. Das ist eine in vieler Hinsicht schädliche Situation, weil einerseits die inhaltliche Verantwortung für die reine Lehre in die Innerlichkeit abgedrängt wird, während gleichzeitig der geistliche Aspekt in den Fragen der Lebensführung als Frucht des Geistes nicht mehr gesehen wird. Gesetz und Strafe treten dann an die Stelle von Umkehr und Vergebung.

Freilich tritt bei diesen Schwierigkeiten in der Beurteilung von Lehre und Lehrern nur bei den Amtsträgern zutage, was in der ganzen Gemeinde an klarer Erkenntnis der Sünde und Ruf zur Umkehr und zum Empfang der Vergebung versäumt wird. Wo aber die geistliche Vollmacht fehlt, da fehlt auch die Anleitung zur geistlichen Einsicht.

5. Menschliches Richten und Gottes Gericht

Was in diesem Kapitel behandelt wurde, ist eine heikle Thematik, die auf manche Empfindlichkeit, aber auch auf manche Forderungen trifft. Da ist auf der einen Seite die Sorge vor „Verurteilungen" und „Ausgrenzungen", auf der anderen Seite der Ruf, „durchzugreifen" und „durchzusetzen". Doch das eine wie das andere geht auf unsere menschlichen Vorstellungen zurück, nach denen wir geneigt sind, Konflikten auszuweichen und Gemeinschaft aufrechtzuerhalten, selbst wenn wir nur zu gut wissen, wie oft und wie leicht es im alltäglichen Leben zu unheilbaren Differenzen zwischen Menschen kommt.

Gerade angesichts solcher elementaren Erfahrungen und Bedürfnisse ist es wichtig, auf die Grundlagen zurückzuführen, die deshalb für die Gemeinde

[8] Kirchengesetz, betreffend das Verfahren bei Beanstandung der Lehre von Geistlichen. Text: Härle/Leipold, Lehrfreiheit und Lehrbeanstandung. Bd. 2. 110–117.

verbindlich sind, weil sie dadurch geistlich verbunden ist. Ohne die Einsicht in die Unterscheidung von Gottes Wort und Menschenwort jedoch ist eine solche Umkehr überhaupt nicht möglich. Es ist dann aber auch nicht mehr möglich, menschliches Richten von Gottes Gericht zu unterscheiden, weil letztlich eben auch nicht mehr das Evangelium als die frohe Botschaft von der Rettung aus dem Gericht Gottes verstanden wird und weil in dem Gesetz Gottes nicht mehr der unveränderliche Maßstab für dieses Gericht nach den Werken und für die Erkenntnis der Sünde zur Umkehr und zum Empfang der Vergebung gesehen wird. Wenn die christliche Gemeinde lediglich ein Traditionsverein ist und nicht mehr das von Gott aus allen Völkern der Welt erwählte Volk Gottes, dann werden die menschlichen Prinzipien von Konformität und Kompromiß das Feld beherrschen. Dann werden die Entscheidungen auch nur unter dem Gesichtspunkt menschlicher Sympathien und Antipathien gefällt werden, und solche Entscheidungen pflegen unerbittlich, weil ohne Umkehr und Vergebung zu sein. Wer auf das Gericht Gottes blickt, der weiß aus dem Evangelium, daß es in dieser Zeit um die Rettung des Sünders aus diesem Gericht geht, und darauf zielt jede brüderliche Ermahnung und kirchliche Entscheidung. Wer die Gemeinde in diesem Horizont ihrer endzeitlichen Bestimmung sieht, der wird auch in der Verantwortung unter dem Wort Gottes erkennen, daß es bei dem Dienst am Wort Gottes nicht um menschliches Richten, sondern um die Rettung aus dem Gericht Gottes geht. Solche geistliche Einsicht überwindet das menschliche Taktieren, bei dem es letztlich nur um das Ansehen vor Menschen, nicht aber um das Angesicht Gottes geht.

11. Kapitel: Kirche und Öffentlichkeit

Das Thema „Kirche und Öffentlichkeit" umfaßt mehr als die speziellen Fragen, die sich aus dem Verhältnis von Kirche und Staat oder Kirche und Politik ergeben können. Unter *Staat* kann man die verfaßte Ordnung menschlicher Gemeinschaft verstehen, wie sie in der „Obrigkeit" in Erscheinung tritt. In einer repräsentativen Demokratie bezieht sich das auf die drei aus guten Gründen unterschiedenen Gewalten der Gesetzgebung (Legislative), der Regierung (Exekutive) und der Rechtsprechung (Judikatur). Die Gewaltenteilung ist die Voraussetzung für eine Gewaltenkontrolle. – Unter *Politik* kann man die vielfältigen Lebens- und Handlungsvollzüge verstehen, in denen eine Gemeinschaft von Menschen funktioniert und existiert. Sowohl für den Staat wie für die Politik ist der *gesetzliche Rahmen* die Grundlage für die Ausübung wie für die Begrenzung der Macht.

Öffentlichkeit hingegen ist schwer zu fassen. Sie hat keinen Namen, mit dem sie eindeutig zu bezeichnen oder anzusprechen wäre, obwohl jeder zu wissen meint, was damit gemeint ist; Öffentlichkeit ist jedermann und niemand. Unterscheiden läßt sich allenfalls das Öffentliche vom Privaten.

Gewisse Elemente können aufgezählt werden, die zur Öffentlichkeit gehören, ohne sie jedoch vollständig zu erfassen. An erster Stelle steht wohl die Gemeinsamkeit der Sprache für Mitteilung und Verständigung, und die durch die Sprache bestimmte Gemeinschaft erstreckt sich im Raum/Land und in der Zeit/Geschichte. Wenn das Rechtssubjekt im „Grundgesetz" als das „Deutsche Volk" bezeichnet wird, dann bezieht sich dies in erster Linie auf diese Gemeinschaft in der Sprache, im Raum und in der Geschichte. Belastet ist der Begriff Volk jedoch dadurch, daß er mit dem Begriff Rasse verbunden oder darauf beschränkt werden kann. Aber das ist im Rückblick auf die neuere Geschichte lediglich ein Beispiel dafür, wie ein Ordnungsbegriff eine exklusive religiöse Bedeutung bekommen hat. In unserer Zeit sprechen wir lieber von „Gesellschaft", ein Begriff, der zwar nicht deutlicher, aber unverfänglicher ist; freilich ist er dann auch für andere Inhalte und verschiedene Leitbilder offen.

Die Unfaßlichkeit gehört wohl zum Wesen der Öffentlichkeit. Sie wird angeredet, sie hat eine Meinung, oder ihre Meinung wird beeinflußt und umworben. Doch niemand weiß, wer sie ist, jeder steht ihr ebenso gegenüber wie er dazugehört. Man richtet sich nicht nur an die Öffentlichkeit, sondern auch nach der Öffentlichkeit[9].

Gerade in ihrer Unfaßlichkeit erweist sich die Öffentlichkeit als eine religiöse Größe im wörtlichen Sinn, der die Verbundenheit in der Gemeinschaft betrifft. Eine religiöse Größe ist diese anonyme Öffentlichkeit aber auch deshalb, weil man sich nach ihr richtet, um nicht von ihr gerichtet zu werden.

In den Wahlen, mit allem was dazugehört, tritt die Öffentlichkeit als Legitimationsgrundlage des Staates in Erscheinung, wie sie umgekehrt auch als Adressat bzw. als Instrument der Politik auftritt.

Die Überlegungen zu Kirche und Öffentlichkeit beziehen sich auf diesen Sachverhalt und die damit verbundenen theologischen Entscheidungen.

---

[9] Daß die Öffentlichkeit nach Begriff und Sache als dogmatisches Phänomen aufgefaßt werden kann, zeigen die Belege aus Platons „Politeia", wenn hier von den „Dogmen der Menge" die Rede ist, „welche sie zum Ausdruck bringen, wenn sie sich versammeln" – oder von den „Dogmen und Begierden" und den „Vorstellungen (doxai) des großen Tieres" (493 a–c). S.o. 66ff.

1. Der öffentliche Auftrag der Kirche

Über der Frage nach einem besonderen „Öffentlichkeitsauftrag" der christlichen Kirche wird leicht vergessen, daß die Kirche einen weltweiten öffentlichen Auftrag von ihrem Herrn hat: „...gehet hin und machet zu Jüngern alle Völker: Taufet sie auf den Namen des Vaters und des Sohnes und des heiligen Geistes und lehret sie halten alles, was ich euch befohlen habe." (Mt 28,19.20) Der Auftrag des Herrn gilt unbegrenzt für Raum und Zeit bis ans Ende der Zeit[10].

Mit dem naheliegenden Einwand, daß doch die Zeiten und Räume, die Sprachen und Völker sehr verschieden und wandelbar seien, ist schon angedeutet, wie sich einerseits die Öffentlichkeit als Kriterium meldet, während sich andererseits herausstellt, daß die Selbstverständlichkeit, in der die weltweite Öffentlichkeit Adressat der Christusverkündigung ist, überhaupt nicht beachtet wird. Nur unter dieser Voraussetzung kann es dann dazu kommen, daß an die Stelle des selbstverständlichen öffentlichen Verkündigungsauftrags der Kirche Überlegungen zu einem besonderen Öffentlichkeitsauftrag treten, was im Grunde ein Zeichen dafür ist, daß es schon im Ansatz mit dem Auftrag der Kirche in der Öffentlichkeit nicht ganz stimmt.

Von der Öffentlichkeit ihres Auftrags ist gewiß die Stellung der Kirche in der Öffentlichkeit zu unterscheiden. Das betrifft das Ansehen, das sie hat und den Einfluß, den sie ausübt. Dies freilich ist niemals vom Wesen der Kirche abhängig, sondern von den jeweiligen rechtlichen Regelungen, die von Zeit zu Zeit und von Land zu Land sehr verschieden sein können. Seit der Weimarer Verfassung von 1919, deren entscheidende Bestimmungen von Artt. 136–141 auch in Art. 140 des Grundgesetzes von 1949 übernommen worden sind, befindet sich die christliche Kirche in unserem Land in einer Situation, in der sie über rechtliche Privilegien verfügt und entsprechenden gesellschaftlichen Einfluß hat wie in kaum einem anderen Land und zu kaum einer anderen Zeit. Wir haben keine Christenverfolgung, sondern volle Freiheit für Verkündigung, Unterweisung in öffentlichen Schulen und eine Diakonie, die in weitem Umfang sogar als öffentliche Dienstleistung finanziert wird. Der Sonntag ist gesetzlich geschützt, auch wenn er keineswegs immer damit auch christlich genutzt wird. Seelsorge in der Bundeswehr, in Gefängnissen, in Krankenhäusern etc. ist garantiert; der christliche Religionsunterricht an den Schulen ist ordentliches Lehr- und Prüfungsfach und wird staatlich finanziert. Die christliche Gemeinde hat freien Zugang zu den Massenmedien. Die Theologenausbildung an staatlichen Universitäten wird in vollem Umfang vom Staat finanziert, die Kirchensteuer ist an die staatliche Lohn- und Einkommensteuer

---

10 S.o. 11ff.

gekoppelt und wird mit ihr zusammen eingezogen. Die Bezüge der kirchlichen Mitarbeiter orientieren sich an den allgemeinen Gehaltsskalen.

Nach ihrem Wesen kann die christliche Kirche niemals einen Anspruch auf eine solche öffentliche Stellung erheben, wohl aber fällt ihr damit eine sehr große Verantwortung zu, und sie ist großen Versuchungen ausgesetzt. Denn eine Kirche mit solchen Möglichkeiten ist eine gesuchte und deshalb auch umstrittene Plattform für die Beeinflussung der Öffentlichkeit, und das hat zur Folge, daß sich die Politik und die Politiker in die Kirche drängen, während umgekehrt sich Pfarrer in die Politik drängen. Politik in der Kirche und mit kirchlichen Mitteln zu betreiben, ist in solcher Lage ohne jedes Risiko möglich, da es dafür weder einer Legitimation durch öffentliche Wahlen bedarf, noch gibt es eine öffentliche Kontrolle durch zeitliche Begrenzung des Mandats bzw. durch Abwahl oder Wiederwahl. So kann es dazu kommen, daß die Kirche zu einem rechtsfreien Raum für politische Unternehmungen wird, infolgedessen auch zu einem Instrument politischen Handelns ohne Gewaltenteilung und Machtkontrolle werden kann.

In der Geschichte der Kirche hat es immer wieder Zeiten gegeben, in denen die Kirche zum Instrument des Staates wurde; es hat ebenso immer wieder Zeiten gegeben, in denen die Kirche staatliche Funktionen ausgeübt hat. Theologisch betrachtet ist der Unterschied jedoch nicht groß; denn in beiden Fällen ist zu prüfen, ob die Kirche den ihr von ihrem Herrn übertragenen Auftrag öffentlich ausführt, oder ob sie dem Zwang bzw. der Versuchung erliegt, anderem zu dienen.

„Man muß Gott mehr gehorchen als den Menschen." (Apg 5,29; 4,19) – Diese „clausula Petri" kann für manche Zwecke mißbraucht werden, gerade wenn es um das Reden in der Öffentlichkeit geht. Nach der Heiligen Schrift ist sie jedoch eindeutig mit dem Auftrag verbunden und auf ihn begrenzt, „im Namen Jesu" zu reden bzw. zu lehren, und damit ist genau die Stelle angegeben, an der die im Wesen des Auftrags begründete Öffentlichkeit der Verkündigung sich abhebt von den Möglichkeiten oder den Grenzen eines darüber hinausgehenden oder gar davon abgelösten Öffentlichkeitsauftrags. Umgekehrt stellt sich heraus, daß ein Öffentlichkeitsauftrag ohne den Namen Jesu nichts mehr mit der Öffentlichkeit der Verkündigung zu tun hat. Diese Grenzlinie ist nicht nur von den Grundlagen her eindeutig, sondern in der Erfahrung auch unübersehbar, und jedes Glied der Gemeinde weiß, daß hier nicht nur mit Zustimmung und Beifall, sondern mit Widerspruch, Ablehnung, ja auch Verfolgung zu rechnen ist. Das Wort vom Bekennen und Verleugnen[11] hat hier seinen Sitz im Leben. Es ist aber dann nicht überraschend, wenn an dieser Stelle die Öffentlichkeit des christlichen Verkündigungsauftrags mit der Bestimmung durch diese Öffentlichkeit in Spannung gerät. Die anonyme Größe der Öffentlichkeit wirkt in dem Maße auf die

[11] S.o. 29ff.

christliche Verkündigung, wie sie gewonnen oder festgehalten werden soll, und die Glieder der christlichen Gemeinde befinden sich in der dafür charakteristischen Situation, der Öffentlichkeit gegenüberzustehen, von der sie selbst ein Teil sind und die sie repräsentieren. Umgekehrt gibt es ein vielfältiges öffentliches Interesse, das an die christliche Kirche herangetragen und unter Umständen nur zu gerne von ihr aufgegriffen und befriedigt wird, um die Nützlichkeit der Kirche für die Gesellschaft öffentlich darzutun. Im Grunde bedeutet das aber immer, daß jene Entscheidung und Scheidung, die sich unter der Verkündigung des Namens Jesu vollzieht, zurückgenommen oder übersprungen wird, so daß letztlich die Kirche ununterscheidbar in die Öffentlichkeit übergeht. Aus der Öffentlichkeit der Verkündigung ist dann ein Instrument der Öffentlichkeit geworden. Der überaus vage Begriff der Säkularisierung[12] läßt gerade in der Vieldeutigkeit seiner Verwendung erkennen, daß er lediglich dazu dient, das Entscheidende an dem Verhältnis von Kirche und Öffentlichkeit zu verwischen. Denn geschichtlich und gesellschaftlich wird mit der Säkularisierung ein Vorgang oder Zustand beschrieben, bei dem sich die Gesellschaft von ihren christlichen Grundlagen abgelöst hat. Offen bleibt jedoch die Frage, was an die Stelle der christlichen Grundlagen getreten ist und was nunmehr Autorität ausübt. Es wäre demnach völlig verfehlt, die Öffentlichkeit im Gegenüber zur Kirche als einen religiös neutralen Bereich zu verstehen, vielmehr gibt es hier vielfältige religiöse Bindungen und Werte, infolgedessen auch entsprechende Konkurrenzen. Hier hat die christliche Kirche eine ganze Reihe wichtiger Aufgaben, die sie freilich durchweg versäumt, wenn sie nur der Öffentlichkeit, nicht aber ihrem Herrn dient.

Umgekehrt: Der Staat, der seinen religiösen Grund und damit auch seine Grenze verliert, wird selbst zur Religion, und Politik wird zur Heilslehre.

2. Die Verantwortung für Sitte und Recht

Sitte und Recht gehören ähnlich wie Gesetz und Ordnung sowie Dogma zu den Reizwörtern, bei denen der Gegensatz den Grundsatz verdeckt. Solange das Gefüge von Sitte, Recht, Gesetz und Ordnung besteht und funktioniert, ist eine solche Entgegensetzung gut möglich und vielleicht sogar das Kennzeichen für die Geltung der damit verbundenen Grundlagen, die so selbstverständlich sind, daß kaum die Frage auftaucht, woher sie kommen und wodurch sie begründet sind. Erst beim Zusammenbrechen und Fehlen der Grundlagen stellt sich heraus, daß es sich dabei keineswegs um fremde oder überholte Autoritäten handelt, sondern um das, was menschli-

---

[12] Vgl. dazu: Martin Heckel, Säkularisierung. Staatskirchenrechtliche Aspekte einer umstrittenen Kategorie. In: ZSRG.K III LXVI 1980, 1–163.

che Gemeinschaft verbindet, trägt und schützt. Der eigentliche Gegensatz aber wäre ein Zustand der Rechtlosigkeit und der subjektiven Willkür, in dem keineswegs eine allgemeine menschliche Vernunft herrscht, sondern das Recht dessen, der die Macht hat.

Die christliche Gemeinde hat eine sehr weitreichende Verantwortung für Sitte und Recht, die davon ausgeht, daß sie den Willen Gottes kennt, der sich in seinen Geboten offenbart. Die Gebote Gottes haben eine prohibitive, d.h. eine verbietende und zurückhaltende Funktion[13]. Mit dem „Du sollst nicht..." Gottes wird dem Bösen gewehrt, das den Menschen in seiner Abwendung von Gott beherrscht. Damit wird zugleich erkannt, daß der Mensch die Neigung hat, etwas zu tun, was ihm und seinesgleichen selbst schadet, und das ist gegen den Willen Gottes. Die Gebote haben ihren heilsgeschichtlichen Ort im Rahmen der Erhaltung der von Gott abgefallenen Welt. Sie sind zugleich Maßstab für das Gericht Gottes.

Vielfach wird im Blick auf die Grundlagen der Gesellschaft von *Werten* gesprochen, die eine grundlegende und daher allgemein verbindliche Geltung haben; oder es ist von *Grundrechten* die Rede oder auch von *Menschenrechten*, die Grundlage und Norm aller weiteren Gesetzgebung, vollziehender Gewalt und Rechtsprechung sind. In verschiedenen Formulierungen sichern sie die Würde, die Freiheit und die Gleichheit aller Menschen. Sie sind nicht Gegenstand, sondern Grundlage von Gesetzgebung und Rechtsprechung. Daher sind sie auch nicht von dem Willen und der Zustimmung von Menschen abhängig, sondern sie sind vorgegeben. Bezeichnenderweise heißt es von diesen Grundrechten auch in der weltlichen Gesetzgebung: „Das Deutsche Volk *bekennt sich* darum zu unverletzlichen und unveräußerlichen Menschenrechten als Grundlage jeder menschlichen Gemeinschaft, des Friedens und der Gerechtigkeit in der Welt." (GG Art. 1 (2)) Und wenn das Grundgesetz in seiner Präambel beginnt: „Im Bewußtsein seiner Verantwortung *vor Gott und den Menschen...*", dann mag das manchem als Relikt vergangener Zeiten erscheinen, obwohl es hier um die ernste Frage geht, ob die Grundlage des Rechts für die Würde und das Zusammenleben der Menschen auf der Wandelbarkeit menschlicher Meinungen und Interessen beruht, oder auf der Umwandelbarkeit des Willens Gottes[14]. Jede Gesetzgebung und Rechtsprechung aber geht davon aus, daß unter Menschen immer wieder Unrecht geschieht und daß Grundwerte verletzt und vernichtet werden. Wie es mit dem Menschen und der Menschheit wirklich bestellt ist,

---

13 S.o. 165ff.

14 Dazu: Ethel Leonore Behrendt, Gott im Grundgesetz. Der vergessene Grundwert ‚Verantwortung vor Gott'. München 1980. Martin Heckel, Die Menschenrechte im Spiegel reformatorischer Theologie. (= AHAW.PH 1987,4) Heidelberg 1987. Rudolf Morsey, Konrad Repgen (Hg.), Christen und Grundgesetz. Stuttgart 1989. Zur neueren Debatte in der Schweiz: Michel Schaffter, François Rochat, Marc-André Freudiger, Constitution fédérale: un préambule, à quoi bon? RThPh 115, 1983, 391–405.

sollte die christliche Gemeinde aus der Offenbarung des Wortes Gottes wissen und zuerst aus der Tatsache, daß Gottes Sohn für die Sünde der Welt leiden und sterben mußte. Deshalb kann sich die christliche Gemeinde auch nicht von ihrer Verantwortung für die Gesellschaft dispensieren unter der Illusion einer vernünftigen Selbstbestimmung des Menschen und Selbstgestaltung der Gesellschaft.

Nun stehen wir aber unter den Stichworten wie Säkularisierung oder Autonomie[15] vor der auch in der christlichen Gemeinde verbreiteten Behauptung, es habe sich gerade auf dem Gebiet von Sitte und Recht eine irreversible Ablösung von den christlichen Grundlagen vollzogen, die von manchen als Abfall und Ungehorsam, von anderen als Fortschritt und Emanzipation beurteilt sind. In jedem Fall aber ist vorausgesetzt, daß die Grundlagen von Sitte und Recht unbestreitbar und unübersehbar aus der christlichen Überlieferung kommen. Zu fragen wäre jedoch dann, woher bei einer vermeinten oder tatsächlichen Veränderung diese Grundlagen kommen und wodurch sie in Geltung gesetzt werden.

Das Phänomen „Öffentlichkeit" gewinnt gerade in diesem Zusammenhang größte Bedeutung; denn in ihr und vor ihr spielen sich die Auseinandersetzungen um Geltung und Veränderung von Normen ab, und dabei werden Größen namhaft gemacht wie „gesellschaftliche Akzeptanz", heutiges „Rechtsempfinden", „sozialer Konsens", „heutiges Sittenbewußtsein" oder „verbreitete Verhaltensweisen". Das sind durchweg Bezeichnungen für individuelles bzw. kollektives Bewußtsein, mit denen von vornherein, aber in der Regel unbemerkt die Vorstellung von göttlichem Gebot oder von einem Sittengesetz ausgeschlossen ist. Während die göttlichen Gebote *prohibitiv* sind, sind die Bewußtseinsinhalte und -äußerungen offenbar *produktiv*, indem sie sich fortschreitend verändern. Es sind bewegliche normative Größen, nach denen man sich richten muß, wenn man etwas ausrichten und nicht selbst gerichtet werden will. Es gehört wohl auch dazu, daß es bei diesen Bewußtseinsäußerungen der Öffentlichkeit keine Teilung der Gewalten gibt, sondern Gesetzgebung, Regierung und Rechtsprechung gehören im Horizont der Öffentlichkeit untrennbar zusammen.

Wird dieser Vorgang der Veränderung im Sitten- und Rechtsbewußtsein der Gesellschaft als Teil der geschichtlichen Entwicklung der Menschheit betrachtet, dann ist mit dieser Betrachtungsweise bereits der Wechsel vollzogen von den unveränderlichen göttlichen Geboten im Rahmen der Erhaltungsordnung zu einer Selbsterhaltung oder Selbstverwirklichung des Menschen. Es ist dann auch überhaupt nicht mehr zu erkennen, daß es sich um einen Wechsel der Grundlagen für die Normbestimmung handelt, wobei sich gleichzeitig ein Wechsel im Subjekt vollzieht von Gott, der sein Gebot in seinem unveränderlichen Wort gegeben hat, zu der öffentlichen Meinung, in

[15] S. o. 170f.

der sich Gebote und Verbote im Wandel der Verhältnisse und Bedürfnisse entwickeln und verändern. Damit tritt in aller Eindeutigkeit der Abfall von Gott und seinem Wort zutage.

An vielen Beispielen läßt sich dieser Vorgang beobachten und illustrieren. Am deutlichsten ist das in dem weiten Problemfeld von Ehe und Familie zu sehen, in dem die Spannungen zwischen der göttlichen Einsetzung und Ordnung der Ehe auf der einen Seite und dem faktischen Verhalten in der Beziehung und dem Zusammenleben von Mann und Frau sowie in den gesetzlichen Bestimmungen für Ehe, Ehescheidung und Wiederheirat Geschiedener zu einer schweren Anfechtung für die Glieder der christlichen Gemeinde werden können, wenn sie das Wort Gottes im Ohr und im Herzen haben. Nach dem Wort Gottes der Heiligen Schrift kann das Band der von Gott eingesetzten Ehe (Gen 2,18–25; Mt 19,3–6; Mk 10,6–9; 1.Kor 6,16; Eph 5,25–33) nur durch den Tod aufgelöst werden (Röm 7,1–3). Eine Ausnahme als Grund für eine Ehescheidung ist nach dem Herrnwort Hurerei bzw. Ehebruch; eine Wiederheirat Geschiedener ist jedoch grundsätzlich ausgeschlossen, da sie bei der Unauflöslichkeit der Ehe immer als Ehebruch anzusehen wäre (Mt 5,27–32; 19,7–9; Mk 10,3–12; Lk 16,18; 1.Kor 7,10–16). Das weltliche Recht, und zwar sowohl das römische wie das heutige bürgerliche Recht enthält Bestimmungen zur Ehescheidung und Wiederheirat Geschiedener, obwohl man nicht übersehen darf, daß selbst nach der Einführung des Zerrüttungsprinzips bei Ehescheidungen von den Versorgungsansprüchen her die Unauflöslichkeit der Ehe bis zum Tod eines Ehepartners erhalten bleibt.

Gleichwohl haben wir heute einen Zustand, in dem gesellschaftlich akzeptiert wird und rechtlich sanktioniert ist, was mit dem Wort Gottes nicht übereinstimmt. Was gegenüber dem Wort Gottes Ungehorsam ist, kann daher nach der herrschenden Meinung und den geltenden Gesetzen als erlaubt angesehen werden. Es wird infolgedessen auch nicht mehr am Maßstab des Gebotes Gottes als Sünde erkannt mit dem Ruf zur Umkehr und zum Empfang der Vergebung, sondern es wird auch in der christlichen Gemeinde als rechtes Verhalten akzeptiert und praktiziert. Damit vollzieht sich in der christlichen Gemeinde ein Wechsel von den Weisungen des Wortes Gottes zu den Verhaltensweisen der öffentlichen Meinung.

Ähnliches geschieht, wenn an die Stelle der von Gott eingesetzten lebenslangen Ehe andere Formen einer zeitweiligen Verbindung treten. Eine „Ehe ohne Trauschein" ist ein Konkubinat, für das es im römischen Recht feste Regelungen gab, um vor allem den weiblichen Teil vor Ausbeutung zu schützen und materiell zu sichern. Eingeführt wurde der Konkubinat als eheliche Verbindung auf Zeit und vor allem unter dem sozialen Rang, bis ein Mann die Möglichkeit hatte, sich standesgemäß zu verheiraten. Die christliche Gemeinde hat sich gegen diese Rechtsreform gewandt mit der Begründung, daß es sich dabei um eine vollgültige Ehe handele, durch die für

Christen andere Verbindungen ausgeschlossen sein müssen[16]. In gleicher Weise wurde im 16. Jahrhundert von der christlichen Kirche die Formpflicht für die Eheschließung durchgesetzt in einer Zeit, in der eine fehlende rechtliche Fixierung der Ehe zu schlimmen Folgen durch böswilliges Verlassen von Frauen und Kindern geführt hatte[17]. Wenn damals öffentliche Notstände durch die Berufung auf das Wort Gottes beseitigt wurden, so ist es heute erschütternd zu sehen, wie durch die Berufung auf die öffentliche Meinung Grundlagen zerstört und Notstände herbeigeführt werden.

Wo es um das Grundsätzliche geht, brauchen die unter Umständen wichtigen und schmerzlichen Einzelheiten nicht behandelt zu werden, doch der Christ als einzelner wie die Kirche als ganze stehen hier vor der schweren Entscheidung, was ihre Erkenntnisgrundlage ist und wem sie folgen wollen. Das betrifft ganz unmittelbar die Verantwortung für Sitte und Recht und in erster Linie natürlich die Klarheit in Verkündigung und Unterweisung. Diese Verantwortung betrifft nicht nur einzelne Instanzen, sondern jeden Christen in seinem Verhalten oder auch in seinem Beruf, wo er Entscheidungen in diesem Bereich zu vollziehen hat. Wenn die christliche Gemeinde sich darüber im klaren ist, daß die Gebote Gottes zum besten des Menschen dienen und daß sie der unveränderliche Maßstab für das Gericht nach den Werken sind, dann wird sie gerade auch in ihrer Verantwortung für die Öffentlichkeit in klarer Eindeutigkeit reden können. Die Eindeutigkeit des Gebotes Gottes kann dann nicht auf ein „Angebot“ zurückgeschraubt werden, und was die christliche Kirche zu sagen hat, ist dann auch nicht nur eine Stimme neben anderen im Ausgleich der Meinungen, sondern dies steht unter der Vollmacht des Wortes Gottes und geschieht in dem Wissen um die heilsame Liebe Gottes für die Erhaltung des Menschen.

Der in solchen Fällen aufbrechende Gegensatz ist scharf, und das gilt für die Einzelseelsorge ebenso wie für öffentliche Erklärungen; es gilt für den einzelnen Christen ebenso wie für den kirchlichen Amtsträger. Freilich entscheidet sich in diesen und ähnlichen Fragen allerdings dann auch, ob die christliche Kirche das Gewissen der Öffentlichkeit ist, oder ob das Bewußtsein der Öffentlichkeit in der Kirche an die Stelle der Offenbarung Gottes getreten ist.

Weder die Größe der Zustimmung noch der Grad der Übereinstimmung können ein Maßstab sein für diese öffentliche Verantwortung der christlichen Kirche, die nach dem Wort ihres Herrn in ihrem Größenverhältnis zur Welt wie auch in ihrer Wirkung in der Welt als „Salz der Erde“ und „Licht der Welt“ (Mt 5,13.14) bezeichnet wird.

---

16 Weitere kirchen- und rechtsgeschichtliche Informationen: Art. Konkubinat in: RE, 3. Aufl., 10, 745–747; Art. Concubinat in: DACL III, II, c 2494ff.

17 Siegfried Reicke, Geschichtliche Grundlagen des deutschen Eheschließungsrechts. In: H.A. Dombois, F.K. Schumann (Hg.), Weltliche und kirchliche Eheschließung. Beiträge zur Frage des Eheschließungsrechts (= Glaube und Forschung 6) Gladbeck 1953.

Aus dem Wort Gottes der Heiligen Schrift kennt die christliche Gemeinde aber nicht nur den Willen und das Gebot Gottes für die Erhaltung der Welt, sie weiß auch gerade unter der Offenbarung der Gerechtigkeit Gottes in dem Evangelium, daß „Gottes Zorn wird vom Himmel her offenbart über alles gottlose Wesen und alle Ungerechtigkeit der Menschen..." (Röm 1,18). Der Gegensatz zwischen christlichem Herkommen und öffentlichem Verhalten ist nicht nur eine Sache von Moral und Geschmack; es ist auch nicht beschränkt auf die Gebote der zweiten Tafel, die das Verhältnis zum Nächsten regeln, sondern es betrifft das ganze Gebot Gottes und damit auch die Gebote der ersten Tafel, bei denen es um die rechte Verehrung des wahren Gottes geht. Durch das Wort Gottes wird uns die Realität des Zornes Gottes in der Gegenwart aufgedeckt. Er hat seinen Ursprung darin, daß Gott nicht als Gott verehrt und angebetet wird. Vielmehr werden Schöpfer und Geschöpf vertauscht, und damit gewinnen die natürlichen Mächte, Triebe und Bedürfnisse die Herrschaft über den Menschen. Das wird ausdrücklich als Strafe Gottes erkannt, und zwar in drei Hinsichten: „Darum hat Gott sie dahingegeben" *psychisch* „in den Begierden ihrer Herzen...", *physisch* in dem Widernatürlichen sexueller Perversionen sowie *sozial* „in verkehrten Sinn, so daß sie tun, was nicht recht ist..." (Röm 1,24.26.28). Welche Verblendung liegt darin, wenn wir diesen Zusammenhang von Übertretung der Gebote der ersten und der zweiten Tafel mit den zerstörenden Folgen für menschliches Leben und Zusammenleben nicht mehr sehen? Man braucht die Beispiele nicht weiter auszuführen um zu wissen, wie in diesen Bereichen unter dem Druck der öffentlichen Meinung sowie unter der Faszination durch verbreitete Verhaltensweisen die christliche Gemeinde ihren Öffentlichkeitsauftrag und ihre Verantwortung für die Öffentlichkeit versäumt.

In den Katechismen der Reformation ist diese öffentliche Verantwortung der christlichen Gemeinde für Kirche und Gesellschaft eindringlich in Erinnerung gerufen worden, wenn Luther die Pfarrer und Prediger ermahnt: „Insonderheit treibe auch daselbst die Oberkeit und Eltern, daß sie wohl regieren und Kinder ziehen zur Schule, mit Anzeigen, wie sie solchs zu tun schüldig sind und, wo sie es nicht tun, welche ein verflucht Sunde sie tun; *denn sie stürzen und verwüsten damit beide Gottes und der Welt Reich als die ärgesten Feinde beide Gottes und der Menschen*"[18]. Ebenso wird die Aufgabe in der Vorrede zum Heidelberger Katechismus beschrieben: „Dann Erstlich/ haben sie wol bedacht daß die angeborne boßheyt uberhand nemen würde/ vnnd darnach Kirchen vnnd Politische Regiment verderben/wann man jhr nit bey Zeiten mit heilsamer Lehr begegnet..."[19] Wo wird dieser Aspekt der sog. Zweireichelehre beachtet?

Wenn die Eindeutigkeit und Unveränderlichkeit der Gebote Gottes nicht

[18] BSLK 505,19–27.
[19] BSKORK 148,15–17.

mehr die Grundlage christlicher Verantwortung in der Öffentlichkeit bildet, rücken andere Grundlagen ein, die dann von der öffentlichen Meinung und durch öffentliche Mängel und Bedürfnisse geprägt sind. Die verschiedenen Möglichkeiten lassen sich systematisch zusammenfassen unter dem Begriff der *Überlebensfragen*, und damit sind Zustände oder Gefahren bezeichnet, bei denen es um das Überleben der Menschheit angesichts absehbarer Selbstvernichtung geht. Was Menschen zutiefst bewegt und unter Umständen in panische Angst versetzt, soll nicht bagatellisiert werden. Doch nach Ps 53,5.6 gehört es wohl zu den Folgen aus der Bestreitung der Existenz Gottes („es ist kein Gott") und der Tatsache, daß Gott nicht angerufen wird: „Sie fürchten sich da, wo nichts zu fürchten ist..."[20] Es gehört wohl zur Symptomatik der Überlebensfragen, daß sie weniger auf vernünftige Einsicht und tätige Mitwirkung aus sind als auf Solidarisierung und auf Bekenntnisse. Auf keinen Fall darf man dagegen oder auch nur gleichgültig sein, ohne sich dem Volkszorn auszusetzen. Daher ist es sehr schwer zu durchschauen und verständlich zu machen, wie auch in diesem Bereich ein folgenreicher Wechsel der Normen sich vollzogen hat, in dem nun gewissermaßen die Unvergänglichkeit der Welt und der Menschheit zum Kriterium erhoben wird und der auch nur absehbare Untergang als Folge menschlicher Sünde. Der Gerichtscharakter der Öffentlichkeit tritt nirgends stärker zutage als hier, und entsprechend scharf ist der Zwang zur Selbstbehauptung in der Öffentlichkeit. Wenn aber die Bewältigung von Überlebensfragen rechtssetzend wird, dann ist dies seit jeher der Ansatz zur Diktatur gewesen[21].

3. Kirchliche Veröffentlichung (Publizistik/Information)

Öffentlichkeit wird durch Veröffentlichung erreicht oder auch hergestellt. Bei allen Überlegungen zu den kirchlichen Aufgaben in diesem Zusammen-

---

[20] Vgl. Lev 26,36; Dtn 28,65ff.; Weish 17,10 und in der Beschreibung des Vorgangs Mt 8,23–27; 14,22–33.

[21] Das ist im Sinne des römischen Rechts zu verstehen, nach dem in einem Ausnahmezustand die Aufteilung der Gewalt auf zwei Konsuln aufgehoben und einem Diktator übertragen wurde. Daß unter der Berufung auf einen solchen übergesetzlichen Notstand sowohl Recht aufgehoben wie auch Recht neu gesetzt werden kann, ist bei den verbreiteten Bewegtheiten gerade in der evangelischen Kirche unserer Zeit offenbar aus der jüngeren deutschen Geschichte nicht mehr in Erinnerung. Bei Adolf Hitler, Mein Kampf, 104, war zu lesen: „Wenn durch Hilfsmittel der Regierungsgewalt ein Volkstum dem Untergang entgegengeführt wird, dann ist die Rebellion eines solchen Volkes nicht nur Recht, sondern Pflicht... Menschenrecht bricht Staatsrecht." Vgl. dazu Martin Kriele, Ein Recht auf Widerstand. Kritische Fragen eines Verfassungsrechtlers. In: E. Lorenz, (Hg.), Widerstand, Recht und Frieden. Kriterien legitimen Gewaltgebrauchs. Eine interkonfessionelle und ideologiekritische Studie (= Studien aus dem Lutherischen Weltbund), Erlangen 1984, 102–111. 110. S. a. Reinhard Slenczka, Kirche und Politik. Ein ekklesiologischer Abriß. In: Weisheit Gottes – Weisheit der Welt. FS J. Kard. Ratzinger. St. Ottilien 1987. II, 1073–1086.

hang ist zunächst noch einmal daran zu erinnern, daß der Verkündigungsauftrag des Herrn die weltweite Öffentlichkeit aller Völker und aller Zeiten umschließt. „Publice docere" – „öffentlich lehren oder predigen oder Sakrament reichen", das ist nach CA 14 der Auftrag, um den es hier geht, und die Mittel für diesen Auftrag tragen die Verheißung ihrer Wirkung in sich. Beim Gottesdienst der Gemeinde sind die Türen der Kirchen für jedermann geöffnet, und es wird öffentlich dazu eingeladen.

Eine davon unabhängige oder darüber hinausgehende Öffentlichkeit erstreckt sich aber nun offenbar auf solche, die entweder von der öffentlichen Verkündigung nicht erreicht werden oder die in die geöffneten Türen nicht eintreten. Daß dies bei uns überwiegend getaufte Christen betrifft, sollte nicht vergessen werden.

Mit dieser Unterscheidung zwischen der Öffentlichkeit des Verkündigungsauftrags und einer davon nicht erreichten oder daran nicht interessierten Öffentlichkeit ergibt sich von vornherein eine spezifische Situation für jede Art von kirchlicher Publizistik. Vom Auftrag der Kirche her kann und darf sie nichts anderes sein als Verkündigung des Wortes Gottes in Gesetz und Evangelium. Vom Adressaten her wendet sie sich an solche, die draußen stehen bleiben, sei es aus Ablehnung, aus Gleichgültigkeit, aus Abfall oder mit anderen Bindungen und Interessen. Die publizistischen Mittel in Schrift, Ton und Bild werden zum Träger der Kommunikation, und sie haben ihre eigenen Regeln und Gesetze für Darstellung und Mitteilung.

Alles was veröffentlicht werden soll, gerät unter das Gesetz von Angebot und Nachfrage aus der Werbung, nach dem Bedarf geweckt und Bedürfnisse befriedigt werden. Erfolg und Mißerfolg wird nach Auflagen- und Abonnentenzahlen, nach Einschaltquoten und dann auch nach der Kostendeckung sehr genau gemessen, und damit strömen Kriterien ein, die beim Gottesdienst der Gemeinde, wenn es rechter Gottesdienst ist, überhaupt keine Rolle spielen dürfen, denn sonst könnte er zu einem Dienst werden „allein vor Augen, um den Menschen zu gefallen" (Eph 6,6.7; vgl. 2.Kor 4,5). Die Fehler treten dort auf, wo sich die Öffentlichkeit von der Verkündigung trennt, und unter Umständen wird gerade in dem Bemühen, diese Öffentlichkeit zu erreichen, der öffentliche kirchliche Auftrag verfehlt. Der Fehler liegt aber dann nicht in den verschiedenen Medien, sondern in den theologischen Voraussetzungen ihrer Benutzer.

Information ist ein Sammelbegriff für das Interesse und Bedürfnis der Öffentlichkeit. Wir leben nicht nur *darin*, sondern *davon* und würden uns ohne die tägliche Versorgung auf diesem Gebiet sehr einsam vorkommen. Information ist aber nicht nur eine Übertragung von Nachrichten oder ein Angebot zur Auswahl, sondern bedeutet wörtlich „Einprägung" bzw. Gestaltung, Formung oder Prägung des individuellen wie des kollektiven Bewußtseins. Information ist der Weg, auf dem etwas Gestalt gewinnt. Was damit gemeint ist, hängt aufs engste mit Inhalt und Wirkung des Christusglaubens zusammen[22]. Dabei zeigt sich aber auch, daß diese Information nicht Träger beliebiger Mitteilungen ist, sondern daß für den christlichen Glauben Christus selbst derjenige ist, der die Um- und Neugestaltung bewirkt, indem er durch den Glauben in seinem Wort Anteil gibt an sich selbst (Röm 8,29; 12,2; Gal 4,19; 1.Kor 10,14ff.).

Es wird gut sein, diesen eindeutigen Sachverhalt im Blick zu behalten, wo wir leicht in der Gefahr sind, bei den Informationsmitteln die Informationswirkung zu vergessen, weil wir Inhalt und Mittel trennen.

Das weite Feld von Bild, Bildung und Einbildung ist nicht allein auf das Fernsehen beschränkt, wo es doch ganz generell bei den verschiedenen Formen der Information darum geht, daß man sich ein Bild machen kann, daß man sich ins Bild setzt oder auch auf verschiedene wertende Weisen ins Bild gesetzt werden kann, daß man sich schließlich dieses oder jenes einbildet, wo es doch keine größere Vergänglichkeit gibt, als die alltäglichen Schlag- und Bildzeilen.

Die kirchliche Publizistik ist in unserer Zeit bei uns zulande sehr vielfältig. Das liegt allein an den der Kirche so günstigen wirtschaftlichen und politischen Verhältnissen. Die kirchliche Publizistik beginnt bei den Gemeindeblättern, sie reicht über lokale oder regionale kirchliche Zeitschriften bis zur überregionalen Presse, soweit es sich um innerkirchliche Publikationen handelt. Sie reicht aber wesentlich weiter in der Verknüpfung und Benutzung der öffentlichen Medien durch kirchliche Nachrichtendienste, durch Beiträge in Zeitungen, Zeitschriften, Rundfunk und Fernsehen, wo die Kirche nicht nur als Vermittler, sondern auch als Gegenstand von Informationen erscheint. Das öffentliche Interesse an der Kirche begegnet dabei dem Interesse der Kirche an der Öffentlichkeit. Sehr groß ist die Gefahr, daß die Kirche den Mitteln und Gesetzen der Publizistik erliegt, und dies bedeutet, daß sie ihrem Interesse an der Öffentlichkeit die Öffentlichkeit ihres Auftrags opfert. Hinter der Selbstdarstellung der Kirche, ihrer Glieder und Mitarbeiter, tritt die Wahrnehmung des Auftrags zurück. Das Christliche rückt dann auch hier an die Stelle der Person und des Namens Jesu Christi.

Ohne auf Einzelfälle einzugehen wäre zu prüfen, in welchem Umfang und mit welcher Klarheit durch die der Kirche zur Verfügung stehenden Medien der Inhalt der Verkündigung mit der ihm innewohnenden informierenden, d.h. neu- und umgestaltenden Kraft zum Ausdruck kommt. Oder ist es nicht so, daß die spezifischen Inhalte und Formen des christlichen Lebens mit z.B. Schriftauslegung, Gebet etc. den allgemeinen Gesetzen der öffentlichen Meinungsbildung entzogen werden, weil wir die Sorge haben, damit nicht anzukommen?

Eine besondere Form, die Öffentlichkeit zu erreichen, sind *Worte, Be-*

---

[22] S.o. 77ff. Joseph Müller, Anpassung oder Eigeninitiativen. TV-Medien erneut im Für und Wider kirchlicher Interessen. StZ 111, 1986, 84–90.

kenntnisse, Erklärungen oder *Denkschriften*, die nicht allein an die Gemeinden etwa in der klassischen Form des Hirtenbriefs, sondern ausdrücklich an die weitere Öffentlichkeit gerichtet werden. So werden einerseits Probleme aus der Öffentlichkeit aufgenommen, und andererseits wird vor dieser Öffentlichkeit Stellung bezogen, und das geschieht im Ringen der Meinungen und Richtungen bzw. als Gesprächspartner im öffentlichen Gespräch. Die Kirche steht dann neben anderen gesellschaftlichen Größen, zu denen sie sich zustimmend oder ablehnend verhalten kann in ihren Äußerungen.

„Bekenntnisse" sind in Politik und Publizistik nicht selten, und sie werden zu allen möglichen Themen gefordert und abgegeben vor der – wählenden – Öffentlichkeit. Seit 1908 hat sich, von Amerika kommend, die Form des „social Creed", im Deutschen „soziales Credo" oder auch „Sozialbekenntnis" genannt, verbreitet[23]. Damit wird vor der Öffentlichkeit zu öffentlichen Angelegenheiten von kirchlichen Gremien gesagt, wofür und wogegen man ist, und auf diese Weise wird die öffentliche Meinung nicht nur geprägt, sondern auch gewonnen. Ein solcher Text beginnt dann: „Ein soziales Credo. Die Kirchen bekennen sich zu folgenden Forderungen: …" Protest auf der einen, Solidarisierung auf der anderen Seite markieren in solchen Fällen dann auch die verbindende und scheidende Funktion eines Bekenntnisses, was allerdings bedeutet, daß die damit zusammenhängenden sozialen und politischen Gegensätze in die Gemeinden eindringen bzw. aus ihnen kommen. Das wird zum Problem, wenn der soziale und politische Dissens, wie er nun auch einmal zur politischen Meinungsbildung gehört, den fundamentalen Konsens im Glauben an Jesus Christus gefährdet. Weder darf von der Kirche politische Unfehlbarkeit beansprucht werden, noch ist politische Übereinstimmung ein notwendiges Kennzeichen kirchlicher Einheit.

Es ist nicht überraschend, wenn gerade in der neueren Kirchengeschichte in diesem Zusammenhang immer wieder die Unterscheidung von Bekenntnisstand und Bekenntnisstunde auftaucht oder wenn als Ergänzung zu den geschichtlichen Glaubensbekenntnissen aktuelle „Tat-" oder „Lebensbekenntnisse" gefordert und abgegeben werden[24]. Der entscheidende Beweg-

---

[23] Reinhard Slenczka, Bekenntnis als Deutung, Gemeinschaft und Grenze des Glaubens. KuD 26, 1980, 245–261. 253f.

[24] Neben vielen anderen Texten aus jener Zeit enthalten die sog. „Müller'schen Richtlinien" vom Mai 1933 für die „Glaubensbewegung ‚Deutsche Christen'" ein charakteristisches Beispiel, wenn es dort heißt: „Wir treten ein: 1. für völlige Wahrung des Bekenntnisstandes der Reformation, verlangen aber von diesem Grunde aus ein bekenntnismäßiges Wort der Kirche zu den brennenden Fragen der Gegenwart im Sinne scharfer Abwehr aller modernen Irrlehren, des Mammonismus, Bolschewismus und des unchristlichen Pazifismus. Die Kirche soll in ihrer Sendung als deutsche reformatorische Kirche uns die rechten Waffen für den Kampf gegen alles unchristliche und volksverderbende Wesen liefern…" zitiert nach K.D. Schmidt (Hg.), Die Bekenntnisse und grundsätzlichen Äußerungen zur Kirchenfrage des Jahres 1933. Göttingen 1934. 143. – Das „bekenntnismäßige Wort" erscheint hier als Mittel zum Zweck, während der „Bekenntnisstand" als eine Art von Motivation oder Legitimation aufgefaßt wird. Damit geht

grund ist die Sorge, gegenüber anstehenden Problemen durch Schweigen nicht nur zu versagen, sondern schuldig zu werden, wenn es dann ausdrücklich heißt: „Die Kirche *darf* und *soll* reden, wenn sie sich durch konkrete Inanspruchnahme oder durch ihre Beurteilung der Lage aufgefordert sieht. Sie muß spätestens reden, wenn Schweigen nicht möglich ist, ohne schuldig zu werden."[25].

Ob wir durch Reden schuldlos bleiben, ist schon eine ernste Überlegung wert, wenn man das Verhältnis von Reden und Handeln bedenkt. Schlimmer aber ist, daß mit einem solchen Wort, das keineswegs auf den zitierten Text beschränkt ist, die Bekenntnissituation kirchlicher Verlautbarungen ausschließlich auf das Gericht der Öffentlichkeit bezogen wird, während es bei dem Wort Jesu vom Bekennen und Verleugnen[26] um das Bekenntnis zu Jesus Christus vor der Welt in der Beziehung auf die Rettung aus dem Gericht Gottes geht. Unter solchen Voraussetzungen jedoch verlieren kirchliche Erklärungen nicht nur ihre inhaltliche Eindeutigkeit, sie werden vielmehr reduziert auf eine bloße Alibi-Funktion, um das Ansehen der Kirche vor der öffentlichen Meinung zur Geltung zu bringen. Wenn dann auch noch behauptet wird, daß auf diese Weise die Kirche und die Christen *glaubwürdig* werden sollen, enthüllt sich der tiefgreifende Wechsel in der dogmatischen Voraussetzung, der sich dabei vollzogen hat.

Mit dem allen wird nicht die Möglichkeit öffentlicher Äußerungen der christlichen Kirche bestritten, wohl aber wird nach deren Recht am Maßstab des kirchlichen Auftrags gefragt. Wenn es lediglich darum geht, einen Beitrag zur Meinungsbildung und ein Angebot im Dialog der gesellschaftlichen Kräfte zu liefern, dann wird zwar Ansehen und Einfluß der Kirche benutzt, aber ihre Vollmacht verspielt. Entsprechend unscharf werden dann auch die Wörter, allein schon in dem Bemühen, die innerkirchliche Gemeinschaft nicht zu zerbrechen.

Das dogmatische Problem bei den kirchlichen Erklärungen konzentriert sich auf die Frage, ob das Wort der Kirche von den Fragen der Zeit ausgeht oder ob das Wort Gottes „zur Zeit oder zur Unzeit" (2.Tim 4,2) ausgerichtet wird. Dietrich Bonhoeffer hat in einem Fragment „Über die Möglichkeit des Wortes der Kirche an die Welt" mit Nachdruck eingeschärft, daß der Auftrag der Kirche niemals aus einem Auftrag der Welt oder aus Anfragen aus der Öffentlichkeit abgeleitet werden darf: „Das Denken, das von den menschli-

das Bekenntnis zu Christus über in die Zweckmäßigkeiten und Zwänge von Stellungnahmen vor der Öffentlichkeit zu öffentlichen Angelegenheiten.

25 Aufgaben und Grenzen kirchlicher Äußerungen zu gesellschaftlichen Fragen. Eine Denkschrift der Kammer für soziale Ordnung der Evangelischen Kirche in Deutschland. Gütersloh 1970. § 56. Zur laufenden Diskussion und Information s. u. a.: Martin Honecker, Sind Denkschriften ‚kirchliche Lehre'? ZThK 81, 1984, 241–263; Martin Greschat, Zwischen Widerspruch und Widerstand. Die Denkschriften der Bekennenden Kirche an Hitler von 1936. PTh 77, 1988, 406–424.

26 S. o. 29ff.

chen Problemen ausgeht und von dorther nach Lösungen fragt, muß überwunden werden; es ist unbiblisch. Nicht von der Welt zu Gott, sondern von Gott zur Welt geht der Weg Jesu Christi und daher der Weg alles christlichen Denkens."[27]

Wo aber klar ist, was das Wort Gottes in Gesetz *und* Evangelium sagt, dort kann in dem unaufhebbaren Zusammenhang von erster und zweiter Tafel des Dekalogs auch eindeutig gesprochen werden, und das ist dann nicht ein Beitrag zur Meinungsbildung, sondern das vollmächtige und klare Wort zur Erkenntnis der Sünde, der Ruf zur Umkehr und zum Empfang der Vergebung. Insofern kann es im Bereich der Publizistik auch keine besondere prophetische oder diakonische Aufgabe der christlichen Gemeinde geben, wenn sie hier nicht das tut, was ihr aufgetragen ist und was die Verheißung der Wirkung in sich trägt.

Hans Joachim Iwand hat sich 1936 in einem Vortrag mit der Forderung jener Zeit auseinandergesetzt: „Die Kirche hat mit dem Worte Gottes ihrem Volk zu dienen!" und gefragt: „Wo ist die Lücke, um dieses Dogma neuzeitlicher Heilspropheten in der Offenbarung Gottes unterzubringen? Die Boten und Zeugen, denen wir hier begegnen, haben ihrem Herrn zu dienen, wehe, wenn sie aufhören wollten, neben ihm andere Autoritäten, Worte oder Wirklichkeiten gelten zu lassen..."[28]

4. Pluralität und Konkurrenz des Religiösen

Die Trennung von Staat und Kirche, wie sie in Deutschland durch die Weimarer Verfassung vom 11. August 1919 vollzogen worden ist, bildet die Grundlage für die verbreitete Vorstellung von einer weltanschaulichen *Neutralität des Staates* gegenüber einer *Pluralität von religiösen Gemeinschaften*, wobei die Wahrheitsfrage für die Glaubensinhalte ganz hinter den Aufgaben zurücktritt, die sich aus dem Zusammenleben in der Rechtsgemeinschaft ergeben. Das Grundrecht der Glaubens- und Bekenntnisfreiheit (Art. 4 GG) wird garantiert im Rahmen der Freiheitsrechte, die durch die „verfassungsmäßige Ordnung oder das Sittengesetz" (Art. 2 GG) begrenzt sind[29]. Mit dieser wichtigen Trennung ist einerseits ausgeschlossen, daß der Inhalt des Glaubens staatlich vorgeschrieben werden kann, während andererseits theo-

---

[27] Dietrich Bonhoeffer, Ethik. München, 10. Aufl., 1984. (2. Aufl. 1953. 276–282).

[28] H.J. Iwand, Die Heilige Schrift als Zeugnis des lebendigen Gottes (In: Um den rechten Glauben. Ges. Aufs. ThB 9) München 1965. 115.

[29] Zur genaueren Information: Axel Freiherr von Campenhausen, Staatskirchenrecht. Ein Leitfaden durch die Rechtsbeziehungen zwischen Staat und den Religionsgemeinschaften. München 1973; Ernst Friesenhahn, Ulrich Scheuner (Hg.), Handbuch des Staatskirchenrecht der Bundesrepublik Deutschland 2 Bde., Berlin 1975; Martin Heckel, Die theologischen Fakultäten im weltlichen Verfassungsstaat (= Jus Ecclesiasticum 31), Tübingen 1986.

logisch festgehalten wird, daß der Glaube nicht „jedermanns Ding" (2.Thess 3,2), sondern Gabe des Geistes ist. Diese Verhältnisbestimmung ist keineswegs selbstverständlich; sie beruht auch nicht einfach auf einer neuzeitlichen Entwicklung, sondern sie ist durch christliche Voraussetzungen geprägt[30]. Vom christlichen Glauben her ist es ausgeschlossen, das Volk Gottes mit einem bestimmten Volk der Welt gleichzusetzen und darauf zu begrenzen. Vielmehr wird das Volk Gottes durch das Wort Gottes aus allen Völkern der Welt gesammelt. Ebenfalls ist ausgeschlossen, die Zugehörigkeit zur Gemeinde Jesu Christi auf eine bestimmte Rasse, Klasse oder Partei zu begrenzen, wie das im politischen Bereich durchaus vorkommt. Denn das kommende Reich Gottes steht zeitlich und seinsmäßig über allen Reichen dieser Welt und ihrer Herrlichkeit. Theologisch betrachtet ist jedoch die sich daraus ergebende Pluralität im Bereich des Religiösen keineswegs als Neutralität aufzufassen, sondern sie ergibt sich aus dem berufenen und erwählenden Handeln Gottes in seinem Wort sowie endzeitlich durch die Scheidung des göttlichen Gerichts über alle Welt. Wenn dies freilich in der christlichen Gemeinde nicht mehr gesehen wird, verliert der Verkündigungsauftrag seine heilsentscheidende Dynamik, und statt dessen bekommen die Probleme und Aufgaben, wie sie sich aus dem politischen Zusammenleben ergeben, eine heilsentscheidende Bedeutung. Es kann u. U. soweit führen, daß auch in der Kirche die staatlich notwendige Neutralität gegenüber den Religionsgemeinschaften in den gesetzten Grenzen als eigenes dogmatisches Prinzip übernommen wird, indem die Wahrheitsfrage in einer neutralisierenden Unverfügbarkeit nicht mehr gestellt und beantwortet wird. Daß auf diese Weise die Gefahr besteht, daß die Kirche ganz in die staatliche Exekutive eintritt und der Pfarrer die Funktionen eines Staatsdieners übernimmt, wird leicht übersehen. Die Kirche macht sich selbst zum Werkzeug des Staates, der sie nach der Verfassung eben gerade nicht als sein Werkzeug verwenden soll.

Diese Verbindung ist verführerisch, zumal wenn in der Kirche als wichtigstes Kriterium die maximale Übereinstimmung von Kirche und Gesellschaft/Öffentlichkeit als Leitbild in Kraft ist. Es hat allerdings auch zur Folge, daß alles Unterscheidende und Trennende in der Wirkung des Wortes Gottes und nach dem Wesen des Glaubens zurücktreten muß hinter dem Erfordernis gesellschaftlicher Relevanz. Der besondere Glaubensinhalt wird in die Subjektivität zurückgenommen, und auf diese Weise können die verschiedenen Erscheinungsformen des Religiösen auf eine gemeinsame anthropologische Grundlage im Sinne eines religiösen Apriori zurückgeführt werden. Das Interesse staatlicher Einheit begründet und begrenzt dann die religiöse Pluralität, während die Frage nach dem, was heilsentscheidend ist, völlig irrelevant wird. Nach Röm 2,14.15 jedoch ist dieses bei allen Menschen vorauszusetzende sog. „religiöse Apriori" inhaltlich eindeutig bestimmt. Denn es ist das

---

30 S. o. 148ff.

ins Herz geschriebene Gesetz Gottes, das den Menschen nicht nur unter die Verantwortung gegenüber dem Willen Gottes stellt, sondern auch unter die Anklage vor dem Gericht Gottes. Infolgedessen kann es gerade in diesem Bereich des menschlichen Bewußtseins keine religiöse Gleichgültigkeit geben. Es kann auch nicht das staatliche Interesse am menschlichen Zusammenleben, so wichtig es ist, in der christlichen Gemeinde zum dogmatischen Prinzip erhoben werden.

Nicht allein der Dogmatiker, sondern zuerst die Realität der Dogmen und des Dogmatischen bestätigt diese Auffassung. Es gibt verschiedene Erscheinungen dieser Realität des Dogmatischen als Bewußtseinsbindung, denen wir dann in der christlichen Kirche oft mit großer theologischer Hilflosigkeit gegenüberstehen. Das kann entweder dazu führen, daß sie blind aufgenommen werden und man ihnen erliegt oder daß sie ebenso blind abgelehnt werden und daß man sie bekämpft. Die Auseinandersetzung wird dann nur rein emotional nach dem jeweiligen Maß von Sympathie und Antipathie geführt. Die Vorstellung von der staatlichen Neutralität gegenüber der religiös-weltanschaulichen Pluralität hat zur Folge, daß die Mächtigkeit des Religiösen nicht erkannt und durchschaut wird, vielmehr wird alles reduziert auf eine Ohnmacht des christlichen Glaubens gegenüber der Übermacht einer freilich nur scheinbar säkularisierten neuzeitlichen Gesellschaft.

1. Als *neue Religiosität* werden Erscheinungen und Bewegungen bezeichnet, die nach Herkunft und Verbreitung keineswegs so neu sind, wohl aber von neuem das öffentliche Interesse erregen und gewinnen. Es ist ein weites und buntes Feld, etwa in der Wiederbelebung keltischer, gallischer oder germanischer Kulte oder in der Begeisterung für fernöstliche Meditation, Praktiken und Riten[31]. Das läßt sich alles betrachten, beschreiben, bewundern oder in verbreiteter Begeisterung auch ausprobieren. „Neu“ ist bei diesen Erscheinungen aber wohl etwas anderes, nämlich die Tatsache, daß wir in einer Epoche, die als Zeitalter „nach der Aufklärung“ für zunehmend religionslos angesehen wurde, eine solche Vielfalt religiöser Bewegtheit beobachten. Wenn dann auch von „neuen Jugendreligionen“ die Rede ist, verweist das weniger auf die Altersgruppierung als auf die Tatsache, daß eine in religiöser Hinsicht als uninteressiert und nicht ansprechbar geltende Altersgruppe sich religiösen Bewegungen anschließt, bei denen die Bindung bis zur Veränderung und Aufgabe der Persönlichkeit geht, so daß dann auch von „destruktiven Kulten“ die Rede ist. Das Neue liegt also keineswegs in diesen religiösen Erscheinungen selbst; es ist vielmehr Ausdruck der Überraschung, daß in unserer Gesellschaft und in unserer Kirche der heutigen Zeit etwas möglich ist, was prinzipiell als unmöglich ausgegeben wurde. Wo das Verständnis für die Möglichkeit des Glaubens und die Fähigkeit zur Unterschei-

[31] Fortlaufende Berichterstattung: Materialdienst der EZW. Evangelische Zentralstelle für Weltanschauungsfragen. Stuttgart.

dung von wahrem und falschem Glauben verlorengegangen sind, stehen wir solchen Erscheinungen hilflos gegenüber. Wir erleben freilich dann auch, daß plötzlich mitmenschliche Sympathie in aggressive Antipathie umschlagen kann, wenn Familienbande zerbrechen und selbstverständliche Grundlagen z.B. in der Lebensführung nicht nur aufgegeben, sondern durch andere ersetzt werden.

2. In unserer Zeit ist aber auch zu beobachten, wie die notwendige politische und soziale Verantwortung in ein Engagement mit religiösen Zügen umschlägt, bestimmt von der Überzeugung und Sorge, es gehe dabei um das Überleben des Menschen und der Menschheit. An die Stelle der Furcht Gottes, die der Weisheit Anfang ist (Hiob 28,28; Ps 111,10; Spr 1,7), tritt die Furcht vor einer Welt, deren Erschaffung und Erhaltung und Vollendung nicht mehr von Gott her gesehen wird. In den zwanziger Jahren ist der Umschlag des Politischen ins Religiöse gesehen und mehrfach beschrieben worden als die „völkisch-religiösen Bewegungen der Gegenwart", als *„politische Religiosität"* bzw. *„politische Konfessionalität"*[32]. Wenn freilich im Bereich des Politischen und Sozialen nur die Verwirklichung des Glaubens im Sinne ethischer Motivation gesucht wird, kann der hier notwendige Unterschied nicht mehr beachtet werden. Die Theodizeefrage, die von dem erfahrenen Widerspruch zwischen der Gerechtigkeit Gottes und der Ungerechtigkeit der von ihm erschaffenen Welt ausgeht, geht über in das Bemühen, die Gerechtigkeit Gottes gegen die Ungerechtigkeit der Welt zu behaupten und durchzusetzen. Wo der Glaube an die Erlösung durch Jesus Christus fehlt, muß sich der Glaube an eine menschliche Lösung der Menschheitsprobleme durchsetzen. Politik wird zur Heilslehre, und das ist nicht allein die Erfahrung der dreißiger Jahre.

3. Zusammen mit der neuen Religiosität und der politischen Religiosität sind schließlich auch die *religiösen Surrogate* zu erwähnen, von denen einiges heute unter dem Sammelbegriff „civil religion" zusammengefaßt wird[33]. Als „politische Theologie" wurden in der Antike alle Bemühungen und Mittel bezeichnet, das Bewußtsein der Bevölkerung zu gewinnen und die Bedürfnisse zu befriedigen. Das ist der Wurzelboden für religiöse Surrogate, die mit Riten und Veranstaltungen begeistern und zusammenhalten, die Sinn geben und Leben erfüllen. Sicher ist es nicht möglich, dies im einzelnen zu beschreiben, was ohnehin sehr vielfältig ist, noch ist es nötig, dies abzuwerten, woran jeder in irgendeiner Weise beteiligt oder auch wovon er abhängig ist. Nur

---

32 Vgl. dazu: Walter Künneth, Helmut Schreiner (Hg.), Die Nation vor Gott. Zur Botschaft der Kirche im Dritten Reich. Berlin 1933. Bes. 3. Teil: „Völkisch-religiöse Bewegungen der Gegenwart."

33 Heinz Kleger, Alois Müller (Hg.), Religion des Bürgers. Zivilreligion in Amerika und Europa. München 1986; Volksreligiosität. In: Con (Deut) 22, 1986/4, 241–324; Martin Honekker, Eschatologie und Zivilreligion. Marginalien zu zwei strittigen Theologumena. EvTh 50, 1990, 40–55.

vom wahren Glauben her kann erkannt, unterschieden und beurteilt werden, was hier im einzelnen falscher Glaube ist, der das menschliche Bewußtsein mit Freude, Hoffnung oder auch Angst erfüllt. Schlimm aber ist es, wenn die christliche Gemeinde durch Aufklärungen und Programme, durch Auftritte ihrer Amtsträger, möglicherweise noch in Amtskleidung, und durch Demonstrationen wie „Kreuzwege für den Frieden", „Kasernentaufen", „Gebete zu Themen der Zeit", „Kommentargottesdienste" und dergleichen mehr die Plattform und das Dekor für derartige religiöse Surrogate liefert. Der klare Auftrag und die Vollmacht der christlichen Gemeinde zur Fürbitte vor Gott schlägt hier um in bloße Bewußtseinsbildung auf dem Forum der öffentlichen Meinung.

Wenn von Theologen die Neuzeit als eine Epoche der Säkularisierung und Religionslosigkeit bezeichnet worden ist und daraus das Axiom abgeleitet wurde, für den neuzeitlichen Menschen könne das Sein Gottes nicht mehr als eine Vorgegebenheit zum Verständnis des Glaubens vorausgesetzt werden, dann zeigt sich an diesen Erscheinungen eine totale Blindheit theologischer Einsicht gegenüber der Realität religiöser Mächtigkeit und Bindung. Es zeigt sich aber noch mehr eine tiefe Verantwortungslosigkeit, deren Grund wohl darin liegt, daß sich die kirchliche Verkündigung vorwiegend auf eine gesellschaftliche Besitzstandswahrung beschränkt, ohne zu sehen, daß es hier um Mächte und Gewalten geht, die Menschen beherrschen und denen sie erliegen. Dem wahren christlichen Glauben steht nicht ein neutrales Wissen gegenüber, sondern anderer Glaube als Bewußtseinsbindung.

5. Sprachverwirrung

Gott spricht zu uns in seinem Wort in menschlicher Sprache; die Sprache ist auch das Mittel für die Verständigung unter Menschen. Nach Gen 11,1–9 ist es jedoch die Strafe für die Überheblichkeit der Menschen, daß nicht mehr „alle Welt einerlei Zunge und Sprache" hat, sondern Gott hat die Sprache der Menschen verwirrt, daß keiner des anderen Sprache versteht. Die Verwirrung der Sprachen aber zeigt sich nicht allein in der Vielfalt der Sprachen, sondern auch in der Vieldeutigkeit einer Sprache. Sprache als Kommunikationsmittel ist immer auch ein Mittel der Unterscheidung und der Trennung zwischen Menschen und Völkern, auch zwischen dem Volk Gottes und den Völkern der Welt. Das pfingstliche Sprachenwunder (Apg 2,1–13) hat auf diesem Hintergrund eine sehr tiefe Bedeutung, wenn die Predigt unter der Gabe und in der Kraft des Heiligen Geistes die Grenzen der Sprachen und der Verständigung überwindet und das Volk Gottes aus den Völkern der Welt auf diese Weise gesammelt wird.

Viele Bemühungen der christlichen Gemeinde sind darauf gerichtet, Sprachbarrieren zu überwinden. Das geschieht durch Übersetzung und Interpretation, es geschieht auch, indem Vorstellungen und Begriffe aus der Umwelt aufgenommen sowie Hoffnungen und Fragen angesprochen werden. In diesem unermüdlichen Vermittlungsbemühen wird leicht vergessen, daß Sprache nicht nur mit Inhalten gefüllt werden kann, sondern immer schon mit Inhalten gefüllt ist. Es gibt daher auch in der Sprache Unterscheidungsmerkmale, die nicht aufgehoben werden dürfen, ohne daß der Inhalt entleert bzw. ausgewechselt wird. Nach dem Wesen und nach der Erscheinung menschlicher Sprache gibt es hier überhaupt keine Allgemeingültigkeit und Evidenz; es gibt auch keine lineare Begriffsgeschichte und Begriffsentwicklung, an der man sich orientieren könnte, sondern nur diese unaufhebbare Vielfalt und Vieldeutigkeit. Das wird viel zu wenig, wenn überhaupt beachtet, aber an den fließenden Übergängen zwischen dem Volk Gottes und den Völkern der Welt kann dieser Sachverhalt wenigstens mit einigen Hinweisen illustriert werden, und dabei wird sich zeigen, wie groß die Gefahr ist, daß die öffentliche Verkündigung des Wortes Gottes mit seiner Eindeutigkeit in der Sprachverwirrung der Öffentlichkeit untergehen kann.

Wenn ein und dasselbe Wort verschiedene Bedeutungen haben kann, sprechen wir von *Äquivokation* – bekannt durch das Gesellschaftsspiel „Teekessel". Wenn verschiedene Wörter ein und dasselbe bezeichnen können, sprechen wir von *Synonymen*. Von diesen beiden Möglichkeiten, die sehr häufig im alltäglichen Sprachgebrauch vorkommen, läßt sich das Problemfeld beschreiben, das entsteht, wenn beim kirchlichen Reden versucht wird, die Öffentlichkeit zu erreichen und Themen der Öffentlichkeit anzusprechen.

1. Ein erstes Beispiel der Sprachverwirrung ist beim *Reden von Gott* festzustellen. Was besagt eigentlich diese häufige Redewendung „Oh Gott!" – „mein Gott" und ähnliche Ausrufe? Ist jedem, der das unüberlegt spricht, bewußt, daß es sich dabei um ein Gebet in der Anrede Gottes handelt, wie es uns durch das Wort Gottes der Heiligen Schrift gelehrt wird? Als Ausruf ist es eine bloße Gefühlsäußerung, ähnlich im Fluch, ohne daß der angeredete Adressat bedacht wird. Nach dem 2. Gebot ist das eindeutig ein Mißbrauch des Namens Gottes, vor dem zu warnen ist.

Daß der Name Gottes in scheinbare Allgemeinbegriffe überführt wird, ist eine verbreitete Erscheinung. Dann wird z. B. von der „Vorsehung" gesprochen, ein Begriff stoischer Philosophie für die ordnende Gesetzmäßigkeit in Natur und Geschichte. Oder die Person Gottes mit ihrem unterscheidenden biblischen Namen wird in allgemeine menschliche Befindlichkeiten überführt wie z. B. „das, was uns unbedingt angeht", als das „Woher meines Umgetriebenseins", als „das Ganze", als „alles bestimmende Wirklichkeit" oder „Gefühl der schlechthinigen Abhängigkeit" und vieles andere mehr. In diesen und ähnlichen Fällen wird die unterscheidende Eindeutigkeit des Namens, der verkündigt, angerufen und bekannt wird, überführt in die Vieldeutigkeit von Gefühlen und Erfahrungen: „Nenn's Glück! Herz! Liebe! Gott! / Ich habe keinen Namen / Dafür! Gefühl ist alles; / Name ist Schall und Rauch, / Umnebelnd Himmelsglut. / ... Es sagen's allerorten / Alle Herzen unter dem himmlischen Tage, / Jedes in seiner Sprache; Warum nicht ich in der meinen?"

Der Auch-Theologe Faust strebt nach einer Allgemeingültigkeit seiner Gottesaussage, indem er sie in eine vermeintliche Allgemeingültigkeit menschlicher Erfahrungen überführt. Damit wird nicht nur die Vieldeutigkeit solcher menschlichen Erfahrungen übersehen, sondern es wird das Göttliche mit dem Menschlichen vertauscht. Das schlichte Gretchen empfindet zunächst den Unterschied, ohne ihn genau bestimmen zu können: „Das ist alles recht schön und gut; Ungefähr sagt das der Pfarrer auch, nur mit ein bißchen andern Worten." Doch sie trifft dann den Fundamentaldissens: „Wenn man's so hört, möcht's leidlich scheinen, / Steht aber doch immer schief darum; / Denn du hast kein Christentum." – Gretchen wird das Opfer der Gefühlsvergottung.

An dieser Stelle wird deutlich, wie Name Gottes, Gegenwart Gottes und die dadurch begründete Gemeinschaft mit Gott[34] untrennbar zusammenhängen, und dieser Zusammenhang wird nicht nur aufgelöst, sondern durch anderes ersetzt, wenn die Eindeutigkeit des Namens nicht im Gebet, Bekenntnis und Verkündigung festgehalten wird[35].

2. Was den *Menschen* bzw. das *Menschsein des Menschen* betrifft, kann allgemeines Interesse und Verständnis erwarten. Doch dieses Wort, das jeden Menschen in seinem Sein umfaßt, ist von einer ganz undurchsichtigen Vieldeutigkeit und Widersprüchlichkeit, weil es mit seinen verschiedenen Derivaten nicht nur als Bezeichnung, sondern auch als Bewertung verwendet werden kann. Der Mensch kann als „das Mensch" ein weibliches Schimpfwort werden. Ein Mensch kann „unmenschlich" oder ein „Unmensch" sein, und doch bleibt er Mensch. Gleichzeitig läßt sich „menschlich" steigern über „menschlichere Verhältnisse" bis zum „menschlichsten Menschen". Als Fremdwort kann „das Humanum" zusammenfassen, was in keinem einzelnen Menschen aufgeht, aber doch für jeden Menschen einen Maßstab setzt. „Vermenschlichung" schließlich soll eine Verbesserung von Lebensbedingungen bringen, aber was „Gottesdienst menschlich" sein soll, ist schon schwer zu verstehen und könnte sogar die Vermutung nahelegen, daß er dann nicht mehr göttlich ist, also nicht mehr bezogen auf die Gemeinschaft von

[34] S. o. Kap. 2, 24 ff.

[35] Die immer wieder verbreitete Vorstellung von einer Glaubenseinheit hinter den verschiedenen Namen Gottes überspringt die konkrete Glaubensgemeinschaft, wie sie sich im Gottesdienst manifestiert. Dies beruht auf einer doppelten Illusion, bei der einerseits mit einem religiösen Apriori eine Einheit des menschheitlichen Bewußtseins postuliert wird, während andererseits der Glaube in seinen sichtbaren Manifestationen lediglich als Schein angenommen wird. Vgl. die von solchen Voraussetzungen ausgehenden Veröffentlichungen von John Hick, God Has Many Names. Philadelphia, 2. Aufl., 1982 (Dt: Gott und seine vielen Namen. Altenberge 1985); Paul Knitter, No other Name? New York 1984; John Hick, Paul Knitter, The Myth of Christian Uniqueness. Toward a Pluralistic Theology of Religion. New York 1987.

Gott und Mensch in Jesus Christus. Jeder ist als Mensch mit diesem Wortfeld angesprochen; er kann sich dem nicht entziehen, ohne gleichzeitig unter das Verdikt des Unmenschlichen zu geraten oder des Mangels an „Menschlichkeit". Die inhaltliche Füllung dieses Menschlichen jedoch ist völlig unklar und widersprüchlich, voller Illusionen.

Eine differenzierende und zugleich präzisierende Funktion scheint die Sammelbezeichnung der „Menschen guten Willens" zu haben, die einerseits verbindend wirken kann, andererseits auch abgrenzend gegenüber den „Menschen bösen Willens", die nicht einmal ausdrücklich so bezeichnet und benannt werden müssen, sondern die als anonymes Gegenüber postuliert und gegebenenfalls attackiert werden.

Unter dieser Voraussetzung erscheint die Empfehlung naheliegend und verständlich, „auf allen Ebenen mit der Römisch-katholischen Kirche, mit anderen Nicht-Mitgliedskirchen, mit nicht-kirchlichen Organisationen, mit Angehörigen anderer Religionen, mit Menschen ohne Religion, kurz mit *allen Menschen guten Willens* zusammenzuarbeiten."[36] Die lateinische Übersetzung des Lobgesangs der Engel von Lk 2,14 – *„et in terris pax hominibus bonae voluntatis"* bildet den Ausgangspunkt für eine Umdeutung eines Schriftwortes in einen sprachlichen Allgemeinplatz. Friede würde demnach den Menschen verheißen, die gute Absichten haben, nicht aber denen, von denen angenommen wird, daß sie Böses wollen. Tatsächlich bezieht sich der Text aber nicht auf das Verhalten von Menschen, sondern auf das Gnadenhandeln Gottes, der in Jesus Christus Mensch wird. In der Ablösung vom Bibeltext und in der Verallgemeinerung hat sich also ein Wechsel vollzogen von der Heilstat Gottes in Jesus Christus für die Rettung des Sünders zu dem Engagement von Menschen in ihrem Kampf gegen die Sünde und was sie dafür halten. Das Christuszeugnis von der Menschwerdung des Sohnes Gottes ist überführt in eine Lehre von der Menschlichkeit von Menschen und deren Vermenschlichung im moralischen Sinn.

Von hier aus erschließt sich die Sprachverwirrung im öffentlichen Reden der Kirche mit einer ganzen Flut ähnlicher Umdeutungen, wenn man etwa an die gewichtigen Begriffe wie *Frieden, Freiheit, Gerechtigkeit* denkt, nicht zuletzt aber auch an einen Begriff wie *Liebe*.

Friede, Gerechtigkeit und Freiheit u. a. sind, vom Menschen her betrachtet, Ideale, d. h. Bilder, die meist aus dem erfahrenen Mangel entworfen werden, und jeder Mensch ist dafür nicht nur empfänglich, sondern darauf angewiesen. Nach dem Wort Gottes der Heiligen Schrift jedoch sind diese lebenswichtigen Dinge durchweg an Sein, Handeln und Reden des dreieinigen Gottes gebunden. Der Herr gibt Frieden (Num 6,26; Joh 20,19; Jes 45,7;

---

[36] Aus dem Bericht der Sektion III „Wirtschaftliche und soziale Weltentwicklung" der 4. Vollversammlung des ÖRK. Bericht aus Uppsala 68. Frankfurt 1968. 52. Gekürzt ist dieser Satz wiederholt in der Denkschrift „Aufgaben und Grenzen kirchlicher Äußerungen zu gesellschaftlichen Fragen" 1970. § 51.

Ez 34,25; Hag 2,9 u. a.). Dieser von Gott gegebene Friede ist von menschlichem Frieden unterschieden (Joh 14,27), er ist „höher als alle Vernunft“ (Phil 4,7), ja, Christus „ist unser Friede“ (Eph 2,14). Dies bedeutet, daß durch Gott in Jesus Christus bestimmt und bewirkt wird, was *wahrer* Friede ist.

Dasselbe gilt für *Gerechtigkeit*, wenn wir als ein Beispiel für viele mit Röm 1,17 bedenken, daß im Evangelium von Jesus Christus offenbar wird „die Gerechtigkeit, die vor Gott gilt“, während zugleich die alle Menschen beherrschende Gottlosigkeit und Ungerechtigkeit aufgedeckt wird (Röm 1,18ff.), von der kein einziger Mensch ausgenommen ist (Röm 3,4.5).

Die *Freiheit* ist z. B. nach Röm 8,21 Gabe und Zeichen des Geistes; sie steht der vorfindlichen „Knechtschaft der Vergänglichkeit“ und der Versklavung unter die Mächte der Welt gegenüber (Gal 4,1–7; Kol 2,20). Was aber „Frucht des Geistes“ ist (Gal 5,22f.), darf nicht verwechselt werden mit den „Werken des Fleisches“ (Gal 5,19). Die Sprachverwirrung, wie sie sich gerade an menschlichen Wertvorstellungen zeigt, kann überhaupt nur durch den im Wort der Heiligen Schrift wirkenden Geist durchschaut werden, und dabei muß auch die Unterscheidung zwischen dem Volk Gottes und den Völkern der Welt ebenso wie die Unterscheidung zwischen Geist und Fleisch in jedem von uns hervortreten.

Das Wort *Liebe* ist schon im alltäglichen Sprachgebrauch ein Inbegriff höchster menschlicher Werte und Wünsche, und es ist zugleich ein Abgrund menschlicher Täuschung und Enttäuschung. Liebe als Angebot oder als Forderung soll alles erfüllen und zugleich verhüllen. Das Wort der Heiligen Schrift aber lehrt in aller Eindeutigkeit „Gott ist Liebe“ (1.Joh 4,7.8), und mit diesem unumkehrbaren Grundsatz wird ein für allemal ausgeschlossen, daß die Liebe und alles, was Menschen darunter verstehen und damit tun mögen, Gott oder göttlich sei[37]. Daß die Liebe in Jesus Christus erschienen ist, und dies nicht aufgrund unserer Liebe zu Gott, sondern aus der Liebe Gottes zum Sünder, das ist nach 1.Joh 4,1–12 ein unterscheidendes Merkmal für die Prüfung der Geister von wahren und falschen Propheten, die alle unter dem Anspruch auftreten, Gottes Wort zu verkündigen.

So ist im rechten christlichen Verständnis Liebe nicht einfach eine Qualität menschlichen Handelns und Verhaltens; entsprechend ist „Lieblosigkeit“ nicht ein Vorwurf, unter dem alles, was nach dem Wort Gottes in Eindeutigkeit auszurichten ist, zurückgenommen wird auf rein menschliches Wohlbefinden und Wohlverhalten. Das hohe Lied der Liebe von 1.Kor 13 spricht von der Liebe als von einer Gabe, die alles das umfängt und tut, was Christus ist und getan hat. Sie hört deshalb niemals auf, und sie ist neben Glaube und Hoffnung die größte, weil sie von Gott kommt und zu Gott führt. Wenn wir für Liebe Christus einsetzen können, wird die Sprachverwirrung aufgeklärt.

3. Eine weitere Art der Sprachverwirrung hängt mit den sprachlichen

[37] S. o. 204ff.

Aufwertungen und Abwertungen zusammen, denen Wörter ausgesetzt sind oder die mit Wortbildungen vorgenommen werden können. Schon an dem letzten Beispiel der Liebe kann das deutlich werden, wenn man sich daran erinnert, daß nach Jak 5,20 und 1.Petr 4,7f. gilt: „Die Liebe deckt auch der Sünden Menge." Das bezieht sich nicht auf eine Gleichgültigkeit gegenüber der Sünde, sondern auf die Rettung aus dem Gericht durch den Glauben an Jesus Christus. Gegenüber der Liebe Gottes in Jesus Christus zum Sünder aber wäre es unter der Verkündigung des Wortes Gottes die größte Lieblosigkeit, wenn statt der Rechtfertigung des Sünders durch Umkehr und Vergebung die Rechtfertigung der Sünde unter Berufung auf die Veränderung der Verhältnisse verkündigt würde. Auf Schritt und Tritt begegnen uns jene Euphemismen, mit denen Sünde verharmlost oder gerechtfertigt wird. Manche Beispiele liefert der Themenkreis der Ehe, wenn an die eindeutige Bestimmung der Ehe nach der Stiftung Gottes als lebenslanger Verbindung eines Mannes mit einer Frau die vage Bezeichnung von „Partnerschaften" tritt, die auf ganz verschiedene und wechselnde Verhältnisse angewendet wird. Eine oft bittere Wirklichkeit kann die Bezeichnung „Alleinerziehende" verdecken. Das sind dann wohlklingende Wendungen, die unter dem Schein von Fortschritt und Befreiung die harte Realität von Gesellschaftslügen unserer Zeit verhüllen. Es gehört auch zu der in einer Sprachverwirrung hervortretenden Geistesverwirrung, wenn die von Gott eingesetzte und durch sein Gebot geordnete und geschützte Ehe unter den Begriff „Sexualität" subsumiert wird, um sie zugleich neben verschiedenen Formen von Manifestation und Befriedigung des Sexualtriebs unterschiedslos zu relativieren. Dies aber widerspricht der Eindeutigkeit des Wortes Gottes, so sehr es auch der absichtsvollen Vieldeutigkeit der Umgangssprache entsprechen mag.

Es ist merkwürdig, wenn dann das Wort „neu" oder „neuer Mensch" selbst als christliche Beschreibung eines neuen Verhaltens ausgegeben wird, zu dem sich die Menschheit entwickelt hat oder entwickeln soll. Die tiefe Verlogenheit und Verführung solcher Prädikationen wird nur sichtbar, wenn wir vom Wort Gottes her festhalten, daß die „neue Schöpfung" in Jesus Christus ihren Grund hat und daß damit das Alte vergangen ist (2.Kor 5,17).

Wird diese klare Unterscheidung zwischen der Tat Gottes, die durch das Wort Gottes bezeugt und bewirkt wird und den Taten und Erfahrungen der Menschen nicht eingehalten, dann geht alles kirchliche Reden in der menschlichen Sprachverwirrung unter; es wird nicht nur entleert, sondern mit anderen Inhalten gefüllt. Es mögen allgemeine menschliche Gefühle, Erfahrungen und Bedürfnisse sein, die angesprochen werden, es mögen dieselben Wörter sein, die dabei verwendet werden, doch es ist eine andere Stimme als die Stimme des guten Hirten (Joh 10,3.27f.).

12. Kapitel: Wenn die Kirche aufhört, Kirche zu sein

Anderen „den Glauben abzusprechen“, gilt bei innerkirchlichen Auseinandersetzungen als schwerwiegende Regelverletzung, obwohl schwer zu sagen ist, was damit genau gemeint ist. Denn in den meisten Fällen ist es wohl so, daß nicht einem anderen der Glaube bestritten wird, sondern daß dieser sich verteidigend zur Wehr setzt mit der Behauptung, ihm werde der Glaube abgesprochen. Dabei zeigt sich zunächst nur, daß ein empfindlicher Bereich getroffen wurde, bewußt oder unbewußt, und daß Gesprächsmöglichkeiten am Ende sind. Der Anspruch auf Schutz von Glauben und Gewissen wird erhoben, oder es wird auch darauf hingewiesen, daß Verdammungen und Verwerfungen doch vergangener Zeit angehören müßten. So ist es verständlich, daß Äußerungen in dieser Richtung nicht nur empfindlich registriert, sondern peinlich vermieden werden, was freilich nicht heißt, daß faktisch Trennungen vollzogen werden, weil sich nicht nur die Wege geschieden haben, sondern Grundlagen aufgegeben und durch andere ersetzt wurden.

Doch die Feststellung, daß Kirche aufhört, Kirche zu sein, darf nicht im Emotionalen oder Moralischen bleiben, vielmehr muß sie theologisch begründet und verantwortet werden, und dabei können manche vordergründigen Trennungen überprüft und möglicherweise auch vermieden werden. Ein neueres Beispiel für eine theologisch begründete Entscheidung zu dieser Feststellung enthält die „Theologische Erklärung zur gegenwärtigen Lage der Deutschen Evangelischen Kirche“, die von der 1. Bekenntnissynode der Deutschen Evangelischen Kirche vom 29.–31. 5. 1934 in Barmen abgegeben worden ist[38]. Die sechs Thesen dieser Erklärung werden gerne auf das Verhältnis von Kirche und Staat in der Auseinandersetzung mit dem Nationalsozialismus bezogen, und dabei wird dann leicht übersehen, daß es in erster Linie um eine Scheidung zwischen wahrer und falscher Kirche in der Kirche gegangen ist. In der Präambel zu der Theologischen Erklärung wird auf die Grundartikel der Kirchenverfassung vom 11. 7. 1933 verwiesen, in denen es, ähnlich wie in unseren heutigen Grundordnungen heißt: „Die unantastbare Grundlage der Deutschen Evangelischen Kirche ist das Evangelium von Jesus Christus, wie es uns in der Heiligen Schrift bezeugt und in den Bekenntnissen der Reformation neu ans Licht getreten ist. Hierdurch werden die Vollmachten, deren die Kirche für ihre Sendung bedarf, bestimmt und begrenzt.“ Schrift und Bekenntnis sind geistliche Grundlagen; sie bestimmen daher sowohl das Wesen der Kirche wie auch ihren Auftrag und nicht zuletzt die sich daraus ergebenden Grenzen der Kirchengemeinschaft. Genau darauf beruft sich die Bekenntnissynode, wenn sie feststellt: „Wir erklären vor der

[38] Die Barmer Theologische Erklärung. Einführung und Dokumentation. Hg. Alfred Burgsmüller, Rudolf Weth, Neukirchen-Vluyn, 2. Aufl., 1984.

Öffentlichkeit aller evangelischen Kirchen Deutschlands, daß die Gemeinsamkeit dieses Bekenntnisses und damit auch die Einheit der Deutschen Evangelischen Kirche aufs schwerste gefährdet ist. Sie ist bedroht durch die in dem ersten Jahr des Bestehens der Deutschen Evangelischen Kirche mehr und mehr sichtbar gewordene Lehr- und Handlungsweise der herrschenden Kirchenpartei der Deutschen Christen und des von ihr getragenen Kirchenregimentes. Diese Bedrohung besteht darin, daß die theologische Voraussetzung, in der die Deutsche Evangelische Kirche vereinigt ist, sowohl seitens der Führer und Sprecher der Deutschen Christen als auch seitens des Kirchenregimentes dauernd und grundsätzlich durch fremde Voraussetzungen durchkreuzt und unwirksam gemacht wird. Bei deren Geltung *hört die Kirche nach allen bei uns in Kraft stehenden Bekenntnissen auf, Kirche zu sein....*" Dies ist eine Feststellung, die in der Präambel und vor allem in den nachfolgenden Thesen mit eindeutigen Kriterien getroffen wird. Auf diese Weise wird dann in den folgenden Thesen jeweils mit einem „*Lehrtext*", d.h. mit dem Wort Gottes Heiliger Schrift, das an die Gemeinde gerichtet ist, mit einem „*Lehrsatz*", d.h. mit einer positiven Feststellung der wahren Lehre und schließlich mit einer „*Verwerfung*" der von hier aus abzulehnenden falschen Lehre die Lehrentscheidung als Unterscheidung von wahrer und falscher Kirche vollzogen.

Ein anderes Beispiel für eine solche Unterscheidung von wahrer und falscher Kirche findet sich in der Reformationszeit in den Schmalkaldischen Artikeln Luthers, wo mit ähnlicher Schärfe gesagt wird: „Wir gestehen ihn nicht, daß sie die Kirche sein, und sind's auch nicht, und wollen's auch nicht horen, was sie unter dem Namen der Kirchen gebieten oder verbieten..."

Im Anschluß daran werden die grundlegenden und unterscheidenden Merkmale nach dem Glaubensbekenntnis „ich glaube (an die) eine heilige christliche Kirche" aufgezählt und dazu festgestellt: „Diese Heiligkeit stehet nicht in Chorhembden, Platten, langen Rocken und andern ihren Zeremonien, durch sie uber die heilige Schrift ertichtet, sondern im Wort Gottes und rechtem Glauben."[39]

In beiden Fällen geht die ablehnende Feststellung nicht von einer außenstehenden Betrachtung aus, in der diese oder jene Geschmacks- und Stilfragen oder diese und jene politischen Einstellungen und Richtungsfragen zur Sprache kommen, sondern es geht um das, was Kirche zur Kirche macht und ohne das sie nicht Kirche sein kann. Ferner zeigt sich: das Ringen um wahre und falsche Kirche findet in erster Linie nicht zwischen verschiedenen Kirchen, sondern *innerhalb* der Kirchengemeinschaft statt. Das ist hart, aber offenbar unentrinnbar. Doch es kommt auch alles darauf an, die wirklich entscheidenden Unterscheidungen zu erfassen. Denn in Geschichte und Gegenwart gibt es viele andere Gründe, die zur Trennung zwischen Christen und in der

[39] BSLK 459,18ff.

Kirche führen. Wer daher nach der Unterscheidung von wahrer und falscher Kirche fragt, der muß wissen, daß es dabei nicht einfach um Trennungen geht, sondern auch um die Unterscheidung zwischen notwendigen und nicht notwendigen Trennungen. Er muß ferner wissen, daß sich solche Trennungen notwendigerweise in der Kirche als geistlicher Gemeinschaft durch die Kraft des Geistes vollziehen müssen. Auch hier ist 1.Kor 11,19 in Erinnerung zu rufen.

1. Wann hört die Kirche auf, Kirche zu sein?

Wenn in der Kirche über die Kirche geredet wird, bricht oft, wie wenn Schleusen geöffnet werden, die *Kritik* an der Kirche los, und es äußert sich die *Enttäuschung* über die Kirche. Das ist nicht nur eine Stimmung, die sich verbreitet, sondern das ist ansteckend, wenn „die Kirche" mit allem, was damit gemeint sein mag, vorwiegend oder vollständig negativ gesehen wird, und mit vielen empörenden Beispielen ist das reichlich zu belegen. Es ist sehr schlimm, in welchem Maße solche Kritik an der Kirche gerade in kirchlichen Kreisen sich verbreitet, so daß oft überhaupt nicht mehr zu sehen ist, was die Kirche ist und wo sie noch ist. Vor allem aber wird bei solcher Kritik an der Kirche übersehen, daß wir selbst als Glieder zu ihr gehören und daher doch selbst Kirche sind.

Kritik ist meist laut, Enttäuschung zieht sich in sich selbst zurück, „Leiden an der Kirche" kann als vornehme Haltung überlegener Distanzierung stilisiert werden. Aber wonach urteilt die Kritik, wodurch wird die Enttäuschung ausgelöst, woran leidet man an der Kirche? Unterscheiden sich solche Eindrücke eigentlich grundsätzlich von dem, was die öffentliche Meinung in vielen Fragen erregt, was sie gegeneinander aufbringt und was sich auf die verschiedensten Einrichtungen und Personen beziehen kann, die in der Öffentlichkeit in Erscheinung treten? Reden läßt sich leicht über vieles, solange man nicht selbst die Verantwortung zu tragen hat. Das vordergründige Urteil richtet sich meist nach Wunschvorstellungen, die aus Negativerfahrungen projiziert werden. Doch schon hier muß gelten: Die *pneumatische Realität* der Kirche als eine vom heiligen Geist gewirkte und erbaute Gemeinschaft unterscheidet sich grundsätzlich von aller *menschlichen Idealität* der Kirche, wie sie in unseren Vorstellungen meist im Gegensatz zu der erfahrenen und beobachteten Wirklichkeit entworfen wird.

Das geistliche Urteil muß von dem ausgehen, wodurch Kirche Kirche ist und ohne das sie nicht mehr Kirche sein kann. Die geistlichen Grundlagen aber sind Wort und Sakrament, und davon heißt es im Artikel 5 der Augsburgischen Konfession: „Solchen Glauben zu erlangen, hat Gott das Predigtamt eingesetzt, Evangelium und Sakrament geben, dadurch er als durch Mittel den heiligen Geist gibt, welcher den Glauben, wo und wenn er will, in denen, so das Evangelium hören, wirket ...“[40] Man muß hier schon genau hinhören um zu bemerken, daß nicht der Glaube im Sinne von Zustimmung und Bewegung den Maßstab bildet, sondern vielmehr Wort und Sakrament, ohne die es aus der Kraft des Heiligen Geistes überhaupt keinen Glauben geben kann. Es ließen sich leicht viele andere Aufgaben und Ziele mit der Kirche verbinden, die für nötig und nützlich angesehen werden können, die jedoch in der Regel aus Bedürfnissen und Bewegungen des Augenblicks erwachsen. Es mag auch sein, daß Wort und Sakrament den Forderungen der Zeit gegenüber als unscheinbar und unwirksam angesehen werden, was dann freilich dazu führt, daß anderem der Vorrang eingeräumt wird.

Kirche ist nach der Bedeutung des griechischen Wortes ‚ekkleesia‘ die Versammlung von Herausgerufenen. Das deutsche Wort ‚Kirche‘ aber verweist auf den ‚kyrios‘, den Herrn, und so ist Kirche im rechten Verständnis die Gemeinschaft im Glauben an den Herrn Jesus Christus. Kirche ist nach ihrem Wesen also die Gemeinschaft derer, die vom Herrn berufen werden durch sein Wort und die in ihm vereint sind als Glieder am Leib Christi durch die Taufe (Röm 6; 12; 1.Kor 12; Eph 4) sowie durch die Gemeinschaft aus der Teilhabe an Leib und Blut Christi (1.Kor 10) – nichts anderes, nicht mehr, aber auch nicht weniger. Die Erwählung durch Gott, die Versöhnung in Jesus Christus und die Gemeinschaft im Heiligen Geist, das macht die Kirche aus. So nur kann die Kirche nach dem Wort Gottes beschrieben werden; nur so kann sie in dieser Welt erkannt und von anderen Gemeinschaften, Einrichtungen und Bewegungen unterschieden werden.

Nun wird gerade gegenüber dieser Erkenntnisgrundlage, ohne daß deren Berechtigung dabei bestritten zu werden braucht, eingewandt: „Doch die Kirche ist nicht nur eine geistliche, sondern auch eine *gesellschaftliche Größe*, die soziologisch definiert werden kann, und beides läßt sich nicht voneinander trennen.“[41] Solche ergänzenden Bestimmungen lassen sich leicht vermehren. Denn Kirche ist gewiß *auch* eine administrative Größe, die nach vernünftigen Grundsätzen verwaltet und geleitet werden muß; sie ist *auch* eine politische Größe, die, mindestens in unserem Land und zu unserer Zeit, Einfluß hat und ihn zum Besten der Menschen ausüben soll; sie ist *auch* eine soziale Größe, bei uns zulande ein bedeutender, gesuchter und zuverlässiger Arbeitgeber, und sie hat mit ihren sozialen Dienstleistungen in Werken verschiedenster Art wichtige und vielleicht sogar unersetzliche Funktionen auszuüben. Sie ist nicht zuletzt eine öffentliche Einrichtung, deren Wirkung demoskopisch in Zustimmung und Ablehnung erfaßt und ausgewertet werden kann.

Auf dies und vieles mehr kann hingewiesen und mit unwiderleglicher

---

[40] BSLK 58,1ff. Zu dem gesamten Problemfeld s.a. Eberhard Hahn, Wo ist Kirche Jesu Christi? Theologische Beurteilung kirchlicher Trennung anhand von Fallbeispielen. Wuppertal 1988.

[41] Wie stabil ist die Kirche? Bestand und Erneuerung. Ergebnisse einer Meinungsbefragung Hg. Helmut Hild. Gelnhausen–Berlin, 1974, 1.

Evidenz behauptet werden: Das kann man doch nicht übersehen, und man kann es vor allem auch theologisch nicht übergehen. Gleichwohl liegt auch hier in dem Augenschein ein tiefgreifender Fehler. Denn mit allen solchen Aufzählungen und Beschreibungen wird genau das verfehlt, was Kirche zu Kirche macht und was die notwendige Voraussetzung für alles andere ist, was im Rahmen und unter dem Namen der Kirche geschieht. Im Bereich aller dieser Erscheinungen ist die Kirche austauschbar. Allerdings besteht auch hier die Gefahr, daß sie nur dem Namen nach als Kirche erscheint und tätig ist. Es gibt offenbar nicht nur *„Namenschristen"*, sondern auch *„Namenskirche"*, wie es Offb 3,1 in dem Sendschreiben an die Gemeinde in Sardes heißt: „Du hast den Namen, daß du lebst, und bist tot."

Die äußeren Erscheinungen kirchlicher Aktivitäten fallen nicht nur ins Auge, sondern sie finden auch breite Zustimmung, soweit dadurch öffentlichen Bedürfnissen entsprochen wird. Aber genau dabei stellt sich die Frage, ob nicht bei allem Engagement das verlassen wird, was die Grundlage der Kirche ist, was ihr Wesen ausmacht und was ihren Auftrag bestimmt und trägt. Was sollten kirchliche Kindergärten, Schulen, Kliniken, Altersheime, Beratungsstellen und dergleichen sein, wenn sie nicht an das gebunden und von dem getragen sind, was die geistliche Wirklichkeit der Kirche ausmacht? Freilich könnte sich gerade auch hier zeigen, daß die der Kirche zur Verfügung stehenden wirtschaftlichen Mittel bei weitem das übersteigen, was ihre geistliche Möglichkeit ist, und das betrifft Auftrag und Einsatz ihrer Glieder. Es kommt dann zu Fremdbestimmungen, unter denen sich ganz andere Maßstäbe und Ziele durchsetzen. Dann aber hört in der Tat Kirche auf, Kirche zu sein, selbst wenn sie im Interesse der Öffentlichkeit und der Gesellschaft überaus wichtige Funktionen ausüben mag.

Einsprüche, ja schon Bedenken treffen an dieser Stelle auf empfindliche Reaktionen. Doch die Gegenprobe zeigt, daß es sich bei dem allem lediglich um eine Frucht des Wohlstandes handelt, für den wir durchaus dankbar sein dürfen, der aber weder zu den Verheißungen der Kirche, noch zu ihren notwendigen Grundlagen gehört.

Neben der öffentlichen gesellschaftlichen Tätigkeit der Kirche gibt es aber noch andere Maßstäbe, nach denen der Bestand der Kirche gemessen werden kann, nämlich die Zahl der Mitglieder und der Grad der Zustimmung. Demoskopische Erhebungen sind auch in Kirchen und Gemeinden beliebt, und die Entwicklung des Mitgliederbestandes kann dabei auch als Hinweis auf den weiteren Bestand der Kirche und vor allem auf die Entwicklung ihrer finanziellen Möglichkeiten angesehen werden. Die Titel der im Abstand von zehn Jahren vorgenommenen EKD-Umfragen über Kirchenmitgliedschaft lassen dieses Interesse erkennen. 1974 lautete die Frage: „Wie stabil ist die Kirche? Bestand und Erneuerung. Ergebnisse einer Meinungsbefragung"[42]

[42] Gelnhausen/Berlin 1974.

1984 hieß es: „Was wird aus der Kirche?“[43] Ein Motiv für diese besorgte Frage war die Beobachtung, daß in dem Zeitraum von 10 Jahren 1,52 Millionen evangelische Christen aus ihrer Kirche ausgetreten sind. Das hat seine Konsequenzen für die Planung, aber schon in jeder Ortsgemeinde ist für den Pfarrer und den Kirchenvorstand die Beteiligung an Gottesdiensten und anderen Gemeindeveranstaltungen ein Indikator für Erfolg und Mißerfolg der Arbeit, und das mag dann auch die Mittel bestimmen, mit denen versucht wird, Interesse zu wecken und die Beteiligung zu steigern. In den Gemeindeblättern läßt sich dann ablesen, wodurch man sich eine Aktivierung der verschiedenen Gruppen und Generationen verspricht und auf welche Weise man „neu anfangen“ will. Doch genau hier ist zu prüfen, was die Kirche zur Kirche macht, wenn sie nicht zur bloßen Namenskirche verkommen soll, die sich von anderen Vereinen und Einrichtungen nicht mehr unterscheidet, selbst wenn sie damit noch so viel Zulauf und Zustimmung findet[44].

Wort und Sakrament als notwendige Grundlage der Kirche bilden den *Auftrag* der Kirche, und darin beruht die *Verheißung* ihrer Wirkung. Verheißung aber ist etwas anderes als Erfolg. Erfolg läßt sich in Zahlen erfassen und bewerten. Verheißung aber ist eine Sache des Glaubens, der auf die Erfüllung der Zusage der Wirkung vertraut. Der Erfolg nach dem Maßstab von Zahl und Zustimmung orientiert sich an dem Grad der Übereinstimmung von Kirche und Gesellschaft, und das reicht von 0 bis zu 100%iger Übereinstimmung. Doch wenn auch die Jünger Jesu Christi in alle Welt und zu allen Völkern gesandt sind, haben sie nicht die Verheißung, daß das Volk

---

43 Gütersloh 1984.

44 Es ist eine schlimme Erscheinung, wenn in der Ekklesiologie das Pneumatische durch das Statistische ersetzt wird. Mit der EKD-Studie „Christsein gestalten. Eine Studie zum Weg der Kirche“ (Gütersloh 1986) sowie mit dem Text der „Studien- und Planungsgruppe im Kirchenamt der EKD“ „Strukturbedingungen der Kirche auf längere Sicht“ (1986), die für eine solche Entleerung des Kirchenverständnisses charakteristisch sind, hat sich mit fundierter theologischer Kritik auseinandergesetzt Michael Welker, Kirche ohne Kurs? Aus Anlaß der EKD-Studie ‚Christsein gestalten‘. Neukirchen-Vluyn 1987. Kritische Einwände dieser Art lösen verständlicherweise auch heftige Empörung aus. Doch man wird mit aller Eindeutigkeit festhalten müssen, daß die Kirche ihre tragende Grundlage in der Verheißung ihres Herrn aufgibt, wenn sie die Grundlage für ihre Existenz in der Entwicklung des Kirchensteueraufkommens erblickt. Daß dann die Verkündigung zur Mitgliederwerbung wird, ist nicht eine Unterstellung, sondern ausgesprochene Absicht, wenn es in den „Strukturbedingungen…“ heißt: „Schließlich ist bei allen diesen Überlegungen zur ‚missionarischen Kompetenz‘ und Mitgliederwerbung zu bedenken, daß solche Konzeptionen nur dann effektive Realisierungschancen haben, wenn sie durch die Schaffung geeigneter Anreize für Pastoren und kirchliche Mitarbeiter auch institutionell verankert werden… Innere Motivationen, die nicht durch äußere, institutionelle Vorkehrungen und Anreize stabilisiert und verstärkt werden, sind in der Regel wenig dauerhaft.“ Unter solchen Voraussetzungen hätte der Apostel Paulus seine Missionsreisen überhaupt nicht erst angetreten. Wenn aber die Kirche so gesehen und gestaltet wird, dann hat sie bereits aufgehört, Kirche zu sein. S. a. Konrad Adam, Demoskop und Horoskop – Der Wahrheitsanspruch der Sozialforschung. NOrd 38, 1984, 131–138.

Gottes mit den Völkern der ganzen Welt identisch ist, sondern das Volk Gottes wird aus den Völkern der Welt erwählt und berufen.

2. Wahre und falsche Kirche

Die Unterscheidung von wahrer und falscher Kirche wird nicht gegenüber der Kirche in betrachtender Distanz, sie wird auch nicht von einer dafür zuständigen Instanz vollzogen, sondern sie vollzieht sich in der Kirche, unter denen und durch die, die zu ihr gehören. Aus der grundlegenden Bedeutung von Wort und Sakrament ergibt sich aber auch, daß die wichtigsten Entscheidungen im Gottesdienst und von ihm her fallen. Denn wenn es mit dem Gottesdienst nicht stimmt, stimmt es auch nicht mit der Erbauung der Gemeinde. Viele Rand- und Richtungsfragen verlieren ihr Gewicht, wenn sich die Aufmerksamkeit auf dieses Zentrum richtet, allerdings wird dann auch umgekehrt deutlich, wie es um die Kirche bestellt ist, und das beginnt bei der Gemeinde am Ort, die sich zum Gottesdienst versammelt.

Indem wir das bedenken, werden wir wieder auf die rettende und richtende Funktion von Wort und Sakrament hingewiesen, und es zeigt sich, wie das, was in der Unterscheidung von wahrer und falscher Kirche geschieht, bei dem einzelnen Glied der Gemeinde beginnt in der Scheidung von altem und neuem Menschen, von Geist und Fleisch. Es gehört zur Selbstprüfung bei diesem so schwierigen Thema, ob wir uns dieser Wirkung von Wort und Sakrament auf uns selbst bewußt sind, oder ob wir lediglich persönliche Einsichten und Interessen durchsetzen wollen. Die Prüfung aber unter dem Wort Gottes stellt immer unter das Gericht Gottes: „Denn das Wort Gottes ist lebendig und kräftig und schärfer als jedes zweischneidige Schwert, und dringt durch bis es scheidet Seele und Geist, auch Mark und Bein und ist ein Richter der Gedanken und Sinne des Herzens. Und kein Geschöpf ist vor ihm verborgen, sondern es ist alles bloß und aufgedeckt vor den Augen Gottes, dem wir Rechenschaft geben müssen." (Hebr 4,12.13)

In der Kirche und unter Christen gibt es viele Spannungen und Trennungen. Wer aber zwischen wahrer und falscher Kirche unterscheiden will, der muß vor allem lernen, die *kirchliche Idealität* von ihrer *geistlichen Realität* zu unterscheiden. Kirchliche Idealität bezieht sich auch bei den mancherlei Kritiken und Enttäuschungen in aller Regel auf Vorstellungen davon, wie die Kirche einmal zu früheren Zeiten lebendig und blühend gewesen ist und wie sie in künftigen Zeiten doch eigentlich werden müßte und was sie tun sollte. Der erfahrene Mangel der Gegenwart wird dann entweder in die Vergangenheit oder in die Zukunft projiziert, wie wir Menschen das in allen Lebenslagen zu tun pflegen. Doch solche Visionen und Projektionen entsprechen nicht einmal der geschichtlichen Wirklichkeit, und die Bilder von einer blühenden Urkirche werden schon ganz unmittelbar von den urchristlichen

Zeugnissen des Neuen Testaments widerlegt. Das betrifft nicht nur die äußere Verfolgung der Gemeinde, sondern auch den damals zu beobachtenden inneren Zerfall mit Unglauben, Ungehorsam und Spaltungen.

Die geistliche Realität der Kirche hingegen ist etwas völlig anderes, und das beginnt schon damit, daß sie unscheinbar, ja wohl auch im doppelten Sinne dieses Wortes unansehnlich ist. Daß der Geist Gottes allein durch Wort und Sakrament wirkt, ist nicht eine bloße Formel, sondern der Ansatzpunkt für den rechten Vollzug der Unterscheidung und die Abwehr von anderen Maßstäben. Gleichwohl sollte nicht von einer Sichtbarkeit und Unsichtbarkeit der Kirche gesprochen werden; denn die gottesdienstliche Versammlung ist sichtbar und sie ist vor allem hörbar. Wer nun diese Versammlung selbst zum Maßstab wählt, dessen Aufmerksamkeit wird sich auf die Zahl der Beteiligten, auf Stimmung und Bewegung und dergleichen richten, wenn er die Frage nach der wahren Kirche, zu der er selbst gehören möchte, zu beantworten sucht. Unter diesen Gesichtspunkten werden dann Gottesdienste geplant, aber auch ausgesucht. Solche Veranstaltungen mögen einen großen Erlebniswert haben, aber sie können niemals einen Heilswert haben, wenn nicht das Wort Gottes rein verkündigt und die Sakramente recht verwaltet werden. Denn es fehlt ja dann alles, was das Volk Gottes sammelt und für das Kommen des Reiches Gottes vorbereitet.

Für die Unterscheidung von wahrer und falscher Kirche wird in der Kirche gerne nach Instanzen und durchgreifenden Maßnahmen gerufen. Innere Enttäuschung und offene Empörung liefern dazu manche Anlässe zu Protest. Wenn man jedoch weiß, was die Kirche zur Kirche macht, dann wird man auch wissen, daß die wahre Kirche nicht einfach aus der Beseitigung von Mißständen erwächst, sondern allein dadurch, daß das Wort rein verkündigt und die Sakramente recht verwaltet werden. Es mag sogar sein, daß gerade dadurch sich die Scheidung vollzieht und die Gegensätze sichtbar werden. Das beginnt bei der Frage, wo ich zum Gottesdienst gehe.

Aus ähnlichen Gründen kann es aber auch dazu kommen, daß die Unterscheidung und Scheidung zwischen wahrer und falscher Kirche grundsätzlich abgelehnt wird. Statt dessen wird dann versucht, auf dem Wege einer Konsensbildung und Konfliktbewältigung die Gemeinschaft festzuhalten und die Einheit zu bewahren. Dies führt dazu, daß die Lehrentscheidung dann ganz der Kirchenpolitik überlassen wird, also der Taktik in der Besetzung und Leitung von Gremien und in der Gewinnung von Mehrheiten. Wo aber geistliche Einsicht und Leitung fehlt, machen sich zwangsläufig ungeistliche Einflüsse breit; als letzter Ausweg bietet sich dann eine juristische bzw. disziplinarische Regelung.

Die Kirche, das sind „nämlichen die heiligen Gläubigen und ‚die Schäflin, die ihres Hirten Stimme hören'"[45], so heißt es in Zusammenhang der früher

---

[45] BSLK 459,22.

angeführten Stelle aus den Schmalkaldischen Artikeln. Damit wird auf Joh 10 angespielt mit dem Gleichnis Jesu vom guten Hirten, das für die Unterscheidung von wahrer und falscher Kirche eine grundlegende klärende Bedeutung hat. Das Gleichnis ist sehr vielschichtig, weil es darin einmal um die Unterscheidung zwischen dem guten Hirten auf der einen Seite und dem Dieb und Räuber auf der anderen Seite geht, der nicht durch die Tür hineingeht, sondern anderswo einsteigt. Besonders bedenkenswert aber ist, daß die Schafe die Fähigkeit besitzen, den guten Hirten von dem Fremden allein an der Stimme zu unterscheiden: „...die Schafe folgen ihm nach; denn sie kennen seine Stimme. Einem Fremden aber folgen sie nicht nach, sondern fliehen vor ihm; denn sie kennen die Stimme der Fremden nicht." (Joh 10,4.5) „Stimme" ist nicht mit den gesprochenen Wörtern gleichzusetzen, sondern kann sich bei gleichen Wörtern auf einen unterschiedlichen Ton beziehen. Wir wissen, wie genau und selbstverständlich wir Stimmen unterscheiden und identifizieren können und wie wir daran merken, wer spricht, ohne daß man darüber nachzudenken braucht oder das begründen könnte. Vielmehr liegt alles daran, daß man den Redenden kennt und mit ihm verbunden ist. Genauso erkennt die Herde ihren guten und rechten Hirten und weiß ihn von dem Fremden zu unterscheiden, und das geschieht im Hören des Wortes. Es mag viele andere Kennzeichen geben, doch keines hat diese überzeugende Klarheit, die sich aus der Zusammengehörigkeit von Hirt und Herde ergibt. Ohne diese Zusammengehörigkeit aber kann die Stimme des guten Hirten nicht erkannt und unterschieden werden.

Was für die Zusammengehörigkeit von Hirte und Herde gilt, das gilt auch für die Unterscheidung von allen, die zu der Herde kommen. Und dazu heißt es, daß Christus selbst die Tür ist: „Ich bin die Tür zu den Schafen. Alle, die vor mir gekommen sind, die sind Diebe und Räuber; aber die Schafe haben ihnen nicht gehorcht. Ich bin die Tür; wenn jemand durch mich hineingeht, wird er selig werden und wird ein- und ausgehen und Weide finden." (Joh 10,7–9) Die Unterscheidung richtet sich auf die Diener der Gemeinde, und das Kennzeichen des guten Hirten Christus ist: Er „läßt sein Leben für die Schafe. Der Mietling aber, der nicht Hirte ist, dem die Schafe nicht gehören, sieht den Wolf kommen und verläßt die Schafe und flieht – und der Wolf stürzt sich auf die Schafe und zerstreut sie –, denn er ist ein Mietling und kümmert sich nicht um die Schafe." (Joh 10,11–13) Der gute Hirte *dient* der Herde nach dem Vorbild Christi bis zur Aufgabe seines Lebens. Der Mietling hingegen, so kann man nicht nur im Wortspiel sagen, *verdient* an der Herde; er lebt nicht für sie, sondern von ihr. Auch diese Unterscheidung ist klar und eindeutig.

Bei allen Perspektiven, die sich aus diesem Text für die Unterscheidung von wahrer und falscher Kirche öffnen, hält sich die grundlegende und unauflösbare Zusammengehörigkeit von Hirten und Herde durch. Das ist also nicht eine Forderung, die zu erfüllen wäre, sondern eine Voraussetzung, die in Kraft steht und die zum Wesen der Gemeinde Jesu Christi gehört. Das gilt nicht nur für diese Weltzeit, sondern bis zur Ewigkeit in der Vollendung des Glaubens im Schauen: „Meine Schafe hören meine Stimme, und ich kenne sie, und sie folgen mir; und ich gebe ihnen das ewige Leben, und sie werden nimmermehr umkommen, und niemand wird sie aus meiner Hand reißen. Mein Vater, der sie mir gegeben hat, ist größer als alles, und niemand kann sie aus des Vaters Hand reißen. Ich und der Vater sind eins." (Joh 10,27–30)

So wird auch hier, wo es um die gegenwärtige Unterscheidung von wahrer und falscher Kirche geht, der Blick des Glaubens auf die Ewigkeit gelenkt. Sehr gut ist das auch in der Offenbarung des Johannes zu sehen. Die Sendschreiben an die sieben Gemeinden in Kleinasien (Offb 2–3) sind Kirchenkritik durch das Wort Gottes sowie Anleitung und Ermahnung zum Vollzug der Unterscheidung von wahrer und falscher Kirche in der einzelnen Gemeinde. Es spricht der Herr durch den Geist; er ruft zu Buße und Umkehr und lenkt den Blick aus der Zeit in die Ewigkeit. Die Zusammengehörigkeit von Hirt und Herde wird in jedem Brief auf die Gemeinschaft des Geistes bezogen: „Wer Ohren hat, der höre, was der Geist den Gemeinden sagt!" Im Blick auf das kommende Gericht wird die Gemeinde in ihrer Vorfindlichkeit durch das Wort Gottes gerichtet. Dazu ist der Abschluß des 7. Sendschreibens und der Übergang zu der folgenden Vision aufschlußreich. Der Herr spricht zu der Gemeinde von Laodizea: „Siehe, ich stehe vor der *Tür* und klopfe an. Wenn jemand meine Stimme hören wird und die *Tür* auftun, zu dem werde ich hineingehen und das Abendmahl mit ihm halten und er mit mir." (3,20) Darauf beginnt dann die Vision: „Danach sah ich, und siehe, eine *Tür* war aufgetan im Himmel..." (4,1). Aus der Assoziation der „Tür" ergibt sich, wie Christus zu dem eingeht, der seine Stimme hört und wie dadurch die Tür geöffnet wird zu der himmlischen Herrlichkeit im Übergang vom Glauben ins Schauen. Indem der Herr in die Tür des Herzens durch das Hören des Wortes einzieht (3,20), öffnet sich die Tür zum Himmel (4,1) und die Vollendung der Weltzeit wird durch das Ringen der Endzeit hindurch sichtbar durch das Wort.

Durch das Wort wird auch die unterscheidende Scheidung vollzogen, und damit werden die verschiedenen Ursachen von Kritik, Enttäuschung und Empörung unter die Kraft der Glaubenshoffnung gestellt. Gleichgültigkeit ebenso wie Voreiligkeit in dieser Weltzeit werden unter die Endgültigkeit der Ewigkeit gestellt. Dann aber läßt sich nicht nur eindeutig sagen, was zu tun und zu lassen ist, sondern es wird auch in der uns umgebenden Wirklichkeit erkannt, was unter Wort und Sakrament tatsächlich an uns und in der Gemeinde geschieht.

Wo jedoch die geistliche Einsicht fehlt, die von den Mitteln des Geistes gewirkt und geleitet ist, stößt die Kirche unweigerlich ab, selbst wenn sie für menschliche Augen noch so lebendig, bewegt und zahlreich sein mag. Umgekehrt lebt und wirkt sie in der Unscheinbarkeit, selbst wenn sie für menschliche Augen noch so klein, hilflos und unterdrückt sein mag.

Dies aber haben wir keineswegs nur zu betrachten und zu beschreiben, sondern bei dem Hören auf die Stimme des guten Hirten geht es letztlich um die geistliche Wirklichkeit des eigenen Glaubens und um die Zuversicht des Heils. Wer im Hören aus der Zugehörigkeit zum Herrn die Stimme des Herrn zu unterscheiden weiß, der weiß auch, wohin er gehen und wohin er nicht gehen soll. Er weiß, was zu tun und was nicht zu tun ist. Schließlich weiß er auch die rechten und falschen Merkmale zu unterscheiden und damit den rechten vom falschen Gottesdienst.

3. Kämpfende Kirche oder Kirchenkampf?

Zumal in Deutschland hat die Bezeichnung Kirchenkampf durch die jüngere Geschichte eine feste Bedeutung gewonnen, und sie wird von verschiedenen Seiten in Anspruch genommen als geschichtliches Vorbild wie auch als theologischer Maßstab, unter dem dann die Vorgänge der dreißiger Jahre auf gegenwärtige Auseinandersetzungen übertragen werden können. Wie in anderen Fällen nimmt die Stärke geschichtlicher Beispiele in dem Maße zu, wie die Kenntnis der damaligen Vorgänge schwindet, und es bleibt die Kraft einer Identifikationsmöglichkeit, die jedoch theologisch irreführend ist. Weder war der Kirchenkampf eine politische Widerstandsbewegung, noch war er ein Triumphzug im Bekennen. Der „Kirchenstreit", wie man 1933/34 sagte, war vielmehr ein Ringen *um* die Kirche *in* der Kirche, das nach äußerlichem Urteil nicht zu einem Sieg, sondern zu einer Niederlage der Bekennenden Kirche nach 1934 führte, die sich nicht über die Gemeinschaft im Bekenntnis einigen konnte, die aber auch durch die Sorge um die Versorgung und die Folgen der Verfolgung zutiefst angefochten und zerstritten war. Zweifellos hat sich die Scheidung zwischen wahrer und falscher Kirche nicht nur durch die Bekennende Kirche vollzogen, sondern auch in ihr, und das ist notwendigerweise so. Innere Anfechtung, äußere Verfolgung bis hin zum Martyrium sind nicht auf bestimmte Epochen der Kirchengeschichte beschränkt, sondern gehören zu den Begleiterscheinungen, die sich aus der geschichtlichen Wirklichkeit der Kirche immer wieder ergeben müssen. Schon deshalb ist es völlig verfehlt, eine Epoche besonders hervorzuheben, um sie so oder so als Beispiel und Ideal zu verwenden. Leicht kommt es sonst dazu, daß man nicht mehr auf das Wort des Herrn hört, sondern nur noch auf die Erscheinungen der Zeit blickt, um sich nach ihnen zu richten.

Kirchenkampf als Epoche in der Geschichte einer Kirche ist daher nichts anderes als eine Erscheinung der „ecclesia militans", und das ist nicht eine um ihre Existenz kämpfende Kirche, sondern eine umkämpfte Kirche. Vor allem aber ist im Rückblick auf das Neue Testament zu bedenken, daß die Kirche niemals das Subjekt eines solchen Kampfs ist, den sie zu führen hätte; sie ist allenfalls der Kampfplatz, auf dem sich diese Auseinandersetzungen vollziehen. Deshalb ist auch immer wieder die Rede von Kampf und kämpfen, was mit Beispielen aus dem militärischen oder aus dem sportlichen Bereich illustriert werden kann (1.Kor 9,24ff.; Phil 3,14 u.a.). Doch es ist derselbe Kampf, der sich gegen den alten Menschen und das Fleisch der Sünde in uns richtet wie gegen Anfechtung und Verfolgung von außen. (Phil 1,30; 1.Thess 2,2; 1.Tim 6,12; 2.Tim 2,3–5; 4,7; Hebr 12,1) Was für die Glieder der kämpfenden Kirche den Kampf des Glaubens ausmacht, ist etwas Alltägliches. Das zeigt besonders die „Waffenrüstung Gottes", wie sie Eph 6,10–17 beschrieben wird. Nicht nur in der Vorläufigkeit der Geschichte, sondern im Blick auf das Ende der Geschichte „an dem bösen Tag" (V. 13) wird die Gemeinde ermahnt, diese Rüstung anzulegen. Die einzelnen Teile der Rüstung dienen nicht dem Angriff, sondern der Verteidigung, um Widerstand leisten zu können unter den Angriffen des Widersachers. Weiter besteht die Rüstung durchaus aus dem, was uns von Gott gegeben ist: „Umgürtet an euren Lenden mit Wahrheit und angetan mit dem Panzer der Gerechtigkeit, und an den Beinen gestiefelt, bereit, einzutreten für das Evangelium des Friedens" (14–15). Der „Schild des Glaubens" ist nicht das, was wir zu verteidigen hätten, sondern das, womit wir uns gegen „alle feurigen Pfeile des Bösen" verteidigen und sie auslöschen können. Ebenso ist der „Helm des Heils" die Gabe Gottes, wie das „Schwert des Geistes" das „Wort Gottes" ist, das uns mit Gott verbindet und durch das wir vor dem Andringen des Bösen geschützt werden. So ist ganz klar: Der Angriff geht von dem Bösen in uns und um uns aus; die Verteidigung aber und der Schutz liegen allein in den Mitteln, die Gott uns gibt.

Unter dieser Einsicht wird die kämpfende und umkämpfte Kirche nicht irgendwelche Kreuzzüge für oder gegen etwas veranstalten, weil sie weiß, daß der alles entscheidende Kampf längst durch Christus bestanden ist (1.Kor 15,53–58), aber das muß uns gerade in dieser Weltzeit aus dem Wort Gottes immer von neuem in Mahnung und Ermutigung zugesprochen werden (Röm 8,18–39). Wer aber meint, für oder um die Kirche kämpfen zu müssen, der weiß bei besten Absichten nicht, was die Kirche ist, worin sie besteht und wer sie erhält.

Leicht wird eine solche Auffassung als Quietismus abgetan, d.h. als ruhige Untätigkeit, wo Taten erwartet und gefordert werden. Das ist menschlich, und jeder Mensch wird das nicht nur von anderen, sondern auch aus sich selbst erfahren. Gleichwohl zeigt sich gerade dann, ob wir überhaupt dem Wirken Gottes in seinem Wort vertrauen, und ob wir dem glauben und um das bitten, was er uns zugesagt hat.

4. Erneuerung durch Umkehr

Die Kennzeichen für die Unterscheidung von wahrer und falscher Kirche und so auch für die Bestimmung der Grenzen der Kirche sind Wort und Sakrament. Sie sind, wie wir gesehen haben, Zeichen nicht nur für die Anschauung, sondern auch nach der Wirkung. Ohne sie kann Kirche nicht Kirche sein; ohne sie gibt es auch keinen Glauben, wie ihn der Heilige Geist wirkt. Dies bedeutet aber auch, daß sich von hier aus die Kirche nicht nur in betrachtender Beurteilung erschließt, sondern die Zugehörigkeit zur wahren Kirche hängt für jeden einzelnen an dem Gebrauch dieser Gnadenmittel. Das wird leicht und oft übersehen, wenn viel und heftig über eine notwendige Erneuerung der Kirche, über Methoden zum Gemeindeaufbau, über Programme für Seelsorge, Besuchsdienst und mancherlei Veranstaltungen verhandelt wird, während diese geistlichen Grundlagen rechter Erbauung völlig vernachlässigt werden. So kommt es dazu, daß Kirche lediglich noch ein Thema für Gespräche über Kirche und Kirchliches bildet, während das, was die Kirche ausmacht, kaum noch vorkommt. Darum muß nachdrücklich festgehalten werden: Erneuerung geschieht nicht durch *Fortschritt*, der sich am Gang der Zeit orientiert, sondern durch *Umkehr*, die durch den Heiligen Geist gewirkt wird. Wo aber Wort und Sakrament fehlen, dort stirbt die Kirche ab, der Glaube kann nicht wachsen trotz aller möglichen Aktivitäten.

Die prüfende Frage richtet sich nicht allein auf die Diener der Gemeinde, sondern sie umschließt jedes einzelne Glied der Gemeinde. Das Wort muß rein gepredigt, aber auch gehört werden; die Sakramente müssen recht gespendet, aber auch recht empfangen werden; die Sünde soll nach dem Wort Gottes erkannt, bekannt und vergeben werden, und zwar vor Gott wie auch untereinander. Es ist notwendig, daß in den Häusern und Familien die Heilige Schrift gelesen wird, daß das Grundwissen des Glaubens aus dem Katechismus gelehrt und gelernt wird und, dieses alles umfassend und begleitend, daß jedes Glied der Gemeinde in der Gemeinschaft des Gebets steht. Denn ohne Gebet gibt es auch keine Gemeinschaft mit Gott, vielmehr ist das Fehlen des Gebets ein Zeichen, daß die Wirkung des Geistes Gottes geschwunden und damit auch die Gemeinschaft mit Gott aufgehoben ist.

Darum ist es ein schlimmes Zeichen, wenn dies alles ganz oder teilweise vernachlässigt wird, wenn nicht mehr dazu ermutigt und ermahnt wird, und sei es nur, weil man der Meinung ist, vom heutigen Menschen sei das alles nicht mehr zu erwarten und zu fordern. Doch das ist dann nicht nur ein Verlust frommer Gewohnheiten aus früheren Zeiten, sondern es ist ein geistlicher Mangel als Zeichen, daß der Geist fehlt, wo die Mittel, durch die er wirkt und empfangen wird, vernachlässigt werden. Über die Kirche als Institution läßt sich dieses und jenes sagen und von ihr läßt sich vieles fordern und für sie wünschen. Doch gerade an diesen Punkten entscheidet sich die Frage nach der wahren Kirche, und das betrifft jedes einzelne Glied der

Gemeinde ohne Ausnahme. Von hier aus ist aber dann auch zu prüfen, was den Platz dieser Mittel eingenommen hat und durch welche „Angebote" der Begeisterung die Gaben und Mittel des Geistes ersetzt und verdrängt werden.

Die Überlegungen zu der Frage „wenn die Kirche aufhört, Kirche zu sein" waren von der Barmer Bekenntnissynode von 1934 ausgegangen, durch die eine Unterscheidung zwischen wahrer und falscher Kirche in der Kirche vollzogen worden ist. Die „Theologische Erklärung" dieser Synode ist weithin bekannt, vor allem wenn dabei über das Verhältnis von Staat und Kirche nachgedacht wird. Hingegen ist völlig vergessen, was diese Synode in der unmittelbaren Konsequenz ihrer Entscheidung für Umkehr und Erneuerung der Gemeinde getan hat. Sie hat zum einen eine „Erklärung zur Rechtslage der Bekenntnissynode der DEK" abgegeben[46], mit der klargestellt wurde, daß die Grundlagen der christlichen Kirche in Schrift und Bekenntnis und die rechtliche Ordnung und Leitung der Kirche untrennbar zusammengehören. „In der Kirche ist eine Scheidung der äußeren Ordnung vom Bekenntnis nicht möglich." Es gibt also auch nicht die Möglichkeit, die Kirche nur nach ihrer Rechts- und Sozialgestalt zu beurteilen; denn dann wäre sie in der Tat abgelöst von dem, was die Kirche zur Kirche macht. Gleichwohl bricht eine solche Versuchung immer wieder auf, und das geschieht nicht nur unter den Zwängen politischer Verfolgung, sondern auch unter dem Zwang, gesellschaftlichen Bedürfnissen und wirtschaftlichen Notwendigkeiten zu folgen.

Ein dritter Themenkreis in der Tagesordnung war die „Erklärung zur praktischen Arbeit der Bekenntnissynode"[47]. Wo zwischen wahrer und falscher Kirche unterschieden und geschieden wird, kann das nur unter Erneuerung durch Umkehr in der Kirche geschehen. Darum heißt es in dieser Erklärung: „Wenn die Bekenntnissynode der DEK die Leitung der deutschen evangelischen Christenheit übernimmt, so übernimmt sie damit eine große Verantwortung gegenüber den neuen Gaben und Kräften, die Gott der evangelischen Christenheit geschenkt hat." Die Erklärung zur praktischen Arbeit besteht infolgedessen aus drei Teilen, und sie betreffen 1. „den Dienst zur geistlichen Erneuerung des Pfarrerstandes", 2. den „Aufbau der Bekennenden Gemeinde" sowie 3. die „Sendung der Bekennenden Gemeinde". Die kurzen Texte sind die Grundlagen für weitere Richtlinien und für die praktische Durchführung geworden. Bei dem heute vorherrschenden Interesse an der politischen Auseinandersetzung während des Dritten Reiches ist offenbar völlig in Vergessenheit geraten, daß bis 1944 in ununterbrochener Folge Bekenntnissynoden vornehmlich der Altpreußischen Union sich in dieser Weise mit dem Gemeindeaufbau durch Wort und Sakrament befaßt haben. Es ist eindrucksvoll, mit welcher Klarheit vom Wort Gottes her Weisungen

46 Die Barmer Theologische Erklärung. 64f.
47 AaO. 65–67.

gegeben wurden, in denen keineswegs nur auf Fragen der Zeit geantwortet wurde, sondern die Gewissen unter das Wort Gottes gestellt werden.

Ein paar Beispiele, beginnend mit der Synode von 1934, mögen das illustrieren: Geistliche Erneuerung muß nach der Einsicht der Synode bei der Pfarrerschaft beginnen, denn, so setzt der Text ein: „Soll der Pfarrer die ihm von Gott gegebenen neuen Aufgaben am Aufbau der Gemeinde im Geist des Wortes Gottes ausführen, so bedarf er der ständigen Zucht und Leitung des Heiligen Geistes." Geistliche Erneuerung der Kirche geschieht nicht erst *durch* den Pfarrer, auf den immer neue Anforderungen, wie er zu sein und was er zu tun hat, einstürmen. Geistliche Erneuerung beginnt vielmehr *bei* dem Pfarrer selbst, und sie betrifft das, was seinen Auftrag trägt. Man sollte das ruhig einmal hören und laut sagen gegenüber der in kirchlichen Kreisen so weit verbreiteten geschwätzigen Klage über so viele Mißstände in der Pfarrerschaft. Bei der geistlichen Erneuerung geht es nicht nur um Symptome, sondern um das tragende Fundament, ohne das eine Änderung der Symptome überhaupt nicht zu erreichen ist. Im Synodalbeschluß heißt es weiter dazu: „Wir brauchen in unserer Kirche Männer, die das Mahn- und Trostamt ausrichten, auch gelegentlich freigemacht werden, um von Ort zu Ort die Brüder zu stärken und zu ermahnen, besonders die Vereinsamten." Sicher gibt es genug Tagungen für Aus- und Fortbildung von Pfarrern. Es gibt in manchen Fällen und oft viel zu spät wohl auch die Zurechtweisung. Leider führt dies dann gelegentlich zu peinlichen Auseinandersetzungen in der Öffentlichkeit. Wo aber gibt es das echte, selbstverständliche und regelmäßige Mahnen und Trösten für diejenigen, die das Amt zu mahnen und trösten haben?

Im Johannesevangelium heißt der Heilige Geist Paraklet. „Parakletos" „parakalein" umschließt im Griechischen mit einem einzigen Wort, was wir im Deutschen mit den drei Wörtern mahnen, trösten und beistehen ausdrücken. So wird deutlich, wie Mahnung, Trost und Beistand untrennbar im Werk des Heiligen Geistes zur geistlichen Erneuerung zusammengehören. Das eine kann und darf nicht ohne das andere sein. Denn alles ist zusammengefaßt in dem Wort Gottes, das uns durch das Gebot „du sollst" bzw. „du sollst nicht", ermahnt, warnt und zurückruft und das durch das Evangelium, nämlich durch den Zuspruch der Vergebung, tröstet mit dem Hinweis auf Christi Werk für uns. Wo aber das Evangelium fehlt und wo die Gabe der Sakramente zur Erneuerung und Umkehr des Menschen fehlen, dort verkommt das Gebot zur Zwangsmaßnahme und die Mahnung geht über in einen leeren Moralismus, gegen den man entweder protestiert oder den man ignoriert mit der Begründung, daß es den Vorstellungen und Forderungen unserer Zeit nicht mehr entspreche. Umgekehrt, wo das Gebot in seiner unveränderlichen Eindeutigkeit des Schriftzeugnisses fehlt, verkommt das Evangelium zur bloßen Selbstbestätigung, die nichts mehr mit der Rettung aus dem göttlichen Gericht durch Christus zu tun hat, sondern nur noch mit einem ruhigen und befriedigenden Leben in dieser Welt.

Unter dieser klaren Einsicht in die Unveränderlichkeit der Gebote Gottes und in die gnädige, frohmachende und befreiende Gabe des Evangeliums stehen viele klare Weisungen aus der Bekennenden Kirche für die Pfarrer in jener schwierigen Zeit. So heißt es in einer „Ordnung brüderlich Zucht für die Amtsträger (Prediger und Älteste) der Bekennenden Kirche der altpreußischen Union" von 1941:[48] „Brüderliche Liebe, die in der christlichen Zucht wirksam wird, ist nicht gleichbedeutend mit schwächlicher Nachsicht. Die christliche Kirche kennt die Worte ihres Herrn wider die, die Ärgernis geben. Sie muß daher um Gottes und der Gemeinde willen solchem Ärgernis mit heiliger Entschiedenheit entgegentreten und darf sich nicht scheuen, das Amt, das sie übertragen hat, wieder an sich zu nehmen, wenn es nicht recht verwaltet wird, auch wenn auf diesem Amt die irdische Existenz beruht. Denn das Amt ist um der Gemeinde willen da und nicht die Gemeinde um des Amtes willen. Christliche Liebe ist immer bereit zu vergeben, aber sie weiß sich auch dafür verantwortlich, daß der Name Jesu Christi in Ehren bleibe vor aller Welt."

Die Pfarrfrauen und damit die Familien sollen, wie es in der Barmer Erklärung weiter heißt, in das Mahnen und Trösten einbezogen werden. Wissen wir nicht, wie das Bekenntnis des Glaubens oft zuerst gerade im engsten Familienkreis angefochten werden kann, wenn Kinder andere Wege gehen, vielleicht auch ein Ehepartner? Zeichen dafür ist, daß man sich in der Familie schämt zu beten, Gott zu loben, sein Wort zu hören, am Gottesdienst teilzunehmen. Solche Glaubensanfechtung hat unweigerlich zur Folge, daß die Grundlagen und Mittel fehlen, von denen der Glaube gestärkt und getragen wird. Kann man überhaupt noch von einer christlichen Familie sprechen, wenn diese Grundlagen fehlen und dann nicht einmal mehr das regelmäßige Tischgebet geübt wird? Hier setzt die Gefahr ein, daß Kirche aufhört, Kirche zu sein. Das gilt nicht nur für den Beruf und die Familie des Pfarrers, sondern für jede Familie in der christlichen Gemeinde. Und es ist leicht einzusehen, daß an dieser Stelle die Krisen, die wir so oft beobachten und beklagen, ihre Ursache haben, weil das tragende, verbindende und heilende Fundament für die ganze Gemeinde bereits in der Gemeinschaft der Familie aufgegeben ist. An dieser Stelle ist geistliche Erneuerung im Mahnen und Trösten notwendig und hilfreich.

So wird mit den Pfarrern unmittelbar die Gemeinde angesprochen, und es heißt, im Barmer Synodalbeschluß: „Die Gemeinden haben wieder zu lernen, daß der sonntägliche Gottesdienst im Mittelpunkt des Gemeindelebens steht. Die Heilighaltung des Sonntags ist den Gemeinden mit ganzem Ernst einzuschärfen. Zum Aufbau der Gemeinden gehört die Verwaltung der Sakramente, deren Bedeutung der Gemeinde neu zu erschließen ist. Unter-

[48] Text: Wilhelm Niesel (Hg.), Um Verkündigung und Ordnung der Kirche. Bekenntnissynoden der Evangelischen Kirche der altpreußischen Union 1934–1943. Bielefeld 1949. 89–93.

richt, Sammlung der konfirmierten Jugend (Christenlehre), Bibelstunde und Seelsorge dienen darüber hinaus dem notwendigen persönlichen Vertrautwerden mit der Bibel."

Aus diesem Synodalbeschluß ist eine ganze Anzahl von praktischen Hilfen für das christliche Leben hervorgegangen, von denen das meiste leider völlig in Vergessenheit geraten ist. So entstanden in den folgenden Jahren die ersten kirchlichen Lebensordnungen, die z. T. in überarbeiteter Form in manchen Landeskirchen noch vorhanden, meist aber vergessen und außer Gebrauch geraten sind[49]. Das sind Hilfen, die thematisch um Taufe, Konfirmation, Abendmahl, Trauung und Beerdigung gegliedert sind. Zu erwähnen ist ferner das kleine „Kirchbüchlein", das von Oskar Hammelsbeck und Otto Dibelius noch im Januar 1941 veröffentlicht werden konnte. Dieses Kirchbüchlein ist nichts anderes als eine Anleitung zum Leben aus der Taufe mit ganz knappen Hinweisen auch für das christliche Leben in Haus und Familie. Der 11. Abschnitt steht unter der Überschrift „Vom Leben unter dem Wort", und dazu heißt es dann: „Der Christ führt sein Leben unter Gottes Wort. Es ist sein Reichtum, daß er das darf." Es folgen Anregungen zum Lesen der Heiligen Schrift und zu dem daraus erwachsenden Beten. Es wird erinnert an die tägliche Bibellese und an biblische „Geleitsprüche", die man sich einprägen soll, damit sie „ein Licht auf dem Wege" (Ps 119,105) sind. Und außerdem heißt es: „In einem christlichen Hause vereinigt sich zu einer Stunde, die möglichst allen gelegen ist, die Hausgemeinde zu gemeinsamer Andacht. Solchen täglichen Gottesdienst ist sie ihrem Herrn und Meister schuldig." Erinnert wird ferner an die Bedeutung des Katechismus: „Der rechte evangelische Christ wird seinen Katechismus auswendig wissen und wird erfahren, daß die Sätze, die ihm dadurch stets gegenwärtig sind, in mancher Stunde des Lebens Hilfe und Weisung geben. Das Lied der Kirche soll seinen Ort nicht nur im Gottesdienst der Gemeinde haben, „sondern auch im Leben des christlichen Hauses". „Und wo es nicht gesungen werden kann, da sollen die Worte um so fester im Gedächtnis sein und den Christen dazu anleiten, die große Gnade seines Gottes recht zu loben und zu preisen."

Dies und manches andere für die christliche Lebensführung wurde damals in einer Zeit in Erinnerung gerufen, als im Zerfall der christlichen Gemeinden und auch im Zerfallen des christlichen Familienlebens die verhängnisvollen Konsequenzen der Grund- und Richtungslosigkeit zutage traten. Es wurden nicht die Probleme diskutiert, sondern es wurde zu diesen Grundlagen zurückgeführt. Das ist Erneuerung durch Umkehr.

Die heilsame Klarheit zeigt sich auch dort, wo von Bekenntnissynoden die Gemeinden an die unverbrüchliche Geltung des Gebotes Gottes erinnert werden, gerade auch wo herrschende Einstellungen eine Übertretung nicht

[49] Vgl. Michael Plathow, Lehre und Ordnung im Leben der Kirche heute. Dogmatische, rechtstheologische und pastoraltheologische Überlegungen zu den Lebens- und Visitationsordnungen unserer evangelischen Kirche (= FSÖTh 43), Göttingen 1982.

nur fordern, sondern u.U. sogar legitimieren. Die letzte Bekenntnissynode der altpreußischen Union, die am 16./17. Oktober 1943 in Breslau als ein ganz kleiner, versprengter Haufen zusammengetreten war, griff damals die Probleme um das fünfte Gebot auf „Du sollst nicht töten". Behandelt wurde, übrigens nicht zum erstenmal, die Vernichtung oder, wie es damals hieß, die „Ausmerzung" des lebensunwerten Lebens. Das betraf die Tötung von Geisteskranken, von Juden sowie von bestimmten Gruppen von Kriminellen auf staatlichen Befehl. Die Gewissen werden gegenüber aller Furcht und Abstumpfung ermahnt und geschärft: „Das fünfte Gebot gilt immer. Ein christliches Gewissen kann es nicht überhören. Nie wird ein Christ Freude am Blutvergießen haben. Er wird es verabscheuen, Völker in den Krieg zu treiben. Die schrecklichen Begleiterscheinungen stehen ihm lebendig vor Augen. Zum Töten gehört auch die indirekte Art des Tötens, die dem Nächsten den Raum zum Leben nimmt, so daß er nicht mehr lange leben kann, oder dies unterläßt, ihn aus Todesnot zu retten. Wider Gottes Willen tötet auch, wer keimendes Leben vernichtet. Zum Trösten gehört die geistige Verletzung des Nächsten mit Wort und Spott, gehört jegliche Verunglimpfung des Nächsten und Herabsetzung seiner Person..." Ebenso wird der Staat an das Fünfte Gebot erinnert: „Über die Tötung des Verbrechers und des Feindes im Kriege hinaus ist dem Staat das Schwert nicht zur Handhabung gegeben. Was er dennoch tut, tut er zu seinem eigenen Schaden in Willkür. Wird das Leben aus anderen als den genannten Gründen genommen, so wird das Vertrauen der Menschen zueinander untergraben und damit die Gemeinschaft des Volkes zerstört. Begriffe wie ‚Ausmerzen', ‚Liquidieren' und ‚unwertes Leben' kennt die göttliche Ordnung nicht. Vernichtung von Menschen, lediglich weil sie Angehörige eines Verbrechers, alt oder geisteskrank sind oder einer anderen Rasse angehören, ist keine Führung des Schwertes, das der Obrigkeit von Gott gegeben ist." Die Mahnung wird in einem Wort zu Buß- und Bettag 1943 für die Gemeinden direkt ausgesprochen: „Wehe uns und unserem Volk, wenn das von Gott geschaffene Leben für gering geachtet und der Mensch, nach dem Ebenbilde Gottes erschaffen, nur nach seinem Nutzen bewertet wird; Wenn es für berechtigt gilt, Menschen zu töten, weil sie für lebensunwert gelten oder einer anderen Rasse angehören, wenn Haß und Unbarmherzigkeit sich breitmachen. Denn Gott spricht: ‚Du sollst nicht töten.'"[50]

Solche mahnenden und tröstenden Worte finden sich auch zum Themenkreis des sechsten Gebots und angesichts des besonders in Kriegszeiten um sich greifenden Zerfalls der Ehe. Noch im Mai 1944 veröffentlichte der Bruderrat der Evangelischen Kirche der altpreußischen Union ein Rundschreiben an die Pfarrer und Gemeinden[51]. Darin heißt es, was heute ohne

---

50 Wilhelm Niesel (Hg.), Um Verkündigung und Ordnung der Kirche. 106. 107. 110.

51 Abgedruckt in: Kirchliches Jahrbuch für die Evangelische Kirche in Deutschland 1933–1944. Hg. Joachim Beckmann. Gütersloh 1948. 404–406.

jede Änderung genauso gesagt werden muß: „Sie wissen alle, daß die Anschauungen über die Ehe sich in den letzten Jahrzehnten mehr und mehr gelockert haben. Es ist, als wollte die Welt zurücklenken zu den Ehebegriffen der griechischen und römischen Welt, wie sie vor dem Christentum gewesen waren. Die Zahl der Ehescheidungen wird größer und größer; sie ist heute in Deutschland mehr als doppelt so groß als vor dem ersten Weltkrieg. Der voreheliche und außereheliche Verkehr wird als Selbstverständlichkeit betrachtet. Und selbst der Abschaffung der Einehe wird das Wort geredet. Jeder, der um Gottes Gebote weiß und der sein Volk lieb hat, muß auf das tiefste erschrecken. – Wir begegnen solchen Anschauungen selbst bei treuen Gliedern der christlichen Gemeinde. Und wir haben die Beobachtung machen müssen, daß es unter den Brüdern im Amt vielfach an der Sicherheit des Urteils über diese Dinge fehlt, die doch unerläßlich ist, sowohl für die eigene Eheführung als auch für die seelsorgerliche Beratung der Gemeindeglieder, die in Not und Anfechtung gekommen sind." Die Nöte der Zeit werden mit aller Klarheit gesehen; ebenso klar wird aber auch daran erinnert, daß eine Gemeinde und ein Volk sich nicht aus eigener Willkür über das göttliche Gebot hinwegsetzen kann. So sind auch hier Mahnung und Tröstung im Sinne der geistlichen Erneuerung miteinander verbunden, ohne daß eins das andere aufhebt. In dieser Klarheit kann dann aber auch gesagt werden: Die Kirche kann „jemanden, der die Ehe gebrochen hat, in einem kirchlichen Amt grundsätzlich nicht tragen, welcher Art dieses Amt auch sei. Sie wird auch von einem Pfarrer, der sich hat scheiden lassen, in der Regel verlangen müssen, daß er sein Amt aufgibt, so bitter das auch sein mag. Auch Ältester oder Synodaler sollte jemand, der sich hat scheiden lassen, nicht sein... Menschliches Mitleid mit dem Amtsträger und seiner Familie darf nicht dazu führen, daß die Glaubwürdigkeit der Verkündigung verloren geht..."

In dem bereits zitierten Bußtagswort von 1943 heißt es dazu: „Wehe uns und unserem Volk, wenn die Ehe, die von Gott gestiftet und von Christus für untrennbar erklärt ist, aus menschlicher Willkür geschieden wird und wenn Gottes Wort ‚Seid fruchtbar und vermehret euch' von der heiligen Ordnung der Ehe getrennt und Zucht und Keuschheit für Muckerei erklärt werden. Denn Gott spricht: ‚Du sollst nicht ehebrechen.'"[52]

5. „... und die Pforten der Hölle sollen sie nicht überwältigen." (Mt 16,18)

Die Kritik an der Kirche wie die Sorge um die Kirche können die Glieder der Kirche so gefangennehmen, daß sie völlig vergessen, was die Kirche ist und wodurch sie besteht. Dann setzt das verzweifelte Kämpfen um Erhal-

[52] Wilhelm Niesel, Um Verkündigung und Ordnung der Kirche. 110.

tung und Verteidigung ein, und doch ist das alles nur ein Zeichen dafür, daß mit dem Wissen um die Grundlagen auch die Unterscheidungsfähigkeit verloren gegangen ist. Das ist nicht an bestimmte Richtungen gebunden, sondern betrifft die Kirche insgesamt in der Weise, wie sie durch die sie umgebende, ja auch in ihr selbst auftretende Welt angefochten und umkämpft ist. Wie vom Glauben zu sagen ist, daß er durch die Anfechtung nicht aufgehoben, sondern bestätigt wird, so ist auch von der Kirche zu sagen, daß sie durch diesen Kampf gegen sie und in ihr in der geschichtlichen Realität ihrer Existenz als „kämpfende Kirche", die auf dem Wege ist zur ewigen Vollendung, bestätigt wird.

Die Gnadenmittel als Zeichen und Unterscheidungsmerkmal der Kirche geben die Gegenwart des Heiligen Geistes zu erkennen. Sie geben zu erkennen, daß und wie der dreieinige Gott in seiner Gemeinde durch die Zeiten hindurch in gleichbleibender Weise wirkt, indem er sein Volk aus den Völkern der Welt herausruft. Im Blick auf die Endzeit ist dieser Kirche nicht ein Zustand fortschreitender Vollendung, sondern ständiger, ja sogar zunehmender Anfechtung (Mk 13pp) verheißen. Es wäre gegen die klare Erkenntnis aus dem Wort Gottes der Heiligen Schrift, wollte man anderes erwarten, suchen oder erkämpfen.

Das Wort des Herrn auf das Bekenntnis des Petrus Mt 16,18 faßt dies in aller Kürze und Eindeutigkeit zusammen. Denn dem Bekenntnis „du bist Christus, des lebendigen Gottes Sohn" entspricht die Verheißung des Herrn für die Gemeinde seiner Bekenner: „...und die Pforten der Hölle sollen sie nicht überwältigen." Die Hölle, das sind nicht nur beiläufige Mißstände, Besorgnisse und Versäumnisse, sondern das ist der Inbegriff für die Macht und den Herrschaftsbereich des Bösen, das gleichwohl unter der Herrschaft Jesu Christi und seines Sieges durch Tod und Auferstehung steht.

Auf der Barmer Bekenntnissynode von 1934 hat man gewußt, und in der nachfolgenden Zeit hat man es immer wieder erfahren, wie die Frage „Was wird aus der Kirche?" in der rechten Weise vom Grund des Glaubens her beantwortet wird. Auf dem Umschlag des gedruckten Synodalberichts wird für die Synode und für die Gemeinden an das Wort Luthers erinnert: „Wir sind es doch nicht, die da könnten die Kirche erhalten, unsere Vorfahren sind es auch nicht gewesen, unsere Nachkommen werden es auch nicht sein, sondern der ist's gewesen, ist's noch und wird es sein, der da spricht: Ich bin bei Euch alle Tage bis an der Welt Ende, Jesus Christus."[53]

[53] WA 54,8–11.

Exkurs I: Die Heilige Schrift, das Wort des Dreieinigen Gottes

These: Die Heiligen Schriften Alten und Neuen Testaments sind das Wort des Dreieinigen Gottes, das er spricht, in dem er sich selbst zu erkennen gibt und durch das er wirkt; weil sie das Wort Gottes sind, sind sie die Heiligen Schriften der christlichen Gemeinde.

In dieser These ist die Grundlage dieses Buchs zusammengefaßt; entfaltet wird sie besonders in den Kapiteln 3 und 5, während sie in den übrigen Kapiteln in verschiedenen Hinsichten angewendet wird[1]. Dieser Exkurs, der die Entfaltung und Anwendung voraussetzt, soll dazu dienen, die entscheidenden Punkte der These in den theologischen Diskurs mit entsprechenden Erläuterungen und Belegen einzubringen.

1. Die *Reaktion* auf diese These schwankt nach aller Erfahrung zwischen höflichem Unverständnis und höhnischem Protest. Unverständnis und Ablehnung sind dabei nicht unbedingt an bestimmte Richtungen gebunden. Denn wem die Gleichsetzung von Heiliger Schrift und Wort Gottes keine Schwierigkeiten macht, der hat vielleicht Schwierigkeiten mit der Dreieinigkeit Gottes und umgekehrt. Gleichwohl ist schon vom historischen Befund her schwerlich zu bestreiten, daß in dieser These zusammengefaßt ist, was mindestens bis ins 18. Jahrhundert selbstverständlich, wenn auch nicht unbestrittene Grundlage in Kirche und Theologie gewesen ist, auch wenn das heute nur von wenigen vertreten und von noch wenigeren verstanden werden sollte. Der Umfang der Verbreitung und der Grad der Zustimmung sind indes kein Maßstab für die Gültigkeit und Wahrheit, um die es hier geht.

2. Nach ihrer *Formulierung* entspricht die These dem, was ein ‚primum principium' ist, d.h. ein Grundsatz, der nur durch sich selbst und nicht durch etwas anderes begründet sein kann. Daher ist die kausale Verbindung der beiden Sätze mit dem ‚weil' zirkulär, indem sich jeweils das eine aus dem anderen ergibt, mit dem es in einem unauflöslichen Zusammenhang steht. Jeder darüber hinausgehende Versuch einer Begründung oder auch der Verteidigung führt unvermeidlich dazu, daß dann andere Prinzipien darüber oder daneben gesetzt werden.

Wenn eine Begründung ausgeschlossen ist, kann bei einem solchen ‚primum principium' jedoch die rechte Anwendung und Geltung geprüft werden. Es kann festgestellt werden, welche anderen Prinzipien dort in Kraft sind, wo dieses Prinzip abgelehnt und bestritten wird. Die Form der Alternative in der Disjunktion eines ‚Entweder – Oder' wird zwar oft als unangenehm empfunden, doch sie ist an dieser Stelle theologisch und logisch notwendig. Es ist bezeichnend für den Konflikt zwischen gegensätzlichen dogmatischen Voraussetzungen, daß Einwände und Ablehnung sich zunächst in der emotionalen Form von Unbehagen und Widerwillen melden, während eine rationale Argumentation auf erhebliche Schwierigkeiten sto-

[1] Vgl. Reinhard Slenczka, Was heißt und was ist schriftgemäß? KuD 34, 1988, 304–320 (Mit weiteren Hinweisen und Belegen).

ßen kann. Was sich dann unter Umständen in persönlichen Aggressionen äußert, ist lediglich die Manifestation einer tieferen Bewußtseinsbindung, die zum Wesen des Dogmatischen gehört. Im theologischen Diskurs jedoch muß es darauf ankommen, solche dogmatische Grundlagen zu benennen und gegebenenfalls zu unterscheiden, um sie auf ihre Vereinbarkeit bzw. Unvereinbarkeit zu prüfen mit dem, was Grundlage der christlichen Kirche ist. Dabei können nicht Einheit und Übereinstimmung Kriterium der Wahrheit sein, sondern an der Wahrheit[2] wird sich herausstellen, was zur Einheit in Christus gehört und was nicht.

3. Im *Inhalt* der These sind Heilige Schrift, Dreieiniger Gott und christliche Gemeinde miteinander verbunden. Dies betrifft den pneumatischen und historisch in Geschichte und Gegenwart unübersehbaren Sachverhalt, daß Heilige Schrift, Wort und Wirken des Dreieinigen Gottes und der Gottesdienst, zu dem sich die Gemeinde im Namen des Dreieinigen Gottes, auf den sie getauft ist, zum Hören auf das Wort Gottes, zu Lobpreis und Gebet, zu Bekenntnis der Sünde und Empfang der Vergebung sowie zum Herrenmahl versammelt, einen Realitätszusammenhang bilden. Auf diese Weise wird das Volk Gottes zu aller Zeit und aus allen Völkern der Welt gesammelt, erbaut und auf den Tag der Wiederkunft des Herrn vorbereitet. Was damit geschieht, ist das Handeln des Dreieinigen Gottes an Menschen, wie es durch sein Wort erkannt und gewirkt wird.

Wenn dieser Zusammenhang von Heiliger Schrift, Reden und Handeln des Dreieinigen Gottes und Gemeinde an einer Stelle in Frage gestellt oder ganz aufgehoben wird, kann das, was die Gemeinde ist und tut, was an ihr und durch sie geschieht, überhaupt nicht mehr recht erkannt und verstanden werden; denn dann ist verloren, was den geistlichen Grund ihres Glaubens sowie ihrer geschichtlichen und gegenwärtigen Existenz und ihrer Sendung ausmacht. Ohne die Einsicht in diesem Zusammenhang wird die Betrachtung der Geschichte blind und die Ansicht der Gegenwart erscheint leer.

4. *Dreieinigkeit Gottes* ist eine angemessene Zusammenfassung für das durch die Heiligen Schriften Alten und Neuen Testaments wirksam bezeugte Geschehen, daß sich Gott als Vater in seinem Sohn Jesus Christus offenbart und durch die neuschaffende Gabe des Heiligen Geistes Menschen zu seiner Erkenntnis führt und damit wieder in seine Gemeinschaft aufnimmt. Wie dieses Geschehen bezeugt und erkannt wird, wurde in den Kapiteln 1 bis 3 entfaltet und belegt; Röm 8 mag als alles zusammenfassender Grundtext dafür gelten.

Wird jedoch die Dreieinigkeit Gottes nicht als Geschehen und als Tat Gottes aufgefaßt, sondern als Bildung und Entwicklung von Formeln und Lehrsätzen, dann ist einerseits der biblische Text falsch verstanden, und andererseits liegt ein historisch falsches Verständnis der einschlägigen dogmatischen Definitionen vor, die nicht als produktive Lehrentwicklung, sondern als restriktive Wahrung der Integrität und Identität des christlichen Gottesdienstes zu verstehen sind[3]. Eine Historisierung der Trinitätslehre hat weithin die Einsicht in das gegenwärtige Handeln Gottes verstellt und zugleich die rechte Erkenntnis und Beurteilung der historischen Sachverhalte.

5. *Die Offenbarung von Gott dem Vater, dem Sohn und dem Heiligen Geist*, wie sie durch die Heiligen Schriften bezeugt wird, ist nicht nur Gegenstand und Ergebnis

[2] S.o. 18–22.
[3] Dazu Exkurs II: Das Dogma und das Dogmatische.

historisierender Interpretation in theologiegeschichtlicher Begriffsbildung, sondern Grund und Gegenstand alles christlichen Glaubens und Bekennens. Erkennen und Verstehen geht von Gott aus und führt zu ihm zurück. Was die Heilige Schrift als Offenbarung Gottes ist und wirkt, erschließt sich in der Erkenntnis und im Bekenntnis von Vater, Sohn und Geist. In dieser Wechselbeziehung von Erkennen und Bekennen sind Heilige Schrift und Dreieinigkeit Gottes unmittelbar verbunden. Die Verstehensfrage in der Schriftauslegung ist daher auch nicht auf das Verständnis von Texten in ihrer geschichtlichen Bedingtheit begrenzt, sondern sie betrifft die Realität der Gemeinschaft von Gott und Mensch – zentral in der Taufe auf den Namen des Vaters, des Sohnes und des Heiligen Geistes – und den Realitätsbezug des gottesdienstlichen Lobpreises der Gemeinde. „Der Weg nun der Gotteserkenntnis geht aus von dem einen Geist durch den einen Sohn zu dem einen Vater. Und umgekehrt strömt die wesenhafte (physikee) Güte und die Heiligung der Natur und die königliche Würde aus dem Vater durch den Einziggeborenen über den Geist“[4].

Augustin und im Anschluß an ihn Luther bezeichnen diese Verbindung von Heiliger Schrift und Dreieinigkeit Gottes als „res scripturae“. Man muß sich die ganze Weite der Wortbedeutung von ‚res‘ vergegenwärtigen, die zwischen Ding/Sache und Ereignis ausgespannt ist, um zu verstehen, was damit gemeint ist. Vor allem ist im theologischen Gebrauch zu beachten, daß ‚res‘ nicht nur Gegenstand oder Bedeutung, sondern handelndes Subjekt oder Person ist: „Res igitur quibus fruendum est, Pater et Filius et Spiritus sanctus, eademque Trinitas, una quaedam summa res, communisque omnibus fruentibus ea; si tamen res et non rerum omnium causa sit, si tamen et causa…“[5] „Frui“ heißt: „In Liebe an einer Sache hängen um ihrer selbst willen“[6]. Darin ist nach dem weiteren Zusammenhang sowohl das 1. Gebot wie auch das verheißene zukünftige Heil der unmittelbaren Schau Gottes zusammengefaßt. Daher ist zu übersetzen; „Die Dinge, an denen das Herz im Glauben hängen darf, weil sie uns zur Erfüllung der unmittelbaren Schau von Angesicht zu Angesicht führen, sind der Vater und der Sohn und der Heilige Geist, die sich selbst gleiche Dreieinigkeit als einzige und höchste Sache, und gemeinsam allen, die daran in der Freude des Glaubens Anteil haben. Wenn das überhaupt als Sache bezeichnet werden kann, und nicht als Ursache aller Dinge, wenn es überhaupt als Ursache bezeichnet werden kann…“

In gleicher Weise spricht Luther in zufälliger Selbstverständlichkeit immer wieder von den „res scripturae“. Dabei können „verbum“ und „res“ in ähnlicher Weise unterschieden werden wie Geist und Buchstabe mit der Konsequenz: „Re igitur non cognita impossibile est, ut verba possint recte intelligi.“[7] – „Wenn die Sache nicht erkannt ist, ist es unmöglich, daß die Wörter recht verstanden werden können.“ In dieser Weise, bezogen auf das personale Reden und Wirken des Dreieinigen Gottes durch die Heilige Schrift, gilt dann auch für die Schriftauslegung: „Res sunt praeceptores“[8]. Auf diese Weise ist, wie die Auseinandersetzung mit Erasmus zeigt, das Verstehen der Schrift unmittelbar mit dem Offenbarungsgeschehen in der Schrift und durch sie verbunden[9].

---

[4] Basilius von Caesarea, De Spiritu Sancto 18,47.
[5] Augustin, De doctrina christiana I 5.
[6] Ebd. I 4.
[7] WA 42, 195, 3ff.
[8] WA.TR 5 Nr. 5246. 26,11–16.
[9] WA 18,606, 1–39 = BoA 3, 100, 34–102,2.

Alles, was von der Inspiration der Heiligen Schrift zu bedenken und zu lehren ist, muß auf dieses Offenbarungsgeschehen bezogen sein; es darf also nicht auf äußerliche Kriterien wie z.B. ursprüngliche Textgestalt, Fehlerlosigkeit der Textüberlieferung etc. begrenzt werden.

Freilich wird dann auch die Grundsatzentscheidung deutlich, wenn man sieht, daß es bei der Schrift als Wort des Dreieinigen Gottes um die Begegnung und Gemeinschaft mit Gott selbst geht[10].

Man kann diesen Zusammenhang problematisieren oder ganz bestreiten, allerdings dann mit der Konsequenz, daß Jenseits und Diesseits sowie Vergangenheit und Gegenwart theologisch auf andere Weise vermittelt werden müssen, als es durch Wort und Handeln des Dreieinigen Gottes in der Gemeinde geschieht. Die metaphysischen und historisch-hermeneutischen Probleme, wie sie sich unserer Theologie stellen, haben ihre Ursache in einem theologischen Grundfehler. Es sind nicht theologische, sondern Theologen-Probleme.

6. Die *Verstehensfrage* als Inbegriff theologischer Aufgabenstellung kann nach ihrem geschichtlichen Ursprung in der Aufklärung lokalisiert werden. Inhaltlich kann sie illustriert werden mit Johann Salomo Semlers Protest gegen die Gleichsetzung von Heiliger Schrift und Wort Gottes in der These: „Heilige Schrift und Wort Gottes ist gar sehr zu unterscheiden, weil wir den Unterschied kennen; hat man ihn vorher nicht eingesehen, so ist ja dies kein Verbot, das es uns untersagte..." Das Wort

---

[10] Mit Stellenangaben und kurzen Hinweisen seien hier einige weitere Belege für den Grundsatz, daß die Heilige Schrift Wort Gottes ist und daß in ihr Gott gegenwärtig ist, angeführt: Thomas von Aquin, STh I q 1 a 8 resp.: „Die Heilige Schrift, da sie keinen Höheren über sich hat, disputiert mit dem, der ihre Grundlagen bestreitet, auf zweierlei Weisen. Argumentierend, wenn der Widersacher wenigstens etwas von den Dingen konzediert, die durch göttliche Offenbarung empfangen werden... Wenn freilich der Widersacher überhaupt nichts von den Dingen glaubt, die von Gott offenbart sind, bleibt weiterhin kein Weg, um die Glaubensartikel durch Vernunftgründe zu beweisen; vielmehr kommt es dann darauf an, diese Vernunftgründe aufzulösen, sofern solche gegen den Glauben angeführt werden." – Martin Luther: Das Wort Gottes ist, gerade gegenüber der Autorität von Menschen, Gott selbst: „...sed citra divini verbi iniuriam, quod est ipsemet deus, cui oportet magis obedire quam hominibus." WA 8,49,23; „...denn wo sie gleubten, das gotts wort weren, wurden sie es nicht elende arme wort heissen, sondern auch einen tutel und buchstaben grosser achten den die gantze wellt, und dafur zittern und furchten als fur gott selbs..." (WA 26, 450,1–12 „Vom Abendmahl Christi. Bekenntnis"; WA 2, 649,10–24: „Quis umquam auditus est haereticus, qui verbo dei non credendum docere praesumpsisset? Sic debent cadere, qui fraterna invidentia et adulandi furore perditi non nisi perniciem et ecclesiae et veritati pro maledicta gloria sua quaerunt. Quid hic faciet? scriptura sancta est Verbum dei: quod si asina diceret, audiendum est etiam prae omnibus Angelis, si verbum dei non haberent, nedum prae papa et concilio sine verbo dei agentibus."; WA 48, 31,1–25; WA.TR 2, 287, 21–28.

Wenn in reformatorischen Bekenntnissen wie z.B. der Confessio Helvetica posterior von 1566 der erste Abschnitt den Grundsatz entfaltet: „De Scriptura sancta, vero Dei verbo mit der Gleichsetzung „Scriptura verbum Dei est" und „Praedicatio verbi dei est verbum Dei", dann ist das keineswegs eine theologiegeschichtliche Neubildung, sondern Hinweis auf die grundlegende Autorität der Heiligen Schrift in einer Situation, in der sich andere Autoritäten an deren Stelle gesetzt haben. WA 7,95,10–101,9. Huldrych Zwingli, Von clarheit und gewüsse oder unbetrogliche des worts gottes (1522). CR Z 1, 338–384. Johannes Calvin, Institutio christianae Religionis. I, 6–13.

Gottes ist nur „hie und da“, aber „nicht durch und durch“[11]. Das Problem wird gerne auch mit Lessings Äußerung beschrieben: „Das, das ist der garstige breite Graben, über den ich nicht kommen kann, sooft und ernstlich ich auch den Sprung versucht habe. Kann mir jemand hinüberhelfen, der tue es, ich bitte ihn, ich beschwöre ihn. Er verdient ein Gotteslohn an mir.“

Diese und ähnliche Äußerungen können als ‚dicta probantia‘ axiomatisiert werden und so gegen den geltenden Grundsatz von Schriftprinzip und Schriftverständnis als ein irreversibles, alle weitere theologische Arbeit determinierendes Ereignis menschlicher Geistesgeschichte aufgefaßt werden. Damit wird dogmatisch freilich nur, wie es immer wieder geschehen kann, von einem zufälligen geschichtlichen Ereignis eine allgemeingültige Bedeutung als Heils- oder Unheilsgeschehen proklamiert. Eine solche Axiomatisierung geschichtlicher Ereignisse ist ein Denkfehler, wenn man nach der Begründung für die angenommene Allgemeingültigkeit fragt. Es ist aber auch ein theologischer Fehler, wenn damit an die Stelle der „res scripturae“ im oben dargestellten Sinne „res humanae“ treten.

Wenn man jedoch Aussprüche dieser Art dogmatisch reflektiert, zeigt sich in beiden Fällen, wie die Aufhebung der Gleichsetzung von Wort Gottes und Heiliger Schrift zu anderen Voraussetzungen führt. So ist bei Semler nicht mehr die Schrift das Kriterium für die Unterscheidung von Gottes Wort und Menschenwort, sondern ein solches Kriterium wird von außen an die Schrift herangetragen und über sie gestellt – „weil wir den Unterschied kennen“. – Lessings Fragment steht unter dem Thema „Christi Lehre und die historische Wahrheit“ und hat den Untertitel „Über den Beweis des Geistes und der Kraft“. Diese Anspielung auf 1.Kor 2,4: „... und mein Wort und meine Predigt geschahen nicht mit überredenden Worten menschlicher Weisheit, sondern in Erweisung des Geistes und der Kraft...“ macht das Problem deutlich, das dadurch entsteht, daß vom Heiligen Geist nicht mehr als Subjekt des Wortes und der Verkündigung die Rede ist. Aus dem pneumatischen Defizit erwächst ein geistesgeschichtliches Problem, und die menschliche Weisheit muß zwangsläufig in ihren Möglichkeiten und Grenzen einspringen, wo von dem Dreieinigen Gott als Subjekt nicht mehr die Rede ist.

7. *In der neueren Theologiegeschichte* mag die Einsicht in den mit der These zusammengefaßten Sachverhalt zwar verdrängt sein, doch sie ist auch hier nicht völlig vergessen. Drei Beispiele seien dafür angeführt:

a) G.W.F. Hegel ist in seinen „Vorlesungen über die Philosophie der Religion“ ausführlich auf die Voraussetzungen und Konsequenzen einer „Vernunfttheologie“ eingegangen[12], und das betrifft in diesem Zusammenhang besonders die Konsequenzen aus der Theologie für die Philosophie. Die Entscheidungsfrage konzentriert sich dabei auf das Schriftverständnis und die Schriftauslegung, womit die reale Gotteserkenntnis steht und fällt. Er wirft der Exegese seiner Zeit vor, daß sie sich nur auf das geschriebene Wort richtet und dabei die gegenwärtige Wirkung des Geistes nicht nur verdrängt, sondern durch eigene Gedanken ersetzt: „Diese Vernunfttheologie hält am Worte fest. Die Exegese übernimmt das geschriebene Wort, interpretiert es und

---

[11] Johann Salomo Semler, Abhandlung von freier Untersuchung des Canons (1771-75) I, 75; 48.

[12] G.W.F. Hegel, Vorlesungen über die Philosophie der Religion (Hg. Georg Lasson. PhB 59–63) Hamburg 1966. Bd. I, 35–42.

gibt vor, nur den Verstand des Wortes geltend zu machen, ihm getreu bleiben zu wollen. Wenn aber die Interpretation nicht bloße Worterklärung ist, sondern Erläuterung des Sinnes, so ist leicht einzusehen, daß sie eigne Gedanken in das zum Grunde liegende Wort bringen muß. Die bloße Wortinterpretation besteht nur darin, daß an die Stelle eines unbekannten Wortes ein bekanntes gesetzt wird; erörternde Exegese dagegen bringt schon weitere Gedanken hinein, obgleich sie sich scheinbar beim Sinne zu bleiben vornimmt... Es soll angegeben werden, was für einen Sinn die Worte enthalten; solche Angabe des Sinnes aber heißt den Sinn ins Bewußtsein, in die Vorstellungen hervorziehen. Hierbei macht sich nun aber die andere Vorstellung des Zeitbewußtseins in der Darstellung dessen geltend, was der Sinn sein soll...[13] Dagegen wird vom Verständnis der Heiligen Schrift als Wort Gottes von Hegel gesetzt: „Die Worte der Bibel sind ein Vortrag, der nicht systematisch ist, sind das Christentum, wie es am Anfang erschienen ist; es ist der Geist, der den Inhalt auffaßt, expliziert. Da kommt es darauf an, wie der Geist beschaffen ist, ob es der wahre, richtige Geist sei, der auffaßt. Dieser kann nur der sein, der in sich selbst nach der Notwendigkeit verfährt, nicht nach Voraussetzungen. Dieser Geist, der auslegt, muß sich für sich selbst legitimieren, und diese Legitimation ist die Sache selbst, der Inhalt, das, was der Begriff dartut."[14] Die Auseinandersetzung mit der Reflexionsphilosophie Kants und mit der „Vernunfttheologie" seiner Zeit trifft sich an dem Punkt, an dem von Gott nur noch das Bewußtsein, nicht aber das Sein ausgesagt werden kann. „Es bleibt dann der Theologie wie der Philosophie nichts von Gott übrig als ein Abstraktum, das höchste Wesen, ein Vakuum der Abstraktion, das Jenseits. Diese negative Richtung gegen irgendeinen Inhalt in Ansehung der Natur Gottes ist im ganzen das Resultat der Vernunfttheologie; ihre Vernunft ist nichts anderes gewesen als der abstrakte Verstand..."[15] Die distinkte Erkenntnis Gottes und die Realität der Gemeinschaft mit Gott aber steht und fällt mit der Dreieinigkeit Gottes: „Das Resultat ist, daß man nur im allgemeinen weiß, daß Gott sei, nur ein höchstes Wesen als leer und tot in sich, nicht faßbar als konkreter Inhalt, als Geist. Gott ist aber nur als Geist zu fassen, und dies ist kein leeres Wort, keine oberflächliche Bestimmung. Soll er uns aber als Geist kein leeres Wort sein, so muß er als dreieiniger Gott gefaßt werden; dies ist dasjenige, wodurch die Natur des Geistes expliziert wird. Gott wird so gefaßt, indem er sich zum Gegenstande seiner selbst macht, zu dem Sohne, daß er dann in diesem Gegenstande bleibt, ferner in dieser Unterschiedenheit seiner von sich selbst zugleich den Unterschied aufhebt und in ihm sich selbst liebt, d.h. identisch mit sich ist, in dieser Liebe seiner mit sich zusammengeht. Erst das ist Gott als Geist. So müssen wir ihn dann mit eben der Bestimmung fassen, die in der Kirche auf kindliche Weise der Vorstellung durch die Namen Vater und Sohn ausgedrückt, noch nicht Sache des Begriffs ist. Nur die Dreieinigkeit ist die Bestimmung Gottes als Geist; ohne diese Bestimmung ist Geist ein leeres Wort.

Wenn aber die moderne Kirche sagt, man könne Gott nicht erkennen, so wird Gott zu einem hohlen Abstraktum heruntergesetzt. Es ist eins, ob wir sagen, Gott sei das höchste Wesen oder er sei nicht zu erkennen. Gott erkennen heißt einen bestimmten, konkreten Begriff von ihm haben. Als bloß seiend ist er ein Abstraktum ohne Inhalt;

---

[13] Ebd. 38.

[14] Ebd. 39.

[15] Ebd. 40f.

erkannt aber haben wir eine Vorstellung mit einem Inhalt. Ob dies durch die Bibel begründet sei, muß den Theologen zu entscheiden überlassen bleiben. Wird aber eine solche Vorstellung, daß Gott nicht zu erkennen sei, durch die Exegese begründet, so müssen wir uns, um ihn zu erkennen, schon deshalb an eine andere Quelle wenden.

Dabei aber macht diese Vernunfttheologie zu gleicher Zeit das Denken zum Prinzip und fordert dadurch die Erkenntnis Gottes. Die denkende Vernunft nun, die Philosophie als konkretes, begreifendes Denken findet, weil sie den absoluten Inhalt Gottes zu erfassen sucht, in jenem inhaltlosem Denken des abstrakten Verstandes ihren größten Gegner. Gott ist die Wahrheit, und zwar Gott als Geist. Diese Wahrheit weiß der Verstand nicht zu erkennen; so kommt er zu der Erklärung, Gott sei unerkennbar. Indem aber der Mensch noch den Glauben an die Würde seines Geistes, noch den Mut der Wahrheit hat, so ist er getrieben, unendlich getrieben, die Wahrheit zu suchen. Sie ist kein Leeres, sondern ein Konkretes, eine Fülle von Inhalt. Dieser ist durch die moderne Theologie ausgelöscht worden; erst durch den Begriff muß er wieder erkämpft werden."[16]

Gegen die Philosophie Hegels und auch gegen ihre theologische Verwendung können alle möglichen Einwände erhoben werden; an dieser Stelle jedoch macht Hegel deutlich, wie eine Theologie, die meint, sich vor der Vernunft verantworten zu müssen, ihre Verantwortung für die Vernunft völlig verspielt. Denn das vom Bewußtsein unterschiedene Sein Gottes wird zwangsläufig aufgehoben, wenn die konkrete, geschichtliche Offenbarung des Dreieinigen Gottes in der Heiligen Schrift nicht mehr erkannt wird. Für Hegel ist dabei auch deutlich, daß der Name Gottes nicht nur eine Objektivierung menschlicher Bewußtseinsinhalte ist, sondern die Wirklichkeit, mit der Gott zu Menschen spricht und durch die er vom Menschen angesprochen werden kann.

b) Karl Barth hat in seiner „Kirchlichen Dogmatik" die Lehre vom Wort Gottes als Offenbarung des Dreieinigen Gottes entfaltet. Die dreifache Gestalt des verkündigten, geschriebenen und geoffenbarten Wortes Gottes entspricht durchaus dem Zusammenhang von Schrift, Dreieinigem Gott und Gemeinde. So heißt es dann: „Es gibt nur eine Analogie zu dieser Lehre vom Worte Gottes. Genauer gesagt: Die Lehre vom Worte Gottes in seiner dreifachen Gestalt ist selbst die einzige Analogie zu der Lehre, die uns bei der Entwicklung des Begriffs der Offenbarung grundlegend beschäftigen wird: zur Lehre von der Dreieinigkeit Gottes. Daß man für Offenbarung, Schrift und Verkündigung die göttlichen „Person"namen Vater, Sohn und Heiliger Geist einsetzen kann, und umgekehrt und daß man hier wie dort auf dieselben Grundbestimmungen und gegenseitigen Verhältnisse stoßen wird, daß auch die entscheidende Schwierigkeit und die entscheidende Klarheit hier wie dort dieselbe ist, darin wird man eine gewisse Unterstützung hinsichtlich der inneren Notwendigkeit und Richtigkeit des hier über das Wort Gottes Ausgeführten erblicken dürfen."[17] Auch bei diesem Beispiel gilt, daß der entscheidende Punkt festgehalten ist, und dies geschieht in der bewußten Abgrenzung gegenüber einer in der Theologie vorherrschenden Einstellung, nach der die historische Vermittlung zum Verständnis des Textes der Heiligen Schrift und die ontologische Vermittlung zur Erkenntnis Gottes erst theologisch zu erschließen ist.

---

16 Ebd. 41f.

17 Karl Barth, Kirchliche Dogmatik I, 1, 125 – Mit zahlreichen Belegen aus Luther und der nachreformatorischen Orthodoxie.

c) Rudolf Bohrens Überlegungen „Die Krise der Predigt als Frage an die Exegese"[18] sind unter energischen Protesten beim Erscheinen 1963 inzwischen weithin vergessen. Die Probleme, auf die er als praktischer Theologe aufmerksam gemacht hat, bestehen aber nach wie vor, sofern es überhaupt noch ein Bewußtsein für Probleme dieser Art gibt.

In der Auseinandersetzung mit verschiedenen theologischen Programmen konzentrieren sich die Erwägungen von Bohren immer wieder darauf, daß ohne die Offenbarung des Dreieinigen Gottes in dem Wort der Heiligen Schrift es im Grunde überhaupt keine Verkündigung mehr geben kann und daß infolgedessen in die leere Stelle Surrogate einrücken, um die Geistlosigkeit zu verdecken. Dabei führt Bohren eine ganze Reihe von Beispielen an, mit denen deutlich wird, wie dann der Theologe mit dem Anspruch und den Ergebnissen seiner Methode autoritär zwischen die Schrift als Wort Gottes und die Gemeinde tritt. Die in der Schrift begründete Konkretion der Gotteserkenntnis aber ist trinitarisch: „Wir müssen weiterfragen, was denn theologisch geschehe, wenn der Kanon im vorösterlichen Kerygma gefunden und der historische Jesus zum Schlüssel der Textinterpretation gemacht wird?

1. Man denkt grundsätzlich nicht mehr trinitarisch, übersieht das bestürzende Neue im Kommen des Geistes. Man zitiert wohl den dritten Artikel, aber nur um ihn praktisch, im Vollzug der theologischen Arbeit, um so gründlicher ignorieren zu können...

Wird aber grundsätzlich nicht-trinitarisch gedacht, dann verliert die Geschichte ihre Klammer, sie kann nur noch entweder verabsolutiert und das heißt als Historie isoliert oder negiert werden. Mit der Trinität verfehlt man auch die Geschichte; denn die Trinitätslehre schließt in sich sowohl die Sprachlichkeit wie die Geschichtlichkeit der Offenbarung. Wird nicht trinitarisch gedacht, übersieht man die Versammlung der Geschichte im Geist, der Vergangenes vergegenwärtigt und Zukünftiges vorweggibt. Kommt also mit der Trinitätslehre die Pneumatologie zu kurz, dann fallen historische und theologische Exegese auseinander, wobei die von den Exegeten selbst angeregten Wiedervereinigungsversuche praktisch scheitern müssen."[19]

Wie groß an dieser Stelle jedoch die Verstehensschwierigkeiten und Mißverständnisse werden können, zeigen Beispiele, in denen der Hinweis auf den Heiligen Geist als „theologisches Konstrukt" verstanden wird, um Probleme der historischen und praktischen Hermeneutik zu kaschieren[20]. Das mag konsequent sein unter der Vor-

---

[18] In: Rudolf Bohren, Predigt und Gemeinde. Beiträge zur Praktischen Theologie. Zürich/Stuttgart 1963. 85–117.

[19] Ebd. 97f.

[20] Klaus Berger, Hermeneutik des Neuen Testaments. Gütersloh 1988. Nicht zur persönlichen Auseinandersetzung, sondern zur Klärung der Sachfrage sei der dort erhobene Vorwurf aufgegriffen: „In der Hermeneutik der lutherischen Neo-Orthodoxie kommt die ‚Situation' nicht vor. Zwar ist der Rede von der Schrift als ‚pneumatischer Norm' durchaus zuzustimmen, doch problematisch wird ein solcher Ansatz durch das, was darin nicht vorkommt: Wer das Problem der Applikation reduziert auf die Frage von Glauben und Unglauben, Verstehen und Verstockung, Gehorsam und Ungehorsam sowie auf das Thema Gesetz und Evangelium (1) und bei alledem nichts von der theologischen Bedeutung der Situation zu sagen nötig findet, ist so auf die Doktrin fixiert, daß die Welt, der sie doch gelten soll, nicht in den Blick geraten kann, oder, was vielleicht noch schlimmer ist: Solche Theologie tritt „auf der Stelle", da das Phänomen „Situation" ja vor allem in einem geschichtstheologischen Konzept zu erörtern wäre, das hier

aussetzung, daß mit der Heiligen Schrift Gottes Wort und Menschenwort nicht mehr zu unterscheiden sind, dann aber offenbar auch nicht mehr der Geist Gottes vom Geist des Menschen und der jeweiligen Zeit.

Von diesen und ähnlichen Voraussetzungen her mag es ebenso konsequent und verständlich sein, wenn, was vermutlich meist völlig unreflektiert geschieht, Aussagen über Gott als zeitbedingte Produkte und Projektionen menschlichen Bewußtseins verstanden werden. Die Individualität von Theologien und Theologen tritt dann an die Stelle der distinkten Offenbarung des Dreieinigen Gottes, Vater, Sohn und Heiliger Geist. Man liest von einem „matthäischen Jesus", von einer Theologie der „Q-Gemeinde", von der Übertragung, Entwicklung und Überlieferung christologischer Prädikationen, ohne zu bedenken, wie sich hier das Bewußtsein von Gott zu dem Sein Gottes verhält in Gemeinschaft und Unterschiedenheit[21].

---

und auch sonst fehlt. – Die Situation ist nicht ernstgenommen, wo nur vom Heiligen Geist gesprochen wird und wo im übrigen kein Bewußtsein für die mögliche Problematik der Anwendung zu erkennen ist. Es geht nicht an – wie es auch sonst häufig bei neo-orthodoxer Hermeneutik geschieht –, alle Probleme durch Hinweis auf die Größe „Pneuma" zu kaschieren. Insbesondere führt dieser Hinweis zu einem quietistischen Verstehensbegriff" (2).

Dazu heißt es in der Anmerkung 2: „Der Hinweis auf Pneuma dient nämlich regelmäßig dazu, auf den reinen Geschenkcharakter des hermeneutischen Verstehens zu verweisen (Anwendung der Rechtfertigungslehre), so als sei eben jede Erkenntnis geistgewirkt. Nun zeigt freilich nicht erst die neuere Anthropologie, daß auch Erkennen Handeln ist, daß daher für Erkennen dieselben Bedingungen gelten wie für Handeln auch sonst. Das heißt: Hier wie auch sonst würde der Heilige Geist menschliches Tun nicht ausschalten, sondern anstiften, begründen und begleiten." (29)

Es kann schwerlich deutlicher gesagt werden, wie menschliches Bewußtsein und Begeisterung als Surrogate dort einrücken, wo die Gegenwart des Geistes Gottes vom Wort der Schrift her nicht mehr erkannt und unterschieden wird. Es mag gut und hilfreich sein, in diesem Zusammenhang an den Vortrag von Dietrich Bonhoeffer „Vergegenwärtigung neutestamentlicher Texte" aus dem Jahr 1935 zu erinnern (Gesammelte Schriften. Bd. 3, 303–324). Ist eigentlich bei uns heute alles vergessen, was damals gesagt werden mußte und konnte? Um es mit ein paar Zitaten zu belegen: „Wo aber die Frage nach der Vergegenwärtigung zum Thema der Theologie wird, dort können wir gewiß sein, daß die Sache bereits verraten und verkauft ist." (305)... „Wo Christus im Wort des Neuen Testament zu Worte kommt, dort ist Vergegenwärtigung. Nicht wo die Gegenwart vor Christus ihren Anspruch anmeldet, sondern wo die Gegenwart vor dem Anspruch Christi steht, dort ist Gegenwart. Denn: Der Begriff der Gegenwart ist nicht bestimmt durch eine Zeitbestimmung, sondern durch das Wort Christi als des Wortes Gottes. Gegenwart ist nicht irgendein Zeitgefühl, eine Zeitdeutung, ein Zeitgeist, sondern Gegenwart ist allein der Heilige Geist. Wo Gott selbst ist in seinem Wort, dort ist Gegenwart, dort setzt er Gegenwart..." (307) – Bonhoeffer wendet sich weiter gegen die Versuche und den Anspruch, in der Heiligen Schrift Gottes Wort und Menschenwort unterscheiden zu können, der dazu führt: „Das Kriterium über das Wort Gottes liegt bei uns, sei es in unserer Vernunft, in unserem Gewissen oder in unserem völkischen und sonst wie geartetem Erlebnis. Das Kriterium für das Wort Gottes liegt außerhalb desselben, in uns – die Norm der Vergegenwärtigung liegt bei uns, die Bibel ist der Stoff, an dem diese Norm Anwendung findet.

Dieser Satz ist nun genau umzukehren, damit unser Begriff der Auslegung und der Vergegenwärtigung klar wird: Die Norm für das Wort Gottes in der Schrift ist das Wort Gottes selbst, und unsere Gegebenheiten, Vernunft, Gewissen, völkisches Erlebnis, sind der Stoff, an dem diese Norm ihre Anwendung sucht..." (310f.).

[21] Welche Konsequenzen sich ergeben, wenn der Realitätsgehalt der Offenbarung des Dreieinigen Gottes in der Heiligen Schrift verloren geht, zeigt sich seit Jahren in der nordamerikani-

8. Bei der hier vertretenen These geht es nicht um einen Methodenstreit, sondern um die *Unterscheidung von rechten und falschen Grundlagen.* Der sich dagegen unvermeidlich erhebende Widerspruch müßte zuerst einmal zur Aufdeckung und Prüfung von Grundlagen führen, die weithin unreflektiert als irreversible Determination durch geschichtliche Entwicklungen angesehen werden. Als Ergebnis sollte man nicht fordern und erwarten, daß das Schriftprinzip allgemeine Anerkennung und Geltung findet; vielmehr gehört der Konflikt um die Autorität der Heiligen Schrift zur Wirkung der Schriftautorität.

Freilich kann sich dann auch herausstellen, daß es eine Differenz in den Grundlagen gibt, aber dann wirklich auch erst hier, und nicht in den vielen anderen vordergründigen Dingen, die die Gemeinde zertrennen[22].

In einer Predigt und Auslegung zum 1. Petrusbrief hat sich Luther im Anschluß an 1.Petr 3,15 mit dem Einwand auseinandergesetzt, die Schrift reiche nicht zur Begründung und Entscheidung in solchen Streitfragen aus: „Darum sagen sie, die Schrift wäre viel zu schwach, als daß sie könnte Ketzer umstoßen; es müsse mit der Vernunft zugehen und aus dem Gehirn kommen, daraus müsse man's beweisen, daß der Glaube recht sei, wo doch unser Glaube über alle Vernunft und allein Gottes Kraft sei. Darum wenn die Leute nicht glauben wollen, so sollst du stillschweigen, denn du bist nicht schuldig, daß du sie dazu zwingst, daß sie die Schrift für Gottes Buch oder Wort halten. Es ist genug, daß du deinen Grund darauf gibst. Aber wenn sie es so vornehmen und sagen: ‚Du predigst, man solle nicht Menschenlehre halten, wo doch Petrus und Paulus, ja Christus auch Menschen gewesen sind', wenn du solche Leute hörest, die so gar verblendet und verstockt sind, daß sie leugnen, daß dies Gottes Wort sei, oder daran zweifeln, so schweig nur still, rede kein Wort mit ihnen und laß sie fahren, sprich nur also:: ‚Ich will dir Grund genug aus der Schrift geben, willst du es glauben, so ist's gut, willst du nicht, so will ich dir nicht mehr geben.' So sagst du: ‚Ei, so muß denn Gottes Wort mit Schanden bestehen!' Das befiehl du Gott. Darum ist Not, daß man das wohl fasse und wisse denen zu begegnen, die jetzund aufstehen und solche Dinge vorgeben."[23]

Und auch dies ist zu bedenken: „Wer einen Gott hat ohne sein Wort, der hat keinen Gott; denn der rechte Gott hat unser Leben, Wesen, Stand, Amt, Reden, Tun, Lassen, Leiden und alles in sein Wort gefasset und uns vorgebildet, daß wir außerhalb seines Wortes nichts suchen noch wissen dürfen noch sollen, und auch von Gott selbst nicht; denn er will von uns außerhalb seines Wortes mit unserem Dichten und Nachdenken unbegriffen, ungesucht, ungefunden sein."[24]

---

schen Theologie. Vgl. dazu in der Gegensätzlichkeit von Position und Beurteilung mit weiteren Informationen: Paul F. Knitter, Ein Gott – viele Religionen. Gegen den Absolutheitsanspruch des Christentums. München 1988; ders. nochmals die Absolutheitsfrage. Gründe für eine Pluralistische Theologie der Religionen. EvTh 49, 1989, 505–516; Carl E. Braaten, Gott und das Evangelium. Pluralismus und Apostasie in der amerikanischen Theologie. KuD 36, 1990, 56–71.

[22] S. Kap. 10.

[23] WA 12, 362, 13–29 (sprachlich geglättet R.S.).

[24] WA 30, III, 213,34–39.

Exkurs II: Das Dogma und das Dogmatische

Wie beim Schriftprinzip (s. Exkurs I) wird auch im Verständnis von Dogma und Dogmatischem, wie es besonders in Kap. 4 entfaltet und im weiteren vorausgesetzt wird, von Vorentscheidungen ausgegangen, über die eine theologische Verständigung nötig ist. Schriftkritik und Dogmenkritik stehen theologisch und historisch in unmittelbarem Zusammenhang; es geht um dieselben Probleme. Beim Begriff Dogma stellt sich zudem rasch heraus, wie er selbst am Wesen des Dogmatischen teilhat. Seine Deutung und Verwendung ist in sich eine dogmatische Aufgabe, bestimmt von dogmatischen Prämissen, und das zeigt sich sehr deutlich auch in den historischen Untersuchungen und Darstellungen. So sollen auch in diesem Exkurs die entscheidenden Punkte für den theologischen Diskurs aufgezeigt und belegt werden.

1. *Dogmenkritik* bestimmt in der Dogmatik wie in der Dogmengeschichte das Verständnis von Dogma und Dogmatischem. Sieht man einmal hinter die vordergründige emotionale Abwehr des Dogmas, die in sich bereits eine Manifestation des Dogmatischen ist, dann gibt es für diese Einstellung in der evangelischen Theologie durchaus auch theologische Gründe, die jedoch leicht übersehen werden: Wird das Dogma als lehramtliche Entscheidung und damit unter dem Aspekt autoritativer Verbindlichkeit gesehen, dann fällt es sogleich unter die „Menschensatzungen", die im Gegensatz zu dem Wort Gottes nicht heilsentscheidend sind und mithin die Gewissen nicht binden dürfen. Freilich ist zu bedenken, daß die Reformatoren das kirchliche Dogma keineswegs nur im Gegensatz zum Wort Gottes der Heiligen Schrift sahen, wohl aber prüften und forderten sie die Identität der kirchlichen Lehrentscheidung mit dem Wort Gottes denn „die christliche Kirch hat kein Macht, einigen Artikel des Glaubens zu setzen, hat's auch noch nie getan, wird's auch nimmer mehr tun." – „Alle Artikel des Glaubens sind genugsam in der heiligen Schrift gesetzt, daß man keinen mehr darf setzen."[1] Ein anderer Grund ergibt sich aus der Einsicht, daß der Glaube nicht auf erkennender Wahrnehmung (notitia) und geforderter Zustimmung (assensus) beruht. Denn jede Objektivierung in der Gestalt einer ‚fides catholica', einer ‚fides aquisita', einer ‚fides historica' oder einer ‚fides quae creditur' widerspricht dem Wesen des Glaubens, der vom Geist eingegossen wird (fides infusa), der allein den Sünder gerecht macht (fides iustificans) und der das enthält, worauf der Mensch sein ganzes Vertrauen setzen darf und soll (fiducia)[2]. In AC 4 wird die reformatorische Kontroverse an diesem Punkt zugespitzt mit dem Vorwurf an die Gegner, daß sie überhaupt nicht wissen, was Glaube ist, wenn es ihnen nur um Erkenntnis und Anerkennung sowie um gestaltende Verwirklichung des Glaubens im Handeln geht[3]. Die entscheidende Voraussetzung dabei ist jedoch die feste Wechselbeziehung von Wort Gottes in Gesetz und Evangelium und Glauben:

---

1 WA 30, II, 424,9f.; 15f.

2 Belege: TRE 13,318ff.

3 AC 4,48ff. – BSLK 169,32ff.

„Quare inter se correlative comparat et connectit promissionem et fidem" (zu Röm 4,16) – der Glaube steht und fällt mit dem Wort: „Fides et promissio sunt relativa: idem cessante promissione cessat et fides et abolita promissione aufertur et fides et econtra"[4]. Die historische wie die praktische Vermittlung geschieht durch die Wirkung des Wortes Gottes in Gesetz und Evangelium, in Geist und Buchstabe.

Die Heilige Schrift als Wort Gottes ist eine entscheidende Voraussetzung für die reformatorische Dogmenkritik, soweit sie sich auf lehramtliche Entscheidungen ohne Schriftgrundlage bezieht und auf Glaubensforderungen ohne Berücksichtigung der Wirkung und Gabe des Geistes durch das Wort.

Wird aber die Voraussetzung der Heiligen Schrift als Wort Gottes – aus welchen Gründen auch immer – aufgegeben, dann bleibt nur noch der Protest menschlicher Subjektivität gegen alles, was mit Dogma und Dogmatik zu tun hat. Damit jedoch hat sich diese Subjektivität als das eigentliche Dogmatische konstituiert.

Wenn man es historisch und theologisch recht versteht, ist das Augsburgische Bekenntnis von 1530 ein eindeutiges Beispiel für den Anspruch der Reformation auf die Katholizität der Kirche unter dem Nachweis der unveränderten Apostolizität ihrer Lehre. Der „magnus consensus" betrifft dabei die inhaltliche Übereinstimmung kirchlicher Lehre und Verkündigung durch die Geschichte hindurch, und dazu gehört auch die Aufnahme der in der Geschichte vollzogenen Abgrenzungen und Verwerfungen. Es geht hier nicht um Interpretation von Glaubensinhalten und dogmatischen Definitionen im Wandel der Zeiten, sondern um das Bleiben in der Wahrheit in der Abgrenzung gegenüber Irrlehren und Mißständen, wie sie zu jeder Zeit neu in der Kirche auftreten können[5]. Und der zweite Teil der CA mit den Artikeln 22–28 zeigt, wie die dogmatische Verantwortung nicht auf Lehrbildung im historischen Kontext zielt, sondern auf das, was im Gottesdienst, in Seelsorge und Frömmigkeit sowie in der Ordnung der Gemeinde zu geschehen hat bzw. nicht geschehen darf.

2. Im *neueren Verständnis von Dogma und Dogmengeschichte*, soweit es sich auf einen Begriff bringen läßt, treten zwei Elemente in den Vordergrund: nach der negativen Seite erscheint das Dogma festgelegt auf die Vorstellung von einer autoritativen Entscheidung des kirchlichen Lehramts sowie auf seine Sicherung durch staatliche Gesetzgebung[6]. Nach der positiven Seite wird das Dogma verbunden mit der Vorstellung von einer fortschreitend sich wandelnden oder entwickelnden Geistesgeschichte als Geschichte des menschlichen Bewußtseins, wie es sich vorzugsweise in der Begriffsbildung oder im Wortgebrauch manifestiert. Einige Belege mögen das illustrieren:

Bei Ferdinand Christian Baur heißt es: „Das Wort Dogma, wie es im Sprachgebrau-

---

4 WA 56,45,15f., vgl. WA 8,436,27.

5 BSLK 83c,7–83d,14.

6 Der Hinweis auf die Sicherung des christlichen Glaubens durch staatliche Gesetzgebung bestätigt leicht antiautoritäre Affekte gegen Dogma und Dogmatik. Zweifellos entsprechen solche gesetzlichen Sicherungen nicht dem Wesen der Kirche, wohl aber dem Bedürfnis des Staates, soweit er die Einheit und den inneren Frieden sichern will. Zur Realität der Dogmengegensätze innerhalb wie außerhalb der Kirche gehört nun einmal rein menschlich auch der Bruch der Gemeinschaft sowie Aggressionen zwischen verschiedenen Gruppen und Richtungen. Das ist in der Alten Kirche nicht anders als in der Gegenwart. Belege für die staatliche Gesetzgebung: C. Mirbt – K. Aland, Quellen zur Geschichte des Papsttums und des Römischen Katholizismus. Bd. I. Tübingen 1967. 141 Nr. 310; 241 Nr. 484; weitere Texte in der Ausgabe 1911, 3. Aufl., 61–64.

che der Alten theils von philosophischen Lehrsätzen, von Verordnungen und Geboten, im Neuen Testament auch von den Bestimmungen des mosaischen Gesetzes, gebraucht wurde, bedeutet überhaupt das absolut Geltende, schlechthin Anzuerkennende."[7] Es ist hier interessant, daß Baur zwar die Belege aus der stoischen Philosophie (Cicero und Seneca, Ep 95) für die subjektive Seite des Dogmas als Bewußtseinsbestimmung bringt; sie werden jedoch auf das autoritative Verständnis umgebogen: „Dogma heißt zwar zunächst nur Meinung, aber als Meinung und Ausspruch Solcher, die auf absolute Weise zu bestimmen haben, was gelten soll und von Andern anerkannt werden muß, bezeichnet das Wort seinem bestimmteren Begriff nach vorzugsweise das schlechthin Geltende...."[8]

Ähnlich formuliert Adolf von Harnack: „Die kirchlichen Dogmen sind die begrifflich formulierten und für eine wissenschaftlich-apologetische Behandlung ausgeprägten Glaubenslehren, welche die Erkenntnis Gottes, der Welt und der durch Christus geschehenen Erlösung umfassen und den objektiven Inhalt der Religion darstellen. Sie gelten in den christlichen Kirchen als die den heiligen Schriften (bez. auch in der Tradition) enthaltenen, das Depositum fidei umschreibenden Wahrheiten, deren Anerkennung die Vorbedingung der von der Religion in Aussicht gestellten Seligkeit ist."[9] Ebenso heißt es bei Friedrich Loofs: „Dogmen sind Glaubenssätze, deren Anerkennung eine kirchliche Gemeinschaft von ihren Gliedern oder wenigstens von ihren Lehrern ausdrücklich fordert..."[10]

Mit solchen eingängigen Bestimmungen ist das Dogma von vornherein diskreditiert, und die verbreitete Ablehnung findet ihre Bestätigung, ohne daß die Realität des Dogmatischen erkannt wird.

Es ist zudem eigenartig, jedoch verständlich auf dem Hintergrund des Kulturkampfs, daß in diesem neuprotestantischen Dogmenverständnis in seiner Dogmenkritik genau die Elemente aufgegriffen sind, die von der Neuscholastik seit der Definition der päpstlichen Unfehlbarkeit auf dem Vaticanum I den Dogmenbegriff ausmachen. Infolgedessen kann, wenn auch mit umgekehrten Vorzeichen, die Formel des Jesuiten Albert Deneffe ohne Schwierigkeiten übernommen werden: „Dogma est veritas a Deo formaliter revelata et ab ecclesia sive solemniter sive ordinarie definita..."[11]

Diese Festlegung im Verständnis des Dogmas als autoritativer Lehrentscheidung, deren Annahme oder Anerkennung gefordert wird, sitzt auch in der Fachliteratur mit ganz wenigen Ausnahmen fest[12]. So steht das Dogma nach einer solchen Auffassung notwendig im Widerspruch zum Glauben und wohl auch zum Bekennen. Neben dem Verlust des Schriftprinzips in seiner geistlichen Wirkung fallen zwei Dinge völlig aus: einerseits die subjektive Seite des Dogmatischen als Bewußtseinsbestimmung und

---

[7] Ferdinand Christian Baur, Lehrbuch der christlichen Dogmengeschichte (2. Aufl. 1847/1958, 3. Aufl. 1867) ND Darmstadt 1979.3.

[8] Ebd. 3 Anm. 2.

[9] Adolf von Harnack, Lehrbuch der Dogmengeschichte. Bd. I. ND Darmstadt 1964. 3.

[10] Friedrich Loofs, Leitfaden zum Studium der Dogmengeschichte. Hg. K. Aland. Halle, 7. Aufl., 1968. 9.

[11] Alois Deneffe S.J., Dogma, Wort und Begriff. Scholastik 4, 1931, 381ff. 505ff.

[12] Zum weiteren siehe die Artikel Dogma (Ulrich Wickert/Carl-Heinz Ratschow) TRE 9,26–41 und Dogmengeschichtsschreibung (Wolf-Dieter Hauschild), TRE 9,116–125; Georg Söll, Dogma und Dogmenentwicklung. HDG I,5.1971.

Urteilsgrundlage, wie sie bei jedem Menschen vorauszusetzen ist. Damit aber fehlt im Begriff des Dogmas die ganze Realität des Dogmatischen. Andererseits wird aber auch historisch und theologisch der Zusammenhang von Dogma und Gottesdienst in der Regel nicht beachtet und daher in der dogmengeschichtlichen Darstellung auch nicht berücksichtigt[13]. Damit wird das Dogma völlig zu einem Fremdkörper im Verhältnis zu dem, was das Glaubensleben der Gemeinde ausmacht, und umgekehrt wird der Gottesdienst der dogmatischen Verantwortung und Beurteilung entzogen und damit fremden Dogmen ausgeliefert.

Nach seiner positiven Bestimmung in der neueren protestantischen Theologie wird das Dogma zu einem Produkt der Geistesgeschichte, in deren Horizont es entsteht und daher auch zu verstehen ist. Es ist auffallend schon im Sprachgebrauch, wie das Dogma dann nicht nur als Produkt der geschichtlichen Entwicklung, sondern geradezu als Subjekt hypostasiert erscheint. So wird von F.C. Baur das Dogma aufgefaßt „als ein sich bewegendes, bald so, bald anders sich gestaltendes, in der Verschiedenheit seiner Formen sich selbst bestimmendes... Aus diesem Verhältnis des Dogma zu sich selbst ist die Methode zu abstrahieren, welche die Dogmengeschichte zu befolgen hat...“[14] Die Epochen der Dogmengeschichte entsprechen dann der hegelschen Phänomenologie des Geistes, der zu sich selbst kommt: „Die Periode der alten Kirche ist die Periode des sich selbst producirenden Dogma und des im Dogma sich selbst objektivierenden und sich unmittelbar mit ihm eins wissenden christlich-religiösen Bewusstseins, oder der Substanzialität des Dogma; die Periode des Mittelalter und der Scholastik die Periode des aus der Objectivität des Dogma in seine Subjectivität zurückgehenden und mit dem Interesse der Verstandesreflexion dem Dogma sich gegenüberstellenden Bewusstseins; die Periode seit der Reformation ist die Periode des mit dem Dogma zerfallenen und sich mit ihm principiell auseinandersetzenden, aber es auch tiefer und innerlicher neu aus sich erzeugenden freien Selbstbewusstseins.“[15]

In welcher Weise der Geist der Zeit sich im Dogma manifestiert und wie er das Dogma modifiziert, ist bei Harnack in der bekannten Definition zu sehen: „Das Dogma ist in seiner Conception und in seinem Ausbau ein Werk des griechischen Geistes auf dem Boden des Evangeliums. Indem es in sich zusammenfaßte und auf einen vorzüglichen Ausdruck brachte, was die griechische Philosophie und das Evangelium (mitsamt seiner ATlichen Begründung) an religiösen Erkenntnissen boten, indem es dem Suchen nach Offenbarung ebenso entgegenkam, wie dem Streben nach universaler Erkenntnis...“[16] Offenbar haben wir es hier mit pneumatologischen Surrogaten zu tun, die jedoch völlig losgelöst sind von den Mitteln, durch die der Geist wirkt und an denen er unterscheidbar zu erkennen ist. Infolgedessen überrascht es nicht, wenn das produktive Element der Geistesgeschichte in konfessio-

---

13 Frühere Ansätze, den Zusammenhang von Dogma und Gottesdienst herauszuarbeiten, sind von Harnack in seinem Exkurs „Die Entstehung des Dogmas und die Liturgie“ förmlich weggewischt worden (Lehrbuch der Dogmengeschichte, I 806–808). In der evangelischen Theologie hat Georg Kretschmar, Studien zur frühchristlichen Trinitätstheologie (= BHTh 21). Tübingen 1956, sowie in weiteren Arbeiten immer wieder auf diese Zusammenhänge hingewiesen.

14 F.C. Baur, Lehrbuch der christlichen Dogmengeschichte. 8.

15 Ebd. 14.

16 Harnack, Lehrbuch der Dogmengeschichte, I, 20.

neller und nationaler Hinsicht eine normative Bedeutung gewinnt. Dies zeigt die Epocheneinteilung bei Reinhold Seeberg: „1) Die Herausbildung des Dogmas in der alten Kirche“ mit „der Entstehung der einzelnen Dogmen auf dem Boden der griechischen Christenheit (Trinität, Christologie, Bilder)“, und dies „läuft aus in eine Charakteristik des ersten kirchlichen Typus oder des griechischen Christentums.“ ... „2) Die Erhaltung, Umbildung und Fortbildung des Dogmas in der mittelalterlichen Kirche: a) ausgehend von der Bedeutung des Verhältnisses von romanischer und germanischer Art für die mittelalterliche Geistesgeschichte... 3) Die Fortbildung des Dogmas durch die Reformation und die entgegengesetzten Lehrfixierung des Katholizismus.“ Dabei ist zu handeln „a) von dem reformatorischen der deutschen Geistesart gemäßen Verständnis des Christentums bei Luther und bei Zwingli sowie von der Formulierung dieser Gedanken als Dogma in dem neuen deutschen Kirchentum...“[17]

Mit dieser produktiven und normativen Funktion der Geistesgeschichte durch das Dogma ist die Vorstellung verbunden von einer progressiven Entwicklung des Dogmas oder der Dogmen. Danach scheint jede Zeit ihre Aufgabe zu haben, ein bestimmtes Dogma abschließend zu entwickeln oder ungelöste Aufgaben zu bewältigen. Der Alten Kirche wird dann die Trinitätslehre und Christologie zugewiesen, der Reformation die Gnadenlehre und Rechtfertigung, dem 19. oder 20. Jahrhundert die Ekklesiologie oder auch die Zweireichelehre. In seiner ursprünglichen Konzeption zeigt sich dieses Modell bei Isaac August Dorner in seiner „Lehre von der Person Christi“. In den drei geschichtlichen Perioden entfalten die ersten vier Jahrhunderte das „daß“ der Einheit von Göttlichem und Menschlichem in Jesus Christus; bis zum Ende des 18. Jahrhunderts folgt die Bestimmung des „wie“ der Einheit, und ab dem 19. Jahrhundert stellt sich die Aufgabe, die Einheit und Differenz von Göttlichem und Menschlichem zu bestimmen[18].

Den stärksten, aber wohl am wenigsten beachteten Niederschlag findet dieser dogmengeschichtliche Entwicklungsgedanke in dem A-B-C-Schema dogmatischer Kompendien, aus denen er in Examensarbeiten unreflektiert übernommen wird. Die geschichtliche Betrachtung führt dann von den Grundlagen (A) über Entwicklungen und Probleme (B) zu gegenwärtigen Aufgaben (C), für die eine Lösung zu finden ist. Auf diesem Wege soll offenbar die Extrapolation einer Entwicklung zu einer dogmatischen Entscheidung führen, die einer – wie auch immer bestimmten – inneren Konsequenz der Geistesgeschichte folgt. Neue Dogmen oder neue Lehrformulierungen sollen dann Antwort auf Fragen der Zeit geben, die wiederum von der Gemeinde zu rezipieren sind.

Die Eingängigkeit und Verbreitung solcher Vorstellungen, selbst wenn sie hier nur kurz skizziert werden, kann wohl nur durch den Hinweis aufgehoben werden, daß die dogmatischen Definitionen ursprünglich eben nicht einer interpretierenden, der Geistesgeschichte folgenden Lehrentwicklung dienten, sondern einer Abgrenzung der reinen Lehre und des rechten Gottesdienstes von den Irrlehren und den Mißständen im Gottesdienst. *Der Glaube bzw. das Dogma ist nicht Ergebnis, sondern Gegenstand der Abgrenzung*.

3. Gegenüber dem die Lehre und weithin auch die Forschung beherrschenden

[17] Reinhold Seeberg, Lehrbuch der Dogmengeschichte. Bd. I. ND Darmstadt 1959, 17f.

[18] Isaac August Dorner, Die Lehre von der Person Christi. Geschichtlich und biblisch-dogmatisch dargestellt. 2 Bde. (1839) Berlin, 3. Aufl., 1853.

Verständnis vom Dogma kann aber auch auf gewisse Aporien und daraus gewonnene Einsichten hingewiesen werden:

– Der weithin verdrängte subjektive Aspekt des Dogmas und des Dogmatischen begegnet z. B. in der Philosophie bei Ludwig Feuerbach, „Das Wesen des Christentums" mit dem Untertitel: „Im Anschluß an Luther dargestellt". Dort heißt es: „Die Grunddogmen des Christentums sind erfüllte Herzenswünsche – das Wesen des Christentums ist das Wesen des Gemüts."[19] In ähnlicher Weise begegnet die subjektive Seite des Dogmatischen in der Psychologie von Carl Gustav Jung, besonders in dessen Schrift „Über die Archetypen des kollektiven Unbewußten". Archetypen sind nach Jung Ausdruck eines „seelendramatischen Prozesses", mithin keine statische Größe und auch nicht etwas, was von außen fordernd an den Menschen herantritt. Die christlichen Dogmen gelten ihm als bestmögliche Erfassung archetypischer Erfahrung, und zwar die folgenden vier: Trinität, Inkarnation, Maria und das Böse als Ausdruck archetypischer Erfahrung in der Vierheit des Selbst, der Integration, des Weiblichen und des Bösen[20]. Auch in der Anthroposophie Rudolf Steiners begegnet man den christlichen Dogmen als Manifestationen der Geistwelt[21]. Die Faszination solcher Entwürfe, auf deren theologische Problematik hier nicht einzugehen ist, wächst in dem Maße, wie die eindeutige Erkenntnis der christlichen Glaubensinhalte nicht mehr vorausgesetzt werden kann. Doch an diesen Beispielen wird deutlich, daß der Inhalt des christlichen Dogmas eben nicht auf geschichtsgebundene Lehrsätze mit deren Interpretation und Rezeption beschränkt ist. Freilich zeigen sich hier auch die Elemente einer neuen Gnosis, der gegenüber an die altkirchlichen Abgrenzungen zu erinnern ist, bei denen es gerade in der Trinitätslehre darauf ankam, die Distinktion von Schöpfer und Geschöpf in der personalen Offenbarung von Vater, Sohn und Geist festzuhalten in der Realität der Gemeinschaft mit Gott.

– Werner Elert hat in einem posthum veröffentlichten Vortrag über „Die Kirche und ihre Dogmengeschichte"[22] auf die Problematik hingewiesen, die durch die historische Relativierung des Dogmas durch die Dogmengeschichte entsteht: „Das Wort Dogmengeschichte vereinigt zwei Begriffe, die verschiedenen Dimensionen angehören. Kirchliche Dogmen sind Lehrsätze, die Geltung beanspruchen, indem sie die „Wahrheit" zu sagen oder den „Irrtum" zu widerlegen behaupten. Sie vertreten eine (vermeintlich oder tatsächlich) von ihrem geschichtlichen Auftreten unabhängige und unablösbare Wirklichkeit. Erweisen sich heute ihre Sätze als „Irrtum", so können sie auch gestern nicht wahr gewesen sein. Geschichte dagegen meint eine Wirklichkeit, die im Kommen und Gehen begriffen ist und die, weil sie mit der Zeit entsteht, mit der Zeit auch wieder vergeht. Behaupten wir, daß auch die Dogmen eine Geschichte haben, so scheint das nur unter der Annahme erlaubt zu sein, daß auch sie mit der Zeit ebenso wieder vergehen, wie sie mit der Zeit entstanden sind. Durch den Begriff der Dogmen*geschichte* erscheint der Geltungsanspruch der Dogmen von vornherein relativiert. Die Dogmen werden dabei aus dem Bereich der Kategorien Wahr oder Falsch in den Bereich historischer Bedingtheiten herabgezogen."[23] Mit großer Klar-

19 Ludwig Feuerbach, Werke VII. Stuttgart 1960, 2. Aufl., 283.

20 Carl Gustav Jung, Von den Wurzeln des Bewußtseins, Zürich 1954.

21 Rudolf Steiner, Das Geheimnis der Trinität. Der Mensch und sein Verhältnis zur Geistwelt im Wandel der Zeiten. Basel 1980.

22 Werner Elert, Der Ausgang der altkirchlichen Christologie. Berlin 1957. 313–333.

23 Ebd. 313.

heit zeigt Elert, wie die gegensätzlichen theologischen Richtungen des „Liberalismus“ und des „Biblizismus“ sich in ihrem Antidogmatismus treffen. Es ist ferner ernsthafter Erwägung wert, wenn Elert im Rückblick auf den Kirchenkampf die Meinung vertritt, daß die eigentliche Schwäche aus diesem Antidogmatismus erwuchs und aus der Unfähigkeit, inhaltliche dogmatische Entscheidungen in der konkreten Auseinandersetzung zu treffen, bei der in der Bewegung der Deutschen Christen die klassischen Häresien der Arianer und der Pelagianer auftraten[24]. Eine nach wie vor bestehende Verhärtung der Fronten sollte die Bedeutung dieser Erwägungen nicht verdecken, bei denen deutlich gemacht wird, daß es bei dem Dogma um die inhaltliche Identität des christlichen Glaubens in der aktuellen Abgrenzung gegenüber dem Irrglauben geht. Wo aber wird das heute als theologisches Problem gesehen, wenn es überhaupt als Aporie wahrgenommen wird? Wenn statt dessen gelten sollte, daß die jeweilige Aktualität der Situation dogmatische Normativität besitzt, dann sind wir genau wieder bei den Voraussetzungen, von denen die Deutschen Christen, aber keineswegs nur sie, ausgegangen sind.

– Auch in dem „Grundriß der Dogmengeschichte“ von Karlmann Beyschlag[25] finden sich wichtige Einsichten. Sie beginnen mit dem Hinweis, daß die Dogmengeschichte „keineswegs in erster Linie auf die Kategorie der „Entwicklung“, vielmehr weit eindeutiger auf diejenige der *Entscheidung* hin angelegt“ ist, „Entscheidung nämlich in *dem* Sinn, daß die dogmengeschichtlichen Normen sämtlich aus der dogmatischen Alternative zwischen „Wahr und Unwahr“, „Lehre und Irrlehre“, „Rechtgläubigkeit und Ketzerei“ hervorgegangen sind und daß gerade hierin ihre geschichtsübergreifende Verbindlichkeit besteht“. In diesem Sinne werden drei Grundmotive hervorgehoben, die das Problem der Dogmengeschichte konstituieren und die Funktion des Dogmas erfassen: „die Kirchlichkeit des Dogmas in seinem Verhältnis zur „Ecclesia universalis“, die Normativität der dogmengeschichtlichen Bestimmungen im Blick auf die Heilsfrage und das Problem der Identität kirchlicher Glaubensnormen im Wechsel der geschichtlichen Entwicklung.“[26]

– Als letztes Beispiel sei hingewiesen auf die Ausführungen von Hans Joachim Iwand. „Der moderne Mensch und das Dogma“[27]. Er hebt den unmittelbaren Zusammenhang von Dogma, Schrift und Glaube in der pneumatischen Realität und Kontinuität der Kirche hervor. Mit dieser Einsicht entfällt schlagartig die aus theologischen und historischen Mißverständnissen erwachsene Objektivierung des Dogmas. Dann kann erkannt werden: „Der Zugang zum Dogma ist wahrscheinlich den Menschen zu allen Zeiten ein mehr oder weniger verschlossener Weg gewesen. Das liegt am Wesen des Dogma. Wenn es anders wäre, wäre es eben nicht das Dogma. “ – Dogma ist daher auch mit dem gleichzusetzen, was im Neuen Testament als „Lehre, heilsame Lehre oder auch reine Lehre, ... Botschaft, Evangelium, Wort der Wahrheit oder Wort Gottes“ bezeichnet wird. – Und es wird auch gesehen, daß es bei der Erkenntnis von dem, was Inhalt des Dogmas ist, nicht um historische Interpretation, sondern um Offenbarung Gottes geht: „Es muß an der Person Jesu selber liegen, daß niemand ihn

[24] Ebd. 319.

[25] Karlmann Beyschlag, Grundriß der Dogmengeschichte. Bd. 1. Gott und Welt. Darmstadt, 2. Aufl., 1988.

[26] Ebd. 4–5.

[27] Hans-Joachim Iwand, Nachgelassene Werke. Bd. 2. München 1966. 91–105.

verstehen kann, es sei denn, daß ihm diese Erkenntnis von oben gegeben werde. Es besteht sozusagen ein undurchbrechlicher Ring zwischen Gott und Jesus Christus, und niemand kann in die Mitte eindringen, der nicht von Gott selbst gleichsam an diesem Geheimnis, an diesem Mysterium beteiligt wird. Es leuchtet schon in den Worten Jesu im Neuen Testament gerade das auf, was die Kirche später in der Lehre von der Trinität gegenüber dem heidnischen Gottesverständnis als Kennzeichen der Offenbarung herausgestellt hat, daß nämlich die Einheit von Gott und Jesus Christus eine so tiefe und wunderbare und für uns Menschen unbegreifliche Einheit ist, daß sie nur durch den Geist und im Geist begriffen werden kann. Mit anderen Worten, die Gotteserkenntnis, die in Jesus Christus uns angeboten wird, ist selber schon Gabe Gottes. Gott ist immer Subjekt. Er wird nicht erkannt, wie wir sonst irgendeine andere Begebenheit, einen Vorgang oder einen Menschen erkennen, sondern er hat es sich in seiner Freiheit vorbehalten, sich zu offenbaren. Auch der Geist ist Gott selber."[28] Auch die Konsequenzen eines Antidogmatismus für Gottesdienst und Verkündigung werden in aller Klarheit gesehen: „Ist es denn nicht zu verstehen, wenn der Welt eine Kirche schal erscheint, die unvermerkt und unversehens eine solche Botschaft (gemeint ist hier die Weihnachtsbotschaft R. S.) verwandelt in eine Allerwelts-Idee, also in etwas, was der Mensch auch aus sich heraus wissen und begreifen kann? Ist es den Menschen noch zu verdenken, wenn sie dann den Sinn des Gottesdienstes nicht verstehen, weil ja das, was dort verkündet wird, dasselbe ist, was sie, wenn sie religiöse und geistige Menschen sind, bei der Einkehr in sich selber finden?... Der Verrat am Dogma rächt sich in der Langeweile der Verkündigung. Die Langeweile der Verkündigung ist nicht nur eine Folge des technischen Unvermögens der Prediger, sondern sie ist eine Folge dessen, daß hier nichts mehr geschieht, daß sich nichts mehr ereignet, daß nur noch Gewohntes, Bekanntes, in uns selbst Angelegtes von der Stelle uns entgegenklingt, von der das ganz Andere, das, was in keines Menschen Herz gekommen ist, was kein Auge gesehen, kein Ohr gehört hat, kundgemacht werden soll."[29]

4. Das *Ergebnis* aus diesem sehr knappen Überblick mit einigen ausgewählten Hinweisen und Belegen kann folgendermaßen zusammengefaßt werden: Der Begriff des Dogmas ist vorherrschend auf die geschichtliche Bedingtheit lehramtlicher Entscheidungen festgelegt und steht daher unter negativen Voraussetzungen, die zu einer Geringschätzung oder Ablehnung führen. Völlig ausgeschlossen hingegen ist der subjektive Aspekt der Bewußtseinsbindung und Urteilsgrundlage, und damit wird die gesamte Realität des Dogmatischen verkannt, wie sie nicht nur in der christlichen Kirche, sondern im menschlichen Zusammenleben sowie in der Vielfalt und auch Gegensätzlichkeit religiöser und weltanschaulicher Gruppierungen zutage tritt. Es ist kein Wunder, daß dies eine tiefe Hilflosigkeit in der dogmatischen Verantwortung gegenüber dieser Realität des Dogmatischen zur Folge hat, wenn die Traditionsbewältigung blind macht für die Realitätserkenntnis. – Nahezu durchgehend ausgeblendet ist aber auch der Zusammenhang von Dogma, Glaube, Bekenntnis und Gottesdienst. Dies hat zur Folge, daß die Lehre sich gegenüber der christlichen Gemeinde und dem Leben eines Christenmenschen verselbständigt und daß dann erst mühsam Wege der Vermittlung gesucht werden müssen. – Schließlich führt die vorherrschende

[28] Ebd. 91 f.
[29] Ebd. 94.

Integration des Dogmas in die Kategorien der Geistesgeschichte dazu, daß die Kriterien für die Unterscheidung von Wahr und Falsch, von rechter und falscher Lehre sowie von rechtem und falschem Gottesdienst nur noch nach den temporalen Kriterien von Vergangenheit und Gegenwart, von Überholtem oder Traditionellem gegenüber Modernem und Aktuellem gesehen werden. In dieser Orientierung am Wandel von Zeit und Situation wird der Blick für die geistliche Identität der Kirche blind oder an die Stelle der Prüfung und Scheidung der Geister nach dem Wort Gottes der Heiligen Schrift tritt dann der quantitative Gradmesser von Begeisterung, Zustimmung und Beteiligung, der mit dem Wesen der Kirche überhaupt nichts gemein hat.